ERNANI TERRA

Bacharel em Direito pela Universidade de São Paulo

Doutor em Língua Portuguesa pela Pontifícia
Universidade Católica de São Paulo

Autor do *Curso prático de gramática*, coautor da *Gramática de hoje*,
do *Projeto Radix Português* e do *Projeto Radix Gramática*

José De Nicola
Supervisão pedagógica

MINIGRAMÁTICA

NOVA EDIÇÃO

editora scipione

editora scipione

Diretoria editorial e de conteúdo: Angélica Pizzutto Pozzani
Gerência de produção editorial: Hélia de Jesus Gonsaga
Editoria de Linguagens, códigos e suas tecnologias: Luiz Tonolli
Coordenação de revisão: Rosângela Muricy
Supervisor de arte: Sérgio Yutaka Suwaki
Equipe de arte: Didier D. C. Dias de Moraes (Programação Visual)
Claudio Faustino (Produção de Arte)
Mauro Fernandes (Coordenação de Editoração Eletrônica)
Supervisor de iconografia: Sílvio Kligin
Equipe de iconografia: Vanessa Manna (Pesquisa),
Nadiane Santos (Assistência)
Tratamento de imagem: Cesar Wolf e Fernanda Crevin
Colaboração: Wander Camargo e
Carlos Eduardo de Souza (Editoração Eletrônica)
Programação visual de capa e miolo: Ulhôa Cintra
Comunicação Visual e Arquitetura S/S Ltda.
Ilustrações: Luiz Maia

Avenida das Nações Unidas, 7221 – CEP 05425-902 – São Paulo, SP
Atendimento ao cliente: 4003-3061 – atendimento@atica.com.br
www.atica.com.br

Dados Internacionais de Catalogação na Publicação (CIP)
(Câmara Brasileira do Livro, SP, Brasil)

Terra, Ernani
Minigramática / Ernani Terra ; José de Nicola, supervisão pedagógica. — 11. ed. — São Paulo :

Bibliografia.

1. Português - Gramática (Ensino Fundamental)

I. De Nicola, José. II. Título.

11–05906 CDD–372.61

Índice para catálogo sistemático:
1. Gramática : Português : Ensino Fundamental 372.61

2014
ISBN 978-852628460-9 (AL)
ISBN 978-852628461-6 (PR)
Cód. da obra CL 737570
CAE 264033
CAE 264034
11ª edição
10ª impressão

Impressão e acabamento: A.R. Fernandez

OP 247435

Uma publicação SOMOS EDUCAÇÃO

Apresentação

A língua que falamos é nosso principal instrumento de comunicação. As palavras da língua se relacionam umas com as outras segundo algumas regras, por isso o sentido daquilo que expressamos, ouvimos ou lemos não está contido apenas nas palavras, mas na forma como elas se organizam, formando os textos com os quais interagimos nas diversas situações de comunicação. A essas regras que nos permitem combinar as palavras formando textos, damos o nome de **gramática**. Conhecer uma língua, portanto, vai além de ter um bom vocabulário. Saber uma língua implica também conhecer as regras de sua gramática, a fim de escolher a construção linguística mais adequada ao contexto em que ocorre a situação comunicativa.

Num formato prático, que facilita o manuseio, esta *Minigramática*, já conforme o Acordo Ortográfico, apresenta um curso completo de gramática da língua portuguesa de maneira objetiva e sem rodeios, sem abrir mão do rigor conceitual.

Por entender que o domínio da gramática se faz por meio de uma prática contínua, nesta nova edição, o número de atividades foi ampliado, incluindo novas questões de exames de todo o país.

Finalizando, gostaria de agradecer a todos aqueles que, de maneira direta ou indireta, contribuíram para a realização deste trabalho.

O autor.

Sumário

PARTE 1

FONOLOGIA E ORTOGRAFIA

PARTE 2

MORFOLOGIA

PARTE 3 SINTAXE

PARTE 4

APÊNDICE

PARTE

1

FONOLOGIA E ORTOGRAFIA

CAPÍTULO 1 Fonologia

FONOLOGIA, FONEMA, LETRA

Fonologia é o estudo funcional dos fonemas de uma língua.

Fonema é uma unidade sonora mínima que possui a propriedade de estabelecer distinção entre vocábulos de uma língua.

Note como os fonemas distinguem vocábulos nos pares a seguir:

Ele trocou de **p**ar.
Ele mergulhou no **m**ar.

O menino chu**p**ou a b**a**la.
O menino chu**t**ou a b**o**la.

Na escrita, os fonemas são representados por uma série de sinais gráficos denominados **letras**. Além das letras, utilizamos também acentos gráficos, cedilha e til na representação dos fonemas.

Não ligue o automático!

Não devemos confundir fonema com letra: fonema é uma unidade sonora – pertence, pois, à linguagem falada; letra é a representação gráfica do fonema – pertence à linguagem escrita.

Nem sempre há, numa palavra, equivalência entre o número de letras e o número de fonemas. Observe:

caneta

6 letras (c - a - n - e - t - a)

6 fonemas (Pronunciamos todos os sons representados pelas seis letras.)

chave

5 letras (c - h - a - v - e)

4 fonemas (Pronunciamos apenas quatro sons: [*xave*]; na palavra **chave**, o dígrafo **ch** representa um único fonema.)

fixo

4 letras (f - i - x - o)

5 fonemas (Pronunciamos cinco sons: [*fikso*]; na palavra **fixo**, a letra **x** representa dois fonemas.)

hora

4 letras (h - o - r - a)

3 fonemas (Pronunciamos apenas três sons: [*ora*]; na palavra **hora**, a letra **h** não representa fonema algum.)

representar

11 letras (r - e - p - r - e - s - e - n - t - a - r)

10 fonemas (Pronunciamos [*represẽtar*]; na palavra **representar**, o encontro **en** representa um único fonema.)

DÍGRAFO

Dígrafo ou **digrama** é o encontro de duas letras para representar um único fonema. Em português temos dois tipos de dígrafo: o dígrafo consonantal e o dígrafo vocálico.

a. **dígrafo consonantal**: ocorre quando temos duas letras representando um fonema consonantal.
Os dígrafos consonantais são:

- **ch**: **ch**uveiro, **ch**ácara
- **lh**: fo**lh**a, ve**lh**o
- **nh**: vi**nh**o, rai**nh**a
- **rr**: ca**rr**o, ma**rr**eta
- **ss**: pá**ss**aro, ma**ss**a
- **sc**: na**sc**er, cre**sc**er
- **sç**: na**sç**o, cre**sç**o
- **xc**: e**xc**eto, e**xc**elente
- **gu**: **gu**itarra, **gu**erra
- **qu**: a**qu**i, **qu**erer

b. **dígrafo vocálico**: ocorre quando temos duas letras representando um fonema vocálico.
Os dígrafos vocálicos são:

- **am**, **an** (correspondem à vogal nasal **ã**): t**am**pa, c**an**to
- **em**, **en** (correspondem à vogal nasal **ẽ**): t**em**po, p**en**te
- **im**, **in** (correspondem à vogal nasal **ĩ**): l**im**po, t**in**ta
- **om**, **on** (correspondem à vogal nasal **õ**): s**om**bra, c**on**tagem
- **um**, **un** (correspondem à vogal nasal **ũ**): alg**um**, f**un**do

Nos dígrafos vocálicos, as letras **m** e **n** não representam consoantes, mas tão somente indicam que a vogal anterior é nasal.

CLASSIFICAÇÃO DOS FONEMAS

Os fonemas classificam-se em vogais, consoantes e semivogais.

a. **vogais**: fonemas que resultam da livre passagem da corrente de ar pela boca, ou pela boca e cavidades nasais.
Os fonemas vocálicos são representados pelas letras **a**, **e**, **i**, **o**, **u** e pelos **dígrafos vocálicos**. Além dessas letras, os fonemas vocálicos podem ser representados pelas letras **w** e **y** (veja o boxe "Fique por dentro!" da página seguinte). Tais fonemas funcionam sempre como base da sílaba (não existe sílaba sem vogal).

c**a**s**a**, **a**l**e**m**ã**, p**e**l**e**, qu**en**t**e**, x**i**x**i**, b**an**d**o**l**im**, v**o**v**ó**, b**om**b**om**, **u**r**u**b**u**, **a**lg**um**

b. **consoantes**: fonemas que resultam de algum obstáculo encontrado pela corrente de ar.
Em português, os fonemas consonantais são representados pelas letras: **b**, **c**, **d**, **f**, **g**, **j**, **k**, **l**, **m**, **n**, **p**, **q**, **r**, **s**, **t**, **v**, **w**, **x**, **z** e pelos **dígrafos consonantais**; só formam sílaba quando apoiados em uma vogal.

lu**v**a, **r**a**t**o, **j**i**l**ó, **d**ú**v**i**d**a, a**p**t**o**, **cr**a**v**o, **c**a**rr**e**t**a, **t**e**lh**a, **ch**i**a**d**o**

c. **semivogais**: fonemas representados pelas letras **i** e **u** (em algumas palavras, pelas letras **e** e **o**), e também pelas letras **w** e **y** (veja o boxe "Fique por dentro!" da página seguinte), quando se juntam a uma vogal para com ela formar sílaba.
As semivogais nunca funcionam como base de sílaba.

cá - r **i** e	c o **i** - sa	tá - b **u** a	l o **u** - sa
sv v	v sv	sv v	v sv
ró - s **e** o	nó - d **o** a	c ã **e** s	p ã **o**
sv v	sv v	v sv	v sv

Em palavras como **saci**, **tatu**, **saída** e **saúde**, as letras **i** e **u** representam vogais, e não semivogais, por funcionarem como base de sílaba.

Fique por dentro!

Pelo Acordo Ortográfico da Língua Portuguesa de 1990, foram incluídas no nosso alfabeto as letras **k**, **w** e **y**. Que tipo de fonemas elas representam: vogais, semivogais ou consoantes?

Para resolver essa questão, devemos sempre levar em conta o som (fonema) que essas letras representam:

- O **k** representa sempre um fonema consonantal /k/: **K**átia, **k**antismo etc.
- O **w** pode tanto representar o fonema vocálico /u/: **W**ílson, o fonema semivocálico /w/: **w**indsurfe, como o fonema consonantal /v/: **W**ágner, **W**alita etc.
- Para classificar o **y**, leve em conta como ele se comporta na sílaba. Se for base de sílaba, classifica-se como vogal (*bugg**y**, deliver**y***); se estiver apoiado numa vogal, classifica-se como semivogal (*office-bo**y**, repla**y***). Palavras como **Y**ara e **Y**asmim podem ser pronunciadas de duas maneiras: **Y**a-ra, **Y**as-mim ou **Y**-a-ra, **Y**-as-mim, ou seja, dependendo da pronúncia adotada, o **y** será classificado como semivogal ou como vogal. Em palavras como *b**y**te* e b**y**roniano, a letra **y** não representa nem vogal, nem semivogal, mas o ditongo oral decrescente /ai/: b**ai**-te; b**ai**-ro-ni-a-no.

SÍLABA

Sílaba é o grupo formado por um ou mais fonemas pronunciados em uma só emissão de voz. Lembre-se, ainda, de que toda sílaba tem por base uma vogal; logo, para se saber quantas sílabas há numa palavra, basta verificar o número de vogais, pois nas palavras o número de sílabas é sempre igual ao número de vogais.

- **ca-sa**: duas vogais; duas sílabas
- **pa-pai**: duas vogais; duas sílabas
- **ár-vo-re**: três vogais; três sílabas
- **ca-der-ne-ta**: quatro vogais; quatro sílabas

- **i-na-dim-plen-te**: cinco vogais; cinco sílabas
- **em-pre-sa-ri-a-do**: seis vogais; seis sílabas

Quanto ao número de sílabas, os vocábulos classificam-se em monossílabos, dissílabos, trissílabos e polissílabos.

a. monossílabos: quando têm uma única sílaba.

sim, a, um, dor, cor, lá, pá, sol

b. dissílabos: quando têm duas sílabas.

ca-sa, li-vro, cha-ve, pi-pa, or-gão

c. trissílabos: quando têm três sílabas.

ca-der-no, ca-ne-ta, pa-lha-ço, cin-zei-ro

d. polissílabos: quando têm mais de três sílabas.

ma-ra-cu-já, me-lan-ci-a, in-fe-liz-men-te, Lu-ci-a-na

CLASSIFICAÇÃO DAS PALAVRAS QUANTO À POSIÇÃO DA SÍLABA TÔNICA

Sílaba tônica é aquela que recebe o acento tônico, ou seja, é a sílaba que é pronunciada com maior intensidade. Todas as demais sílabas da palavra são átonas.

Quanto à posição da sílaba tônica, as palavras classificam-se em oxítonas, paroxítonas e proparoxítonas.

a. oxítonas: quando a sílaba tônica é a última da palavra.

ma-ra-cu-**já**, ca-**fé**, re-com-**por**

b. paroxítonas: quando a sílaba tônica é a penúltima da palavra.

ca-**dei**-ra, ca-**rá**-ter, **me**-sa

c. proparoxítonas: quando a sílaba tônica é a antepenúltima da palavra.

sí-la-ba, me-ta-**fí**-si-ca, **lâm**-pa-da

Nem sempre a sílaba tônica vem indicada com acento gráfico. Por isso, é fundamental distinguir o acento tônico do acento gráfico.

Acento tônico é o acento da fala; manifesta-se pela maior intensidade da voz na pronúncia de uma sílaba.

Acento gráfico é o sinal utilizado, em algumas palavras, para indicar a sílaba tônica.

MONOSSÍLABOS ÁTONOS E TÔNICOS

Dependendo da intensidade com que são pronunciados na frase, os monossílabos podem ser:

a. **átonos**: quando não possuem acentuação própria, isto é, quando são pronunciados com pouca intensidade.

A guia **me** mostrou **o** caminho **do** parque.

O rapaz **te** disse onde você poderia **nos** encontrar?

b. **tônicos**: quando possuem acentuação própria, isto é, quando são pronunciados com bastante intensidade.

Fiquei com **dó** daquelas pessoas.

Nós ainda chegaremos **lá**.

Para realizar essa tarefa, **tu** dependes de **mim**.

Grave isto!

Os monossílabos tônicos soam distintamente no interior da frase; já os monossílabos átonos, por não possuírem acentuação própria, soam como uma sílaba da palavra anterior ou da palavra posterior.

Quero encontrá-**la** (átono) **lá** (tônico).

Dê (tônico) o livro **de** (átono) Português para Maria.

Tenho **dó** (tônico) **do** (átono) menino.

ORTOÉPIA E PROSÓDIA

A **ortoépia** (ou ortoepia) trata da pronúncia correta das palavras. Pronunciar incorretamente uma palavra é cometer **cacoépia**.

Ortoépia e *cacoépia* são palavras formadas por radicais gregos: *orthós* = "reto", "direito"; *caco* = "feio", "mau"; *épos* = "palavra". Da mesma forma podemos falar em ortofonia e cacofonia.

É mais comum encontrarmos erros de ortoépia na linguagem informal, mais descuidada e com tendência natural para a simplificação.

Apresentamos a seguir a pronúncia correta de algumas palavras.

- abób**a**da em vez de "abób**o**da"
- al**ei**jar em vez de "al**e**jar"
- ban**de**ja em vez de "ban**dei**ja"
- caran**gue**jo em vez de "caran**guei**jo"
- **c**uspe em vez de "**g**uspe"
- estu**pro** em vez de "es**tru**po"
- la**gar**tixa em vez de "**lar**gatixa"
- men**di**go em vez de "men**din**go"
- mor**ta**dela em vez de "mor**tan**dela"
- pra**ze**roso em vez de "pra**zei**roso"

A **prosódia** trata da correta acentuação tônica das palavras. Assim, cometer um erro de prosódia é, por exemplo, transformar uma palavra oxítona em paroxítona ou uma proparoxítona em paroxítona. Os erros de prosódia recebem o nome de **silabada**. Observe a seguir a pronúncia correta de algumas palavras (a sílaba tônica está destacada).

São oxítonas: con**dor**, no**vel**, re**cém**, re**fém**, su**til**.

São paroxítonas: a**va**ro, azi**a**go, de**ca**no, filan**tro**po, i**be**ro, li**bi**do, pe**ri**to, pu**di**co, ru**bri**ca, **têx**til.

São proparoxítonas: ae**ró**lito, **á**gape, **â**mago, a**mál**gama, a**ná**tema, an**dró**gino, ar**qué**tipo, **bí**gamo, **bí**mano, bi**ó**tipo, **é**gide, e**pí**teto, estere**ó**tipo, fa**gó**cito, **ím**probo, **ín**clito, **ín**terim, leu**có**cito, **lú**cifer, mo**nó**lito, **pân**tano, pe**rí**frase, pro**tó**tipo, qua**drú**mano, **sâns**crito, **sín**drome, **trâns**fuga, ver**mí**fugo, **zé**firo, **zê**nite.

Fique por dentro!

Qual é a pronúncia correta: prêmio **Nó**bel ou prêmio No**bel**?

A famosa premiação concedida anualmente às pessoas que trabalham para o bem da humanidade, destacando-se no campo da Física, da Química, da Medicina, da Literatura, da Paz e da Economia, foi criada pelo industrial e químico sueco Alfred Bernhard Nobel (1833-1896), inventor da dinamite. A pronúncia de seu sobrenome é oxítona; portanto:

prêmio No**bel**

Algumas palavras admitem dupla pronúncia, ambas consideradas corretas. É o caso de *ortoépia* ou *ortoe**pi**a*. Observe outros exemplos.

- a**cró**bata ou acro**ba**ta
- hie**ró**glifo ou hiero**gli**fo
- bo**ê**mia ou boe**mi**a
- pro**jé**til ou proje**til**
- **ré**ptil ou rep**til**
- **só**ror ou so**ror**
- **xé**rox ou xe**rox**
- **zân**gão ou zan**gão**

ENCONTROS VOCÁLICOS

Há, em português, três espécies de **encontros vocálicos**: ditongo, tritongo e hiato.

a. ditongo: é o encontro, em uma mesma sílaba, de uma vogal e uma semivogal, ou vice-versa.

N **e u** - sa (e = v; u = sv) p **a i** (a = v; i = sv) gló - r **i a** (i = sv; a = v)

Os ditongos podem ser crescentes ou decrescentes, orais ou nasais.

- **crescentes**: a semivogal vem antes da vogal.

his - tó - r **i a** (i = sv; a = v) tê - n **u e** (u = sv; e = v) gá - v **e a** (e = sv; a = v)

- **decrescentes**: a vogal vem antes da semivogal.

p **a i** (a = v; i = sv) l **e i** - te (e = v; i = sv) c **o i** - sa (o = v; i = sv)

- **orais**: quando a vogal é oral.

d **e i** - xo (e = v; i = sv) ré - g **u a** (u = sv; a = v)

- **nasais**: quando a vogal é nasal.

ma - m **ã o** (ã = v; o = sv) li - m **õ e** s (õ = v; e = sv)

b. **tritongo**: é o encontro, em uma mesma sílaba, de semivogal + vogal + semivogal. Os tritongos podem ser orais ou nasais.

- **orais**: quando a vogal é oral.

U - ru - g **u a i** (u = sv; a = v; i = sv) a - ve - ri - g **u e i** (u = sv; e = v; i = sv)

- **nasais**: quando a vogal é nasal.

sa - g **u ã o** (u = sv; ã = v; o = sv) q **u ã o** (u = sv; ã = v; o = sv)

c. **hiato**: encontro imediato de duas vogais, cada uma delas pertencendo a uma sílaba distinta.

r **a** - **i** z (v, v) s **a** - **ú** - de (v, v) co - r **o** - **o** (v, v) S **a** - **a** - ra (v, v)

Fique por dentro!

A rigor, hiato é o encontro vocálico típico, ou seja, duas vogais, uma em cada sílaba. No entanto, à falta de melhor critério, classifica-se o encontro de uma vogal com um ditongo ou de dois ditongos como hiato. Por exemplo:

m**ei**-**a**; b**oi**-**a**; b**ai**-**ão**

ENCONTROS CONSONANTAIS

Encontros consonantais são grupos formados por mais de uma consoante sem vogal intermediária. Os encontros consonantais podem ser perfeitos ou imperfeitos.

a. **perfeitos**: quando as consoantes pertencem à mesma sílaba. Nesse caso, a segunda consoante geralmente é **l** ou **r**.

blu-sa   **pr**a-to   a-**tl**as   li-**vr**o

b. **imperfeitos**: quando as consoantes pertencem a sílabas diferentes.

a**f**-**t**a   a**b**-**s**o-lu-to   a**d**-**j**e-ti-vo   pa**r**-**t**o

Não devemos confundir encontro consonantal com dígrafo. No **encontro consonantal**, pronunciamos todas as consoantes; no **dígrafo**, pronunciamos um único som.

DIVISÃO SILÁBICA

A divisão das sílabas de uma palavra é feita pela soletração. Usa-se o hífen para marcar a separação silábica.

te-sou-ra, de-ter-mi-na-ção, su-bal-ter-no, tran-sa-tlân-ti-co, bi-sa-vô

Convém, no entanto, observar as seguintes regras:

1. Não se separam os ditongos e os tritongos.

   au-ro-ra, **ai**-ro-so, U-ru-g**uai**

2. Não se separam os dígrafos **ch**, **lh**, **nh**, **gu**, **qu**.

   a-**ch**e-gar, fi-**lh**o, ma-**nh**ã, fo-**gu**e-te, e-**qu**i-va-ler

3. Separam-se as vogais que formam os hiatos.

   s**a**-**í**-da, r**a**-**i**-nha, r**a**-**i**z, S**a**-**a**-ra, c**o**-**o**r-de-na-ção

4. Sempre se separam os dígrafos **rr**, **ss**, **sc**, **xc**, **sç**.

   ca**r**-**r**o-ça, a**s**-**s**a-do, a**s**-**c**en-são, e**x**-**c**e-ção, de**s**-**ç**a

5. Não se separam os encontros consonantais perfeitos (consoante + **l** ou + **r**).

   a-**bl**a-ção, a-**pl**au-so, a-**br**a-sar, li-**vr**ei-ro

Nem sempre os grupos consoante + **l** ou consoante + **r** formam encontros consonantais perfeitos. Se o **l** e o **r** se pronunciarem separadamente, deverão vir separados na divisão silábica.

su**b**-**l**in-gual, su**b**-**l**e-gen-da

6 Nos demais encontros consonantais, cada consoante pertence a uma sílaba diferente.

di**g**-**n**o, a**f**-**t**a, ri**t**-**m**o, ra**p**-**t**o, cu**r**-**v**a

Vale lembrar que as regras de divisão silábica são úteis na **translineação** (passagem de uma linha para a outra em que parte da palavra fica na linha superior, e o restante na de baixo): o hífen das palavras compostas ou daquelas em que há combinação de termos com hífen deve ser repetido na linha seguinte, caso a divisão no fim da linha ocorra no final de um dos termos.

mico-leão-
-dourado

Não fique aí parado!

Texto para as questões 1 e 2.

"**Potiguar** – A palavra, que designa o natural do Rio Grande do Norte, é de origem tupi: *poti'war* significa comedor de camarão, crustáceo encontrado com fartura no litoral do Estado. Primitivamente, designava os potiguaras, etnia indígena que habitava a região. A identificação dos potiguaras com o crustáceo era tão grande que *po'ti* – camarão, em tupi – virou nome próprio. O melhor exemplo disso foi o índio Poti, levado para Amsterdam em 1630, onde recebeu formação holandesa. O camarão fez história..."

(COTRIM, Márcio. *O pulo do gato*: o berço das palavras e expressões populares. São Paulo: Geração Editorial, 2005. p. 76.)

1. Separe as sílabas das seguintes palavras:

designa – crustáceo – primitivamente – etnia – identificação – próprio – exemplo – disso – recebeu – história

2. Em quais das seguintes palavras do texto há mais letras do que fonemas?

designa – encontrado – potiguaras – habitava – identificação – disso – formação – holandesa – camarão – história

3. Leia em voz alta os pares de palavras apresentados a seguir e indique aqueles em que a letra em destaque representa fonemas distintos. Lembre-se de que uma mesma letra pode representar fonemas diferentes.

a) m**e**do – m**e**sa

b) b**e**rra – g**e**lo

d) t**e**rra – qu**e**da

e) c**e**do – b**e**lo

f) h**o**mem – m**o**le

g) m**o**do – h**o**ra

h) l**o**ja – m**o**ça
i) **s**ala – ca**s**a
j) me**s**a – **s**apato
k) **r**oda – ba**r**ato
l) **r**ato – ca**r**o
m) **r**ápido – **r**aposa

Texto para as questões 4 a 7.

"Antes eram 9 planetas e pronto. Só que, de uns anos para cá, intrusos com apelidos do naipe de Xena, Papai Noel e Coelhinho da Páscoa apareceram. Não é piada: esses são nomes provisórios de astros que têm tamanho comparável ao de Plutão, e que ninguém tinha detectado. Só que tem mais: deve haver um bocado de outros corpos assim nas fronteiras geladas do sistema solar."

(*Superinteressante*, ed. 229, ago. 2006. p. 23.)

4. Quantas letras e quantos fonemas ocorrem nas palavras a seguir?

a) antes
b) planetas
c) pronto
d) intrusos
e) haver

5. Separe as palavras a seguir em dois grupos: no primeiro coloque aquelas que apresentam encontro consonantal; no segundo, as que apresentam dígrafo.

planetas – Coelhinho – Páscoa – esses – tamanho – comparável – Plutão – tinha – detectado – que – outros – corpos – sistema

6. Separe as sílabas das palavras a seguir e depois as coloque em dois grupos: no primeiro escreva aquelas que apresentam ditongo; no segundo, as que apresentam hiato.

naipe – Papai – Noel – Coelhinho – piada – Plutão – fronteiras

7. Em uma mesma palavra pode haver dígrafo e encontro consonantal. Isso ocorre em três palavras do texto. Quais?

Texto para as questões 8 e 9.

"Muitas instituições evitam o assunto fraude digital pelo simples receio de parecer vulneráveis. Mas o fato é que o problema existe, é grave e merece atenção, ação e transparência."

(Anúncio publicitário)

8. Assinale **V** (para verdadeiro) e **F** (para falso) para as proposições a seguir.

a) Em **instituições** há um ditongo nasal decrescente.
b) Em **assunto** há dois dígrafos.
c) Em **fraude** há encontro consonantal e ditongo crescente.
d) Em **simples** há dígrafo vocálico e encontro consonantal.
e) Em **problema** há dois encontros consonantais.
f) Em **existe** as letras **x** e **s** representam um mesmo fonema.
g) A palavra **atenção** apresenta dígrafo e ditongo nasal decrescente.

9. No anúncio aparece a palavra **fato**. Em cada alternativa a seguir, forme palavras substituindo o fonema representado pela letra em destaque por outro. Depois, escreva frases com as palavras que você apresentou como resposta.

a) **f**ato b) f**a**to c) fa**t**o

Texto para as questões 10 e 11.

"Dormir com o namorado no mesmo quarto pode parecer privilégio de pessoas mais velhas, independentes, que moram sozinhas. Mas não é. Muitos adolescentes já conquistaram esse direito e levam seus namorados para dormir na casa dos pais.

No começo, quartos separados. Depois de algum tempo, quando os pais se acostumam com o novo 'membro' da família, liberam o casal para dormir no mesmo quarto."

(CASTRO, Leticia de. *Folha de S.Paulo*, 4 set. 2006. Folhateen, p. 66.)

10. Em qual das palavras há mais letras que fonemas?

namorado – parecer – privilégio – quando – começo

11. Quantos fonemas há na palavra **independentes**?

12. Das palavras da relação abaixo, qual apresenta mais fonemas que letras?

campo – menino – Lua – sabonete – carro – fixo

13. Quantos fonemas há na palavra **representante**? E em **assanhado**?

14. Que palavra tem o mesmo número de fonemas de **cheque**?

a) fixo
b) lixo
c) ilha
d) caixa
e) sapato

15. Qual palavra tem o mesmo número de fonemas que **lâmpada**?

a) minha
b) laranja
c) agulha
d) lucro
e) revista

16. Qual palavra tem o mesmo número de fonemas que **tórax**?

a) milho
b) falange
c) faixa
d) quilo
e) fósforo

17. Explique por que o número de sílabas **não é o mesmo** em cada par de palavras.

a) pais – país
b) vou – voo
c) Mário – Maria
d) colégio – desafio

18. Identifique, na relação abaixo, as palavras que apresentam semivogal.

riso – muro – melancia – herói – tênue – luz – giz

19. Da relação a seguir, separe as palavras em três colunas: na primeira, coloque as que apresentam ditongo crescente; na segunda, as que apresentam ditongo decrescente; na terceira, as que apresentam hiato.

várias – Saara – cárie – Laura – melancia – ouço – saúva – véu – herói – pastéis – roupa – grau – língua – paciência – mistério – tábua – árduo – juízes – loira – telefonia – tesoura

20. Divida as sílabas das palavras a seguir.

separação, canhoto, sílaba, Uruguai, fáceis, assassino, lírio, mestre, chapéu, apto, heroico, digno, linguiça, grisalho, magnético, cápsula, quente, elipse, cheiroso, silepse, brasileiro, mensageiro, perspectiva, dispneia, saímos, álcool, raízes, meia, cooperar, balaio, caatinga, assembleia, exceção, apoio, creem, epidemia, carroça, barro, fortuito, gratuito, absolutismo, pneumático, tungstênio, egípcio, obsessão, abscissa, adjunto, obcecado, adverbial, quiromancia

21. Separe as palavras abaixo em três grupos, usando **a** para as oxítonas, **b** para as paroxítonas e **c** para as proparoxítonas. Atenção: o acento gráfico, caso exista, foi intencionalmente omitido.

novel, anatema, recem, pantano, refem, notivago, sutil, ibero, ureter, textil, avaro, pegada, decano, cafila, efebo, interim, erudito, rubrica, aerolito, tulipa, fortuito, gratuito, hipodromo, biotipo, cizania, obolo

22. Reescreva as palavras do exercício anterior cujo acento gráfico foi omitido, colocando-o no lugar correto.

Veja na página 407 questões de exames sobre o assunto abordado neste capítulo.

CAPÍTULO 2 Ortografia

O ALFABETO DA LÍNGUA PORTUGUESA

Ortografia (do grego *orthós* = "reto, direito" + *gráphein* = "escrever, descrever") é a parte da gramática normativa que trata da maneira de escrever corretamente as palavras.

Os sons da fala são representados na escrita por sinais gráficos denominados letras. O conjunto das letras recebe o nome de alfabeto ou abecedário. O alfabeto da língua portuguesa é composto de 26 letras:

Maiúsculas: A B C D E F G H I J K L M N O P Q R S T U V W X Y Z

Minúsculas: a b c d e f g h i j k l m n o p q r s t u v w x y z

As letras **k**, **w** e **y** são utilizadas em casos especiais, como:

a. na grafia de abreviaturas e símbolos:

K (potássio), kg (quilograma), W (símbolo de Oeste na rosa dos ventos)

b. na grafia de nomes próprios estrangeiros e em seus derivados:

Byron, byroniano; Darwin, darwinismo; Kafka, kafkiano; *dolby* (termo da eletrônica, derivado de Ray Milton Dolby, engenheiro e inventor); *nylon* (marca registrada que passou a designar certo tipo de tecido)

c. em palavras estrangeiras de uso internacional:

download, know-how, megabyte, office-boy

Grave isto!

Antes do Acordo Ortográfico de 1990, as letras **k**, **w** e **y**, embora fossem citadas nos casos apontados, não faziam parte do nosso alfabeto.

Além das letras, utilizamos sinais denominados **notações léxicas**. São eles:

a. os acentos gráficos:
- acento agudo (´)
- acento grave (`)
- acento circunflexo (^)

b. hífen ou traço de união (-)

c. til (~)

d. cedilha (,)

e. apóstrofo (')

As regras de acentuação gráfica e o emprego do hífen, embora façam parte da ortografia, serão estudados nos capítulos 3 e 4.

ORIENTAÇÕES ORTOGRÁFICAS

O emprego das letras em português, em alguns casos, costuma gerar dúvidas, uma vez que um mesmo fonema pode ser representado por mais de uma letra, e uma letra pode representar mais de um fonema. No entanto, as 26 letras de que se compõe nosso alfabeto não conseguem representar todo o sistema fonético do português, já que algumas letras apresentam variações que podem ser marcadas por sinais gráficos ou não.

Sem a pretensão de esgotar o assunto, apresentamos a seguir orientações básicas para empregar corretamente algumas letras que costumam gerar dúvidas.

EMPREGO DO *h*

O **h** não representa fonema algum; é apenas uma letra que se mantém em algumas palavras em decorrência da etimologia (origem da palavra) ou da tradição escrita do nosso idioma e na grafia dos dígrafos **ch**, **lh** e **nh**. Quanto ao seu emprego, observam-se as seguintes regras:

a. Emprega-se o **h** no final de algumas interjeições.

a**h**!, o**h**!

b. Emprega-se o **h** quando a etimologia ou a tradição escrita do nosso idioma assim determina.

hábil, **h**abitação, **h**ábito, **h**álito, **h**aver, **h**élice, **h**erança, **h**erói, **h**esitar, **h**iato, **h**íbrido, **h**idrogênio, **h**ífen, **h**igiene, **h**ipoteca, **h**oje, **h**omem, **h**onesto, **h**onra, **h**ora, **h**orizonte

Não ligue o automático!

Há palavras em que se eliminou o **h** etimológico, como **erva** (do latim *herba*) e **inverno** (do latim *hibernu*). No entanto, o **h** etimológico aparece em algumas formas derivadas dessas palavras: **h**erbáceo, **h**erbicida, **h**erbívoro (de erva); **h**ibernar, **h**ibernação (de inverno).

c. No interior dos vocábulos não se usa o **h**, exceto:

- quando ele faz parte dos dígrafos **ch**, **lh**, **nh**.

  chave, ma**lh**a, rai**nh**a

- nos compostos em que o segundo elemento com **h** etimológico se une ao primeiro por hífen.

  anti-**h**igiênico, pré-**h**istória, super-**h**omem

d. Afora esses casos, não existem em português palavras com **h** medial.

inabilidade, desabitado, desonra, reaver

Fique por dentro!

Por tradição, grafa-se com **h** o topônimo **Bahia**, mas o mesmo não acontece com os seus derivados **baiano**, **baianidade** nem com os compostos **coco-da-baía**, **laranja-da-baía**. Ocorre que antigamente o **h** era utilizado para indicar hiato; escrevia-se, por exemplo, sa**h**ida (saída), sa**h**ude (saúde), pro**h**ibido (proibido). Quando esse uso foi abolido, o estado da Bahia, cuja capital se situa às margens da Baía de Todos-os-Santos, manteve a tradição na grafia de seu nome.

EMPREGO DO *s*

Emprega-se a letra **s** nos seguintes casos:

a. nos adjetivos terminados pelo sufixo -**oso(a)**, indicador de abundância, estado pleno.

cheir**oso**, cheir**osa**, deng**oso**, deng**osa**, form**oso**, form**osa**, horror**oso**, horror**osa**

b. nos sufixos -**ês(a)** e -**isa**, indicadores de origem, título de nobreza ou profissão.

campon**ês**, campon**esa**, duqu**esa**, franc**ês**, franc**esa**, marqu**ês**, marqu**esa**, milan**ês**, milan**esa**, poet**isa**, princ**esa**, profet**isa**

c. nos adjetivos terminados pelo sufixo -**ense**, indicador de relação, procedência, origem.

brasili**ense**, canad**ense**, cear**ense**, flumin**ense**, palmeir**ense**, rio-grand**ense**

d. depois de ditongos.

coi**s**a, fai**s**ão, lou**s**a, mau**s**oléu

e. nas formas dos verbos **pôr** e **querer**.

- eu pu**s**, se eu pu**s**er, se eu pu**s**esse
- eu qui**s**, se eu qui**s**er, se eu qui**s**esse

Fique por dentro!

O **s** inicial de uma palavra tem sempre o **som de s**.

sabonete, **s**errote, **s**ilêncio

Um **s** entre duas vogais tem sempre o **som de z**.

ca**s**a, me**s**a, ro**s**a

O dígrafo **ss** entre duas vogais tem **som de s**.

pa**ss**o, ma**ss**a, arreme**ss**o

Mas atenção: nunca se inicia uma palavra com o dígrafo **ss**.

EMPREGO DO *z*

Emprega-se a letra **z** nos seguintes casos:

a. nos sufixos -**ez**, -**eza**, formadores de substantivos abstratos que têm adjetivos por base.

adjetivo	substantivo abstrato
altivo	altiv**ez**
belo	bel**eza**
estúpido	estupid**ez**
grande	grand**eza**
insensato	insensat**ez**
magro	magr**eza**
mesquinho	mesquinh**ez**

b. no sufixo -**izar**, formador de verbo com base em substantivo ou adjetivo.

substantivo / adjetivo	**verbo**
atual	atual**izar**
canal	canal**izar**
hospital	hospital**izar**
humano	human**izar**

Não ligue o automático!

Muito cuidado! Em palavras como **analisar** e **pesquisar** não ocorre o sufixo verbal -**izar**. Veja como ocorre a formação dessas palavras:

análi**s**e + ar = anali**s**ar

pesqui**s**a + ar = pesqui**s**ar

Grave isto!

O substantivo **catequese** é grafado com **s**, mas o verbo **catequizar** é grafado com **z**. Isso ocorre em função da etimologia: cateque**s**e vem do latim *cateche**s**e*, e o verbo catequizar vem do latim *catechi**z**are*.

Escrevem-se com *s*		**Escrevem-se com *z***	
aliá**s**	gá**s**	abali**z**ar	fuga**z**
ali**s**ar	ga**s**olina	algo**z**	gi**z**
análi**s**e	gro**s**elha	ami**z**ade	jae**z**
apó**s**	inclu**s**ive	apra**z**ível	ja**z**igo
a**s**a	invé**s**	aprendi**z**	la**z**er
atrá**s**	ju**s**	arro**z**	lu**z**
atra**s**o	li**s**onjeiro	assa**z**	maga**z**ine

Escrevem-se com *s*		Escrevem-se com *z*	
através	lisura	atriz	meretriz
aviso	mês	atroz	prazer
bisar	mosaico	azar	prazo
brasa	nasal	azia	profetizar
casulo	obus	baliza	rapaz
catalisar	pêsames	bazar	rodízio
cisão	revés	buzina	sagaz
colisão	síntese	cafuzo	talvez
cós	sinusite	capaz	tenaz
crase	surpresa	cartaz	tez
crise	tosar	chafariz	vazio
despesa	três	coriza	veloz
deusa	uso	cruz	verniz
empresa	usina	deslize	voraz
fase	visar	desprezo	xadrez

SUFIXO *-inho / -(z)inho*

Para formar o grau diminutivo com o sufixo -**inho**, proceda assim: se a palavra primitiva terminar por **s** ou **z**, basta acrescentar o sufixo -**inho(a**); porém, se a palavra primitiva apresentar outra terminação, devemos usar a consoante **z** para ligar o sufixo -**inho** ao radical da palavra primitiva.

PALAVRA PRIMITIVA	CONSOANTE DE LIGAÇÃO	SUFIXO DIMINUTIVO	PALAVRA DERIVADA
lápis	∅	+ inho	lapi**s**inho
pires	∅	+ inho	pire**s**inho
juiz	∅	+ inho	jui**z**inho
raiz	∅	+ inha	rai**z**inha
pai	+ z	+ inho	pai**z**inho
papel	+ z	+ inho	papel**z**inho
pé	+ z	+ inho	pe**z**inho

EMPREGO DE *g* / *j*

Emprega-se a letra **g**:

a. nas palavras terminadas em **-ágio**, **-égio**, **-ígio**, **-ógio**, **-úgio**.

ped**ágio**, col**égio**, lit**ígio**, rel**ógio**, subterf**úgio**

b. nos substantivos terminados em -**gem**, exceção feita a **pajem**, **lajem** e **lambujem**.

ara**gem**, cora**gem**, mar**gem**, verti**gem**

Grave isto!

O substantivo **viagem** escreve-se com **g**, mas **viajem** (forma do verbo **viajar**) escreve-se com **j**.

Emprega-se a letra **j**:

a. em palavras de origem tupi:

jerimum, **j**iboia, **j**irau, pa**j**é

Ser**g**ipe é uma exceção.

b. nas formas dos verbos terminados em -**jar**:

apedre**jar**: apedre**j**e, apedre**j**ei, apedre**j**emos
arran**jar**: arran**j**e, arran**j**ei, arran**j**emos

Escrevem-se com *g*		**Escrevem-se com *j***	
an**g**élico	here**g**e	an**j**inho	**j**iló
estran**g**eiro	li**g**eiro	berin**j**ela	la**j**e
evan**g**elho	mon**g**e	cafa**j**este	ma**j**estade
geada	o**g**iva	can**j**ica	man**j**edoura
gen**g**ibre	sar**g**ento	gor**j**ear	mon**j**a
gen**g**iva	su**g**estão	gor**j**eta	o**j**eriza
geringonça	tan**g**erina	**j**eito	pa**j**é

Escrevem-se com *g*		Escrevem-se com *j*	
gim	ti**g**ela	**j**enipapo	sar**j**eta
gíria	va**g**em	**j**esuíta	tra**j**e
giz	va**g**ido	**j**iboia	ultra**j**e

EMPREGO DE *x* / *ch*

a. Depois de ditongo normalmente se emprega **x**.
amei**x**a, cai**x**a, ei**x**o, fai**x**a, fei**x**e

b. Depois da sílaba inicial **en**- emprega-se **x**.
en**x**ada, en**x**ame, en**x**aqueca, en**x**oval

Exceções: os verbos **encher**, **encharcar** e derivados escrevem-se com **ch**.

c. Depois da sílaba inicial **me**- emprega-se **x**.
me**x**er, me**x**erica, me**x**ericar, me**x**icano, me**x**ilhão

Exceções: **mecha** e derivados escrevem-se com **ch**.

d. Palavras de origem indígena e africana são grafadas com **x**.
xangô, **x**ará, **x**avante, **x**e**x**éu

Escrevem-se com *x*		Escrevem-se com *ch*	
almo**x**arife	me**x**er	apetre**ch**o	co**ch**i**ch**o
be**x**iga	me**x**erico	ar**ch**ote	col**ch**a
bru**x**a	ori**x**á	bo**ch**e**ch**a	comi**ch**ão
capi**x**aba	o**x**alá	boli**ch**e	coquelu**ch**e
ca**x**umba	pra**x**e	bro**ch**e	fa**ch**ada
coa**x**ar	pu**x**ar	ca**ch**aça	fi**ch**a
eli**x**ir	rela**x**ar	ca**ch**imbo	fle**ch**a
engra**x**ate	ve**x**ame	cartu**ch**eira	in**ch**ar
fa**x**ina	**x**ampu	**ch**afariz	ma**ch**ucar
gra**x**a	**x**arope	**ch**arco	mo**ch**ila
lagarti**x**a	**x**enofobia	**ch**imarrão	pe**ch**in**ch**a
la**x**ante	**x**ereta	**ch**u**ch**u	pi**ch**e
li**x**a	**x**erife	**ch**ucrute	ra**ch**ar
lu**x**o	**x**ícara	**ch**umaço	salsi**ch**a
ma**x**i**x**e	**x**ingar	**ch**utar	to**ch**a

Grave isto!

Palavras de uma mesma família geralmente são grafadas com a mesma letra. Como **gesso** é grafado com a letra **g**, **g**esseiro, en**g**essar, en**g**essado devem também ser grafados com **g**. Veja outros exemplos:

análi**s**e: anali**s**ar, anali**s**ado

bru**x**a: bru**x**aria, bru**x**ismo, bru**x**omaníaco

cru**z**: cru**z**ar, cru**z**eiro, cru**z**ada

jeito: **j**eitoso, a**j**eitar, a**j**eitado, **j**eitinho

EMPREGO DE *e* / *i*

a. Os verbos terminados em **-uar** e **-oar** escrevem-se com **e** nas formas do presente do subjuntivo.

contin**uar**	contin**u**es	contin**ue**
efet**uar**	efet**u**es	efet**ue**
abenç**oar**	abenç**o**es	abenç**oe**
perd**oar**	perd**o**es	perd**oe**

b. Os verbos terminados em **-uir**, **-air** e **-oer** escrevem-se com **i** na segunda e na terceira pessoa do singular do presente do indicativo.

poss**uir**	possu**i**s	possu**i**
retrib**uir**	retribu**i**s	retribu**i**
ca**ir**	ca**i**s	ca**i**
sa**ir**	sa**i**s	sa**i**
d**oer**	...	dó**i**
m**oer**	mó**i**s	mó**i**

Observação: o verbo **doer** só é conjugado nas terceiras pessoas.

Escrevem-se com *e*		**Escrevem-se com *i***	
ant**e**ont**e**m	**e**spagu**e**t**e**	corr**i**mão	**i**nvólucro
cad**e**ado	hast**e**ar	ans**i**ar	lamp**i**ão
camp**e**ão	irr**e**qui**e**to	art**i**fício	mer**i**tíss**i**mo
cand**ee**iro	merc**e**aria	cas**i**m**i**ra	páti**o**

Escrevem-se com *e*		Escrevem-se com *i*	
car**e**stia	pal**e**tó	crân**i**o	pen**i**c**i**lina
c**e**dilha	p**e**nico	cr**i**ação	pont**i**agudo
cr**e**olina	p**e**riquito	d**i**senteria	pr**i**v**i**lég**i**o
d**e**stilar	quas**e**	escárn**i**o	requ**i**s**i**to
emp**e**cilho	s**e**quer	esqu**i**s**i**to	táct**i**l
encarnado	s**e**ringa	**i**mbu**i**a	umb**i**l**i**cal

EMPREGO DE *s*, *c*, *ç*, *sc*, *ss*

Observe as seguintes correlações:

a. verbos grafados com **ced** originam substantivos e adjetivos grafados com **cess**.

ceder	**cess**ão, **cess**ionário
con**ced**er	con**cess**ão, con**cess**ionária
ex**ced**er	ex**cess**ivo, ex**cess**o

b. verbos grafados com **nd** originam substantivos e adjetivos grafados com **ns**.

asce**nd**er	asce**ns**ão, asce**ns**ional, asce**ns**or
diste**nd**er	diste**ns**ão, diste**ns**or
expa**nd**ir	expa**ns**ão, expa**ns**ivo
prete**nd**er	prete**ns**ão, prete**ns**ioso
suspe**nd**er	suspe**ns**ão, suspe**ns**ório

c. após ditongos e em palavras de origem árabe ou tupi emprega-se **ç** e não **ss**.

a**ç**aí, a**ç**afrão, a**ç**úcar, cai**ç**ara, cupua**ç**u, fei**ç**ão, lou**ç**a, mu**ç**ulmano

d. os sufixos -**aça(o)**, -**iça(o)**, -**uça(o)** são grafados com **ç**.

barca**ç**a, rica**ç**o, carni**ç**a, dentu**ç**a, pingu**ç**o

Escrevem-se com *sc*

acré**sc**imo	fa**sc**ículo	pi**sc**ina
adole**sc**ência	impre**sc**indível	plebi**sc**ito
a**sc**ender	intume**sc**er	recrude**sc**er
con**sc**iência	ira**sc**ível	remini**sc**ência
cre**sc**er	mi**sc**igenação	re**sc**isão
de**sc**ender	na**sc**er	ressu**sc**itar
di**sc**ente	ob**sc**eno	su**sc**itar
di**sc**iplina	o**sc**ilar	tran**sc**ender

Fique por dentro!

Cê-cedilha é a letra **c** em que se pôs **cedilha**. Indica que o **c** passa a ter som de **s**:

justi**ç**a, bra**ç**o, len**ç**o, amea**ç**a

O **ç** só é usado antes de **a**, **o**, **u**. Nunca se emprega o **ç** no início de uma palavra.

Observe as seguintes alterações gráficas para preservar o fonema:

bra**ç**o > bra**c**inho lenço > len**c**inho

FORMAS VARIANTES

Há palavras que podem ser grafadas de duas maneiras, ambas aceitas pela norma culta. Veja algumas:

cota / quota
catorze / quatorze
cociente / quociente
cotidiano / quotidiano
assobiar / assoviar
percentagem / porcentagem
bílis / bile
coisa / cousa
cãibra / câimbra
espuma / escuma
toucinho / toicinho
taverna / taberna

Observação: a palavra **cinquenta** não possui forma variante.

PARÔNIMOS E HOMÔNIMOS

PARÔNIMOS

Parônimos são palavras parecidas na grafia ou na pronúncia, mas com significados diferentes.

absolver (perdoar, inocentar) — absorver (sorver, aspirar)
arrear (pôr arreios) — arriar (descer, cair)
cavaleiro (que cavalga) — cavalheiro (homem cortês) ▶

comprimento (extensão)	cumprimento (saudação)
descrição (ato de descrever)	discrição (reserva, prudência)
descriminar (tirar a culpa, inocentar)	discriminar (distinguir)
despensa (onde se guardam mantimentos)	dispensa (ato de dispensar)
emigrar (deixar um país)	imigrar (entrar num país)
eminente (elevado)	iminente (prestes a ocorrer)
esbaforido (ofegante, apressado)	espavorido (apavorado)
flagrante (evidente)	fragrante (perfumado)
fusível (aquilo que funde)	fuzil (arma de fogo)
imergir (afundar)	emergir (vir à tona)
inflação (alta dos preços)	infração (violação)
infligir (aplicar pena)	infringir (violar, desrespeitar)
mandado (ordem judicial)	mandato (procuração)
ratificar (confirmar)	retificar (corrigir)
recrear (divertir, alegrar)	recriar (criar novamente)
sortir (abastecer)	surtir (produzir efeito)
tráfego (trânsito)	tráfico (comércio ilegal)
vadear (atravessar a vau)	vadiar (andar ociosamente)
vultoso (volumoso)	vultuoso (atacado de congestão na face)

HOMÔNIMOS

Homônimos são palavras que têm a mesma pronúncia, mas significados diferentes.

acender (pôr fogo)	ascender (subir)
acento (sinal gráfico)	assento (local onde se senta)
apreçar (ajustar o preço)	apressar (tornar rápido)
bucho (estômago)	buxo (arbusto)
caçar (capturar animais)	cassar (suspender os direitos)
cela (pequeno quarto)	sela (arreio)

censo (recenseamento)	senso (entendimento, juízo)
cerrar (fechar)	serrar (cortar)
chá (bebida)	xá (antigo soberano do Irã)
cheque (ordem de pagamento)	xeque (lance do jogo de xadrez)
concertar (ajustar, combinar)	consertar (corrigir, reparar)
coser (costurar)	cozer (preparar alimentos)
esperto (inteligente, perspicaz)	experto (experiente, perito)
espiar (observar, espionar)	expiar (reparar falta mediante pena)
estrato (camada)	extrato (o que se extrai de)
incerto (não certo, impreciso)	inserto (introduzido, inserido)
incipiente (principiante)	insipiente (ignorante)
ruço (pardacento, grisalho)	russo (natural da Rússia)
são (sadio, adjetivo)	são (forma do verbo **ser**)
tachar (atribuir defeito a)	taxar (fixar taxa)

PALAVRAS E EXPRESSÕES QUE PODEM OFERECER DIFICULDADE NA GRAFIA

AO ENCONTRO / DE ENCONTRO

Ao encontro (rege a preposição **de**) significa **a favor de**.

Aquelas atitudes vão **ao encontro** do que eles pregavam.

De encontro (rege a preposição **a**) significa **contra alguma coisa, em direção oposta**.

Essas ideias vêm **de encontro às** que eu tenho sobre o mesmo assunto.

CESSÃO / SESSÃO / SEÇÃO

Cessão significa o ato de ceder, o ato de dar.

Ele fez a **cessão** dos seus direitos autorais.
A **cessão** do terreno para a construção do estádio agradou a todos os torcedores.

Sessão é o intervalo de tempo que dura uma reunião, uma assembleia.

Assistimos a uma **sessão** de cinema.
Reuniram-se em **sessão** extraordinária.

Seção significa parte de um todo; segmento, subdivisão.

Lemos a notícia na **seção** de esportes.
Compramos os presentes na **seção** de brinquedos.

HÁ / A

Na indicação de tempo, emprega-se:

a. **há** para tempo passado (equivale a **faz**).

Há dois meses que ele não aparece.
Ele chegou da Europa **há** um ano.

b. **a** para tempo futuro.

Daqui **a** dois meses ele aparecerá.
Ela voltará daqui **a** um ano.

MAIS / MAS

Mais é um advérbio de intensidade; também pode dar ideia de adição. Se invertermos o significado da frase, podemos substituí-lo por **menos**.

Sem dúvida, é a garota **mais** simpática da sala!
Dois **mais** dois às vezes dá cinco.

Mas é uma conjunção adversativa que indica oposição, contraste. Pode ser substituída por outra conjunção adversativa (porém, contudo, todavia, entretanto etc.).

Ninguém esperava, **mas** ele acabou aparecendo.
Eles trabalham muito, **mas** ganham pouco.

MAU / MAL

Mau é sempre um adjetivo (seu antônimo é **bom**); refere-se, pois, a um substantivo ou pronome.

Escolheu um **mau** momento.
Esta é a história de um homem **mau**.

Mal pode ser:

a. advérbio de modo (antônimo de **bem**).

Ele se comportou **mal**.
Seu argumento está **mal** empregado.

b. conjunção temporal (equivale a **assim que**).

Mal chegou, saiu.

c. substantivo (quando precedido de artigo ou de outro determinante).

O **mal** não tem remédio.

Ela foi atacada por um **mal** incurável.

ONDE / AONDE / DONDE

Emprega-se **aonde** com os verbos que dão ideia de movimento. Equivale a **para onde**.

Aonde você vai?

Aonde nos leva com tal rapidez?

Naturalmente, com os verbos que não dão ideia de movimento, emprega-se **onde**.

Onde estão os livros?
Não sei **onde** te encontrar.

Donde é a contração da preposição **de** com **onde**. Significa "lugar de que".

Donde você vem?

Observação: Não é obrigatória a contração da preposição **de** com **onde**.

POR QUE / PORQUE / PORQUÊ / POR QUÊ

Lembre-se inicialmente de que, em final de frase, a palavra **que** deve ser acentuada graficamente, por se tratar de um monossílabo tônico terminado em -**e**.

Você vive de **quê**?
Ela pensa em **quê**?

1 Escreve-se **por que** (separado, por se tratar de duas palavras: a preposição **por** mais o pronome **que**):

a. quando equivale a **pelo qual** e flexões.

Este é o caminho **por que** passo todos os dias.
Não entendi os motivos **por que** eles faltaram.

b. quando, depois dele, vier escrita ou subentendida a palavra **razão**. Se ocorrer no final da frase, a palavra **que** deverá ser acentuada graficamente.

Por que razão você não compareceu?
Por que ele faltou à reunião?
Você não compareceu **por quê**?
Ele faltou **por quê**?
Não sabemos **por que** você não compareceu.
Não sabemos **por que** ele faltou.

2 Escreve-se **porque** (junto e sem acento) quando se tratar de uma conjunção explicativa ou causal. Geralmente equivale a **pois**.

Tirou boa nota **porque** estudou bastante.
Não compareceu **porque** estava doente.
Traga imediatamente os documentos, **porque** eu preciso deles.

3 Escreve-se **porquê** (junto e com acento) quando se tratar de um substantivo. Nesse caso, virá precedido de artigo ou outra palavra determinante.

Ninguém entendeu o **porquê** da proibição.
Não compreendemos o **porquê** da briga.

SENÃO / SE NÃO

Senão equivale a caso contrário.

Não estacione naquele local, **senão** você será multado.
Faça o depósito até amanhã, **senão** o pedido será cancelado.

Se não equivale a **se por acaso não**. Trata-se da conjunção condicional **se** seguida do advérbio de negação **não**.

Se não chover, iremos acampar.
A festa será amanhã à noite, **se não** ocorrer algum imprevisto.

EMPREGO DO HÍFEN

CONSIDERAÇÕES INICIAIS

O hífen (-) é empregado em português na ligação de elementos de palavras compostas ou derivadas por acréscimo de prefixos ou sufixos (guarda-chuva, couve-flor, sabiá-guaçu, anti-higiênico), para ligar pronomes oblíquos ao verbo (amá-lo, dizê-lo-íamos) e para marcar a separação silábica das palavras (com-pu-ta-do-ri-za-do).

Sem dúvida alguma, o emprego do hífen na ligação de elementos de palavras compostas ou derivadas é o que costuma gerar mais dúvidas, já que não são todas as palavras compostas e derivadas que têm seus elementos ligados por hífen. O Acordo Ortográfico de 1990 detalha os casos em que se emprega o hífen:

HÍFEN NOS COMPOSTOS

1. Emprega-se o hífen nas palavras compostas por justaposição cujos elementos (substantivos, adjetivos, numerais ou verbos) constituem uma unidade morfológica e semântica, mantendo o acento próprio, mesmo que o primeiro elemento venha reduzido.

   ano-luz, arco-íris, decreto-lei, médico-cirurgião, tenente-coronel, amor-perfeito, guarda-noturno, mato-grossense, norte-americano, sul-africano, afro-brasileiro, franco-lusitano etc.

   Observação:

   As palavras compostas em que se perdeu a noção de composição são grafadas sem hífen.

   girassol, madressilva, mandachuva, pontapé, paraquedas, paraquedista etc.

2. Emprega-se o hífen nos nomes de lugar compostos, iniciados pelos adjetivos **grã**, **grão** ou por forma verbal ou cujos elementos estejam ligados por artigo.

   Grã-Bretanha, Grão-Pará, Passa-Quatro, Trás-os-Montes, Baía de Todos-os-Santos etc.

Observação:

Os demais nomes de lugar, com exceção de Guiné-Bissau, devem ser escritos sem hífen.

Costa Rica, Nova Zelândia, Porto Alegre, Belo Horizonte, Santa Catarina etc.

3 Emprega-se o hífen nas palavras compostas que designam espécies botânicas e zoológicas.

erva-doce, couve-flor, feijão-verde, pimenta-do-reino, bem-te-vi, quero-quero, mico-leão-dourado etc.

4 Emprega-se o hífen nos compostos com os advérbios **bem** e **mal**, quando esses forem seguidos de palavras que começam por **h** ou **vogal**.

bem-humorado, bem-amado, mal-agradecido, mal-assombrado, mal-estar, mal-humorado etc.

Observações:

a. O advérbio **bem**, ao contrário de **mal**, pode não se aglutinar com palavras começadas por consoante.

bem-criado (cf. malcriado), bem-ditoso (cf. malditoso), bem-falante (cf. malfalante), bem-mandado (cf. malmandado), bem-nascido (cf. malnascido), bem-visto (cf. malvisto).

b. Em muitos compostos, o advérbio **bem** aparece aglutinado com o segundo elemento, quer este tenha ou não vida à parte.

benfazejo, benfeito, benfeitor, benquerença etc.

5 Emprega-se o hífen nos compostos com os elementos **além**, **aquém**, **recém** e **sem**.

além-mar, além-túmulo, aquém-mar, recém-formado, recém-nascido, sem-vergonha, sem-teto etc.

6 Não se emprega hífen em locuções substantivas, adjetivas, pronominais, adverbiais, prepositivas ou conjuntivas.

cartão de crédito, fim de semana, cor de vinho, cada um, à vontade, a fim de, logo que etc.

Observação:

Em algumas locuções cuja grafia está consagrada pelo uso, mantém-se o hífen.

cor-de-rosa, mais-que-perfeito, pé-de-meia, ao deus-dará, à queima--roupa.

7 Emprega-se o hífen para ligar duas ou mais palavras que ocasionalmente se combinam, formando encadeamentos vocabulares (não propriamente vocábulos), e em combinações históricas ou de topônimos ocasionais.

a divisa Liberdade-Igualdade-Fraternidade, a ponte Rio-Niterói, o percurso Lisboa-Coimbra-Porto, a ligação Angola-Moçambique, voo direto Fortaleza-São Paulo etc.

HÍFEN COM PREFIXOS E SUFIXOS

1 Nas palavras derivadas por sufixação, apenas se emprega o hífen nos vocábulos terminados pelos sufixos de origem tupi-guarani que representam formas adjetivas, como **açu**, **guaçu** e **mirim**, quando o primeiro elemento acaba em vogal acentuada graficamente ou quando a pronúncia exigir.

sabiá-guaçu, cajá-mirim, capim-açu, Ceará-Mirim etc.

2 Emprega-se o hífen nas palavras derivadas com os prefixos **ante**, **anti**, **auto**, **circum**, **contra**, **entre**, **extra**, **hiper**, **infra**, **intra**, **pan**, **semi**, **sobre**, **sub**, **super**, **supra**, **ultra**:

a. se o segundo elemento começar por **h**:

anti-higiênico, circum-hospitalar, pan-helenismo, pré-história, semi-hospitalar, sobre-humano, super-homem etc.

b. quando o prefixo terminar com a mesma vogal com que começa o segundo elemento:

anti-ibérico, auto-observação, contra-almirante, extra-abdominal, semi-internato, supra-axilar etc.

Observações:

a. O prefixo **co-**, quando se junta a outro elemento iniciado por **o**, não se separa por hífen.

cooperar, coordenar, coordenação, coobrigado, cooptar etc.

b. Os prefixos **circum** e **pan** separam-se por hífen se o segundo elemento começar por **vogal**, **m** ou **n** (além do **h** referido anteriormente).

circum-escolar, circum-navegação, pan-africano, pan-negritude etc.

c. Os prefixos **hiper**, **inter**, **super** separam-se por hífen se o segundo elemento começar por **r**.

hiper-requintado, inter-racial, super-realista, super-revista etc.

d. Os prefixos tônicos acentuados graficamente **pós**, **pré**, **pró** separam-se por hífen se o segundo elemento tiver vida à parte.

pós-operatório, pré-escolar, pró-britânico etc.

e. Os prefixos **ex** (com o sentido de estado anterior ou cessamento), **sota**, **soto**, **vice** e **vizo** separam-se por hífen qualquer que seja o segundo elemento.

ex-almirante, ex-diretor, ex-hospedeira, ex-presidente, ex-primeiro-ministro, ex-rei; sota-piloto, soto-mestre; vice-presidente, vice-reitor, vizo-rei.

3 Não se usa hífen:

a. se o prefixo (ou falso prefixo) terminar em vogal e o segundo elemento começar por **r** ou **s**, duplicando-se essas letras.

antirreligioso, antissemita, contrarregra, contrassenha, cosseno, extrarregular, infrassom, minissaia, eletrossiderurgia, microssistema, microrradiografia etc.

b. se o prefixo (ou falso prefixo) terminar em vogal e o segundo elemento começar por uma vogal diferente.

antiaéreo, autoestrada, coeducação, extraescolar, aeroespacial, autoaprendizagem, agroindustrial, hidroelétrico, plurianual.

c. Não se usa o hífen em formações que contêm em geral os prefixos **des** e **in** e nas quais o segundo elemento perdeu o **h** inicial.

desumano, desumidificar, inábil, inumano etc.

Não fique aí parado!

1. Nos textos a seguir, algumas letras foram substituídas por *. Atentando para a correta grafia das palavras, reescreva-as, substituindo os * pelas letras que foram omitidas.

a) "**O aca*o não e*iste...** – Tudo na nature*a obedece a uma lei de cau*a e efeito e, por isso, a vida é um fenômeno e*ato, matemático, ine*orável... A felicidade também não é uma coisa que passa a certas *oras, mas é um estado de alma que chega na *ora certa. A felicidade, alia*, não é um pr*vilégio dos ricos e dos abastados, mas está ao alcance de qualquer pessoa [...]"

(Anúncio da Casa Masson. In: TORELLY, Aparício (o Barão de Itararé). *Almanhaque para 1949*. 3. ed. São Paulo: Imprensa Oficial de São Paulo/Edusp/ Studioma, 2003. p. 91.)

b) "Mundialmente famo*as pela sua e*traordinária preci*ão, rapide*, manejo fácil e grande durabilidade, as máquinas R. C. Allen reali*am com a mais absoluta perfei*ão todo e qualquer cálculo de contabilidade. Diver*os modelos, elétricos ou manuais – um tipo para cada ramo de negócio."

(Anúncio das máquinas R. C. Allen. In: TORELLY, Aparício (o Barão de Itararé). *Almanhaque para 1949*. 3. ed. São Paulo: Imprensa Oficial de São Paulo/Edusp/ Studioma, 2003. p. 114.)

c) "Uma fle*a, um abate. Você coloca a fle*a na corda e sente todos os músculos bem-trabalhados de seus bra*os se fortificarem para pu*á-la ao má*imo. Você sente o arco gritando de ten*ão, sente o vento su*urrando em seu ouvido, o que carregará seu disparo até o alvo. Tudo muito silencio*o, rápido e preci*o. Uma fle*a, um abate."

(*Level up! Games*. São Paulo: Futuro, 2006. n. 1. p. 12.)

2. As notícias a seguir foram publicadas originalmente no jornal *O Estado de S. Paulo* do dia 7 de setembro de 1906 – portanto, há mais de um século – e estão grafadas conforme o sistema ortográfico vigente naquela época. Reescreva ambas as notícias, adequando-as ao sistema ortográfico atual.

a) "Hoje, commemoração do anniversário da Independência do Brasil, estarão embandeiradas as repartições públicas. Não funcionarão a Bolsa e a Associação Commerciaes ao meio dia. Haverá alvorada nos quarteis, onde os ranchos serão melhorados."

b) "Confórme noticiámos, effectua-se hoje, no Velódromo Paulista, a vigésima segunda prova do campeonato deste anno."

3. Leia o texto abaixo e responda às questões que o seguem.

"Por ser um instrumento relativamente recente, só agora os pedagogos estão começando a formular as primeiras teorias sobre o uso adequado da rede como fonte complementar na pesquisa estudantil."

(*Veja: vida digital*, n. 16, abr. 2000. p. 114. Edição especial.)

a) Forme verbos derivados respectivamente de:

- instrumento
- uso
- teoria
- pesquisa

b) Escreva os substantivos correspondentes a:

- formular
- adequar
- teorizar
- complementar

4. Qual das duas palavras indicadas entre parênteses completa corretamente as lacunas das frases a seguir?

a) Apresentei o requerimento ao diretor e ele * meu pedido. (deferiu / diferiu)

b) Foi acusado de * racial. (discriminação / descriminação)

c) Os policiais chegaram no momento do crime e prenderam o ladrão em *. (flagrante / fragrante)

d) Foi acusado de * de animais silvestres. (tráfico / tráfego)

e) Paulo cometeu uma * de trânsito, por isso foi multado. (infração / inflação)

f) Não calculei o * da sala. (cumprimento / comprimento)

g) O juiz * o réu. (absolveu / absorveu)

h) Heloísa sempre agia com muita *. (descrição / discrição)

i) A empregada guardou os mantimentos na *. (despensa / dispensa)

j) Acusado de corrupção, o candidato perdeu o *. (mandado / mandato)

k) Este prédio já foi condenado pela Defesa Civil, pois está prestes a *. (arrear / arriar)

l) É preciso * as pupilas para poder observar melhor os olhos. (delatar / dilatar)

m) Antes de * o sino, todos devem estar de volta a seus lugares. (soar / suar)

n) Comunicamos aos * deste canal que o programa será interrompido para pronunciamento do Exmo. Sr. Presidente da República. (expectadores / espectadores)

o) Os detentos foram colocados em uma * da cadeia pública. (sela / cela)

p) O motorista teve sua carteira de habilitação *. (caçada / cassada)

q) Era uma pessoa obstinada: pretendia * ao cargo de supervisor. (ascender / acender)

r) Resolveu * os olhos e adormecer. (cerrar / serrar)

s) Vá ao banco e pague esta conta com *. (cheque / xeque)

t) Foi ao caixa eletrônico para retirar o * bancário (estrato / extrato)

5. Substitua os asteriscos, usando **onde**, **aonde** ou **donde**.

a) Agindo dessa maneira, * você pretende chegar?

b) Você poderia me informar * fica a farmácia mais próxima?

c) * será que deixaram os livros?

d) Antes de mais nada, é bom saber * eles estão indo.

e) Muita gente não sabe * provem sua insatisfação.

6. Reescreva as frases a seguir substituindo o * por **x** ou **ch**.

a) En*otar é verbo e significa afugentar.

b) Por causa da *uva, ficou todo en*arcado.

c) Em algumas regiões, a mandioca é conhecida por maca*eira.

d) Não se deve pi*ar os muros.

7. Dê o feminino de:

a) poeta
b) sacerdote
c) profeta
d) monge
e) cônsul
f) barão
g) duque

8. Atentando para a grafia, escreva no masculino e no feminino os adjetivos que designam as pessoas nascidas nos seguintes lugares:

a) Holanda
b) Finlândia
c) Calábria
d) Milão
e) Maranhão
f) Pará

9. Escreva no diminutivo:

papel – pires – vaso – lápis – mesa – juiz – anel – luz – chapéu

10. Utilizando as palavras que aparecem entre parênteses, forme verbos que terminem em **-izar** ou **-isar**.

Veja os modelos:

análise + ar = analisar

ágil + izar = agilizar

a) Antes de plantar é preciso ... o solo. (fértil)
b) O governo quer ... os serviços públicos. (racional)
c) Durante a apresentação da peça tivemos de ... , pois Ana Paula esqueceu o texto. (improviso)
d) O canal 23 vai ... o jogo, direto do Maracanã. (televisão)
e) Para que ... os cabelos se eles são tão bonitos ondulados? (liso)

11. Substitua os asteriscos por **g** ou **j**.

a) A cora*em daquele estran*eiro era maior que a do pa*é.
b) O cafa*este sempre procurava subterfú*ios para ficar à mar*em da sociedade.
c) O lití*io serviu de su*estão para o *esuíta reler o evan*elho.
d) O reló*io do sar*ento era uma verdadeira *eringonça.

12. Aponte, em cada par, a forma correta:

a) empecilho – impecilho
b) beneficente – beneficiente
c) derrepente – de repente
d) prazeirosamente – prazerosamente
e) mixto – misto
f) cabeleireiro – cabelereiro
g) desinteria – disenteria
h) mortadela – mortandela

13. Utilize **mal** ou **mau** para preencher corretamente as lacunas das frases a seguir.

a) Você agiu muito ... por não repreender aquele ... elemento.
b) Tenha a certeza absoluta de que não lhe quero ... .
c) Agora é um ... momento para se comprar dólar.
d) Trata-se de uma questão muito ... resolvida.
e) Aquele povoado foi atacado por um ... terrível.

14. Complete os pontilhados nas frases a seguir, usando adequadamente **há** ou **a**.

a) Daqui ... pouco chegaremos a Maceió.
b) ... muito tempo que não vejo Luciana.
c) De São Paulo ... Campinas ... uma distância de noventa quilômetros.
d) A aula começará daqui ... dez minutos.
e) Estou esperando Maria Helena ... mais de duas horas.

15. Complete os pontilhados das frases a seguir, usando **por que** / **por quê** / **porque** / **porquê**:

a) Pense nos ideais ... batalhamos há tanto tempo.
b) Eles não vieram à reunião ... ?
c) Não sei ... faltaram, mas sei o ... da minha raiva.
d) Ainda vou descobrir o ... dessa polêmica.

16. Utilizando as opções que estão entre parênteses, preencha os pontilhados com o termo que julgar mais adequado.

a) Manifestação dos ... altera trânsito em São Paulo. (sem-terra / sem terra)

b) Uma pessoa avarenta também é chamada de .... (pão-duro / pão duro)

c) Não saía de casa sem antes beber um .... (copo-de-leite / copo de leite)

d) Naquele filme de bangue-bangue, um ... era o guia dos soldados. (pele-vermelha / pele vermelha)

e) Tomou tanto sol que ficou com a .... (pele-vermelha / pele vermelha)

f) **Amara**, **vendera** e **partira** são formas, respectivamente, do ... dos verbos **amar**, **vender** e **partir**. (mais-que-perfeito / mais que perfeito)

g) Os especialistas organizaram uma ... para discutir o assunto. (mesa-redonda / mesa redonda)

h) No parque de diversões, andou diversas vezes na ... . (montanha-russa / montanha russa)

17. Assinale a alternativa em que o hífen esteja usado **corretamente**.

a) Ele fez sua auto-crítica ontem.

b) Ela é muito mal-educada.

c) Ele tomou um belo ponta-pé.

d) Fui ontem ao super-mercado, mas não comprei nada.

e) Os raios infra-vermelhos podem ajudar em lesões musculares.

18. Assinale a alternativa **errada** quanto ao emprego do hífen.

a) Cuiabá é a capital de Mato-Grosso.

b) Gostava de comer feijão-fradinho.

c) Era um rapaz bem-apessoado.

d) No jantar serviram couve-de-bruxelas.

e) Tomou chá de erva-cidreira.

19. Una os elementos, formando palavras com ou sem hífen.

a) amor + perfeito

b) gira + sol

c) plano + alto

d) pisca + pisca

e) água + de + colônia

f) mula + sem + cabeça

20. Una os elementos, usando o hífen, **se necessário**.

além + mar
ante + braço
ante + ontem
ante + sala
anti + alérgico
aquém + mar
arqui + duque
arqui + inimigo
auto + análise
auto + didata
contra + ataque
contra + baixo
contra + regra
ex + aluno
ex + namorado
extra + judicial
extra + oficial
infra + estrutura
infra + som
intra + uterino
neo + clássico
pró + sangue
proto + história
proto + mártir
pseudo + fruto
recém + nascido
sem + terra
semi + círculo
semi + infantil
sobre + natural
sobre + saia
super + homem
supra + citado
supra + sensível
ultra + som
vice + líder

Veja na página 412 questões de exames sobre o assunto abordado neste capítulo.

CAPÍTULO 3

Acentuação gráfica

OS ACENTOS GRÁFICOS

Na língua escrita, em alguns casos, há necessidade de se indicar a silaba tônica ou a pronúncia correta de uma palavra por meio de certos sinais. Tais sinais recebem o nome de **acentos gráficos** e são colocados sobre as vogais. São os seguintes:

- **acento agudo** (´): utilizado nas vogais tônicas **a**, **i** e **u** e nas vogais abertas **e** e **o**.
- **acento grave** (`): utilizado para indicar a crase, isto é, a fusão de dois **a**.
- **acento circunflexo** (^): utilizado nas vogais tônicas fechadas **e** e **o** e no **a** seguido de **m** ou **n**.

Além dos acentos gráficos, utilizamos o **til** (~) sobre as vogais **a** e **o** para indicar a nasalização (irm**ã**, p**õe**, por exemplo).

O Acordo Ortográfico de 1990 aboliu o trema na letra **u** átona dos grupos **gue**, **gui**, **que**, **qui**. Assim, palavras como ag**u**entar, ling**u**iça, freq**u**ente e tranq**u**ilo não mais devem receber o trema.

O emprego desses sinais constitui a **acentuação gráfica**.

Fique por dentro!

Qual é a sílaba tônica de **janela**? E de **abacaxi**?

Fácil, não é? Mas o que importa não é a resposta (que você acertou, claro!); queremos chamar a atenção para o seguinte fato: nem sempre a sílaba tônica vem indicada com acento gráfico. Assim, podemos distinguir o acento prosódico e o acento gráfico:

- **acento prosódico** ou **tônico**: é o acento da fala; marca a maior intensidade de voz na pronúncia da vogal de uma sílaba;
- **acento gráfico**: é o sinal utilizado para indicar a sílaba tônica de algumas palavras; evidentemente, é utilizado apenas na linguagem escrita.

REGRAS GERAIS

Para acentuar corretamente as palavras, convém observar as regras que serão expostas a seguir.

PROPAROXÍTONAS

Todas as palavras proparoxítonas são graficamente acentuadas.

África, **á**libi, **Ân**gela, **ár**vore, **lâm**pada, **pês**sego, qui**sés**semos

PAROXÍTONAS

São acentuadas as palavras paroxítonas que apresentam as seguintes terminações:

TERMINAÇÃO	EXEMPLOS
i(s), **us**	júr**i**, júr**is**, láp**is**, tên**is**, bôn**us**, vír**us**
um, **uns**	álb**um**, álb**uns**, fór**um**, méd**ium**
r	açúca**r**, caráte**r**, márti**r**
x	clíma**x**, ôni**x**, tóra**x**
n	abdôme**n**, hífe**n**, póle**n**
l	amáve**l**, fáci**l**, indeléve**l**
ditongos orais	cár**ie**, fác**ei**s, imóv**ei**s, Itál**ia**, nód**oa**, jérs**ei**, rós**eo**
ã(s), **ão(s)**	órf**ã**, órf**ãs**, órg**ão**, órg**ãos**
ps	bíce**ps**, fórce**ps**

Não ligue o automático!

1. Não se acentuam os paroxítonos terminados em **ens**.
   hifens, homens, jovens, nuvens, polens

2. Não se acentuam os prefixos paroxítonos terminados em **i** ou **r**.
   inter-helênico, semi-internato, semi-herbáceo, super-homem

OXÍTONAS

São acentuadas as palavras oxítonas que apresentam as seguintes terminações:

TERMINAÇÃO	EXEMPLOS
a(s)	maracu**já**, Para**ná**, ana**nás**, Goi**ás**
e(s)	ca**fé**, ca**fés**, vo**cê**, vo**cês**
o(s)	domi**nó**, pale**tós**, vo**vô**, vo**vó**
em, **ens**	arma**zém**, vin**tém**, arma**zéns**, vin**téns**

Essa regra aplica-se também aos seguintes casos:

a. monossílabos tônicos terminados em **a**, **e**, **o** seguidos ou não de **s**.
Venha **cá**.
Caminhava a **pé**.
Fiquei com **dó**.
Hás de conseguir.
Tu **lês** o livro.
Lúcia **pôs** o dinheiro no banco.

b. formas verbais terminadas em **a**, **e**, **o** tônicos seguidas de lo(s), la(s).
a**má**-lo, di**zê**-lo, **pô**-lo, re**pô**-la, **fá**-lo-á

REGRAS ESPECIAIS

1 Os ditongos de pronúncia aberta **éu**, **éi**, **ói** recebem acento agudo na vogal, nas palavras oxítonas e nos monossílabos.
c**éu**, chap**éu**, m**éi**s, an**éi**s, past**éi**s, coron**éi**s, d**ói**, m**ói**, her**ói**, anz**ói**s, carac**ói**s

- O Acordo Ortográfico de 1990 aboliu o acento agudo nos ditongos abertos **ei** e **oi** das palavras paroxítonas. Assim, palavras como estas **não** mais devem receber acento agudo:

  id**ei**a, assembl**ei**a, jib**oi**a, her**oi**co

2 Coloca-se acento agudo nas vogais **i** e **u** tônicas dos hiatos, quando estiverem sozinhas na sílaba ou seguidas da letra **s**.
sa-**í**-da, sa-**ú**-de, He-lo-**í**-sa, ca-**ís**-te, ba-la-**ús**-tre, ba-**ú**, ca-**í**, pa-**ís**

Observações:

a. Não se acentuam o **i** e o **u** que formam hiato quando:

- forem seguidos, **na mesma sílaba**, de **l**, **m**, **n**, **r**, **z**.

  Ra-**ul**, ru-**im**, con-tri-bu-**in**-te, sa-**ir**-des, ju-**iz**

- forem seguidos de **nh**.

  ba-**i**-nha, ta-**i**-nha

- forem precedidos de ditongo ou de vogal idêntica.

  bai-**u**-ca, boi-**u**-na, fei-**u**-ra, xi-**i**-ta, su-cu-**u**-ba

- no entanto, caso se trate de palavra proparoxítona ou paroxítona terminada em ditongo, haverá o acento uma vez que as regras de acentuação das proparoxítonas e das paroxítonas prevalecem sobre as regras de acentuação do hiato.

  fri-**í**s-si-mo, se-ri-**í**s-mo, mai-**ú**s-cu-lo, sil-vi-**í**-deo

b. Nas palavras oxítonas, mesmo precedidas de ditongo, as letras **i** e **u** dos hiatos recebem acento gráfico.
Pi-au-**í**, tui-ui-**ú**s

c. Não se acentuam os ditongos tônicos **iu** e **ui** precedidos de vogal.
distra**iu**, pa**uis**

3 Os verbos **ter** e **vir** levam acento circunflexo na terceira pessoa do plural do presente do indicativo.

singular	**plural**
ele t**e**m	eles t**ê**m
ele v**e**m	eles v**ê**m

4 Os verbos derivados de **ter** e **vir** (conter, deter, manter, intervir, reter, sobrevir etc.) levam acento agudo na terceira pessoa do singular e acento circunflexo na terceira pessoa do plural do presente do indicativo.

singular	**plural**
ele interv**é**m	eles interv**ê**m
ele ret**é**m	eles ret**ê**m

Fique por dentro!

O Acordo Ortográfico de 1990 aboliu o acento circunflexo na terceira pessoa do plural dos verbos **crer**, **dar**, **ler**, **ver** (e seus derivados). Assim: eles *leem*, eles *releem*, eles *veem*, eles *reveem*, eles *creem*, eles *descreem*, que eles *deem* **não** mais recebem acento circunflexo no primeiro **e**.

ACENTO DIFERENCIAL

O Acordo Ortográfico de 1990 aboliu o acento diferencial que existia em algumas palavras. As duas únicas palavras em que se emprega **obrigatoriamente** o acento diferencial são **pôde** (pretérito perfeito), que continua sendo acentuado por oposição a **pode** (presente do indicativo), e **pôr** (verbo) para diferenciar de **por** (preposição).

Fique por dentro!

Pelo Acordo Ortográfico de 1990, pode-se usar **facultativamente** acento diferencial em:

- **fôrma** (substantivo) para diferenciar de **forma** (substantivo ou verbo);
- **dêmos** (primeira pessoa do plural do presente do subjuntivo) para diferenciar de **demos** (primeira pessoa do plural do pretérito perfeito do indicativo);
- nas formas da primeira pessoa do plural do pretérito perfeito do indicativo dos verbos da primeira conjugação para diferenciar da mesma pessoa e número do presente do indicativo: **amámos, cantámos, estudámos** (pretérito perfeito do indicativo).

Não fique aí parado!

1. Copie os textos a seguir, colocando acentos que foram omitidos.

a) Toque no icone SMS. Digite um nome ou numero de telefone no campo Para ou selecione alguem dos seus contatos. Escreva sua mensagem e depois toque em Enviar. Para enviar fotos ou videos, toque no botao Camera. Para apagar ou encaminhar toda ou uma parte da mensagem, toque em Editar. Para remover uma conversa inteira de sua lista de Mensagem, passe seu dedo sobre ela e depois toque em Apagar.

(Manual do iPhone 3GS)

b) A nossa pimenta-malagueta, que e a alma do vatapa baiano, constitui um condimento anodino de suprema eficacia como estimulante das glandulas de pepsina, para faze-las derramar no estomago copioso suco gastrico e assim produzir uma ativa digestão. A pimenta-malagueta, associada ao limao-galego, e um excelente tópico para as inflamações da garganta, tão comuns entre nos.

(*Almanaque Brasil de Cultura Popular*, n. 139, nov. 2010, p. 33.)

c) "Não e de espantar que os atores se sintam atraidos por Molière: quando, em 1643, o jovem Jean-Baptiste Poquelin repudiou a carreira da qual seu pai, 'Tapeceiro do Rei', sonhava faze-lo seu sucessor, virou ator e, para não envergonhar a familia adotou o simples nome de Molière, o mundo tirou a sorte grande. Como a maioria dos grandes dramaturgos, esse tambem viveu no mundo do teatro, foi ator e sabia que e com a atuação do ator, no palco, que seu texto fica completo e atinge vida plena. [...]"

(HELIODORA, Barbara. Molière e o ator. Programa da peça *O Avarento*. Direção de Felipe Hirsch, encenada no Teatro Cultura Artística, São Paulo, 2006.)

d) "Existem duas maneiras de o seu *Sim* entrar na vida de empresario. Ele pode iniciar uma empresa domestica ou comprar um lote comunitario e construir ali a sua empresa

- Para iniciar uma empresa na casa do seu *Sim*, clique no telefone ou computador, depois selecione a opção NEGOCIOS e depois INICIAR EMPRESA DOMESTICA.
- Para comprar um lote comunitario, clique no telefone ou computador, depois escolha IMOBILIARIA no menu, e depois COMPRAR LOTE COMUNITARIO."

(Manual do jogo *The Sims 2: aberto para negócios.*)

e) "A musica pode fazer milagres. Pode tornar sonhos reais, pode trazer memorias de um amor do passado, pode ate mesmo trazer a coragem de volta ao coração mais abalado. Não importa o quão desesperadora seja a situação, a nota certa pelas mãos de um menestrel ou cigana pode trazer a inspiração ao mundo."

(*Level up! Games*, Editora Futuro, 2006. n. 1. p. 12.)

2. O texto a seguir foi publicado originalmente no *Almanhaque para 1949* de Aparício Torelly, o Barão de Itararé. Algumas palavras que deveriam ser acentuadas aparecem sem o acento gráfico; outras que não deveriam receber acento gráfico aparecem acentuadas. Reescreva o texto adequando-o às regras de acentuação vigentes.

"**A questão ortografica** – Neste 'Almanhaque' nós não adotámos uma ortografia unificada. A mesma palavra aparece escrita de maneira diferente, por vezes, na mesma pagina. Isto póde parecer ignorancia da nossa parte, o que, aliás, não é mal pensado. Para justificar essas falhas poderiamos usar do classico recurso de explicar que são cochilos da revisão. Mas isso seria uma sujeira. Preferimos dar um sôco na mesa, arregaçar as mangas e assumir corajosamente a responsabilidade de nossos atos. [...]"

(TORELLY, Aparício (o Barão de Itararé). *Almanhaque para 1949*. 3. ed. São Paulo: Imprensa Oficial de São Paulo/Edusp/ Studioma, 2003. p. 26.)

3. Passe as palavras abaixo para o feminino. Use o acento gráfico, se necessário.

a) ateu
b) plebeu
c) europeu
d) hebreu
e) pigmeu

4. Reescreva as palavras a seguir no plural. Use o acento gráfico, se necessário.

a) caracol
b) anzol
c) anel
d) coronel
e) troféu
f) céu
g) véu

5. Copie as frases abaixo e coloque os acentos que faltam:

a) O jovem reporter não foi muito habil ao entrevistar as crianças orfãs.
b) Foi inutil relacionar tantos itens; o mecanico não vai fazer todos os consertos no automovel hoje.
c) Escreva a lapis no album; sera mais facil apagar todas as anotações.
d) Euripedes e da epoca em que com um vintem se compravam dois pasteis.
e) E inutil pedir; Mauricio insiste em por açucar na chupeta do nene.
f) Empresario sequestrado em Brasilia e solto no Amapa.
g) O disc-joquei não para de tocar aquela musica.
h) Biologos não conseguiram encontrar o pinguim perdido.

6. Assinale a alternativa em que a frase esteja acentuada corretamente:

a) Era mais de uma hora quando servimos o almôço.
b) Não houve surprêsa, firmaram um nôvo acôrdo.
c) Deixaram os papéis sôbre a mêsa.
d) No comêço da festa, todas as pessoas falaram com êle.
e) Ontem ele não pôde vir, mas com certeza hoje ele pode.

7. Acentue as formas verbais, se necessário.

a) O treinador mantem o mesmo time para o jogo de domingo.
b) Polícia intervem na greve dos metalúrgicos.
c) Aposentados mantem a esperança no reajuste.
d) Policiais detem três suspeitos de assalto a banco.

8. Da relação a seguir, transcreva as palavras que devem ser acentuadas graficamente:

agape
alcool
arquetipo
avaro
aziago
ciclope
condor
efebo
enigma
estereotipo
estigma
filantropo
fortuito
gratuito
ibero
interim
leucocito
maquinaria
misantropo
novel
pantano
pegada
prototipo
pudico
quiromancia
recem
refem
refrega
rubrica
sutil
textil
transfuga
ureter
vermifugo
zefiro
zenite

Veja na página 418 questões de exames sobre o assunto abordado neste capítulo.

PARTE 2

MORFOLOGIA

CAPÍTULO 4 Estrutura e formação das palavras

ESTRUTURA DAS PALAVRAS

Ao analisarmos a maioria das palavras, perceberemos que elas podem ser divididas em vários segmentos.

cachorr - o
cachorr - a
cachorr - inh - a
cachorr - inh - o - s

A esses elementos significativos que formam as palavras dá-se o nome de **elementos mórficos** ou **morfemas**.

Morfemas são, portanto, unidades mínimas de caráter significativo.

Chama-se **análise mórfica** o processo pelo qual se divide a palavra em seus elementos mórficos.

Existem também palavras indivisíveis por serem formadas por um único morfema, como **sol**, **mar**, **luz**.

MORFEMAS

Os elementos mórficos que ocorrem nas palavras classificam-se em radical, desinências, vogal temática e afixos.

RADICAL

É o elemento mórfico que funciona como base do significado. O radical é o elemento comum a palavras da mesma família.

ferr	o	**pedr**	a
ferr	eiro	**pedr**	eiro
ferr	agem	**pedr**	inha
radical		radical	

As palavras que possuem o mesmo radical são chamadas **palavras cognatas** (ou **famílias etimológicas**).

agrário, agricultor, agrícola (*agri* = campo)
acéfalo, bicéfalo, encéfalo (*céfalo* = cabeça)

DESINÊNCIAS

São elementos mórficos que se acrescentam ao radical para assinalar flexões gramaticais. Podem ser nominais ou verbais.

a. nominais: indicam o gênero e o número dos nomes.

alun	**a**	**s**
menin	**o**	**s**
	des. nom. de gênero	des. nom. de número

Atenção! Em palavras como **livro**, **sapato**, **caneta**, **mesa**, as vogais **o** e **a** finais não são desinências nominais de gênero, uma vez que não estabelecem a oposição entre masculino e feminino (livro, sapato, caneta, mesa **não** se opõem a "livra", "sapata", "caneto", "meso"). Já em **menino** e **aluna**, as vogais **o** e **a**, que aparecem no final dos vocábulos, são desinências, pois estabelecem a oposição entre masculino e feminino (menin**o** / menin**a**; alun**o** / alun**a**).

Em palavras como **pires**, **lápis**, **ônibus**, o **s** final também **não** é desinência nominal, já que nestes casos não marca a oposição entre singular e plural. Em palavras como **alunos** e **meninos**, o **s** é desinência nominal porque estabelece a oposição entre singular e plural (aluno / aluno**s**; menino / menino**s**).

b. **verbais**: indicam, nos verbos, o tempo e o modo (desinências modo-temporais), a pessoa e o número (desinências número-pessoais).

cantá	**va**	**mos**
parti	**sse**	**m**
	des. modo-temporal	des. número-pessoal

VOGAL TEMÁTICA

É a vogal que, em alguns casos, agrega-se ao radical, formando uma base para receber as desinências.

radical	vogal temática	desinência
cant	**a**	va
vend	**e**	ra
part	**i**	sse

radical	vogal temática	desinência
luz	**e**	s
mar	**e**	s

Grave isto!

Como vimos na página 59, em palavras como **livro**, **sapato**, **caneta**, **mesa**, as vogais finais não são desinências nominais por não estabelecerem a oposição entre masculino e feminino. Nesses casos, as vogais átonas finais **a**, **e**, **o** são classificadas como vogais temáticas:

radical	vogal temática
canet	a
gerent	e
livr	o

radical	vogal temática
mes	a
pent	e
sapat	o

Os nomes terminados em vogal tônica não apresentam vogal temática.

bambu, café, dominó, maracujá, saci

Nos verbos, a vogal temática indica a conjugação a que ele pertence.

cant**ar** – vogal temática **a**: 1.ª conjugação
vend**er** – vogal temática **e**: 2.ª conjugação
part**ir** – vogal temática **i**: 3.ª conjugação

O radical já acrescido da vogal temática denomina-se **tema**.

Podemos dizer, portanto, que **tema** é o radical pronto para receber as desinências.

canta va
vende ra
parti sse
tema desinência

AFIXOS

São elementos mórficos que se agregam ao radical a fim de formar palavras novas. Classificam-se em prefixos e sufixos.

a. **prefixos**: quando vêm antes do radical.

des leal (prefixo radical)

re fazer (prefixo radical)

b. **sufixos**: quando vêm depois do radical.

feliz **mente** (radical sufixo)

real **ismo** (radical sufixo)

Observação: Os prefixos podem se juntar a uma base formada de prefixo + radical:

re **descobrir** (prefixo; prefixo + radical)

VOGAIS E CONSOANTES DE LIGAÇÃO

Além dos elementos mórficos assinalados, cumpre lembrar que em certas palavras podem aparecer vogais e consoantes de ligação. Tais vogais e consoantes são desprovidas de significação (não são, pois, morfemas) e intercalam-se no vocábulo tão somente para facilitar a pronúncia.

gas	**ô**	metro
paris	**i**	ense
	vogal de ligação	

cafe	**t**	eira
pau	**l**	ada
	consoante de ligação	

RADICAIS E PREFIXOS

A seguir, apresentamos listas de alguns dos principais radicais e prefixos de origem grega e de origem latina encontrados em português.

RADICAIS DE ORIGEM GREGA

RADICAL	SENTIDO	EXEMPLO
acro	alto, elevado	acrofobia, acrobata
aero	ar	aerofagia, aeronáutica
agogo	o que conduz	pedagogo, demagogo
agro	campo	agronomia, agrovila
alg, algia	dor	nevralgia, analgésico
andro	homem	androide, andrógino
anemo	vento	anemômetro, anemofilia
antropo	homem	antropologia, antropofagia
arqueo	antigo	arqueologia, arqueozoico
arquia	governo	anarquia, monarquia
atmo	gás, vapor	atmosfera, atmógrafo
auto	de, por si mesmo	autobiografia, automóvel
baro	peso, pressão	barômetro, barógrafo
biblio	livro	biblioteca, bibliografia
bio	vida	biologia, biogênese

RADICAL	SENTIDO	EXEMPLO
caco	mau	cacofonia, cacografar
cali	belo	caligrafia, calígrafo
cefalo	cabeça	cefalalgia, acéfalo
cine, cinesi	movimento	cinemática, cinesia
cino	cão	cinofilia, cinografia
cito	célula	citologia, citoplasma
cloro	verde	clorofila, cloroplasto
cosmo	mundo	cosmopolita, cosmonauta
cracia	governo	democracia, teocracia
cromo	cor	acromia, cromática
crono	tempo	cronômetro, cronologia
datilo	dedo	datilografia, datiloscopia
demo	povo	democracia, demagogia
derma (dermato)	pele	dermatite, dermatologia
dinamo	força	dinamômetro, dinamometria
dromo	(local de corrida)	hipódromo, autódromo
eco	casa	ecologia, economia
edro	base, face	poliedro, decaedro
etno	raça	etnologia, etnocêntrico
fago	que come	antropófago, hematófago
filo	amigo	filosofia, bibliófilo
fito	vegetal	fitófago, fitologia
flebo	veia	flebite, flebotomia
fobia	medo ou aversão	nosofobia, hidrofobia
fone	som, voz	fonética, telefone

RADICAL	SENTIDO	EXEMPLO
foto	luz	fotofobia, fotômetro
gamia	casamento	bigamia, poligamia
gastro	estômago	gastrite, gastrologia
gene	origem	genealogia, genética
geo	terra	geologia, geometria
gino (gineco)	mulher	ginofobia, ginecologia
gono	ângulo	pentágono, polígono
grafia	escrita	ortografia, paleografia
helio	sol	heliocêntrico, heliolatria
hemi	metade	hemisfério, hemiciclo
hemo (hemato)	sangue	hemorragia, hematofobia
hepato	fígado	hepatite, hepatopatia
hetero	outro, diferente	heterônimo, heterossexual
hidro	água	hidrografia, hidrômetro
hiero	sagrado	hierografia, hierograma
higro	úmido	higrômetro, higrometria
hipno	sono	hipnose, hipnotismo
hipo	cavalo	hipódromo, hipomania
homo	mesmo, igual	homógrafo, homossexual
icono	imagem	iconoclasta, iconografia
ictio	peixe	ictiologia, ictiofagia
iso	igual	isósceles, isogamia
lito	pedra	litografia, litogravura
logo	estudo, palavra	etnólogo, geólogo, diálogo
macro	grande, longo	macrocéfalo, macrobiótica

RADICAL	SENTIDO	EXEMPLO
mega (megalo)	grande	megalomania, megalópole
meso	meio	Mesopotâmia, mesóclise
metro	medida	cronômetro, dinamômetro
micro	pequeno	micróbio, microfilme
miso	aversão	misógino, misogamia
morfo	forma	morfologia, amorfo
necro	morte	necrologia, necrofobia
neo	novo	neologismo, neofobia
noso	doença	nosologia, nosocômio
odonto	dente	odontologia, periodontia
oftalmo	olho	oftalmologia, exoftalmia
oligo	pouco	oligarquia, oligopólio
onir, oniro	sonho	onírico, onirologia
ornito	pássaro	ornitologia, ornitorrinco
orto	direto, correto	ortografia, ortopédico
pato	doença	patologia, patonomia
pedo	criança	pediatria, pedofilia
piro	fogo	piromania, pirotécnico
pluto	riqueza	plutocracia, plutocrata
poli	muitos	polissílabo, politeísta
potamo	rio	hipopótamo, Mesopotâmia
proto	primeiro	protótipo, protozoário
pseudo	falso	pseudônimo, pseudofruto
psico	alma	psicologia, psicanálise
quiro	mão	quiromancia, quirografário
rizo	raiz	rizotônico, rizomorfo

RADICAL	SENTIDO	EXEMPLO
sofo, sofia	sabedoria	filósofo, filosofia
taqui	rápido	taquicardia, taquigrafia
teca	coleção	biblioteca, mapoteca
tecno	arte, ciência	tecnologia, tecnocrata
tele	longe	telefone, telescópio
teo	deus	teologia, teocracia
termo	calor, temperatura	termologia, termômetro
topo	lugar	topologia, toponímia
trofia	desenvolvimento	atrofia, hipertrofia
xeno	estranho	xenofobia, xenomania
xero	seco	xerofilia, xerófilo
xilo	madeira	xilogravura, xilologia
zoo	animal	zoológico, zoomorfismo

RADICAIS DE ORIGEM LATINA

RADICAL	SENTIDO	EXEMPLO
agri	campo	agricultor, agrícola
ambi	ambos, duplicidade	ambidestro, ambíguo
arbori	árvore	arborizar, arborícola
avi	ave	avicultura, avícola
beli	guerra	belicoso, beligerante
bi, bis	duas vezes	bípede, bisavô
calor(i)	calor	calorimetria, caloria
capit(i)	cabeça	decapitar, capital
cida	que mata	suicida, homicida
cola	que cultiva ou habita	vinícola, agrícola

RADICAL	SENTIDO	EXEMPLO
cruci	cruz	crucifixo, crucificar
cultura	cultivar	apicultura, piscicultura
curvi	curvo	curvilíneo, curvicórneo
ego	eu	egocentrismo, egolatria
equi	igual	equivalente, equidade
evo	idade	medievo, longevo
fero	que contém ou produz	aurífero, mamífero
fico	que faz ou produz	benéfico, frigorífico
fide	fé	fidedigno, fidelidade
forme	forma	uniforme, biforme
frater	irmão	fraterno, fratricídio
fugo	que foge	centrífugo, lucífugo
gero	que contém ou produz	lanígero, belígero
herbi	erva	herbicida, herbívoro
loco	lugar	localizar, localidade
ludo	jogo	ludoterapia, lúdico
mater	mãe	materno, maternidade
morti	morte	mortífero, mortificar
multi	muito	multinacional, multilateral
oni	todo	onipresente, onisciente
pari	igual	paridade, pariforme
paro	que produz	ovíparo, multíparo
pater	pai	paterno, paternidade
pede	pé	pedestre, bípede
pisci	peixe	piscicultura, piscoso
pluri	vários	plurianual, pluricelular

RADICAL	SENTIDO	EXEMPLO
pluvi	chuva	pluvial, pluviômetro
puer	criança	pueril, puericultura
quadri	quatro	quadrilátero, quadrimotor
reti	reto, direito	retilíneo, retiforme
sacar(i)	açúcar	sacarose, sacarina
sapo	sabão	saponáceo, saponificar
sesqui	um e meio	sesquicentenário, sesquipedal
silvi	floresta	silvícola, silvicultor
taur(i)	touro	taurino, tauromaquia
tri	três	tricolor, triângulo
umbra	sombra	penumbra, umbroso
uxor	esposa	uxoricida, uxório
vermi	verme	vermífugo, verminose
voro	que come	carnívoro, herbívoro

PREFIXOS DE ORIGEM GREGA

PREFIXO	SENTIDO	EXEMPLO
a-, an-	negação, privação	ateu, anarquia
ana-	inversão, repetição	anástrofe, anáfora
anfi-	duplicidade, dualidade	anfíbio, anfiteatro
anti-	ação contrária, oposição	antiaéreo, antipatia
apo-	afastamento, separação	apogeu, apóstata
arque-, arqui-, arce-	superioridade	arquétipo, arquiduque, arcebispo
cata-	movimento para baixo	cataclismo, catarata
dia-	movimento através	diagonal, diâmetro

PREFIXO	SENTIDO	EXEMPLO
dis-	dificuldade	dispneia, disenteria
e-, en-	posição interna	elipse, encéfalo
ec-, ex-	posição exterior	eclipse, exorcismo
endo-	posição interior	endoscopia, endotérmico
epi-	posição superior	epitáfio, epiderme
eu-	bem, bom	eufonia, eufemismo
hiper-	excesso, posição superior	hipertensão, hipertrofia
hipo-	deficiência, posição inferior	hipodérmico, hipotensão
meta-	mudança, transformação	metamorfose, metáfora
pan-	tudo, todos	pan-americano, panteísmo
para-	ao lado de, proximidade	paralelo, parágrafo
peri-	em torno de	perímetro, periscópio
pro-	anteriormente	prólogo, prognóstico
sin-	simultaneidade	simpatia, sincrônico

PREFIXOS DE ORIGEM LATINA

PREFIXO	SENTIDO	EXEMPLO
ab-, abs-	afastamento, separação	abdicar, abster
ad-, a-	aproximação, direção	adjunto, advogar, abeirar
ante-	anterioridade	antebraço, antepor
bem-, bene-	bem	bendito, beneficente
circum-	movimento em torno	circum-navegação, circunferência
cis-	posição aquém	cisalpino, cisplatino

PREFIXO	SENTIDO	EXEMPLO
com-, con-, co-	proximidade, companhia	combinação, contemporâneo, coautor
contra-	oposição, ação contrária	contradizer, contra-ataque
des-, dis-	separação, negação	desgraça, discordar
em-, en-	movimento para dentro	embarcar, enterrar
ex-, es-, e-	movimento para fora	exonerar, escorrer, emergir
extra-	posição inferior, fora de	extraoficial, extraordinário
im-, in-, i-	negação	imberbe, infeliz, ilegal
infra-	posição inferior, abaixo	infra-assinado, infravermelho
inter-, entre-	entre, posição intermediária	intercalar, entrelaçar
intra-, intro-, in-	posição interior, movimento para dentro	intravenoso, introvertido, injeção
justa-	posição ao lado	justapor, justalinear
mal-, male-	mal	malcriado, maledicente
ob-, o-	posição em frente, oposição	objeto, opor
pen-	quase	penumbra, península
per-	movimento através	percorrer, perambular
pos-	posição posterior	posterior, póstumo, postergar
pre-	anterioridade	prefácio, preconceito
preter-	além de	pretérito, preternatural
pro-	movimento para a frente	projetar, procrastinar
re	movimento para trás, repetição	regredir, refazer
retro-	movimento mais para trás	retrocesso, retrospecto
semi-	metade, meio	semicírculo, semiprecioso

PREFIXO	SENTIDO	EXEMPLO
sob-, so-, sub-	inferioridade, posição abaixo	sobpor, soterrar, subsolo
soto-, sota-	posição inferior	soto-pôr, soto-capitão
super-, supra-, sobre-	posição superior	super-homem, supracitado, sobreloja
trans-	posição além de, através	transatlântico, transamazônico
ultra-	posição além do limite, excesso	ultramarino, ultravioleta
vis-, vice-	substituição, no lugar de	visconde, vice-rei

SUFIXOS

Os sufixos, na língua portuguesa, possuem origem variada. Predominam, no entanto, os de origem grega ou latina. Quanto ao sentido, costumam assumir inúmeros significados. Dividem-se em nominais, verbais e adverbial.

a. **nominais**: quando formam substantivos e adjetivos.

b. **verbais**: quando formam verbos.

c. **adverbial**: há um único sufixo formador de advérbios, o sufixo -**mente**.

PRINCIPAIS SUFIXOS NOMINAIS

SUFIXOS DE VALOR AUMENTATIVO	EXEMPLOS
-ão	paredão, salão
-alhão	dramalhão, grandalhão
-aço, -aça	ricaço, barcaça
-anzil	corpanzil
-eirão	vozeirão, boqueirão

SUFIXOS DE VALOR AUMENTATIVO	EXEMPLOS
-arra, -orra	bocarra, cabeçorra
-ázio	copázio
-aréu	fogaréu, povaréu
-(z)arrão	homenzarrão

SUFIXOS DE VALOR DIMINUTIVO	EXEMPLOS
-acho	riacho
-icha	barbicha
-ebre	casebre
-eco	livreco
-ejo	lugarejo
-inho	lapisinho, piresinho
-(z)inho	papelzinho, chapeuzinho
-isco	chuvisco
-ulo, -culo	glóbulo, grânulo, versículo, partícula

SUFIXOS QUE FORMAM SUBSTANTIVOS POR MEIO DE OUTROS SUBSTANTIVOS	EXEMPLOS
-ada	boiada
-ado	doutorado
-agem	folhagem
-aria	livraria
-eiro	barbeiro
-ia	advocacia

SUFIXOS QUE FORMAM SUBSTANTIVOS POR MEIO DE ADJETIVOS	EXEMPLOS
-dade	lealdade
-ez	insensatez
-eza	magreza
-ia	alegria
-ice	velhice
-ície	calvície
-ura	doçura

SUFIXOS QUE FORMAM SUBSTANTIVOS POR MEIO DE VERBOS	EXEMPLOS
-ança	vingança
-ância	tolerância
-ante	estudante
-ente	combatente
-dor	jogador
-ção	exportação
-são	extensão
-douro	bebedouro
-tório	lavatório
-ura	formatura
-mento	ferimento

SUFIXOS QUE FORMAM ADJETIVOS POR MEIO DE SUBSTANTIVOS	EXEMPLOS
-aco	austríaco
-ado	barbado
-ar	escolar

SUFIXOS QUE FORMAM ADJETIVOS POR MEIO DE SUBSTANTIVOS	EXEMPLOS
-ano	corintiano
-ês, -esa	norueguês, norueguesa
-estre	campestre
-oso	horroroso

SUFIXOS QUE FORMAM ADJETIVOS POR MEIO DE VERBOS	EXEMPLOS
-ante	tolerante
-ente	resistente
-inte	constituinte
-vel	amável
-ivo	pensativo
-iço	quebradiço
-ouro	duradouro
-ório	preparatório

OUTROS SUFIXOS NOMINAIS	EXEMPLOS
-ismo	realismo, subjetivismo, idealismo
-ista	realista, subjetivista, idealista

ALGUNS SUFIXOS VERBAIS

SUFIXOS	EXEMPLOS
-ear	folhear
-ejar	gotejar
-icar	bebericar

SUFIXOS	EXEMPLOS
-itar	saltitar
-izar	utilizar
-ficar	plastificar

SUFIXO ADVERBIAL

O único sufixo adverbial da língua portuguesa é o sufixo **-mente**. Nos adjetivos biformes, esse sufixo deve ser acrescentado à forma feminina do adjetivo.

ADJETIVO	SUFIXO	ADVÉRBIO
lenta	**mente**	lentamente
rápida	**mente**	rapidamente
gostosa	**mente**	gostosamente
própria	**mente**	propriamente

FORMAÇÃO DAS PALAVRAS

Como pré-requisito à **formação das palavras**, convém observar que em português há palavras primitivas, palavras derivadas, palavras simples e palavras compostas.

a. **palavras primitivas**: aquelas que, na língua portuguesa, não provêm de outra palavra.

casa, flor, pedra

b. **palavras derivadas**: aquelas que, na língua portuguesa, provêm de outra palavra.

casebre, floreira, pedreiro

c. **palavras simples**: aquelas que possuem um só radical.

alto, cavalo, tempo

d. **palavras compostas**: aquelas que possuem mais de um radical.

cavalo-marinho, passatempo, planalto

As palavras compostas podem ou não ter seus elementos ligados por hífen. As regras relativas ao emprego do hífen estão expostas no capítulo 2.

PRINCIPAIS PROCESSOS DE FORMAÇÃO DAS PALAVRAS

COMPOSIÇÃO

Haverá **composição** quando se juntarem dois ou mais radicais para formar nova palavra. Há dois tipos de composição: justaposição e aglutinação.

a. justaposição: os radicais se juntam sem que haja alteração fonética.

couve-flor, salário-família, girassol, passatempo

b. aglutinação: na junção dos radicais ocorre alteração fonética.

aguardente	(água + ardente)
fidalgo	(filho + de + algo)
planalto	(plano + alto)

O que distingue a justaposição da aglutinação é o fato de haver ou não alteração fonética. Em **girassol** ocorreu justaposição, já que as palavras **gira** e **sol** mantêm a mesma pronúncia que tinham quando separadas.

DERIVAÇÃO POR ACRÉSCIMO DE AFIXOS

É o processo pelo qual se obtêm palavras novas (derivadas) pela anexação de afixos à palavra primitiva. A derivação pode ser: prefixal, sufixal e parassintética.

a. prefixal (ou **prefixação**): a palavra nova é obtida por acréscimo de prefixo.

des	leal		**re**	fazer
prefixo	radical		prefixo	radical

b. sufixal (ou **sufixação**): a palavra nova é obtida por acréscimo de sufixo.

feliz	**mente**		leal	**dade**
radical	sufixo		radical	sufixo

c. parassintética: a palavra nova é obtida pelo acréscimo simultâneo de prefixo e sufixo. Por parassíntese formam-se principalmente verbos.

en	tard	**ecer**		**en**	trist	**ecer**
prefixo	radical	sufixo		prefixo	radical	sufixo

Não ligue o automático!

Para que haja parassíntese é necessário que o prefixo e o sufixo tenham-se agregado **simultaneamente** ao radical. Em **infelizmente**, não há parassíntese, uma vez que o prefixo e o sufixo não se agregaram ao mesmo tempo ao radical – as palavras **infeliz** e **felizmente** possuem existência autônoma na língua. Já em **entristecer** ocorreu parassíntese, uma vez que prefixo e sufixo agregaram-se ao mesmo tempo ao radical – não existem as palavras **entriste** e **tristecer**.

OUTROS TIPOS DE DERIVAÇÃO

Nos casos vistos até agora, a palavra nova (derivada) era formada por acréscimo de afixos à palavra primitiva. Há, porém, dois casos em que a palavra derivada é formada sem que haja a presença de afixos. São eles: a derivação regressiva e a derivação imprópria.

a. derivação regressiva: a palavra nova é obtida por redução da palavra primitiva. Ocorre, sobretudo, na formação de substantivos derivados de verbos (**substantivos deverbais**).

primitiva (verbo)	**derivada (substantivo)**
caçar	caça
castigar	castigo
combater	combate
pescar	pesca

Como nem sempre é fácil determinar se a palavra primitiva é o verbo ou o substantivo, sugerimos o critério do filólogo Mário Barreto, citado por Celso Cunha na *Gramática do português contemporâneo*:

> Se o substantivo denota ação, será palavra derivada, e o verbo palavra primitiva; mas, se o nome denota algum objeto ou substância, verificar-se-á o contrário.

Portanto, **caça**, **combate** e **pesca** são derivados, respectivamente, de **caçar**, **combater** e **pescar**. Mas **âncora**, **planta** e **telefone** são palavras primitivas que dão origem, respectivamente, aos verbos **ancorar**, **plantar** e **telefonar**.

b. derivação imprópria: a palavra nova (derivada) é obtida pela mudança de categoria gramatical da palavra primitiva. Não ocorre, pois, alteração na forma, mas tão somente na classe gramatical. Observe:

jantar (substantivo) — deriva de **jantar** (verbo)

mulher **aranha** — (o adjetivo **aranha** deriva do substantivo **aranha**)

Não entendi o **porquê** da briga. — (o substantivo **porquê** deriva da conjunção **porque**)

Fique por dentro!

O homem é um inventor de palavras; nós todos fazemos isso o tempo todo. Criamos palavras todos os dias, todas as horas! E as palavras novas, recém-criadas, são chamadas de **neologismos**.

Quando criamos palavras, empregamos (mesmo sem percebermos isso) tudo o que foi estudado neste capítulo: lançamos mão de desinências, de prefixos e de sufixos; ora recorremos à justaposição, ora à aglutinação; ora à abreviação, ora às onomatopeias; usamos até mesmo a derivação imprópria.

Cibercafé, **deletar**, **internauta**, **plugar** (palavras do universo da informática) e **refri** (que vem de "refrigerante") são alguns exemplos de neologismos que foram incorporados ao nosso léxico recentemente.

OUTROS PROCESSOS DE FORMAÇÃO DE PALAVRAS

ONOMATOPEIA

É a palavra que procura reproduzir sons ou ruídos.

fom-fom, tique-taque, zum-zum

ABREVIAÇÃO

Consiste na redução da palavra até o limite que não prejudique a compreensão.

foto (por fotografia) **pneu** (por pneumático)
moto (por motocicleta)

Não devemos confundir **abreviação** (forma reduzida) com **abreviatura**, que é a representação de uma palavra por meio de algumas de suas sílabas ou letras.

Fís. (Física) **m** (metro) **pág.** ou **p.** (página)

As siglas podem ser consideradas um tipo especial de abreviatura, feito com as letras iniciais ou até mesmo com as sílabas iniciais de palavras.

IBGE (**I**nstituto **B**rasileiro de **G**eografia e **E**statística)
NGB (**N**omenclatura **G**ramatical **B**rasileira)
OAB (**O**rdem dos **A**dvogados do **B**rasil)
ONG (**O**rganização **N**ão **G**overnamental)
Embratur (**Em**presa **Bra**sileira de **Tur**ismo)

Das siglas podem ser criadas novas palavras pelo acréscimo de sufixos:

petista (palavra formada pela sigla **PT** (de "Partido dos Trabalhadores" + sufixo **-ista** – "partidário, seguidor de doutrina")

HIBRIDISMO

Hibridismos são as palavras formadas com elementos oriundos de línguas diferentes.

aeroporto (*aero* = grego; *porto* = latim)
alcoômetro (*álcool* = árabe; *metro* = grego)
automóvel (*auto* = grego; *móvel* = latim)
burocracia (*buro*, de *bureau* = francês; *cracia* = grego)
sambódromo (*samb* = dialeto africano; *dromo* = grego)
sociologia (*socio* = latim; *logia* = grego)

Não fique aí parado!

1. As palavras **arqueólogo** e **topógrafo** são formadas pela junção de radicais gregos. Sabendo que *arqueo* significa "antigo" e *topo*, "lugar", explique o que fazem arqueólogos e topógrafos.

2. Nas palavras **arqueólogo** e **topógrafo** ocorrem, respectivamente, os radicais de origem grega *logo* ("estudo") e *grafo* ("escrever, descrever"). Escreva frases com outras palavras em que ocorrem esses radicais e dê o significado delas.

3. Observe as palavras da relação a seguir, que foram formadas pelo acréscimo do sufixo -**ista** a um radical.

monarquista – ascensorista – comunista – azulejista – materialista – abolicionista – balconista – socialista – cartunista – ambientalista – anarquista – diarista – racista – budista – eletricista – humanista – parlamentarista – figurinista – esquerdista – florista – evolucionista – lojista – fascista – motorista – feminista – propagandista – taxista – governista – idealista – imperialista – marxista – radicalista – modernista – nacionalista

Como você deve ter notado, o sufixo -**ista** não possui o mesmo sentido em todas elas. Assim, separe-as, de acordo com o sentido, em dois grupos. A seguir, diga o que o sufixo exprime em cada um deles.

4. Forme palavras, substituindo os * por um prefixo, atendendo ao que se pede entre parênteses.

a) *coxa (anterioridade)

b) *polar (fora de)

c) *fonia (simultaneidade)

d) *termia (posição inferior)

e) *termia (posição superior)

f) *lexia (dificuldade)

g) *ético (ação contrária)

h) *diluviano (antes)

i) *dizer (anterioridade)

j) *venoso (posição interior)

5. "O Enem é a avaliação do perfil de saída dos concluintes do Ensino Médio, criada em 1998, pelo Ministério da Educação. Seu objetivo principal é oferecer subsídios para que o participante faça uma autoavaliação e assim possa orientar melhor suas escolhas e seus projetos futuros."

(*Veja*, n. 1651, 31 maio 2000. p. 84.)

a) O que significa a sigla **Enem**?

b) Como foi formada a palavra **avaliação**?

c) Pelo processo da derivação sufixal, forme palavras derivadas, respectivamente, de **objetivo**, **orientar**, **principal** e **subsídio**.

d) Considerando que na palavra **projetos** há o prefixo latino **pro-**, que significa "movimento para a frente", uma palavra do texto seria redundante. Qual? Justifique.

6. "Com a chegada do inverno, estão de volta, com mais intensidade, as doenças de todos os anos: resfriados, gripes, sinusites, rinites, laringites, amigdalites e otites."

(*O Estado de S. Paulo*, 25 maio 2000. Suplemento Doenças de Inverno, p. 1.)

a) De acordo com o texto, com a chegada do inverno aparecem algumas doenças que causam inflamações em órgãos do corpo. Que doenças são essas e qual o sufixo que indica inflamação?

b) Forme outras palavras utilizando o sufixo **-ite** e dê o respectivo significado.

7. "Chega ao Brasil o primeiro inseticida ecológico." Retire dois radicais dessa frase: um de origem grega, outro de origem latina. Dê também o significado desses radicais.

8. Diga o que significam as siglas a seguir.

a) CEP
b) Funai
c) TRE
d) CBF
e) CPI

9. Pelo processo da derivação parassintética, forme palavras derivadas de:

a) doido
b) pedaço
c) verde
d) mole

10. Classifique as palavras destacadas em primitivas (p) ou derivadas (d).

a) Dia **chuvoso** provocou **engarrafamentos** em São Paulo.

b) Os **treinamentos** devem **recomeçar** nesta **época** do **ano**.

c) O **reinício** das aulas devolverá às ruas um milhão de **veículos**.

d) A **feijoada**, **prato** típico **brasileiro**, é muito apreciada.

11. Classifique as palavras destacadas em simples (s) ou compostas (c).

a) O **narcotráfico** fez novas **vítimas** naquela região.

b) O **mico-leão-dourado** é uma das **espécies** mais ameaçadas de extinção.

c) O **autódromo** de Interlagos reabrirá para a nova **temporada** da Fórmula 1.

d) A **televisão** continua sendo o **passatempo** preferido da população.

12. Dos substantivos **glória** e **afeto**, forme palavras por derivação prefixal que tenham o sentido contrário.

13. Dos adjetivos **belo** e **puro**, forme palavras por derivação sufixal e dê sua nova classe gramatical.

14. Classifique os elementos mórficos das palavras abaixo:

a) **menininhas** (menin; inh; a; s)

b) **inapto** (in; apt; o)

c) **cantássemos** (cant; a; sse; mos)

d) **vendêramos** (vend; e; ra; mos)

e) **lugarejo** (lugar; ejo)

15. Dê o significado das palavras com base em seus elementos mórficos, conforme o modelo.

acrofobia = altura + horror

a) cronômetro
b) ortografia
c) demagogo
d) heterônimo
e) antropologia
f) biblioteca
g) micróbio
h) ornitologia
i) clorofila
j) pseudônimo
k) democracia
l) xenofobia

16. Faça como no modelo.

estudo do homem = antropologia

a) estudo da vida

b) estudo do som

c) estudo da forma

d) estudo do animal

e) estudo de coisas antigas

Veja na página 421 questões de exames sobre o assunto abordado neste capítulo.

CAPÍTULO 5 Substantivo

DEFINIÇÃO

Substantivo é a palavra que dá nome aos seres em geral. Pode apresentar variação de gênero, número e grau.

São, portanto, substantivos:

a. os nomes de coisas, pessoas, animais, vegetais, minerais e lugares.

cadeira, livro, Mônica, Ricardo, cachorro, orquídea, manganês, Lisboa

b. os nomes de ações, estados ou qualidades, tomados como seres.

altura, beleza, corrida, estudo, trabalho, tristeza

Qualquer palavra pode ser substantivada. Para tanto, basta precedê-la de um artigo.

O **amar** e o **odiar** não conhecem limites. (verbos substantivados)

O **não** é uma palavra cruel. (advérbio substantivado)

FORMAÇÃO DOS SUBSTANTIVOS

Quanto à formação, o substantivo pode ser: primitivo ou derivado, simples ou composto.

a. **primitivo**: quando não provém de outra palavra existente na língua portuguesa.

casa, ferro, flor, jornal, pedra

b. **derivado**: quando provém de outra palavra da língua portuguesa.

casebre, ferreiro, florista, jornaleiro, pedreiro

c. **simples**: quando é formado por um só radical.

água, amor, couve, homem, pé, tempo

d. **composto**: quando é formado por mais de um radical.

água-de-colônia, amor-perfeito, couve-flor, pé de moleque, lobisomem, passatempo

CLASSIFICAÇÃO DOS SUBSTANTIVOS

Quanto ao elemento que designa, o substantivo classifica-se em comum ou próprio, concreto ou abstrato.

a. **comum**: designa genericamente qualquer elemento da espécie.

aluno, cidade, menino, país, rio

b. **próprio**: designa especificamente um determinado elemento. Os substantivos próprios são sempre grafados com inicial maiúscula.

Araguaia, Brasil, Florianópolis, Gabriela, Gustavo

c. **concreto**: designa os seres – de existência real ou não – propriamente ditos, tais como coisas, pessoas, animais, lugares etc. Verifique que é sempre possível visualizar em nossa mente o substantivo concreto, mesmo que ele não possua existência real.

bruxa, casa, cadeira, caneta, fada, saci

d. **abstrato**: designa os seres que não existem por si, isto é, só existem em nossa consciência, como fruto de uma abstração, sendo, pois, impossível visualizá-los Os substantivos abstratos vão, portanto, designar ações, estados ou qualidades, tomados como seres.

altura, beleza, corrida, trabalho, tristeza

Os substantivos abstratos, via de regra, são derivados de verbos ou adjetivos e a maioria pertence ao gênero feminino.

correr > corrida
trabalhar > trabalho
alto > altura
belo > beleza

SUBSTANTIVO COLETIVO

Coletivo é o substantivo comum que, mesmo no singular, designa um grupo de seres da mesma espécie.

Veja alguns coletivos que merecem destaque:

acervo: de obras artísticas
álbum: de fotografias, de selos
alcateia: de lobos
antologia: de trechos literários escolhidos
armada: de navios de guerra
arquipélago: de ilhas
assembleia: de parlamentares, de membros de associações
atilho: de espigas de milho
atlas: de cartas geográficas
baixela: de objetos de mesa
banca: de examinadores
bandeira: de garimpeiros, de exploradores de minérios
bando: de aves, de pessoas em geral
cabido: de cônegos
cacho: de uvas, de bananas
cáfila: de camelos
camarilha: de bajuladores
cambada: de ladrões, de caranguejos, de chaves
cancioneiro: de poemas, de canções
caravana: de viajantes
cardume: de peixes
clero: de sacerdotes
concílio: de bispos
congregação: de professores, de religiosos
congresso: de parlamentares, de cientistas
conselho: de ministros

▶ **constelação**: de estrelas
corja: de vadios
elenco: de artistas
enxame: de abelhas
esquadra: de navios de guerra
esquadrilha: de aviões
falange: de soldados, de anjos
fato: de cabras
fauna: de animais de uma região
feixe: de lenha, de raios luminosos
flora: de vegetais de uma região
frota: de navios mercantes, de táxis, de ônibus
girândola: de fogos de artifício
horda: de invasores, de selvagens, de bárbaros
junta: de bois, de médicos, de examinadores
júri: de jurados
legião: de anjos, de soldados, de demônios
malta: de desordeiros
manada: de gado de grande porte
matilha: de cães de caça
molho: de chaves
ninhada: de pintos, de filhotes
nuvem: de gafanhotos
panapaná: de borboletas
pelotão: de soldados
penca: de bananas, de chaves
pinacoteca: de pinturas
plantel: de animais de raça, de atletas
quadrilha: de ladrões, de bandidos
ramalhete: de flores
rebanho: de gado em geral
récua: de animais de carga
repertório: de peças teatrais, de anedotas
resma: de papel
réstia: de alhos, de cebolas ▶

- **revoada**: de pássaros
romanceiro: de poesias populares
súcia: de pessoas desonestas
vara: de porcos
vocabulário: de palavras

FLEXÃO DE GÊNERO

Em português, os substantivos podem ser do gênero masculino ou feminino.

Grave isto!

Não confunda gênero com sexo.

O gênero é gramatical, isto é, mostra se a palavra é masculina ou feminina. Evidentemente, **borracha**, **caderno**, **caneta** e **livro**, que são coisas, não possuem sexo, embora seus nomes possam se apresentar no gênero masculino ou feminino.

São masculinos os substantivos a que se pode antepor o artigo **o**.

o caderno, **o** clima, **o** livro, **o** mapa, **o** maracujá

São femininos aqueles a que se pode antepor o artigo **a**.

a borracha, **a** caneta, **a** libido, **a** tribo

Quanto ao gênero, dependendo da forma que assumem, os substantivos podem ser classificados em biformes ou uniformes.

SUBSTANTIVOS BIFORMES

Apresentam duas formas, uma para o masculino, outra para o feminino.

masculino	feminino
aluno	aluna
menino	menina

Quando a mudança de gênero não é marcada pela desinência (o / a), mas por palavra proveniente de outro radical, o substantivo denomina-se **heterônimo**.

masculino	**feminino**
bode	cabra
carneiro	ovelha
cavaleiro	amazona
homem	mulher
padrinho	madrinha
pai	mãe

SUBSTANTIVOS UNIFORMES

Apresentam uma única forma, tanto para o masculino como para o feminino. Subdividem-se em epicenos, comuns de dois gêneros e sobrecomuns.

SUBSTANTIVOS EPICENOS

São substantivos uniformes que designam alguns animais.

a baleia, a borboleta, a onça, o jacaré, o tigre

Caso se queira especificar o sexo do animal, devem-se acrescentar as palavras **macho** ou **fêmea**.

a onça macho, a onça fêmea (o substantivo **onça** será sempre feminino)
o jacaré macho, o jacaré fêmea (o substantivo **jacaré** será sempre masculino)

SUBSTANTIVOS COMUNS DE DOIS GÊNEROS

São substantivos uniformes que designam pessoas. Nesse caso, a diferenciação de gênero é feita pelo artigo ou outro determinante qualquer.

o artista, a artista
o estudante, a estudante
este dentista, esta dentista
jornalista recém-formado, jornalista recém-formada

SUBSTANTIVOS SOBRECOMUNS

São substantivos uniformes que designam pessoas. Nos substantivos sobrecomuns o gênero é fixo, sempre masculino ou sempre feminino.

a criança, a criatura, a pessoa, o cônjuge

Caso se queira especificar o sexo do ser representado pelo substantivo, procede-se da seguinte forma:

uma criança do sexo masculino, o cônjuge do sexo feminino

ALGUNS SUBSTANTIVOS QUE COSTUMAM CAUSAR DÚVIDAS

SÃO MASCULINOS	
o ágape	o fibroma
o alvará	o formicida
o anátema	o grama (unidade de massa)
o caudal	o guaraná
o champanha	o lança-perfume
o clã	o plasma
o dó (pena, compaixão)	o proclama
o eclipse	o telefonema
o edema	o teorema
o estratagema	o diadema

SÃO FEMININOS	
a aguardente	a derme
a alface	a dinamite
a aluvião	a ênfase
a análise	a libido
a bacanal	a omelete
a cal	a omoplata
a comichão	a síndrome

OPOSIÇÃO GÊNERO X SENTIDO

Há substantivos idênticos na forma, porém de gêneros diferentes e significados diferentes. Veja a seguir alguns exemplos.

SUBSTANTIVO MASCULINO	SIGNIFICADO	SUBSTANTIVO FEMININO	SIGNIFICADO
o cabeça	o chefe, o líder	**a** cabeça	parte do corpo
o capital	o dinheiro, os bens	**a** capital	cidade principal
o rádio	aparelho receptor	**a** rádio	estação transmissora
o moral	ânimo	**a** moral	parte da filosofia; conclusão
o lotação	veículo	**a** lotação	capacidade

É importante notar que, muitas vezes, não ocorre flexão de gênero.

Os substantivos **o** grama / **a** grama, por exemplo, são apenas idênticos na forma, porém são duas palavras distintas, de diferentes origens.

grama[1]

[Do lat. *gramina*, pl. de *gramen, inis*, 'relva'; 'erva'.]

Substantivo feminino Bot.

1. Designação comum a várias espécies de gramíneas cultivadas em áreas urbanas e jardins, e de outras forrageiras, além de algumas medicinais.

2. Bras. V. *capim-de-burro*

grama[2]

[Do fr. *gramme* < lat. *gramma* < gr. *grámma*.]

Substantivo masculino Fís.

1. Unidade de medida de massa no sistema c.g.s., igual a 10^{-3} kg [símb.: *g*]. É corrente o uso deste vocábulo no feminino.

(FERREIRA, Aurélio Buarque de Holanda. *Dicionário eletrônico*. Versão 5.0. Ed. rev. e atual. Parte integrante do *Novo dicionário Aurélio*. 3. ed. rev. e atual. Curitiba: Positivo/Positivo Informática, 2004.)

FLEXÃO DE NÚMERO

Quanto ao número, o substantivo pode ser singular ou plural.

aluno, mãe, relógio (singular) alunos, mães, relógios (plural)

Não ligue o automático!

Há certos substantivos que só aparecem no plural. Veja alguns deles:

as cãs	as fezes	os parabéns
as condolências	as núpcias	os pêsames
as custas (do processo)	os afazeres	os víveres
as exéquias	os anais	

PLURAL COM METAFONIA

Em certas palavras ocorre mudança de timbre da vogal tônica por influência de uma vogal átona posterior. A esse fenômeno dá-se o nome de **metafonia** (*meta* = "mudança"; *fonia* = "som").

Alguns substantivos sofrem metafonia quando se pluralizam, mudando do **o** fechado (ô) para **o** aberto (ó). Veja alguns exemplos a seguir.

singular (ô)	plural (ó)	singular (ô)	plural (ó)
aposto	apostos	olho	olhos
caroço	caroços	osso	ossos
corno	cornos	ovo	ovos
corpo	corpos	poço	poços
corvo	corvos	porto	portos
esforço	esforços	posto	postos
fogo	fogos	povo	povos
forno	fornos	socorro	socorros
miolo	miolos	tijolo	tijolos

Nos substantivos a seguir **não** ocorre metafonia:

singular (ô)	plural (ô)	singular (ô)	plural (ô)
almoço	almoços	globo	globos
bolso	bolsos	gosto	gostos
cachorro	cachorros	pescoço	pescoços
esposo	esposos	polvo	polvos
estojo	estojos	sogro	sogros

PLURAL DOS SUBSTANTIVOS SIMPLES

a. substantivos terminados em vogal ou ditongo: formam o plural pelo acréscimo da desinência -**s**.

caderno	cadernos	mãe	mães
degrau	degraus	pai	pais
isqueiro	isqueiros	troféu	troféus

b. substantivos terminados pelo ditongo nasal -ão: fazem o plural de três maneiras.

- **terminação em -ões**

balão	balões	eleição	eleições
canção	canções	opinião	opiniões
casarão	casarões	questão	questões

- **terminação em -ães**

alemão	alemães	escrivão	escrivães
cão	cães	pão	pães
capitão	capitães	tabelião	tabeliães

- **terminação em -ãos**

acórdão	acórdãos	cristão	cristãos
bênção	bênçãos	irmão	irmãos
cidadão	cidadãos	órgão	órgãos

c. substantivos terminados em -r e -z: formam o plural pelo acréscimo de -**es** ao singular.

açúcar	açúcares	giz	gizes
aprendiz	aprendizes	mar	mares
colher	colheres	raiz	raízes
cruz	cruzes	rapaz	rapazes

d. **substantivos terminados em -s**: quando não são oxítonos, ficam invariáveis. Quando oxítonos, formam o plural pelo acréscimo de **-es**.

não oxítono		oxítono	
singular	**plural**	**singular**	**plural**
o atlas	os atlas	o ananás	os ananases
o lápis	os lápis	o lilás	os lilases
o ônibus	os ônibus	o país	os países
o pires	os pires	o retrós	os retroses

São invariáveis: **cais** e **cós**.

e. **substantivos terminados em -x**: os substantivos terminados em **x** não variam.

o látex	os látex
o tórax	os tórax
uma xérox	duas xérox

f. **substantivos terminados em l**: se o **l** vier precedido de **a**, **e**, **o**, **u** (**al**, **el**, **ol**, **ul**), formam o plural trocando o **-l** por **-is**.

animal	animais
papel	papéis
farol	faróis
paul	pauis

São exceções: **mal** (**males**) e **cônsul** (**cônsules**).

Se o **l** vier precedido de **i** (**il**), formam o plural de duas maneiras.

- os oxítonos trocam o **-l** por **-s**.

barril	barris
funil	funis
fuzil	fuzis

- os não oxítonos trocam o **-il** por **-eis**.

fóssil	fósseis
míssil	mísseis

ALGUNS PLURAIS QUE MERECEM DESTAQUE

abdômen	abdomens ou abdômenes
caráter	caracteres (té)
espécimen	espécimens ou especímenes
hífen	hifens ou hífenes
júnior	juniores (ô)
mel	méis ou meles
sênior	seniores (ô)

PLURAL DOS DIMINUTIVOS TERMINADOS EM *-zinho* E *-zito*

O plural dos diminutivos terminados em -**zinho** e -**zito** deve ser feito da seguinte forma.

1. Coloca-se a palavra primitiva no plural.
2. Retira-se a desinência -**s** de plural da palavra primitiva.
3. Acrescenta-se a terminação -**zinho** ou -**zito** seguida da desinência -**s**.

Veja a seguir como se faz o plural dos substantivos **barzinho**, **cãozito**, **coronelzinho** e **mulherzinha**, por exemplo.

PASSO 1	PASSO 2	PASSO 3
bar – bares	bare~~s~~ = bare	bare + zinho + s = barezinhos
cão – cães	cãe~~s~~ = cãe	cãe + zito + s = cãezitos
coronel – coronéis	coronéi~~s~~ = coronei	coronei + zinho + s = coroneizinhos
mulher – mulheres	mulhere~~s~~ = mulhere	mulhere + zinha + s = mulherezinhas

PLURAL DOS SUBSTANTIVOS COMPOSTOS

Não é fácil sistematizar o plural dos substantivos compostos, uma vez que ocorrem muitas oscilações, mesmo no padrão culto da língua.

Cumpre, no entanto, observar as regras a seguir.

1. Os substantivos compostos ligados sem hífen formam o plural como se fossem simples.

aguardente	aguardentes
lobisomem	lobisomens
passatempo	passatempos
vaivém	vaivéns

2. Nos compostos formados por palavras repetidas (ou muito semelhantes), só o segundo elemento varia.

teco-teco	teco-tecos
reco-reco	reco-recos
tico-tico	tico-ticos
pingue-pongue	pingue-pongues

3. Nos compostos cujos elementos venham unidos por preposição, só o primeiro elemento varia.

porco-do-mato	porcos-do-mato
pimenta-do-reino	pimentas-do-reino

4. Nos compostos formados por dois substantivos, se o segundo elemento limita ou determina o primeiro, indicando tipo ou finalidade, a variação costuma ocorrer somente no primeiro elemento.

banana-maçã	bananas-maçã
caneta-tinteiro	canetas-tinteiro
manga-rosa	mangas-rosa
peixe-espada	peixes-espada
salário-família	salários-família
samba-enredo	sambas-enredo

Convém lembrar que, mesmo no padrão culto da língua, é comum pluralizarem-se os dois elementos:

bananas-maçãs, canetas-tinteiros, mangas-rosas, peixes-espadas, salários-famílias, sambas-enredos

Grave isto!

Como nem sempre é fácil perceber se o segundo elemento limita ou restringe o primeiro, sugerimos o seguinte procedimento: se a relação entre os dois substantivos não for aditiva (procure acrescentar a conjunção e), com certeza o segundo substantivo estará limitando ou restringindo o primeiro.

banana-maçã não é **banana e maçã**

peixe-espada não é **peixe e espada**

5. Nos compostos formados por verbo seguido de substantivo no plural, ambos os elementos ficam invariáveis.

o saca-rolhas	os saca-rolhas
o tira-dúvidas	os tira-dúvidas

6. Para os demais substantivos compostos, convém observar o seguinte: só devem ir para o plural os elementos representados por substantivos, adjetivos e numerais. Verbos e advérbios não devem ser flexionados. Os prefixos que entram na formação dos substantivos derivados (co, ex, vice etc.) também não variam.

   a. **variam os dois elementos** (substantivo + substantivo; substantivo + adjetivo; adjetivo + substantivo; numeral + substantivo).

amor-perfeito	amores-perfeitos
boa-vida	boas-vidas
cachorro-quente	cachorros-quentes
primeiro-ministro	primeiros-ministros
quinta-feira	quintas-feiras
sofá-cama	sofás-camas

b. varia apenas o segundo elemento (verbo + substantivo; advérbio + adjetivo; prefixo + substantivo).

beija-flor	beija-flores
guarda-chuva	guarda-chuvas
guarda-comida	guarda-comidas
guarda-roupa	guarda-roupas
vira-lata	vira-latas
abaixo-assinado	abaixo-assinados
bem-amado	bem-amados
ex-aluno	ex-alunos
vice-reitor	vice-reitores

Atenção: quando a palavra **guarda** referir-se à pessoa, aquele que guarda ou vigia, e vier seguida de adjetivo, será substantivo e, portanto, deverá ser flexionada.

guardas-civis, guardas-florestais, guardas-noturnos

7 Observações finais

a. arco-íris e **louva-a-deus** são invariáveis.

o arco-íris	os arco-íris
o louva-a-deus	os louva-a-deus

b. bem-te-vi faz o plural **bem-te-vis**.

FLEXÃO DE GRAU

Além do grau normal, o substantivo pode apresentar-se no grau aumentativo e no grau diminutivo.

A indicação do grau do substantivo pode ser feita de duas maneiras.

a. analiticamente: determina-se o substantivo por um adjetivo que indica aumento ou diminuição.

menino **grande** (aumentativo analítico)
menino **pequeno** (diminutivo analítico)

b. sinteticamente: anexam-se ao substantivo sufixos indicadores de grau.

menin**ão** (aumentativo sintético)
menin**inho** (diminutivo sintético)

Muitas vezes os sufixos aumentativos e diminutivos são utilizados com valor afetivo (paizinho, amorzinho) ou pejorativo (livreco, gentinha).

AUMENTATIVOS E DIMINUTIVOS FORMAIS

É importante ressaltar que alguns substantivos formados pelo acréscimo de sufixos aumentativos ou diminutivos não mais indicam ideia de aumento ou diminuição. São por isso mesmo chamados de **aumentativos e diminutivos formais**. É o que ocorre em palavras como:

cartão, portão, caldeirão, orelhão, palavrão, cigarrilha, folhinha (calendário), tampinha, coxinha, quentinha, flanelinha, caixinha (gorjeta)

Fique por dentro!

Está no dicionário?

Para saber se um substantivo formado pelo acréscimo de sufixo aumentativo ou diminutivo ganhou vida própria e se constituiu numa nova palavra, sugerimos uma regra prática: se a palavra constar do *Vocabulário Ortográfico da Língua Portuguesa* (Volp) ou se estiver dicionarizada, ela tem vida própria.

É o que ocorre com **célula**, **facão**, **fogão**, **guerrilha**, **nódulo**, **óvulo**, **portão**, **tampinha** (de garrafa), **versículo**, dentre tantos outros substantivos.

Outro aspecto interessante: quando acrescentamos os sufixos diminutivos -**inha** ou -**ilha**, a palavra derivada é feminina; quando acrescentamos o sufixo aumentativo -**ão** ou equivalentes, a palavra derivada é masculina. Observe:

a porta, o portão

a tampa, a tampinha, o tampão

o cigarro, a cigarrilha

ALGUNS AUMENTATIVOS SINTÉTICOS QUE MERECEM DESTAQUE

amigo	amigalhão	fogo	fogaréu
barca	barcaça	forno	fornalha
cabeça	cabeçorra	homem	homenzarrão
chapéu	chapelão	nariz	narigão
copo	copázio	rapaz	rapagão
drama	dramalhão	voz	vozeirão

ALGUNS DIMINUTIVOS SINTÉTICOS QUE MERECEM DESTAQUE

bandeira	bandeirola	frango	frangote
barba	barbicha	ilha	ilhota
bastão	bastonete	papel	papelucho
burro	burrico	rio	riacho
casa	casebre	rua	ruela
chuva	chuvisco	sala	saleta
estátua	estatueta	verão	veranico
farol	farolete	via	viela
fio	filete	vila	vilarejo

ALGUNS DIMINUTIVOS ERUDITOS

cela	célula	obra	opúsculo
corpo	corpúsculo	orelha	aurícula
febre	febrícula	ovo	óvulo
feixe	fascículo	parte	partícula
globo	glóbulo	pele	película
gota	gotícula	porção	porciúncula
grão	grânulo	questão	questiúncula
homem	homúnculo	raiz	radícula
monte	montículo	rede	retículo
nó	nódulo	verme	vermículo
núcleo	nucléolo	verso	versículo

Neurônios trabalhando...

"Passou-se um mês de calma e sem qualquer acontecimento que pudesse causar a menor preocupação aos parentes e amigos de nossos aventureiros. Um dia o barbeiro e o cura quiseram verificar se, finalmente, Dom Quixote estava curado de suas manias cavaleirescas. [...]

– Ai, meu Deus! – suspirou a sobrinha. – Esse não tem mais cura."

(CERVANTES, Miguel de. *Dom Quixote, o cavaleiro da triste figura*. Adaptação de José Angeli. São Paulo: Scipione, 2001. p. 69.)

a. Transcreva do texto um substantivo comum de dois gêneros e dois substantivos derivados.

b. O substantivo **cura** aparece duas vezes no texto. Dê o sentido dessa palavra em cada uma das ocorrências.

a. Substantivo comum de dois gêneros: **parentes**; substantivos derivados: **aventureiros** (de aventura) e **barbeiro** (de barba).

b. Na primeira ocorrência, **cura** (substantivo masculino) significa "pároco", "vigário". Na segunda, a expressão **a cura** (substantivo feminino) foi empregada pela sobrinha para lamentar que a doença de Dom Quixote não tem mais tratamento ou solução.

MORFOSSINTAXE DO SUBSTANTIVO

Dentro da oração, o substantivo pode funcionar como núcleo das seguintes funções sintáticas:

a. sujeito:

Vendas crescem no final do ano.

b. predicativo do sujeito:

Pedro é **engenheiro**.

c. predicativo do objeto:

Consideraram o soldado **herói**.

d. objeto direto:

No mês passado, compraram **livros**.

e. objeto indireto:

Acredita-se em **marcianos**.

f. complemento nominal:

Tinham sede de **justiça**.

g. agente da passiva:

A praia foi tomada por **turistas**.

h. aposto:

Carlos, a **vítima**, foi imediatamente socorrido.

i. vocativo:

Alunos, leiam o texto.

O substantivo pode ainda funcionar como núcleo de locuções adjetivas e adverbiais.

Realizaram um trabalho de **mestre**.

Saíram à **noite**.

Como você pode notar, o substantivo pode exercer qualquer função sintática, exceto a de núcleo do predicado verbal.

Não fique aí parado!

Texto para as questões 1 e 2.

Couve-flor frita

500 gramas de couve-flor, cortada pelos talos em ramos médios; 4 colheres (de sopa) de óleo vegetal; sal, pimenta-do-reino a gosto.

Numa caçarola, ferva o óleo vegetal e aí frite, bem mergulhadinhos, os ramos crus de couve-flor, de modo que suas extremidades mais tenras comecem a ficar ligeiramente queimadas. Retire-os com escumadeira, escorridinhos, depositando-os no prato de servir, polvilhando-se os ramos com sal e pimenta.

Come-se quente, tépido ou frio, com pão, servindo de acompanhamento para carnes do mar, ar ou terra.

HOUAISS, Antonio. *Receitas rápidas*: 103 receitas de (até) 18 minutos. 2. ed. aumentada. São Paulo: Círculo do Livro/Art Editora, 1987. p. 32.)

1. Você já viu que, quanto à formação, os substantivos podem ser simples ou compostos. Há dois substantivos compostos no texto.

a) Quais são eles?

b) Por quais classes de palavras eles são formados?

2. Nas receitas culinárias, costumam aparecer substantivos compostos. Além dos que aparecem no texto, cite mais alguns que você conhece.

Texto para as questões 3 a 5.

"**Cuidados com o talão de cheques** – Tome a máxima cautela na guarda deste talão. A perda, extravio ou furto de qualquer cheque pode acarretar-lhe sérios danos, pois o banco não se responsabiliza pelo pagamento de cheques perdidos, extraviados, falsos ou falsificados, se a assinatura do emitente não for facilmente reconhecível em confronto com a existente em seus registros. Comunique imediatamente a sua agência, caso ocorra perda ou extravio de cheque ou deste talão."

(Informação constante no talão de cheques de um banco brasileiro.)

3. Muitos substantivos apresentam o mesmo radical de verbos. Indique os verbos correspondentes aos seguintes substantivos do texto:

a) guarda
b) perda
c) extravio
d) furto
e) emitente

4. As palavras **perdidos**, **extraviados**, **falsos** e **falsificados** referem-se a um substantivo do texto.

a) Qual é esta palavra?

b) Que função essas palavras exercem em relação ao substantivo a que se referem?

c) A que classe pertencem?

5. No trecho "[...] se a assinatura do emitente não for facilmente reconhecível em confronto com a existente em seus registros.", um substantivo ficou subentendido. Qual?

Texto para as questões 6 e 7.

"O sultão é traído por sua mulher e resolve vingar-se em outras moças. Assim, passa cada noite com uma jovem, mandando matá-la no dia seguinte, até que Sherazade se oferece para passar uma noite com ele, com a condição de lhe contar uma história antes da execução. O sultão deixa-se envolver, noite após noite, pelas fascinantes narrativas de Sherazade, e assim se passam mil e uma noites."

(Texto de quarta capa de *As mil e uma noites*. Adaptação de Julieta de Godoy Ladeira. 12. ed. São Paulo: Scipione, 2003.)

6. Mude o gênero dos seguintes substantivos do texto:

a) sultão b) mulher c) moças

7. Pronomes são palavras que, entre outras coisas, são usadas para substituir substantivos. Reescreva o trecho a seguir substituindo os pronomes destacados pelos substantivos que eles representam. Faça as modificações que julgar necessárias.

"Assim, passa cada noite com uma jovem, mandando matá-**la** no dia seguinte, até que Sherazade se oferece para passar uma noite com **ele**, com a condição de **lhe** contar uma história antes da execução."

8. Destaque, nas frases a seguir, as palavras que, no contexto, funcionam como substantivos.

a) "Caso com uma tola pra não bancar o tolo." (Molière, *Escola de mulheres*.)

b) "Um fraco rei faz fraca a forte gente." (Camões)

c) "Precisamos dar um basta nessa imoralidade que é a caça esportiva no Rio Grande do Sul." (*Os caminhos da Terra*, maio 2000, p. 9.)

d) "Todo executivo tem seu preço." (*Veja São Paulo*, n. 16, abr. 2000, p. 45.)

e) "[...] almoço executivo com duas opções de entrada [...]" (*Veja São Paulo*, n. 16, abr. 2000, p. 45.)

9. Reescreva as frases a seguir, substituindo as expressões destacadas por uma única palavra.

a) Na **pequena ilha** há um **pequeno rio**.

b) Naquela **pequena vila** morava um **rapaz imenso** que tinha um **nariz enorme**.

c) Na **pequena rua** havia **pequenas casas** e um **pequeno palácio**.

d) Havia um **cão enorme** na **pequena sala**.

e) Um **pequeno burro** foi levado numa **grande barca**.

10. Forme substantivos abstratos de acordo com o modelo:

*menino **feliz** – a felicidade do menino*

a) homem **triste**

b) crianças **pobres**

c) edifício **alto**

d) homem **livre**

e) mulher **viúva**

f) **recordar** a cena

g) **imprimir** o livro

h) **atualizar** os conhecimentos

i) **verificar** os resultados

j) **conceder** os privilégios

11. Escreva no plural as frases seguintes.

a) Minha tia-avó viajou.

b) Pique o alho-poró e cozinhe a batata-doce.

c) O recém-nascido está sendo amamentado.

d) O livre-docente, em seu abaixo-assinado, desistiu do cargo.

e) O primeiro-sargento foi encarregado de proteger a primeira-dama.

f) O guarda-civil comprou água-de-colônia no supermercado.

g) O alto-falante do parque anunciou a nova atração.

h) Comprou limão-galego para temperar o peixe-espada.

i) Na fruteira havia banana-nanica e banana-prata.

j) O tenente-coronel ficou no quartel-general.

12. Passe para o feminino as frases a seguir.

a) O czar era um autêntico cavalheiro.

b) O genro e o sogro criavam carneiros e bodes.

c) O juiz e o herói eram padrinhos do cônsul.

d) Aquele indivíduo conhecia o jornalista e o estudante.

e) Aquele artista era o ídolo do dentista.

13. Forme substantivos derivados de:

a) pedra
b) livro
c) flor
d) jardim
e) máquina
f) jornal

14. Reescreva as frases a seguir, substituindo as palavras destacadas por um coletivo que lhes corresponda. Faça as alterações necessárias.

a) Os **artistas** da novela saíram atrasados.

b) Os **navios de guerra** voltaram ao mar.

c) Os **jurados** se reuniram na sala secreta.

d) Os **examinadores** aprovaram o candidato.

15. Marque:

(1) para substantivo epiceno

(2) para substantivo comum de dois

(3) para substantivo sobrecomum

águia – analista – anta – artista – carrasco – cobra – cônjuge – criança – criatura – estudante – gerente – ídolo – indivíduo – jacaré – jornalista – jovem – médium – pessoa – tamanduá – testemunha – vítima

16. Escreva no plural.

a) degrau, troféu, herói, balão, canção, coração

b) questão, opinião, casarão, paredão, vozeirão, alemão

c) cão, capitão, pão, tabelião, cidadão, cristão

d) irmão, bênção, órgão, órfão, mar, açúcar

e) rapaz, cruz, giz, fuzil, fusível, cônsul

17. Escreva no plural.

a) papelzinho
b) balãozinho
c) pastelzinho
d) generalzinho
e) colarzinho
f) hotelzinho

18. Dê o diminutivo erudito de:

grão – corpo – questão – gota – verso – pele – ovo – porção – raiz – monte – obra – parte

19. Da relação seguinte, destaque os substantivos que só se empregam no plural.

ônibus – pires – lápis– núpcias – pêsames – atlas – ananás – país – tênis

Veja na página 425 questões de exames sobre o assunto abordado neste capítulo.

CAPÍTULO 6 Artigo

DEFINIÇÃO

Artigo é a palavra que precede o substantivo, indicando-lhe o gênero e o número. Tem também a função de especificar ou generalizar o substantivo.

O diretor presidiu **a** reunião.

Um jornal da cidade trouxe **uma** notícia relevante.

Os diretores presidiram **as** reuniões.

Uns jornais da cidade trouxeram **umas** notícias relevantes.

CLASSIFICAÇÃO DOS ARTIGOS

a. artigo definido: indica um substantivo específico, individualizado. Pode ser singular (**o**, **a**) ou plural (**os**, **as**).

O aluno resolveu **a** questão.

Os alunos resolveram **as** questões.

b. **artigo indefinido**: indica o substantivo de modo vago, generalizante. Assinala um ser qualquer entre outros da mesma espécie. Pode ser singular (**um**, **uma**) ou plural (**uns**, **umas**).

Um aluno do sexto ano resolveu **uma** questão que lhe apresentaram.

Uns alunos do sexto ano resolveram **umas** questões que lhes apresentaram.

PROPRIEDADES DOS ARTIGOS

1 A anteposição do artigo pode substantivar qualquer palavra. Nesse caso, ocorre derivação imprópria, já estudada no capítulo 4.

Vamos direto a**os** finalmentes.

- **os**: artigo
- finalmentes: advérbio na função de substantivo

Triste palavra é **um** **não**.

- **um**: artigo
- **não**: advérbio na função de substantivo

2 O artigo evidencia o gênero e o número do substantivo.

Comprei **a** alface na feira. (**alface**: substantivo feminino singular)

No almoço comi **uma** omelete. (**omelete**: substantivo feminino singular)

Um eclipse poderá ser observado amanhã. (**eclipse**: substantivo masculino singular)

Os atlas estão sobre a mesa. (**atlas**: substantivo masculino plural)

3 O artigo pode aparecer unido a preposições.

O bebê brincava **no** (em + **o**) colo da mãe.

Ele precisava **do** (de + **o**) apoio dos amigos.

Deixou o livro **numa** (em + **uma**) mala.

Não pôde comparecer **à** (a + **a**) festa.

Fizeram referência **às** (a + **as**) pessoas presentes.

Observação: a fusão da preposição **a** com o artigo **a** (ou **as**) é indicada pelo acento grave (`) e recebe o nome de **crase**. Esse assunto será estudado no capítulo 23.

EMPREGO DOS ARTIGOS

1 É obrigatório o emprego do artigo definido entre o numeral **ambos** e o substantivo a que esse numeral se refere.

O juiz solicitou a presença de ambos **os** cônjuges.
A proposta foi aceita por ambas **as** partes.

2 Nunca deve ser usado artigo depois do pronome relativo **cujo** (e flexões).

Este é o homem **cujo** amigo desapareceu.
Este é o autor **cuja** obra conheço.

3 Não se deve usar artigo antes das palavras **casa** (no sentido de lar, moradia) e **terra** (no sentido de chão firme), a menos que tais palavras venham especificadas.

Eles estavam em casa.
Eles estavam n**a** casa dos amigos.
Os marinheiros permaneceram em terra.
Os marinheiros permaneceram n**a** terra d**os** anões.

4 Com relação a nomes de lugar, alguns admitem a anteposição do artigo; outros, não.

Passaram o Carnaval **em** Salvador.
Florianópolis é a capital **de** Santa Catarina.
Nevou **em** Roma.
Brasília é a capital d**a** República.
Arroz de cuxá é um prato típico d**o** Maranhão.
Passaram o Carnaval n**a** Bahia.
Faz muito calor n**o** Piauí.
No ano que vem, Paulo pretende visitar **a** Itália.

5 Se o nome de lugar que não admite artigo vier especificado, o uso do artigo será obrigatório.

A bela Florianópolis é capital de Santa Catarina.
Não conheciam **a** velha Salvador.
Estavam n**a** Roma antiga.
A moderna Brasília é considerada um monumento arquitetônico.

6 Com nomes de rio, emprega-se artigo definido.

Foi pescar n**o** Araguaia.

Em Londres, passou por uma ponte sobre **o** Tâmisa.

7 Não se emprega artigo antes dos pronomes de tratamento.

Vossa Excelência resolverá os problemas de Sua Senhoria.

Conheci Vossa Alteza no ano passado.

8 É facultativo o emprego do artigo definido diante dos pronomes possessivos.

Deixei meu livro em casa.

Deixei **o** meu livro em casa.

Não conheço sua namorada.

Não conheço **a** sua namorada.

9 Com nomes de pessoas, geralmente não se usa artigo.

Lígia não compareceu à cerimônia.

Capitu é personagem de um romance de Machado de Assis.

Na linguagem coloquial de alguns estados brasileiros, é frequente a anteposição de artigo a nomes de pessoas, a fim de indicar afetividade ou familiaridade.

O Pedro é meu melhor amigo.

A Sandra não quis sair comigo hoje.

10 Emprega-se o artigo definido com o adjetivo no grau superlativo.

Resolvi **as** questões mais difíceis.

Resolvi **as** mais difíceis questões.

Observação: na linguagem formal, considera-se errada, neste caso, a repetição do artigo.

Resolvi **as** questões **as** mais difíceis.

11 Emprega-se o artigo definido com valor de superlativo absoluto sintético.

Não se trata de mais uma música, esta é **a** música.

12 Não se une à preposição o artigo que faz parte do nome de revistas, jornais e obras literárias.

Li a notícia em *O Estado de S. Paulo.*

Em "A origem das espécies", Darwin apresenta sua teoria.

"Inês de Castro" é um episódio de *Os lusíadas.*

13 Depois do pronome indefinido **todo** emprega-se artigo quando se quer dar ideia de **inteiro**, **totalidade**. Quando se quer dar ideia de **qualquer**, omite-se o artigo.

Ele leu todo **o** livro. (o livro inteiro)

Todo homem é mortal. (qualquer homem)

Todo **o** país comemorou a conquista. (o país inteiro)

Todo país tem seu governo. (qualquer país, cada país)

14 O artigo indefinido é empregado para indicar quantidade aproximada.
Maria Helena tem **uns** sessenta anos.

Grave isto!

No plural, **todos**, **todas** sempre virão seguidos de artigo, exceto se houver palavra que o exclua, ou numeral não seguido de substantivo.

Todos **os** alunos compareceram.
Todos estes alunos compareceram.

Todos **os** cinco alunos compareceram.
Todos cinco compareceram.

15 Não se deve usar artigo diante de substantivos empregados em sentido geral.

Hoje é possível tocar violoncelo e bateria sem fazer nenhum barulho.

Fique por dentro!

Quando, num texto, é introduzido um elemento novo, desconhecido de quem fala e de quem ouve, emprega-se o artigo indefinido. Mas, na sequência, ao se fazer referência a esse mesmo elemento, deve-se usar o artigo definido. Observe:

Um açougueiro estava tomando conta de sua loja e ficou realmente surpreso quando **um** cachorro entrou. Espantou **o** cachorro, mas logo em seguida **o** cachorro voltou. Inutilmente **o** açougueiro tentou espantar **o** cachorro.

MORFOSSINTAXE DO ARTIGO

Isoladamente, o artigo é palavra desprovida de significação. Na oração sempre estará determinando um substantivo com o qual concorda em gênero e número, exercendo a função sintática de adjunto adnominal. Observe:

O dia permanece nublado.

O artigo **o** faz parte do sujeito "o dia". O substantivo **dia** funciona como núcleo do sujeito, e o artigo exerce a função sintática de adjunto adnominal.

Eles não conheciam **as** leis.

O artigo **as** faz parte do objeto direto "as leis". O substantivo **leis** funciona como núcleo do objeto direto, e o artigo exerce a função sintática de adjunto adnominal.

Não fique aí parado!

1. Comente a diferença de sentido das frases a seguir.

a) Na reunião com a presença dos credores houve uma proposta.

b) Na reunião com a presença de credores houve uma proposta.

2. Na frase a seguir o substantivo **jogo** aparece duas vezes, em cada uma

delas precedida de artigo diferente. Explique a diferença de sentido entre **o jogo** e **um jogo**.
"O que era para ser o jogo acabou sendo apenas um jogo."

(KFOURI, Juca. *Folha de S.Paulo*, 18 set. 2006. p. D3.)

3. Explique por que nos ditados populares a seguir os substantivos não vêm precedidos de artigos.
"Cautela e caldo de galinha não fazem mal a ninguém." / "Em boca fechada não entra mosquito." / "Gato escaldado tem medo de água fria." / "Tempo é dinheiro."

4. Leia estes ditados populares:

I. "Mais vale um pássaro na mão do que dois voando."

II. "Quem tem boca vai a Roma."

Agora, responda e justifique:

a) Em I, **um** é artigo ou numeral?

b) Em II, **a** é artigo ou preposição?

5. Substitua os *, usando o artigo definido adequado.

a) Comeu * sanduíche e bebeu * guaraná.

b) Na festa de casamento, os noivos brindaram * núpcias com * champanha.

c) A viúva recebeu * pêsames.

d) Ele passou a noite em claro, pois * olheiras eram visíveis.

e) Li no jornal que * grama do ouro já passa de R$ 40,00.

6. Explique a diferença de significado das expressões em destaque.

a) Ele leu **todo o livro**.

b) **Todo livro** deve ser bem conservado.

7. Use artigos definidos (**o**, **a**, **os**, **as**) ou indefinidos (**um**, **uma**, **uns**, **umas**) no lugar dos asteriscos, para completar as frases seguintes.

a) Não foi * atitude digna de * representante do povo.

b) Esta é * atitude que esperávamos de você, * nosso representante no Congresso.

c) * mentira dessas não se diz em hipótese alguma.

d) Não aguentávamos mais * mentiras daquele deputado.

e) Sendo ele * maior acionista, sugeriu * série de mudanças.

8. Reescreva as frases corrigindo-as, se necessário.

a) Todos os três foram à escola de bicicleta.

b) A notícia foi veiculada pelo *Estado de S. Paulo*, que é o jornal que costumo ler.

c) Discutia os assuntos os mais profundos.

d) Todas quatro vezes que toquei a campainha ninguém me atendeu.

e) Haverá hoje uma reunião com a Sua Majestade.

f) Não conheço a escola cuja a diretora se aposentou.

9. Assinale a alternativa em que há erro no emprego do artigo.

a) São pessoas cujas as aspirações não merecem consideração.

b) Eles estavam na casa dos pais.

c) Ambos os casos merecem consideração.

d) Eles não conheciam a velha Roma.

e) Convidei a Filomena para a festa.

Veja na página 429 questões de exames sobre o assunto abordado neste capítulo.

CAPÍTULO 7 Adjetivo

DEFINIÇÃO

Adjetivo é a palavra que caracteriza o substantivo (ou um pronome), indicando-lhe qualidade, estado, modo de ser ou aspecto. Pode apresentar variação de gênero, número e grau.

dia	**chuvoso**	mulher	**honesta**
homem	**bom**	pessoa	**doente**

CLASSIFICAÇÃO DOS ADJETIVOS

Os adjetivos classificam-se em:

a. **simples**: quando apresentam um único radical.

comida **saborosa**, dia **interminável**

b. **compostos**: quando apresentam mais de um radical.

acordo **nipo-lusitano**, programa **sociocultural**

c. **primitivos**: quando não provêm de outra palavra da língua portuguesa.

gravata **amarela**, inimigo **leal**

d. **derivados**: quando provêm de outra palavra da língua portuguesa.

gravata **amarelada**, inimigo **desleal**

LOCUÇÕES ADJETIVAS

Locução adjetiva é a expressão formada de preposição + substantivo (ou advérbio), com valor de adjetivo.

atitudes **de anjo** (angelicais)
dia **de chuva** (chuvoso)
menino **do Brasil** (brasileiro)
pneu **de trás** (traseiro)

Observe a seguir uma lista de locuções adjetivas acompanhadas dos adjetivos correspondentes.

LOCUÇÃO ADJETIVA	ADJETIVO
de abdômen	abdominal
de abelha	apícola
de abutre	vulturino
de águia	aquilino
de alma	anímico
de aluno	discente
de andorinha	hirundino
de ano	anual
de asno	asinino
de baço	esplênico
de bispo	episcopal
de boca	bocal, oral

LOCUÇÃO ADJETIVA	ADJETIVO
de cabra	caprino
de campo	rural, campestre
de cão	canino
de carneiro	arietino
de cavalo	equino, hípico
de chumbo	plúmbeo
de chuva	pluvial, chuvoso
de cidade	citadino, urbano
de cinza	cinéreo
de cobre	cúprico
de coração	cardíaco, cordial
de crânio	craniano

LOCUÇÃO ADJETIVA	ADJETIVO
de bode	hircino
de boi	bovino
de bronze	brônzeo, êneo
de cabeça	capital
de cabelo	capilar
de estrela	estelar
de fábrica	fabril
de face	facial
de fantasma	espectral
de farelo	furfúreo
de farinha	farináceo
de fêmur	femoral
de fera	ferino
de ferro	férreo
de fígado	hepático, figadal
de filho	filial
de fogo	ígneo
de frente	frontal
de garganta	gutural
de gato	felino
de gelo	glacial
de gesso	gípseo
de guerra	bélico
de homem	humano, viril

LOCUÇÃO ADJETIVA	ADJETIVO
de criança	pueril, infantil
de dedo	digital
de diamante	adamantino, diamantino
de dinheiro	pecuniário
de estômago	estomacal, gástrico
de lago	lacustre
de leão	leonino
de lebre	leporino
de leite	lácteo
de lobo	lupino
de lua	lunar, selênico
de macaco	simiesco
de madeira	lígneo
de mãe	materno, maternal
de manhã	matinal
de marfim	ebúrneo
de margem	marginal
de mestre	magistral
de monge	monacal
de monstro	monstruoso
de morte	mortal, letal
de nádegas	glúteo
de nariz	nasal
de neve	níveo

LOCUÇÃO ADJETIVA	ADJETIVO
de idade	etário
de ilha	insular
de intestino	entérico, intestinal
de inverno	hibernal, invernal
de irmão	fraternal, fraterno
de lado	lateral
de ovelha	ovino
de pai	paternal, paterno
de paixão	passional
de palato	palatal
de pedra	pétreo
de peixe	písceo
de pele	cutâneo, epidérmico
de pescoço	cervical
de pombo	columbino
de porco	porcino, suíno
de prata	argênteo
de professor	docente
de proteína	proteico
de pulmão	pulmonar
de raposa	vulpino
de rato	murídeo, murino

LOCUÇÃO ADJETIVA	ADJETIVO
de noite	noturno
de nuca	occipital
de olho	ocular
de orelha	auricular
de osso	ósseo
de ouro	áureo
de selva	selvagem, silvestre
de serpente	ofídico
de sintaxe	sintático
de sonho	onírico
de tarde	vesperal, vespertino
de terra	telúrico, terrestre
de tórax	torácico
de touro	taurino
de trigo	tritíceo
de umbigo	umbilical
de vaca	vacum
de veia	venoso
de velho	senil
de vento	eólio
de verão	estival
de víbora	viperino

LOCUÇÃO ADJETIVA	ADJETIVO
de rei	real, régio
de rim	renal
de rio	fluvial
de rocha	rupestre
de selo	filatélico

LOCUÇÃO ADJETIVA	ADJETIVO
de vida	vital
de vidro	vítreo
de virgem	virginal
de voz	vocal

Nem sempre a locução adjetiva apresenta um adjetivo correspondente. Veja os exemplos a seguir.

discurso sem pé nem cabeça, gol de placa, piano de cauda

Fique por dentro!

Ao substituir uma locução adjetiva por um adjetivo, fique atento ao contexto!

Os adjetivos **telúrico** e **terrestre** referem-se à locução adjetiva **da terra**; no entanto, se estamos nos referindo a uma música fortemente ligada à natureza de uma região, falamos que se trata de uma **música telúrica** e não de uma *música terrestre*. Da mesma forma, ao nos referirmos à camada externa e consolidada do planeta, falamos **crosta terrestre** e não *crosta telúrica*.

O mesmo acontece com os adjetivos **humano** e **viril**: se um jogador comete uma entrada dura no adversário, falamos que foi uma **jogada viril** e não uma *jogada humana*!

Por outro lado, alguns adjetivos são empregados em sentido conotativo, figurado: um **contrato leonino** não é um *contrato de leão*, mas um contrato abusivo em relação a uma das partes; um **inimigo figadal** não é um *inimigo do fígado*, mas um inimigo a quem se tem muito rancor.

Por isso, fique de olho no contexto!

ADJETIVOS PÁTRIOS

Adjetivos pátrios são aqueles que se referem a países, continentes, cidades, regiões etc., exprimindo nacionalidade ou origem do ser. Veja alguns deles na lista que segue.

LOCAL DE ORIGEM	ADJETIVO PÁTRIO
Acre	acriano
Afeganistão	afegão, afegane
Alagoas	alagoano
Amapá	amapaense
Amazonas	amazonense
Angola	angolano
Atenas	ateniense
Austrália	australiano
Áustria	austríaco
Bahia	baiano
Bélgica	belga
Belo Horizonte	belo-horizontino
Bizâncio	bizantino
Brasília	brasiliense
Buenos Aires	buenairense, portenho
Bulgária	búlgaro
Cairo	cairota
Calábria	calabrês
Cartago	cartaginês, púnico
Catalunha	catalão
Ceará	cearense
Chipre	cipriota

LOCAL DE ORIGEM	ADJETIVO PÁTRIO
Creta	cretense
Croácia	croata
Cuiabá	cuiabano
Curdistão	curdo
Dinamarca	danês, dinamarquês
Egito	egípcio
El Salvador	salvadorenho
Equador	equatoriano
Espírito Santo	capixaba, espírito-santense
Estados Unidos	estadunidense, norte-americano
Etiópia	etíope
Fernando de Noronha	noronhense
Filipinas	filipino
Finlândia	finlandês
Florença	florentino
Florianópolis	florianopolitano
Goiânia	goianiense
Goiás	goiano
Grécia	grego, helênico
Guatemala	guatemalteco
Honduras	hondurenho
Índia	hindu, indiano
Irã	iraniano
Iraque	iraquiano
Israel	israelense
Japão	japonês, nipônico
Jerusalém	hierosolimita, hierosolimitano

LOCAL DE ORIGEM	ADJETIVO PÁTRIO
Londres	londrino
Maceió	maceioense
Manaus	manauara, manauense
Marajó	marajoara
Maranhão	maranhense
Marrocos	marroquino
Mato Grosso	mato-grossense
Mato Grosso do Sul	mato-grossense-do-sul, sul-mato-grossense
Milão	milanês
Minas Gerais	mineiro
Mônaco	monegasco
Moscou	moscovita
Nápoles	napolitano
Nova Iorque	nova-iorquino
Nova Zelândia	neozelandês
Panamá	panamenho
Pará	paraense
Paraíba	paraibano
Paraná	paranaense
Paris	parisiense
Pernambuco	pernambucano
Petrópolis	petropolitano
Piauí	piauiense
Porto Alegre	porto-alegrense
Porto Rico	porto-riquenho
Provença	provençal
Rio de Janeiro (cidade)	carioca

LOCAL DE ORIGEM	ADJETIVO PÁTRIO
Rio de Janeiro (estado)	fluminense
Rio Grande do Norte	potiguar, rio-grandense-do-norte, norte-rio-grandense
Rio Grande do Sul	gaúcho, rio-grandense-do-sul, sul-rio-grandense
Rondônia	rondoniano, rondoniense
Roraima	roraimense
Rússia	russo
Santa Catarina	barriga-verde, catarinense
São Paulo (cidade)	paulistano
São Paulo (estado)	paulista
Sardenha	sardo
Sergipe	sergipano, sergipense
Sérvia	sérvio
Teresina	teresinense
Tibete	tibetano
Tocantins	tocantinense
Três Corações (MG)	tricordiano

Os adjetivos pátrios podem aparecer na forma de adjetivos compostos, referindo-se a duas ou mais nacionalidades ou regiões. Nesse caso, assumem sua forma reduzida e erudita, com exceção do último adjetivo, que se apresentará em sua forma normal. Assim, um acordo entre a França, a Itália e o Brasil é um acordo **franco-ítalo-brasileiro**.

Veja agora algumas formas reduzidas de adjetivos pátrios.

afro (africano)
anglo (inglês)
austro (austríaco)
belgo (belga)
euro (europeu)
franco (francês)
greco (grego)
hispano (espanhol)
indo (indiano, hindu)
ítalo (italiano)
luso (português, lusitano)
nipo (japonês, nipônico)
sino (chinês)
teuto (alemão, teutônico)

Neurônios trabalhando...

Hablas portunhol?

No verão, os argentinos invadem as praias brasileiras. O escritor gaúcho Moacyr Scliar, num hotel da praia dos Ingleses, em Florianópolis, não aguentava mais o portunhol do garçom no café da manhã. Sugeriu que ele falasse em português, por favor. Mas ele não podia:

– *Es que soy argentino.*

(GOULART, Mário (Org.). *Livro dos erros*: histórias equivocadas da vida real. Rio de Janeiro: Record, 2001. p. 34.)

1. Na primeira frase do texto, a que classe de palavras pertence **argentinos**?

2. Na segunda frase, a palavra **gaúcho** é um adjetivo, pois caracteriza o substantivo **escritor**. Escreva uma frase usando essa palavra como substantivo.

3. Com base em quais palavras foi formado o substantivo **portunhol**?

1. Na primeira frase do texto, a palavra **argentinos** está empregada como substantivo.
2. Resposta pessoal. Na frase, a palavra **gaúcho** provavelmente virá precedida de determinante (**o** gaúcho, **todo** gaúcho, **qualquer** gaúcho etc.).
3. **Português** e **espanhol**.

FLEXÃO DE GÊNERO

No que se refere ao gênero, a flexão dos adjetivos é semelhante à dos substantivos: podem ser do gênero masculino ou feminino.

homem **honesto** — mulher **honesta**
homem **corrupto** — mulher **corrupta**

Quanto ao gênero, dependendo da forma que assumem, os adjetivos podem ser classificados em uniformes ou biformes.

a. **adjetivos uniformes**: apresentam uma única forma para os dois gêneros.

aluno **feliz** — aluna **feliz**
homem **inteligente** — mulher **inteligente**
homem **simples** — mulher **simples**

b. **adjetivos biformes**: apresentam uma forma para o masculino e outra para o feminino.

aluno **estudioso** — aluna **estudiosa**
homem **alto** — mulher **alta**
homem **simpático** — mulher **simpática**

FLEXÃO DE NÚMERO

ADJETIVOS SIMPLES

Formam o plural da mesma maneira que os substantivos simples, ou seja, a terminação do plural varia conforme a terminação do singular.

Recapitule essas regras consultando as páginas 90 a 92. Veja dois exemplos:

pessoa **honesta** — pessoas **honestas**
regra **fácil** — regras **fáceis**

Os substantivos empregados como adjetivos são invariáveis.

blusa **vinho** — blusas **vinho**
camisa **rosa** — camisas **rosa**

ADJETIVOS COMPOSTOS

1 Como regra geral, nos adjetivos compostos somente o último elemento varia, tanto em gênero quanto em número.

acordo luso-franco-brasileir**o**	acordos luso-franco-brasileir**os**
camisa verde-clar**a**	camisas verde-clar**as**
lente côncavo-convex**a**	lentes côncavo-convex**as**
sapato marrom-escur**o**	sapatos marrom-escur**os**

2 Se o último elemento for substantivo, o adjetivo composto fica invariável.

blusa **amarelo-ouro**	blusas **amarelo-ouro**
camisa **verde-abacate**	camisas **verde-abacate**
sapato **marrom-café**	sapatos **marrom-café**

3 Os adjetivos compostos **azul-marinho** e **azul-celeste** são invariáveis.

blusa **azul-marinho**	blusas **azul-marinho**
camisa **azul-celeste**	camisas **azul-celeste**

4 No adjetivo composto **surdo-mudo**, ambos os elementos variam, tanto em gênero quanto em número.

menino **surdo-mudo**	meninos **surdos-mudos**
menina **surda-muda**	meninas **surdas-mudas**

FLEXÃO DE GRAU

O adjetivo apresenta-se no **grau comparativo** quando a qualidade expressa pelo adjetivo estabelece comparação entre dois seres ou dois aspectos de um mesmo ser, e no **grau superlativo** quando essa qualidade se apresenta amplificada.

A mudança de grau pode ser obtida por dois processos.

a. sintético: a alteração de grau é feita numa única palavra.

Esta casa é **agradabilíssima**. (superlativo sintético)
Esta casa é **menor** que a outra. (comparativo sintético)

b. analítico: a alteração de grau é feita pelo acréscimo de alguma palavra que modifique o adjetivo.

Esta casa é **muito agradável**. (superlativo analítico)

Esta casa é **mais agradável** que a outra. (comparativo analítico)

GRAU COMPARATIVO

O comparativo pode ser de igualdade, de inferioridade ou de superioridade.

a. de igualdade: a qualidade expressa pelo adjetivo aparece com a mesma intensidade nos elementos que se comparam. O comparativo de igualdade apresenta, geralmente, a seguinte forma:

Esta casa é **tão** **arejada** **quanto** aquela.

tão + adjetivo + quanto (ou como)

b. de superioridade: a qualidade expressa pelo adjetivo aparece mais intensificada no primeiro elemento da relação de comparação. O comparativo de superioridade apresenta, geralmente, a seguinte forma:

Esta casa é **mais** **arejada** (do) **que** aquela.

mais + adjetivo + (do) que

c. de inferioridade: a qualidade expressa pelo adjetivo aparece menos intensificada no primeiro elemento da relação de comparação. O comparativo de inferioridade apresenta, geralmente, a seguinte forma:

Esta casa é **menos** **arejada** (do) **que** aquela.

menos + adjetivo + (do) que

COMPARATIVOS SINTÉTICOS

Normalmente, o grau comparativo é obtido pelo processo analítico. Há, no entanto, alguns poucos adjetivos que formam o comparativo de superioridade pelo processo sintético.

COMPARATIVO DE SUPERIORIDADE		
adjetivo	**analítico**	**sintético**
bom	mais bom	melhor
mau	mais mau	pior
grande	mais grande	maior
pequeno	mais pequeno	menor

Nesses casos, deve-se preferir a forma sintética na comparação entre dois seres. Só se deve usar a forma analítica quando se comparam duas qualidades do mesmo ser.

Esta sala é **mais grande** que arejada. (comparação de duas qualidades do mesmo ser)

As formas **mais pequeno** e **menor** podem ser usadas indiferentemente, mas na linguagem moderna tem-se dado preferência à forma sintética.

Esta sala é **menor** que a outra.

Esta sala é **mais pequena** que a outra.

GRAU SUPERLATIVO

O superlativo pode ser absoluto ou relativo.

a. **absoluto**: a qualidade atribuída pelo adjetivo não é expressa em relação a outros elementos.

Este exercício é **muito fácil**. (superlativo absoluto analítico)

Este exercício é **facílimo**. (superlativo absoluto sintético)

b. **relativo**: a qualidade atribuída pelo adjetivo é expressa em relação a outros elementos.

Este exercício é o **mais fácil** do capítulo. (superlativo relativo de superioridade)

Este exercício é o **menos fácil** do capítulo. (superlativo relativo de inferioridade)

O superlativo absoluto sintético é feito pelo acréscimo dos sufixos superlativos -**íssimo**, -**ílimo** ou -**érrimo**.

Segue uma lista de superlativos absolutos sintéticos. Quando o adjetivo apresenta mais de uma forma para o superlativo absoluto sintético, a primeira é a forma erudita; as demais são formas populares consagradas pelo uso e registradas no *Vocabulário Ortográfico da Língua Portuguesa* (Volp).

ADJETIVO	SUPERLATIVO ABSOLUTO SINTÉTICO
acre	acérrimo
ágil	agílimo, agilíssimo
agradável	agradabilíssimo
agudo	acutíssimo, agudíssimo
amargo	amaríssimo
amável	amabilíssimo
amigo	amicíssimo
antigo	antiquíssimo
áspero	aspérrimo
atroz	atrocíssimo
audaz	audacíssimo
belo	belíssimo
benéfico	beneficentíssimo
benévolo	benevolentíssimo
capaz	capacíssimo
célebre	celebérrimo
claro	claríssimo
comum	comuníssimo
contumaz	contumacíssimo
cristão	cristianíssimo

ADJETIVO	SUPERLATIVO ABSOLUTO SINTÉTICO
cru	cruíssimo
cruel	crudelíssimo, cruelíssimo
difícil	dificílimo
doce	dulcíssimo, docíssimo
eficaz	eficacíssimo
fácil	facílimo
feio	feiíssimo
feliz	felicíssimo
feroz	ferocíssimo
fértil	fertilíssimo
fiel	fidelíssimo
frágil	fragílimo
frígido	frigidíssimo
frio	friíssimo
geral	generalíssimo
honorífico	honorificentíssimo
humilde	humílimo
inimigo	inimicíssimo
íntegro	integérrimo
jovem	juveníssimo
legal	legalíssimo
livre	libérrimo
loquaz	loquacíssimo
magnífico	magnificentíssimo

ADJETIVO	SUPERLATIVO ABSOLUTO SINTÉTICO
magro	macérrimo, magérrimo
maledicente	maledicentíssimo
maléfico	maleficentíssimo
malévolo	malevolentíssimo
manso	mansuetíssimo
miserável	miserabilíssimo
miúdo	minutíssimo
móvel	mobilíssimo
negro	nigérrimo
nobre	nobilíssimo
notável	notabilíssimo
original	originalíssimo
parco	parcíssimo
perspicaz	perspicacíssimo
pessoal	personalíssimo
pio	pientíssimo, piíssimo
pobre	paupérrimo
possível	possibilíssimo
pródigo	prodigalíssimo
próspero	prospérrimo
provável	probabilíssimo
público	publicíssimo
pudico	pudicíssimo

ADJETIVO	SUPERLATIVO ABSOLUTO SINTÉTICO
regular	regularíssimo
sábio	sapientíssimo
sagrado	sacratíssimo
salubre	salubérrimo
são	saníssimo
seco	sequíssimo
sensível	sensibilíssimo
sério	seriíssimo
simpático	simpaticíssimo
simples	simplicíssimo, simplíssimo
singular	singularíssimo
soberbo	superbíssimo
tenaz	tenacíssimo
terrível	terribilíssimo
triste	tristíssimo
trivial	trivialíssimo
útil	utilíssimo
veloz	velocíssimo
volúvel	volubilíssimo
voraz	voracíssimo
vulgar	vulgaríssimo
vulnerável	vulnerabilíssimo

SUPERLATIVOS IRREGULARES

Em português, quatro adjetivos de largo uso possuem um superlativo absoluto sintético regular e outro irregular.

ADJETIVO	FORMA REGULAR	FORMA IRREGULAR
bom	boníssimo	ótimo
mau	malíssimo	péssimo
grande	grandíssimo ou grandessíssimo	máximo
pequeno	pequeníssimo	mínimo

Em resumo

Podemos esquematizar o estudo dos graus do adjetivo da seguinte maneira:

1. **Comparativo**

   a. de igualdade: tão + adjetivo + como (ou quanto)

   b. de superioridade: mais + adjetivo + (do) que

   c. de inferioridade: menos + adjetivo + (do) que

2. **Superlativo**

   a. absoluto
   - sintético
   - analítico

   b. relativo
   - de superioridade
   - de inferioridade

MORFOSSINTAXE DO ADJETIVO

Dentro da oração, o adjetivo (e a locução adjetiva) poderá exercer as seguintes funções sintáticas: adjunto adnominal, predicativo do sujeito e predicativo do objeto.

a. **adjunto adnominal**: quando acompanha o substantivo diretamente, isto é, sem mediação de verbo.

Coisas **assustadoras** ocorrem naquela casa.

Colecionavam objetos **antigos**.

As dores **de estômago** prostravam-no.

No primeiro exemplo, o adjetivo **assustadoras** caracteriza o substantivo **coisas**, que desempenha a função de núcleo do sujeito; no segundo, o adjetivo **antigos** caracteriza o substantivo **objetos**, que desempenha a função de núcleo do objeto direto. No terceiro, a locução adjetiva **de estômago** especifica o substantivo **dores**, núcleo do sujeito.

b. **predicativo do sujeito**: quando se refere ao sujeito da oração com a mediação de um verbo (de ligação ou não).

Os professores ficaram **satisfeitos** com o resultado da prova.

Os professores compareceram à reunião **satisfeitos**.

O anel era **de ouro**.

Nos exemplos, o adjetivo **satisfeitos** e a locução adjetiva **de ouro** referem-se, respectivamente, aos substantivos **professores** e **anel**, que funcionam como núcleo do sujeito.

c. **predicativo do objeto**: quando se refere ao objeto, mediante um verbo transitivo.

Considero sua proposta **extravagante**.

Considero sua proposta **sem pé nem cabeça**.

Nos exemplos, tanto o adjetivo **extravagante** como a locução adjetiva **sem pé nem cabeça** referem-se ao substantivo **proposta**, que funciona como núcleo do objeto direto.

Fique por dentro!

Predicativo do objeto ou adjunto adnominal?

Para saber se o adjetivo desempenha função de adjunto adnominal ou de predicativo do objeto, considere o seguinte: o adjunto adnominal liga-se diretamente ao substantivo; o predicativo do objeto liga-se ao substantivo por intermédio do verbo.

Daí a regra prática: substituindo o substantivo por um pronome, o adjunto adnominal desaparece, e o predicativo do objeto permanece. Repare:

O homem **indecente** foi julgado.
Ele foi julgado. (**indecente** = adjunto adnominal)

O juiz condenou o homem **indecente**.
O juiz condenou-o. (**indecente** = adjunto adnominal)

O juiz considerou o homem **indecente**.
O juiz considerou-o **indecente**. (**indecente** = predicativo do objeto)

Não fique aí parado!

Texto para as questões 1 a 3.

Quem nasce em São Paulo é:

É espanhol, gaúcho, italiano, mineiro, sul-africano, norte-americano, pernambucano, japonês, cearense, libanês e também paulistano. É apressado, gentil, determinado, elegante, forte, cordial, trabalhador, solidário e também paulistano.

Dizem que 30% das pessoas que moram em São Paulo não nasceram em São Paulo. Mas não importa. Foi nesta cidade que nasceu o sonho de uma vida melhor para todas essas pessoas. Elas acolheram e foram acolhidas por esta cidade. Ajudaram e foram ajudadas por esta cidade. Por isso, não precisa nascer em São Paulo para ser paulistano. Basta ter sonho, esperança e um grande coração.

Parabéns, São Paulo, pelos 453 anos.

(Anúncio publicitário.)

1. Com que finalidade o anúncio foi publicado no jornal?

2. Na sequência que funciona como predicado de "Quem nasce em São Paulo é:", que classe de palavras predomina?

3. Quem nasce na cidade de São Paulo é paulistano e o adjetivo **paulista** refere-se ao estado de São Paulo. A afirmação do texto de que "Quem nasce em São Paulo: é espanhol, gaúcho, italiano, mineiro, sul-africano, norte-america-

no, pernambucano, japonês, cearense, libanês e também paulistano." aparentemente é incorreta. No entanto, uma leitura atenta do texto esclarece essa aparente incoerência. Explique como isso ocorre.

4. Leia atentamente o trecho seguinte.

"Meu pai me trouxe uma fotografia dizendo-me retrato do mar. Mas junto não veio o vento nem o cheiro, menos ainda o canto."

(Bartolomeu Campos Queirós)

a) Retire dele todos os substantivos.
b) Caracterize-os com três adjetivos bem originais.

5. Observe os adjetivos do texto a seguir.

"Ela era gorda, baixa, sardenta e de cabelos excessivamente crespos, meio arruivados. Tinha um busto enorme, enquanto nós todas ainda éramos achatadas."

(LISPECTOR, Clarice. Felicidade clandestina. In: MORICONI, Italo (Org.). *Os cem melhores contos brasileiros do século.* Rio de Janeiro: Objetiva, 2001. p. 312.)

a) Indique as palavras a que eles se referem.
b) Diga com que finalidade foram empregados no texto.

6. O adjetivo pode aparecer antes ou depois do substantivo. Em alguns casos, a posição do adjetivo em relação ao substantivo a que ele se refere pode provocar alterações de sentido. Note que **mulher grande** tem sentido diferente de **grande mulher**. Com base nisso, explique a diferença de sentido das frases a seguir.

a) Pedro é um funcionário alto.
b) Pedro é um alto funcionário.
c) Aquele homem tinha um amigo velho.
d) Visitou-me ontem um velho amigo.

7. Leia o texto a seguir.

"Paulistanos bem de vida se orgulham de suas ruas lotadas de lojas carésimas e protegidas por enormes seguranças engravatados."

(FREIRE, Vinicius Torres. Camelôs, tráfico e ruas globais. *Folha de S.Paulo*, 21 nov. 2002. p. A2.)

Nesse trecho, o jornalista empregou um adjetivo no grau superlativo numa forma que não é prescrita pela gramática normativa.

a) Que adjetivo é esse?
b) Qual a forma prescrita pela gramática normativa para o superlativo absoluto sintético desse adjetivo?

8. Com relação ao texto a seguir:

"A rotina de um paciente dentro de um hospital não é fácil. Ele passa horas sendo observado, apalpado, espetado e carregado de um equipamento de exame para outro. Só sendo muito paciente mesmo."

(*Superinteressante*, fev. 2000, p. 52.)

a) Identifique a que classe gramatical pertence a palavra **paciente** nas duas ocorrências.
b) Dê o significado de **paciente** nas duas ocorrências.

9. Substitua a expressão em destaque por adjetivos, fazendo as alterações necessárias.

a) O espetáculo pirotécnico foi **uma maravilha**.
b) Quem viu o acidente diz que a cena foi **um horror**.
c) Ainda não percebi se este chiclete **tem sabor**.
d) Neste ano, o inverno veio **com rigor**.
e) É difícil conviver com pessoas que **têm preconceito**.
f) Algumas empresas **têm mais poder** que as próprias instituições governamentais.

10. Substitua os * por adjetivos compostos.

a) Um torneio entre a Espanha e a Suíça é um torneio *.

b) Tratados entre a Inglaterra e o Brasil são tratados *.
c) Produtos fabricados ao mesmo tempo pelo Japão e pela China são produtos *.
d) Regiões entre a Europa e a Ásia são regiões *.
e) A mitologia da Grécia e de Roma é a mitologia *.

11. Substitua a expressão em destaque por seu adjetivo correspondente.

a) Foi ao baile com uma fantasia **de Carnaval**.
b) O viajante guiava-se pelo relógio **de sol**. À noite, pela claridade **da lua**.
c) Falava coisas sem sentido em decorrência do delírio **da febre**.
d) Todos os dias fazia exercícios **do abdômen**.
e) Fumar causa enfisema **de pulmão**.
f) Tomou soro **contra veneno de serpente**.

12. Torne as frases mais concisas substituindo as orações em destaque por adjetivos.

a) O médico preencheu o formulário com uma letra **que não se consegue ler**.
b) A atriz usava um perfume **que não se consegue esquecer**.
c) Vai entrar em cartaz um filme **que não se pode perder**.
d) O mágico fazia coisas **que nem se podiam imaginar**.
e) O pai deixou para o filho um imóvel **que não pode ser penhorado**.
f) Era uma pessoa **que não se deixava perturbar**.

13. Escreva as frases a seguir no plural.

a) O vice-reitor gostava de usar terno marrom-café, camisa verde-clara e gravata marrom-escura.
b) O primeiro-ministro esteve presente na inauguração da exposição nipo-brasileira.
c) O chefe de gabinete guardava a lente côncavo-convexa no criado-mudo.
d) A cirurgia foi realizada em moderna clínica médico-cirúrgica.
e) Seu cabelo castanho-escuro era muito bonito.
f) A festa cívico-religiosa contou com a presença do ex-governador.
g) O tabelião cortês falou com o escrivão cruel.
h) O cidadão fiel usava blusa amarelo-escura.
i) O guarda-noturno usava terno azul-marinho e camisa verde-esmeralda.
j) Deixou, no guarda-roupa, o terno escuro e a gravata cinza.

14. Substitua a expressão destacada por uma única palavra.

a) Tomou um café **muito amargo**.
b) Era um costume **muito antigo**.
c) Achou a atitude **muito benéfica**.
d) Era um dia **muito frio**.
e) Era uma pessoa **muito séria**.
f) Tomou uma atitude **de criança**.
g) Tinha uma força **de leão**.
h) Visitaram uma região **de lagos**.

15. Escreva no feminino.

a) padrinho honesto
b) cavalheiro cortês
c) cirurgião espanhol
d) cônsul impostor
e) herói ateu
f) genro chorão
g) governador anterior

Veja na página 430 questões de exames sobre o assunto abordado neste capítulo.

CAPÍTULO

8

Numeral

DEFINIÇÃO

Numeral é a palavra que indica a quantidade exata de seres, ou a posição que um ser ocupa numa determinada série.

um, dois, cinco, mil, primeiro, décimo

CLASSIFICAÇÃO DOS NUMERAIS

a. cardinais: indicam quantidade determinada.

um, dois, três, quatro, cinco, seis, vinte, mil

b. ordinais: indicam ordem ou posição ocupada numa determinada série.

primeiro, segundo, terceiro, quarto, quinto, sexto, vigésimo, milésimo

c. **multiplicativos**: indicam multiplicação.
dobro, triplo, quádruplo, quíntuplo, sêxtuplo

d. **fracionários**: indicam partes iguais em que se divide um todo.
meio, terço, quarto, doze avos

LISTA DE NUMERAIS CARDINAIS E ORDINAIS

ALGARISMOS		NUMERAIS	
romanos	**arábicos**	**cardinais**	**ordinais**
I	1	um	primeiro
II	2	dois	segundo
III	3	três	terceiro
IV	4	quatro	quarto
V	5	cinco	quinto
VI	6	seis	sexto
VII	7	sete	sétimo
VIII	8	oito	oitavo
IX	9	nove	nono
X	10	dez	décimo
XI	11	onze	undécimo ou décimo primeiro
XII	12	doze	duodécimo ou décimo segundo
XIII	13	treze	décimo terceiro
XIV	14	quatorze ou catorze	décimo quarto
XV	15	quinze	décimo quinto
XVI	16	dezesseis	décimo sexto
XVII	17	dezessete	décimo sétimo
XVIII	18	dezoito	décimo oitavo
XIX	19	dezenove	décimo nono

ALGARISMOS			NUMERAIS
romanos	**arábicos**	**cardinais**	**ordinais**
XX	20	vinte	vigésimo
XXI	21	vinte e um	vigésimo primeiro
XXX	30	trinta	trigésimo
XL	40	quarenta	quadragésimo
L	50	cinquenta	quinquagésimo
LX	60	sessenta	sexagésimo
LXX	70	setenta	septuagésimo ou setuagésimo
LXXX	80	oitenta	octogésimo
XC	90	noventa	nonagésimo
C	100	cem	centésimo
CC	200	duzentos	ducentésimo
CCC	300	trezentos	trecentésimo ou tricentésimo
CD	400	quatrocentos	quadringentésimo ou quadrigentésimo
D	500	quinhentos	quingentésimo
DC	600	seiscentos	seiscentésimo ou sexcentésimo
DCC	700	setecentos	septingentésimo ou setingentésimo
DCCC	800	oitocentos	octingentésimo
CM	900	novecentos	nongentésimo ou noningentésimo
M	1000	mil	milésimo
$\overline{X}$	10 000	dez mil	dez milésimos
$\overline{C}$	100 000	cem mil	cem milésimos
$\overline{M}$	1 000 000	um milhão	milionésimo
$\overline{\overline{M}}$	1 000 000 000	um bilhão	bilionésimo

Neurônios trabalhando...

O matemático e o elefante

Thomas A. Stewart conta, em *Capital intelectual,* que houve um período, na Segunda Guerra Mundial, em que os alemães lançavam constantes ataques aéreos contra Moscou.

Apesar da preocupação e do medo geral, um eminente professor de estatística soviético dizia:

– Há sete milhões de pessoas em Moscou. Por que devo esperar que me atinjam?

Numa noite de inverno, durante um dos ataques, o professor chegou nervoso ao abrigo antiaéreo. Era a primeira vez que aparecia. Seus amigos, espantados, perguntaram o que acontecera para que mudasse de ideia. Ele expôs:

– Há sete milhões de pessoas em Moscou e um elefante. Na noite passada, eles atingiram o elefante.

(GOULART, Mário (Org.). *Livro dos erros*: histórias equivocadas da vida real. Rio de Janeiro: Record, 2001. p. 22-3.)

Nesse texto a palavra **um** ocorre quatro vezes. Trata-se do numeral cardinal ou do artigo indefinido?

Em três casos trata-se do artigo indefinido ("um período", "um eminente professor", "um dos ataques"). A palavra só está funcionando como numeral cardinal na frase "Há sete milhões de pessoas em Moscou e um elefante". Entenda por que consultando a página 159.

LISTA DE NUMERAIS MULTIPLICATIVOS E FRACIONÁRIOS

	NUMERAIS	
ALGARISMOS	**multiplicativos**	**fracionários**
2	duplo, dobro, dúplice	meio
3	triplo, tríplice	terço
4	quádruplo	quarto
5	quíntuplo	quinto
6	sêxtuplo	sexto
7	séptuplo	sétimo
8	óctuplo	oitavo
9	nônuplo	nono
10	décuplo	décimo
11	undécuplo	onze avos
12	duodécuplo	doze avos
100	cêntuplo	centésimo

Fique por dentro!

E o **zero**, como fica?

O zero é um numeral cardinal.

A palavra tem origem no árabe *sifr* (que significa "vazio"). No latim medieval, deu origem à palavra *zephyrum*. No italiano, ganhou a forma zero. Do árabe *sifr* temos, em português, a palavra *cifra*.

No mundo ocidental, o zero surgiu no final da Idade Média e difundiu-se por volta do ano 1500.

Hoje não é possível imaginar o mundo sem o zero: não teríamos o sistema decimal, por exemplo. Já pensou?!

FLEXÃO DOS NUMERAIS

Grave isto!

Embora a Nomenclatura Gramatical Brasileira (NGB) não faça referência à flexão de grau dos numerais, podem-se encontrar numerais flexionados em grau, com acentuada expressividade.

Observe os exemplos a seguir.

Era um produto de **primeiríssima** qualidade.

"Ando roxo pra pegar **unzinho** assim." (Waldemar Henrique)

CARDINAIS

1. Os numerais cardinais um, dois e as centenas a partir de duzentos são flexionados em gênero.

   Um menino e **duas** meninas foram premiados.

   Uma menina e **dois** meninos foram premiados.

   Exportamos **quinhentos** quilos de minério de ferro.

   Exportamos **quinhentas** toneladas de minério de ferro.

2. Os cardinais **milhão**, **bilhão**, **trilhão**, **quatrilhão** etc. flexionam-se em número.

um milhão	dois milhões
um bilhão	três bilhões
um trilhão	cinco trilhões

3. Os demais cardinais não se flexionam.

   Chegaram **cinco** meninos e **cinco** meninas.

   A viagem demorou **três** dias e **três** noites.

ORDINAIS

Os numerais ordinais variam em gênero e número.

O **primeiro** colocado ganhará uma viagem.

Os **primeiros** colocados ganharão uma viagem.

A **segunda** volta foi a mais rápida.

Não se esqueçam de trazer as **segundas** vias das notas.

MULTIPLICATIVOS

Os numerais multiplicativos que acompanham substantivos flexionam-se, concordando com o substantivo a que se referem.

Adotaram um **duplo** padrão de medidas.

Foram capazes de suportar **triplas** jornadas de trabalho.

FRACIONÁRIOS

Os numerais fracionários concordam com o cardinal que o antecede.

Recebeu um **terço** do que merecia.

Ocuparam dois **terços** do estádio.

O numeral fracionário **meio** concorda em gênero e número com o substantivo a que se refere.

Comprei **meio** quilo de queijo.

O armazém guardava **meia** tonelada de milho.

Completou a corrida em dois minutos e **meio**. (dois minutos e **meio** minuto)

Completou a corrida em duas horas e **meia**. (duas horas e **meia** hora)

EMPREGO DOS CARDINAIS E ORDINAIS

1 O numeral anteposto ao substantivo deve ser lido como ordinal, concordando com esse substantivo. Se estiver posposto ao substantivo, deve ser lido como cardinal, concordando com a palavra número, que se considera subentendida.

segunda casa ou casa **dois**

décima quinta cabine ou cabine **quinze**

décima primeira vaga ou vaga **onze**

III Salão do Automóvel (**terceiro**)

II Maratona Estudantil (**segunda**)

XI Copa do Mundo (**décima primeira**)

Observação: quando se quer fazer referência ao primeiro dia do mês, deve-se utilizar o numeral ordinal.

primeiro de abril, **primeiro** de maio

2. Na indicação de reis, papas, séculos e partes de uma obra, temos um caso particular: quando pospostos ao substantivo, usam-se os numerais ordinais até décimo, inclusive. A partir daí, devem-se empregar os cardinais.

século **VII** (**sétimo**), Henrique **VIII** (**oitavo**)
século **X** (**décimo**), século **XXI** (**vinte e um**)
João Paulo **II** (**segundo**), Bento **XVI** (**dezesseis**)
capítulo **II** (**segundo**), capítulo **XIII** (**treze**)

Se o numeral anteceder o substantivo, será obrigatório o uso do ordinal.

décimo terceiro capítulo, **vigésimo primeiro** século

Fique por dentro!

Certos substantivos, por exprimirem quantidade exata de seres, assemelham-se a numerais, tanto que alguns gramáticos chamam a essas palavras de **coletivos numerais**. Veja alguns exemplos a seguir.

dúzia: conjunto de doze coisas ou seres de mesma natureza
grosa: conjunto de doze dúzias
lustro: período de cinco anos
milênio: período de mil anos
novena: período de nove dias
quarentena: período de quarenta dias
quarteto: conjunto de quatro coisas ou seres
quinquênio: período de cinco anos
século: período de cem anos
semestre: período de seis meses

MORFOSSINTAXE DO NUMERAL

Os numerais podem desempenhar a função de um substantivo ou de um adjetivo. Quando o numeral substitui um substantivo, é chamado **numeral substantivo**; quando acompanha um substantivo, é chamado **numeral adjetivo**.

Na oração, o numeral substantivo exerce as mesmas funções do substantivo (sujeito, objeto direto, objeto indireto, complemento nominal, predicativo etc.).

> **Um** é pouco, **dois** é bom, **três** é demais. (numerais na função sintática de núcleo do sujeito)
>
> Dois mais dois são **quatro**. (numeral desempenhando a função de predicativo do sujeito)

Já o numeral adjetivo exerce a função de adjunto adnominal.

> **Quinze** pessoas compareceram à reunião. (numeral na função de adjunto adnominal, acompanhando o substantivo **pessoas**, núcleo do sujeito)

Não fique aí parado!

Texto para a questão 1.

"EM BREVE LANÇAMENTO DA
2.ª FASE – 1.ª FASE: 100% VENDIDO
NO FIM DE SEMANA!

Não perca esta oportunidade! São 20 apartamentos, todos com vista para o mar. Apartamentos de 270 m² e 290 m². O empreendimento está localizado no km 209 da rodovia Rio-Santos, distante apenas 120 km da capital paulista. Preço de lançamento: R$ 3 500,00 o m². Visite apartamento decorado."

(Anúncio imobiliário do empreendimento Península de São Lourenço. Texto adaptado.)

1. Escreva por extenso.

a) 2.ª fase

b) 100% vendido

c) 270 m²

d) km 209

e) 120 km

f) R$ 3 500,00 o m²

Texto para a questão 2.

"**Os primeiros selos do século 20** – Nos últimos anos do século 19, é grande a expectativa pela chegada da última centúria do milênio. Em breve o Brasil fará 400 anos. Muito se comenta sobre a necessidade de uma comemoração à altura da data. Sem dinheiro, o governo brasileiro prepara a emissão de selos para bancar as festividades. É a primeira que não tem somente finalidade postal. A comunidade filatélica se agita."

(*Almanaque de cultura popular.* Ano 8, n. 91, nov. 2006, p. 5.)

2. Em relação ao texto, assinale se as afirmações são verdadeiras (V) ou falsas (F).

a) Os anos de 1998 e 1999 pertencem ao século 19.

b) No texto, a palavra **centúria** refere-se a cem anos.

c) **Milênio** corresponde a um período de 1 000 anos.

d) Quanto ao sentido, "Em breve o Brasil fará 400 anos" equivale a "Em breve o Brasil fará o seu quarto centenário".

e) O adjetivo **filatélico** corresponde a "selo".

f) O adjetivo **postal** corresponde a "poste".

3. Reescreva o texto a seguir substituindo os algarismos por numerais.

Ocorreu ontem o sorteio do 28.º concurso da quina. O prêmio total de R$ 17 594 321,12 foi dividido entre os 16 acertadores, cabendo a cada um deles a importância de R$ 1 099 645,07.

4. Sem alterar o sentido, reescreva as frases a seguir, substituindo as expressões em destaque por outras que contenham um numeral. Faça as modificações que julgar necessárias.

a) Para fazer os doces da festa, usaram **três dúzias de ovos**.

b) Esse fato ocorreu há mais de **dois séculos**.

c) Fazia **um lustro** que estavam casados.

d) Teve aumento de salário por ter completado **um quinquênio** trabalhando na empresa.

e) Faz mais de **um semestre** que ele não dá notícias.

5. O século I teve início no ano 1 d.C. e terminou no ano 100 d.C. O século II teve início no ano 101 d.C. e terminou no ano 200 d.C., e assim por diante. Levando isso em conta, diga a que século pertencem os seguintes anos:

a) 1500

b) 1822

c) 1900

d) 1922

e) 2000

f) 2009

6. Classifique os numerais em destaque.

a) As inscrições estarão abertas no período de **primeiro** a **quinze** de setembro.

b) Tomou **meio** litro de leite.

c) Foi o **sétimo** colocado na corrida.

d) No novo emprego, ele passou a ganhar o **dobro**.

e) Foi multado porque andava a mais de **oitenta** quilômetros.

f) Era um funcionário do **segundo** escalão.

g) Recebeu um **terço** do salário como adiantamento.

h) Hoje eles ganham o **décuplo** do que ganhavam há dois anos.

7. Diga se a palavra em destaque é artigo indefinido ou numeral.

a) Acabou comprando só **um** quilo de carne, tão assustado ficou com o preço.

b) Acabou comprando **um** produto qualquer da cesta básica para doar à campanha.

c) Queria que eu lhe contasse **uma** história interessante, mas o sono me venceu e não pude terminar **uma** sequer.

d) O trabalho é fácil, não precisa de muita gente para realizá-lo: **um** funcionário apenas é capaz de realizá-lo em menos de **uma** hora.

8. Reescreva as frases em que o numeral está com a grafia incorreta.

a) Compareceram catorze pessoas.

b) Na festa havia mais de cincoenta convidados.

c) Recebeu, neste mês, mais de hum milhão de moedas.

d) No concurso, ela foi a octagésima classificada.

9. Reescreva as frases grafando os algarismos por extenso.

a) Esta é a 30.ª vez que venho aqui.

b) Ela foi a 87.ª classificada.

c) Amanhã ele completará o 76.º aniversário.

d) Para prestar queixa, compareceram ao 51.º Distrito Policial.

e) A empresa fica no 42.º andar daquele prédio.

f) Com ventos de 60 km/h, uma temperatura de −20 °C transforma-se em −50 °C.

g) Uma inflação de 40% ao mês pode resultar em 5 500% ao ano.

h) A dívida já é de R$ 4 582 618,39.

i) Por ter trabalhado apenas 3 meses, seu 13.º salário corresponde a 3/12 do salário integral.

10. Cardinais ou ordinais? Escreva por extenso.

a) Dom Pedro IV

b) Capítulo X

c) Capítulo XI

d) João XXIII

e) Luís XV

f) XXIII Olimpíada de Inverno

11. Escreva os ordinais por extenso.

a) 111.º

b) 222.º

c) 333.º

d) 444.º

e) 555.º

f) 666.º

g) 777.º

h) 888.º

i) 999.º

Veja na página 433 questões de exames sobre o assunto abordado neste capítulo.

CAPÍTULO 9 Pronome

DEFINIÇÃO E CLASSIFICAÇÃO

Pronome é a palavra que representa ou acompanha o substantivo, indicando sua posição em relação às pessoas do discurso ou situando-o no espaço e no tempo. A maior parte dos pronomes apresenta variação de gênero e número; outros apresentam variação de pessoa.

Quando o pronome representa o substantivo, dizemos tratar-se de **pronome substantivo**.

Convidei-**o** para a festa.
Ele não veio.

Se tomarmos um pronome substantivo isoladamente, ou seja, fora de contexto, ele não tem significado; não teremos condições de identificar o ser a que ele se refere. Portanto, o pronome expressa um ser apenas quando inserido num contexto.

Paulo é uma pessoa divertida. Convidei-**o** para a festa, mas **ele** não veio.

Quando o pronome acompanha o substantivo, restringindo a extensão de seu significado, dizemos tratar-se de **pronome adjetivo**.

Esta casa é antiga.

Meu livro está rabiscado.

Muitos livros são interessantes.

Por serem capazes de fazer referência a outros elementos do texto, os pronomes são instrumentos gramaticais bastante úteis para "amarrar" ideias, funcionando como importantes elementos de coesão textual.

Há, em português, seis tipos de pronomes: pessoais, possessivos, demonstrativos, relativos, indefinidos e interrogativos.

AS PESSOAS DO DISCURSO

Como o pronome, via de regra, está relacionado às pessoas do discurso, é fundamental identificá-las.

Num ato de fala (discurso), podemos observar a presença de três elementos:

a. aquele que fala;
b. aquele a quem se fala;
c. aquele (ou aquilo) de quem (ou de que) se fala.

A cada um desses elementos corresponde uma pessoa do discurso; são, portanto, três as pessoas do discurso:

a. **primeira pessoa**: aquela que fala;
b. **segunda pessoa**: aquela a quem se fala;
c. **terceira pessoa**: aquela de quem (ou de que) se fala.

Imaginemos um fragmento de conversa em que José (primeira pessoa) fala com Juliana (segunda pessoa) sobre Tiago (terceira pessoa):

– **Eu** já **te** disse: não quero falar sobre **ele**!

- **eu** é pronome que indica a primeira pessoa, quem fala (José);
- **te** é pronome de segunda pessoa; no caso, refere-se a Juliana, com quem José fala;

- **ele** é pronome que indica a terceira pessoa, de quem se fala, ou Tiago, no exemplo dado.

PRONOMES PESSOAIS

Pronomes pessoais são aqueles que representam as pessoas do discurso. Além das flexões de pessoa (primeira, segunda e terceira), gênero (masculino e feminino) e número (singular e plural), o pronome pessoal apresenta variação de forma (reto ou oblíquo), dependendo da função que desempenhar na oração.

O pronome pessoal será:

a. **reto**: quando desempenhar a função de sujeito da oração;

b. **oblíquo**: quando desempenhar a função de complemento verbal.

Os pronomes pessoais são os seguintes:

NÚMERO	PESSOA	PRONOMES RETOS	PRONOMES OBLÍQUOS
singular	primeira	eu	me, mim, comigo
	segunda	tu	te, ti, contigo
	terceira	ele/ela	se, si, consigo, o, a, lhe
plural	primeira	nós	nos, conosco
	segunda	vós	vos, convosco
	terceira	eles/elas	se, si, consigo, os, as, lhes

Os pronomes oblíquos podem ser:

a. **átonos**: me, te, se, lhe, nos, vos, o, a, os, as

b. **tônicos**: mim, ti, si

Os pronomes oblíquos tônicos virão sempre precedidos de preposição (a, de, em, para, por etc.). Precedidos pela preposição **com**, assumem as formas **comigo**, **contigo** e **consigo**. As formas **conosco** e **convosco** resultam da junção da preposição **com** com os pronomes **nós** e **vós**.

No português falado no Brasil, os pronomes pessoais de segunda pessoa do plural (vós e convosco) são raramente empregados. Em seu lugar, empregam-se as formas **vocês** e **com vocês**.

PRONOMES DE TRATAMENTO

Na categoria dos pronomes pessoais, incluem-se os **pronomes de tratamento**. Eles se referem à pessoa a quem se fala (portanto, segunda pessoa), mas a concordância gramatical deve ser feita com a terceira pessoa. Veja a seguir alguns desses pronomes.

PRONOME DE TRATAMENTO	ABREVIATURA	REFERÊNCIA
Vossa Alteza	V. A.	príncipes
Vossa Eminência	V. Em.ª	cardeais
Vossa Excelência	V. Ex.ª	altas autoridades em geral
Vossa Magnificência	V. Mag.ª	reitores de universidades
Vossa Reverendíssima	V. Rev.ᵐᵃ	sacerdotes em geral
Vossa Santidade	V. S.	papas
Vossa Senhoria	V. S.ª	funcionários graduados
Vossa Majestade	V. M.	reis, imperadores

EMPREGO DOS PRONOMES PESSOAIS

1. Os pronomes oblíquos **conosco** e **convosco** são formas sintéticas correspondentes às formas analíticas **com nós** e **com vós**, respectivamente. As formas analíticas só devem ser empregadas caso haja palavra de reforço.

   Queriam falar **conosco**. (forma sintética)

   Queriam falar **com nós** dois. (forma analítica)

2. Os pronomes oblíquos **o**, **a**, **os**, **as**, quando precedidos de verbos que terminam em -**r**, -**s**, -**z**, assumem as formas **lo**, **la**, **los**, **las**, e os verbos perdem aquelas terminações.

   Vou amá-**lo** por toda a minha vida. (ama**r** + **o**)

As mercadorias, repu-**las** no devido lugar. (repu**s** + **as**)

Os jogos, fi-**los** sozinho. (fi**z** + **os**)

3 Os pronomes oblíquos **o**, **a**, **os**, **as**, quando precedidos de verbos que terminam em -**m**, -**ão**, -**õe**, assumem as formas **no**, **na**, **nos**, **nas**.

Entregaram-**no** ao professor. (entregara**m** + **o**)

O assunto, dão-**no** por encerrado. (d**ão** + **o**)

A mercadoria, dispõe-**na** no devido lugar. (disp**õe** + **a**)

4 As formas plurais **nós** e **vós** podem ser empregadas para representar uma única pessoa (singular), adquirindo valor cerimonioso (**plural majestático**) ou de modéstia (**plural de modéstia**).

Nós – disse o prefeito – procuramos resolver o problema das enchentes. (plural de modéstia)

Vós sois minha salvação, meu Deus! (plural majestático)

5 Os pronomes de tratamento devem vir precedidos de **vossa**, quando nos dirigimos à pessoa representada pelo pronome, e **sua**, quando nos referimos a essa pessoa.

– **Vossa Excelência** já aprovou os projetos? – perguntou o repórter ao governador.

– **Sua Excelência**, o governador, deverá estar presente à inauguração – relatou o repórter.

Na primeira frase, empregou-se **Vossa Excelência** porque o interlocutor falava com o governador. Na segunda, o repórter utilizou a forma **Sua Excelência** porque falava do governador.

6 **Você** e os demais pronomes de tratamento (Vossa Majestade, Vossa Alteza etc.), embora se refiram à pessoa com quem falamos (segunda pessoa, portanto), comportam-se gramaticalmente como pronomes da terceira pessoa.

Você trouxe seus documentos?

Vossa Excelência não precisa incomodar-se com seus problemas.

7 No português moderno falado no Brasil, **você**(**s**) deixou de ser pronome de tratamento e assumiu todas as características e funções de um pronome pessoal de segunda pessoa, substituindo o **tu** e o **vós**. No entanto, continua fazendo a concordância com o verbo na terceira pessoa.

Você irá ao cinema? (**você**: pessoa com quem se fala – segunda pessoa, portanto; **irá**: terceira pessoa)

Vocês irão ao cinema? (**vocês**: pessoas com quem se fala – segunda pessoa, portanto; **irão**: terceira pessoa)

PRONOMES POSSESSIVOS

Pronomes possessivos são aqueles que se referem às pessoas do discurso, indicando normalmente ideia de posse.

Meu carro é vermelho.

Empreste-me **tua** caneta.

Os pronomes possessivos são os seguintes:

NÚMERO	PESSOA	PRONOMES POSSESSIVOS
singular	primeira	meu, minha, meus, minhas
	segunda	teu, tua, teus, tuas
	terceira	seu, sua, seus, suas
plural	primeira	nosso, nossa, nossos, nossas
	segunda	vosso, vossa, vossos, vossas
	terceira	seu, sua, seus, suas

CONCORDÂNCIA DOS PRONOMES POSSESSIVOS

Os pronomes possessivos concordam em gênero e número com a coisa possuída, e em pessoa com o possuidor.

(Eu) Vendi **meus** selos.

(Eu) Vendi **minha** coleção de selos.

(Tu) Releste **teus** papéis?

(Tu) Releste **tua** prova?

(Nós) Emprestamos **nossos** jogos.

(Nós) Emprestamos **nossa** revista.

Quando o pronome possessivo determina mais de um substantivo, ele deverá concordar em gênero e número com o substantivo mais próximo.

Fiquei lendo **meus** livros e revistas.

Fiquei lendo **minhas** revistas e livros.

EMPREGO DOS PRONOMES POSSESSIVOS

1. Em muitos casos, a utilização do possessivo de terceira pessoa (**seu** e flexões) pode deixar a frase ambígua, ou seja, podemos ter dúvidas quanto ao possuidor.

   A professora disse ao diretor que concordava com **sua** nomeação. (Nomeação de quem? Da professora ou do diretor?)

   Para evitar essa ambiguidade, deve-se, sempre que possível, substituir o pronome **seu** (e flexões) pela forma **dele** (e flexões).

   A professora disse ao diretor que concordava com a nomeação **dela**. (da professora)

   A professora disse ao diretor que concordava com a nomeação **dele**. (do diretor)

2. Há casos em que o pronome possessivo não exprime propriamente ideia de posse. Ele pode ser utilizado para indicar aproximação, afeto ou respeito.

   Aquele senhor deve ter **seus** cinquenta anos. (aproximação)

   Meu caro aluno, procure esforçar-se mais. (afeto)

   Minha senhora, permita-me um aparte. (respeito)

3. Quando a palavra **seu** anteceder nomes de pessoas, não se trata de pronome possessivo, mas de corruptela da palavra **senhor**.

   Seu Humberto, o senhor poderia emprestar-me a furadeira?

PRONOMES DEMONSTRATIVOS

Pronomes demonstrativos são aqueles que indicam a posição de um ser em relação às pessoas do discurso, situando-o no espaço ou no tempo.

Os pronomes demonstrativos são os seguintes:

PESSOA	VARIÁVEIS	INVARIÁVEIS
primeira	este, esta, estes, estas	isto
segunda	esse, essa, esses, essas	isso
terceira	aquele, aquela, aqueles, aquelas	aquilo

As formas variáveis **este**, **esse**, **aquele** (e flexões) podem funcionar como pronomes substantivos ou pronomes adjetivos. As formas invariáveis **isto**, **isso** e **aquilo** sempre funcionarão como pronomes substantivos.

Esta (pronome adjetivo) casa foi reformada há pouco tempo.

A casa que ele mandou reformar é **esta** (pronome substantivo).

A casa foi projetada por **aquele** (pronome adjetivo) arquiteto.

O arquiteto que projetou a casa é **aquele** (pronome substantivo).

Isto (pronome substantivo) não poderia ter ocorrido.

Sandra nunca concordou com **aquilo** (pronome substantivo).

Dependendo do contexto, também podem funcionar como pronomes demonstrativos as seguintes palavras: **o**, **mesmo**, **próprio** (variam em gênero e número), **semelhante** e **tal** (variam apenas em número).

O, **a**, **os**, **as** são pronomes demonstrativos quando equivalem a **aquele**(s), **aquela**(s), **aquilo**, **isso**.

Falaram tudo **o** que queriam.

As atletas convocadas não eram **as** que estavam em melhor forma.

Tal é pronome demonstrativo quando equivale a **este**, **esse** (e flexões), **isso**.

Não havia motivos reais para **tal** comportamento.

Jamais consegui compreender **tais** decisões.

Semelhante é pronome demonstrativo quando equivale a **este**, **esse** (e flexões), **tal**.

Não diga **semelhante** asneira!

Mesmo e **próprio** são demonstrativos de reforço. Estarão sempre se referindo a um substantivo ou pronome com o qual deverão concordar em gênero e número.

Ele **mesmo** preparou o jantar.

Ela **própria** autorizou a viagem do filho.

Fizeram as **mesmas** reclamações ao síndico.

Não se deve fazer justiça pelas **próprias** mãos.

Os pronomes demonstrativos, com exceção de **mesmo**, **próprio**, **semelhante** e **tal**, podem aparecer unidos a preposições.

deste, desta, disto (= **de** + este, esta, isto)

nesse, nessa, nisso (= **em** + esse, essa, isso)

daquele, daquela, daquilo (= **de** + aquele, aquela, aquilo)

àquele, àquela, àquilo etc. (= **a** + aquele, aquela, aquilo)

EMPREGO DOS PRONOMES DEMONSTRATIVOS

1 Os pronomes demonstrativos podem ser utilizados para indicar a posição espacial de um ser em relação às pessoas do discurso.

a. Os demonstrativos de primeira pessoa (**este** e flexões, **isto**) indicam que o ser está próximo à pessoa que fala.

Esta menina que está aqui ao meu lado se chama Lúcia.

Este livro que trago comigo é um romance.

Isto que eu tenho nas mãos é uma chave.

b. Os demonstrativos de segunda pessoa (**esse** e flexões, **isso**) indicam que o ser está próximo à pessoa com quem se fala.

Essa menina que está aí ao teu lado se chama Lúcia.

Esse livro que tu trazes contigo é um romance.

Isso que você tem nas mãos é uma chave.

c. Os demonstrativos de terceira pessoa (**aquele** e flexões, **aquilo**) indicam que o ser está próximo à pessoa de quem se fala, ou distante dos interlocutores.

Aquela menina que estuda na outra sala se chama Lúcia.

Aquele livro que está lá na biblioteca é um romance.

Aquilo que está ali nas mãos de Pedro é uma chave.

2 Os demonstrativos servem para indicar a posição temporal, revelando proximidade ou distanciamento no tempo, em relação à pessoa que fala.

a. O demonstrativo de primeira pessoa **este** (e flexões) revela tempo presente ou bastante próximo do momento em que se fala.

Hoje é feriado, por isso desejo aproveitar **este** dia.

Desejo viajar ainda **nesta** semana.

b. O demonstrativo de segunda pessoa **esse** (e flexões) revela tempo passado relativamente próximo ao momento em que se fala.

Na quarta-feira passada fiz aniversário; **nesse** dia reuni-me com os amigos.

No mês passado completei dezoito anos; **nesse** mesmo mês tirei a carteira de habilitação.

c. O demonstrativo de terceira pessoa **aquele** (e flexões) revela tempo remoto ou bastante vago.

Em 1970, a seleção brasileira de futebol era imbatível. Resultado: **naquele** ano o Brasil se sagrou tricampeão mundial.

Em 1922, realizou-se a Semana de Arte Moderna em São Paulo; **naquela** época, muitas pessoas criticaram as propostas modernistas.

3 Os pronomes demonstrativos podem indicar o que ainda vai ser dito e aquilo que já foi dito.

a. Devemos empregar **este** (e flexões) e **isto** quando queremos fazer referência a alguma coisa que ainda vai ser dita.

Espero sinceramente **isto**: que sejam chamados os melhores.

Estas são algumas qualidades de um bom texto: coesão, clareza, concisão e coerência.

b. Devemos empregar **esse** (e flexões) e **isso** quando queremos fazer referência a alguma coisa que já foi dita.

Que sejam chamados os melhores; é **isso** que espero.

Coesão, clareza, concisão e coerência; **essas** são algumas qualidades de um bom texto.

c. Emprega-se **este** em oposição a **aquele** para se fazer referência a dois elementos citados anteriormente. **Este** se refere ao mais próximo, ou seja, ao último citado; **aquele**, ao mais distante, ou seja, ao primeiro citado.

Matemática e Literatura são matérias que me agradam: **esta** me desenvolve a sensibilidade; **aquela**, o raciocínio.

Em expressões como **por isso**, **além disso**, **isto é**, o uso dos demonstrativos nem sempre está em conformidade com as regras anteriormente expostas.

Nessas expressões, sua forma é fixa.

PRONOMES RELATIVOS

Pronomes relativos são aqueles que retomam um termo anterior (antecedente) da oração, projetando-o numa outra oração.

Não conhecemos	**os alunos**.	**Os alunos** ↓	saíram.
Não conhecemos	**os alunos**	**que**	saíram.
	antecedente	pronome relativo	

Na frase "Não conhecemos os alunos que saíram.", o pronome relativo **que** retoma o termo antecedente (**os alunos**), projetando-o na oração introduzida pelo pronome.

Os pronomes relativos são os seguintes:

VARIÁVEIS
o qual, a qual, os quais, as quais
cujo, cuja, cujos, cujas
quanto, quanta, quantos, quantas

INVARIÁVEIS
que (quando equivale a **o qual** e flexões)
quem (quando equivale a **o qual** e flexões)
onde (quando equivale a **no qual** e flexões)

Neurônios trabalhando...

No avião

O texto a seguir foi dito por uma comissária de bordo dentro de uma aeronave que fazia a rota Salvador-São Paulo.

"Senhores passageiros, muito boa tarde! Sejam bem-vindos a bordo do voo 3 216 com destino ao Aeroporto de Congonhas, que hoje está sob a responsabilidade do comandante Carlos Silva."

No texto dito pela comissária, o emprego de um pronome relativo produz um efeito curioso. Comente qual é esse efeito e proponha uma construção mais adequada.

O problema está no trecho "[...] ao Aeroporto de Congonhas, que hoje está sob a responsabilidade do comandante Carlos Silva.". Da forma como o texto foi dito, o pronome relativo *que* está se referindo a Aeroporto de Congonhas e dá a entender que o comandante Carlos Silva é o responsável pelo aeroporto, e não pela aeronave. Para ficar claro que o comandante Carlos Silva é o responsável pelo voo, e não pelo aeroporto, a comissária deveria ter dito: "[...] bem-vindos a bordo do voo 3 216, que hoje está sob a responsabilidade do comandante Carlos Silva, com destino ao Aeroporto de Congonhas.".

EMPREGO DOS PRONOMES RELATIVOS

1 Os pronomes relativos virão precedidos de preposição se a regência assim determinar.

Este é o autor **a cuja** obra me refiro. (= Quem se refere refere-se **a**.)

Este é o autor **de cuja** obra gosto. (= Quem gosta gosta **de**.)

São opiniões **em que** penso. (= Quem pensa pensa **em**.)

Estas são as pessoas **por cujas** ideias temos simpatia. (= Quem tem simpatia tem simpatia **por**.)

2 O pronome relativo **quem** é empregado com referência a pessoas.

Não conheço a menina de **quem** você falou.

Este é o rapaz por **quem** você intercedeu.

3 É comum empregar o relativo **quem** sem antecedente claro. Nesse caso, ele é classificado como **relativo indefinido**.

Quem cala consente. (= Aquele que cala consente.)

Quem casa quer casa. (= Aquele que casa quer casa.)

4 Quando possuir antecedente, o pronome relativo **quem** virá precedido de preposição, mesmo que o verbo não exija a preposição.

Lúcia era a mulher **a quem** ele amava.

5 O pronome relativo **que** pode ser empregado com referência a pessoas ou coisas.

Não conheço o rapaz **que** saiu. (pessoa)

Não li o livro **que** você me indicou. (coisa)

6 Quando precedido de preposição monossilábica, emprega-se o pronome relativo **que**. Com preposições de mais de uma sílaba, usa-se o relativo **o qual** (e flexões).

Esta é a pessoa **de que** lhe falei.

Esta é a pessoa **sobre a qual** lhe falei.

Aquela é a ferramenta **com que** trabalho.

Aquele é o empreiteiro **para o qual** trabalho.

7 O pronome relativo **que** pode ter por antecedente o pronome demonstrativo **o** (e flexões).

"Cesse tudo **o que** a Musa antiga canta [...]" (Camões)

Sei **o que** estou dizendo.

Falou **o que** sentia.

Nesses casos, o pronome **o** equivale a **aquilo**.

8 O pronome relativo **cujo** (e flexões) é relativo possessivo, equivalendo a **do qual** (e flexões). Deve concordar com a coisa possuída.

Esta é a pessoa em **cuja** casa me hospedei. (casa da pessoa)

Esta é a cidade **cujas** praias são lindas. (praias da cidade)

Feliz o pai **cujos** filhos são ajuizados. (filhos do pai)

9 O pronome relativo **quanto** (e flexões) normalmente tem por antecedentes os pronomes indefinidos **tudo**, **tanto** etc.; daí seu valor indefinido.

Falou tudo **quanto** queria.

Coloque tantas **quantas** forem necessárias.

Também pode ser empregado sem antecedente. Esse emprego é comum em certos documentos oficiais.

Saibam **quantos** esta pública escritura virem que...

10 O relativo **onde** é usado para indicar lugar e equivale a **em que, no qual**.

Esta é a casa **onde** moro.

Não conheço o lugar **onde** você está.

PRONOMES INDEFINIDOS

Pronomes indefinidos são aqueles que se referem à terceira pessoa do discurso de modo vago e impreciso.

Alguém me contou a verdade.

Algo me diz que não é este o caminho.

Veja a seguir os principais pronomes indefinidos.

VARIÁVEIS	
algum, alguma, alguns, algumas	qualquer, quaisquer
muito, muita, muitos, muitas	quanto, quanta, quantos, quantas
nenhum, nenhuma, nenhuns, nenhumas	tanto, tanta, tantos, tantas
outro, outra, outros, outras	vário, vária, vários, várias
todo, toda, todos, todas	qual, quais
certo, certa, certos, certas	um, uma, uns, umas
pouco, pouca, poucos, poucas	

Grave isto!

A palavra um

A palavra **um** pode ser artigo, numeral ou pronome indefinido. Para classificá-la corretamente, pense no significado da frase e em alguns conceitos gramaticais.

a. **pronome**: o pronome indefinido **um** geralmente vem empregado com o pronome indefinido **outro**.

Um gosta de futebol; **outro**, de vôlei.

Repare, ainda, que nessa frase a palavra **um** está substituindo um substantivo, papel típico do pronome, e desempenha a função sintática de núcleo do sujeito.

b. **numeral**: o numeral **um** necessariamente nos remete à ideia de quantidade. Para classificarmos a palavra **um** como numeral, é fundamental que a frase apresente uma construção paralela empregando outro numeral.

O juiz mostrou **um** cartão vermelho e **três** amarelos.
Um elefante incomoda muita gente, **dois** elefantes incomodam muito mais.

c. **artigo**: o artigo indefinido **um** necessariamente precede um substantivo, acrescentando-lhe ideia de indeterminação.
Um elefante sempre faz sucesso no circo.

Nessa última frase, fica clara a noção de ser indeterminado, não específico. Sintaticamente, o artigo sempre desempenha a função de adjunto adnominal.

INVARIÁVEIS
algo, alguém, cada, mais, menos, nada, ninguém, outrem, tudo, que, quem

Os pronomes indefinidos também podem aparecer sob a forma de **locução pronominal**:

cada qual, **quem quer que**, **qualquer um**

EMPREGO DOS PRONOMES INDEFINIDOS

1. O indefinido **algum**, quando posposto ao nome, assume valor negativo, equivalendo a nenhum.

   Motivo **algum** me fará desistir do cargo.

   Livro **algum** faz referência a este episódio.

2. O pronome indefinido **cada** não deve ser utilizado desacompanhado de substantivo ou numeral.

   Recebemos cem reais **cada um**.

3. **Certo** é pronome indefinido quando anteposto ao nome a que se refere. Quando posposto, será adjetivo.

   Não entendi **certos** exercícios. (pronome indefinido)

   Os exercícios **certos** valerão nota. (adjetivo, com sentido de "corretos")

4. **Todo** e **toda** (no singular), quando desacompanhados de artigo, significam **qualquer**.

   Todo homem é mortal. (qualquer homem)

   Toda hora é hora. (qualquer hora)

   Quando acompanhados de artigo, passam a dar a ideia de totalidade.

   Ele comeu **todo o** bolo. (o bolo inteiro)

   Ele varreu **toda a** sala. (a sala inteira)

   No plural, **todos** e **todas** sempre virão seguidos de artigo, exceto se houver palavra que os exclua ou numeral não seguido de substantivo.

   Todos os alunos compareceram.

   Todos estes alunos compareceram. (**estes**: palavra que exclui o artigo)

Todos cinco compareceram. (**cinco**: numeral não seguido de substantivo)

Todos os cinco alunos compareceram.

5 **Qualquer** tem por plural **quaisquer**.

Acabaram acolhendo **quaisquer** soluções.

A palavra **qualquer**, quando posposta ao substantivo, assume valor pejorativo.

Era um malandrinho **qualquer**.

PRONOMES INTERROGATIVOS

Pronomes interrogativos são aqueles usados para formular uma pergunta, de forma direta ou indireta.

Quem chegou? (interrogativa direta)

Gostaria muito de saber **quem** fez isso. (interrogativa indireta)

Os principais pronomes interrogativos são:

VARIÁVEIS	INVARIÁVEIS
qual, quanto	quem, que

Não ligue o automático!

Quanto é pronome interrogativo quando se refere a um substantivo; portanto, será sempre pronome adjetivo.

Quanto tempo é necessário para realizar essa tarefa?

Não sabemos **quantos** alunos faltaram.

Quando a palavra **quanto** se referir a verbo, temos um advérbio interrogativo (veja nas páginas 214 e 215).

Quanto custa o ingresso?

Você pagou **quanto** por essa mercadoria?

COLOCAÇÃO PRONOMINAL

Os pronomes oblíquos átonos (**o**, **a**, **os**, **as**, **lhe**, **lhes**, **me**, **te**, **se**, **nos**, **vos**), como todos os outros monossílabos átonos, apoiam-se na tonicidade de alguma palavra próxima. Assim, esses pronomes podem ocupar três posições na oração: antes do verbo; no meio do verbo; depois do verbo.

a. **antes do verbo**: nesse caso, ocorre a **próclise**, e dizemos que o pronome está proclítico:

Nunca **me** revelaram os verdadeiros motivos.

b. **no meio do verbo**: nesse caso, ocorre a **mesóclise**, e dizemos que o pronome está mesoclítico. A mesóclise só é possível com o verbo no futuro do presente ou no futuro do pretérito do indicativo:

Revelar-**te**-ei os verdadeiros motivos.

Revelar-**me**-iam os verdadeiros motivos.

c. **depois do verbo**: nesse caso, ocorre a **ênclise**, e dizemos que o pronome está enclítico:

Revelaram-**me** os verdadeiros motivos.

Apresentamos, a seguir, algumas orientações acerca da colocação dos pronomes oblíquos átonos.

ÊNCLISE

A ênclise ocorre normalmente:

1. com o verbo no início da frase.

   Comenta-**se** que ele deverá receber o prêmio.

2. com o verbo no imperativo afirmativo.

   Alunos, apresentem-**se** ao diretor.

3. com o verbo no gerúndio.

   Modificou a frase, tornando-**a** ambígua.

   Caso o gerúndio venha precedido pela preposição **em**, ocorrerá a próclise.

   Em **se** tratando de cinema, prefiro filmes europeus.

4. com o verbo no infinitivo impessoal.

   Leia atentamente as questões antes de resolvê-**las**.

PRÓCLISE

A próclise ocorre geralmente em orações em que antes do verbo haja:

1. palavra de sentido negativo (não, nada, nunca, ninguém etc.).

   Nunca **me** convidam para festas.

2. conjunção subordinativa.

   "Quando **te** encarei frente a frente não vi o meu rosto." (Caetano Veloso)

3. advérbio.

   Assim **se** resolvem os problemas.

   Caso haja pausa depois do advérbio (marcada na escrita por vírgula), ocorrerá a ênclise.

   Assim, resolvem-**se** os problemas.

4. pronome indefinido.

   Tudo **se** acaba na vida.

5. pronome relativo.

   Não encontrei o caminho que **me** indicaram.

Ocorre também a próclise nas orações iniciadas por palavras interrogativas e exclamativas e nas orações optativas (orações que exprimem um desejo).

Quem **te** disse que ele não viria? (oração iniciada por palavra interrogativa)

Quanto **me** custa dizer a verdade! (oração iniciada por palavra exclamativa)

Deus **te** proteja. (oração optativa)

MESÓCLISE

A mesóclise só pode ocorrer quando o verbo estiver no futuro do presente ou no futuro do pretérito do indicativo.

Convidar-**me**-ão para a solenidade de posse da nova diretoria.

Convidar-**te**-ia para viajar comigo, se pudesse.

Caso o verbo no futuro do presente ou no futuro do pretérito do indicativo venha precedido por pronome pessoal reto ou de alguma palavra que exija a próclise, esta será de rigor.

Eles **me** convidarão para a solenidade de posse da nova diretoria.
Não **me** convidarão para a solenidade de posse da nova diretoria.
Sempre **te** convidaria para viajar comigo, se pudesse.
Eu **te** convidaria para viajar comigo, se pudesse.

COLOCAÇÃO DOS PRONOMES OBLÍQUOS ÁTONOS NAS LOCUÇÕES VERBAIS E NOS TEMPOS COMPOSTOS

Nas locuções verbais em que o verbo principal está no infinitivo ou no gerúndio, o pronome oblíquo átono pode ser colocado, indiferentemente, depois do verbo auxiliar ou depois do verbo principal.

Quero-**lhe** apresentar os meus primos que vieram do interior.
Quero apresentar-**lhe** os meus primos que vieram do interior.

Ia-**lhe** dizendo as razões da minha desistência.
Ia dizendo-**lhe** as razões da minha desistência.

Caso haja antes da locução verbal palavra que exija a próclise, o pronome oblíquo poderá ser colocado, indiferentemente, antes do verbo auxiliar ou depois do verbo principal.

Não **lhe** quero apresentar os meus primos que vieram do interior.
Não quero apresentar-**lhe** os meus primos que vieram do interior.

Alguém **lhe** ia dizendo as razões da minha desistência.
Alguém ia dizendo-**lhe** as razões da minha desistência.

Nos tempos compostos e nas locuções verbais em que o verbo principal está no particípio, a colocação dos pronomes oblíquos átonos será feita sempre em relação ao verbo auxiliar e nunca em relação ao particípio, podendo ocorrer a próclise, a mesóclise ou a ênclise, conforme as orientações apresentadas anteriormente.

Havia-**lhe** contado os verdadeiros motivos da minha desistência.
Nunca **o** tinha visto antes.
Ter-**lhe**-ia procurado, se tivesse tempo.

Sentiu-**se** rejeitado pelos colegas.

Ficou tímido, porque **se** sentiu rejeitado pelos colegas.

Se não o convidarem, sentir-**se-**á rejeitado pelos colegas.

Nas locuções verbais e nos tempos compostos, quando se coloca o pronome oblíquo átono depois do verbo auxiliar, pode-se usar o hífen ou não.

Vou-**te** devolver o livro amanhã.

Vou **te** devolver o livro amanhã.

Fique por dentro!

Por causa de suas histórias, as línguas acabam desenvolvendo suas particularidades, seus ritmos. Dessa forma, o português falado no Brasil tem suas características próprias, seu ritmo particular; o mesmo ocorre com o português falado em Portugal.

Exemplo disso é o fato de o português lusitano ser uma língua enclítica, enquanto o português falado no Brasil é proclítico; em consequência disso, nós, brasileiros, tendemos a colocar o pronome antes do verbo.

No século XX, vários autores da literatura brasileira passaram a defender o emprego da próclise, como se observa nos versos do poema "Pronominais", de Oswald de Andrade (1890-1954):

"Dê-me um cigarro
Diz a gramática
Do professor e do aluno
E do mulato sabido
Mas o bom negro e o bom branco
Da Nação Brasileira
Dizem todos os dias
Deixa disso camarada
Me dá um cigarro"

(© Andrade, Oswald de. *Pau-brasil*. 2. ed. São Paulo: Globo, 2003. p. 167.)

MORFOSSINTAXE DO PRONOME

PRONOMES PESSOAIS

1 Os pronomes pessoais retos (eu, tu, ele/ela, nós, vós, eles/elas) devem ser empregados na função sintática de sujeito, predicativo.

Eu cheguei atrasado. (O pronome **eu** desempenha a função de sujeito.)

Mas você não é **ela**! (O pronome **ela** desempenha a função de predicativo do sujeito.)

2 No nível formal da linguagem, na função de complemento verbal, usam-se os pronomes oblíquos, e não os pronomes retos.

Convidei **ele**. (Construção não recomendada na linguagem formal.) → Convidei-**o**. (Construção recomendada.)

Chamaram **nós**. (Construção não recomendada na linguagem formal.) → Chamaram-**nos**. (Construção recomendada.)

3 Os pronomes retos (exceto **eu** e **tu**), quando precedidos de preposição, funcionam como oblíquos. Nesse caso, considera-se correto seu emprego nas funções de complemento verbal ou agente da passiva.

Informaram **a ele** os reais motivos.

Emprestaram **a nós** os livros.

Eles gostam muito **de nós**.

O trabalho foi feito **por nós**.

4 As formas retas **eu** e **tu** só podem funcionar como sujeito ou predicativo. Na linguagem culta, tais pronomes não devem ser empregados como complemento.

Nunca houve desentendimentos entre **eu** e **tu**. (Construção não aceita pela gramática normativa.)

Nunca houve desentendimentos entre **mim** e **ti**. (Construção recomendada pela gramática normativa.)

Como **regra prática**, propomos a seguinte orientação: quando precedidas de preposição, não se usam as formas retas **eu** e **tu**, mas as formas oblíquas **mim** e **ti**.

Ninguém irá sem **eu**. (Construção não aceita pela gramática normativa.)

Nunca houve discussões entre **eu** e **tu**. (Construção não aceita pela gramática normativa.)

Ninguém irá sem **mim**. (Construção recomendada pela gramática normativa.)

Nunca houve discussões entre **mim** e **ti**. (Construção recomendada pela gramática normativa.)

Há, no entanto, um caso em que se empregam as formas retas **eu** e **tu** mesmo precedidas por preposição: quando essas formas funcionam como sujeito de um verbo no infinitivo.

Deram o livro para **eu** ler.
(eu: sujeito)

Deram o livro para **tu** leres.
(tu: sujeito)

Verifique que, nesse caso, o emprego das formas retas **eu** e **tu** é obrigatório, já que tais pronomes exercem a função sintática de sujeito. Nesses casos, a preposição não rege os pronomes, mas o verbo no infinitivo.

5 As formas oblíquas **o**, **a**, **os**, **as**, na linguagem formal, devem ser sempre empregadas como complemento de verbos transitivos diretos, ao passo que as formas **lhe**, **lhes** devem ser empregadas como complemento de verbos transitivos indiretos.

O menino convidou **-a**.
(convidou: v.t.d.)

O filho obedece **-lhe**.
(obedece: v.t.i.)

Não são recomendadas no padrão formal de linguagem construções em que o pronome **o** (e flexões) aparece como complemento de verbos transitivos indiretos, assim como construções em que os pronomes **lhe**, **lhes** funcionam como complemento de verbos transitivos diretos.

Eu **lhe** vi ontem. (Construção não aceita no padrão formal de linguagem.)

Eu **o** vi ontem. (Construção recomendada no padrão formal de linguagem.)

Nunca **o** obedeci. (Construção não aceita no padrão formal de linguagem.)

Nunca **lhe** obedeci. (Construção recomendada no padrão formal de linguagem.)

6 Há pouquíssimos casos em que o pronome oblíquo pode funcionar como sujeito. Isso ocorre com os verbos **deixar**, **fazer**, **ouvir**, **mandar**, **sentir**, **ver** seguidos de infinitivo; o pronome oblíquo será sujeito desse infinitivo.

Deixei- **o** sair.
(o = sujeito)

"Sofia deixou- **se** estar à janela." (Machado de Assis)
(se = sujeito)

É fácil perceber a função de sujeito dos pronomes oblíquos, desenvolvendo as orações reduzidas de infinitivo.

Deixei-o sair. → Deixei que ele saísse.

7 Os pronomes oblíquos **se**, **si**, **consigo** devem ser empregados somente como reflexivos.

Ele feriu-**se**.

Cada um faça por **si** mesmo a redação.

O professor trouxe as provas **consigo**.

Na linguagem formal, consideram-se erradas construções em que esses pronomes não sejam reflexivos. Nesse padrão de linguagem, deve-se dizer:

Querida, gosto muito de **você**. (E não: Querida, gosto muito de si.)

Preciso muito falar com **você**. (E não: Preciso muito falar consigo.)

8 Muitas vezes, os pronomes oblíquos equivalem a pronomes possessivos, exercendo função sintática de adjunto adnominal.

Roubaram-**me** o livro. (= Roubaram o **meu** livro.)

Escutei-**lhe** os conselhos. (= Escutei os **seus** conselhos.)

PRONOMES POSSESSIVOS

O pronome possessivo ocorre mais comumente como pronome adjetivo, ou seja, acompanhando um substantivo. Nesse caso, desempenha a função sintática de adjunto adnominal.

Entreguei [**teu** **trabalho**] (objeto direto) ao professor.

- **teu**: possessivo (adjunto adnominal)
- **trabalho**: substantivo (núcleo do objeto)

Representando um substantivo, o possessivo desempenha a função sintática típica de substantivo (sujeito, objeto direto, objeto indireto, predicativo do sujeito etc.). Nesses casos, normalmente teremos no período uma estrutura paralelística na qual o substantivo em questão aparece inicialmente junto de outro pronome possessivo adjetivo:

Este é o **meu** livro. O **teu**, o professor já levou.

- **meu**: pronome adjetivo (adjunto adnominal)
- **teu**: pronome substantivo (núcleo do objeto direto)

PRONOMES DEMONSTRATIVOS

Os pronomes demonstrativos variáveis podem desempenhar funções próprias do substantivo (sujeito, objeto direto, objeto indireto etc.) ou do adjetivo (adjunto adnominal e predicativo). Já os pronomes demonstrativos invariáveis (isto, isso, aquilo) necessariamente desempenham funções próprias do substantivo.

Este livro é de Geografia; **aquele** é de Matemática.

Este: pronome adjetivo (adjunto adnominal)

aquele: pronome substantivo (sujeito)

Isto é o que você pensa!

Isto: pronome substantivo (sujeito)

Ela disse **aquilo**?!

aquilo: pronome substantivo (objeto direto)

PRONOMES RELATIVOS

Os pronomes relativos introduzem orações subordinadas adjetivas, nas quais sempre desempenham uma função sintática.

Ouço a voz do vento, **que** varre a tarde.

oração adjetiva: que varre a tarde

que: pronome relativo, sujeito do verbo **varrer**

Ouço a voz **que** o vento traz.

oração adjetiva: que o vento traz

que: pronome relativo, complemento do verbo **trazer**

O estudo das funções sintáticas do pronome relativo será retomado, com mais detalhes, no capítulo sobre orações subordinadas (página 299).

PRONOMES INDEFINIDOS

Os pronomes indefinidos podem acompanhar ou substituir um substantivo. Serão, respectivamente, pronomes adjetivos ou pronomes substantivos e desempenharão funções sintáticas típicas dessas classes de palavras.

Os pronomes **alguém**, **ninguém**, **outrem**, **algo** e **nada** sempre têm valor de substantivo:

Alguém roubou a minha caneta!

Alguém: pronome substantivo desempenhando função de sujeito

PRONOMES INTERROGATIVOS

O pronome interrogativo **quem** é sempre empregado como pronome substantivo, exercendo funções sintáticas próprias dos substantivos.

Quem chamou?

Quem: sujeito

Você gosta de **quem**?

quem: objeto indireto

O pronome interrogativo **qual** é, em geral, empregado como pronome adjetivo e exerce a função de adjunto adnominal:

Qual caneta é minha?

Qual: adjunto adnominal

Não fique aí parado!

Texto para a questão 1.

"Camerino permite-lhe agora receber visitas. O desfile hoje começa cerca das dez da manhã, quando seus sogros Aderbal e Laurentina entram no quarto acompanhados de Flora. Flora? Que milagre! Bom, ela representa a sua comédia, para evitar que os pais venham a descobrir o verdadeiro estado de suas relações com o marido.

– Visitas para você – diz ela sem mirá-lo. E senta-se a um canto do quarto. Rodrigo não gosta do hábito que Flora adquiriu no convívio dos cariocas de tratá-lo por **você**. Sempre achou o **tu** mais íntimo, mais carinhoso, além de mais gaúcho. Bom, seja como for, dadas as relações atuais entre ambos, **você** talvez seja o tratamento mais adequado."

(VERISSIMO, Erico. *O tempo e o vento [parte III]*: o arquipélago. São Paulo: Companhia das Letras, 2004. p. 247. v. 2.)

1. Com base nas informações do texto, marque V para "verdadeiro" e F para "falso".

a) Em algumas regiões do Brasil, as pessoas se referem ao interlocutor usando o pronome pessoal **tu** e em outras usando **você**.

b) Quando tratamos o interlocutor por **você**, o verbo deve ir para a segunda pessoa do singular.

c) Quando tratamos o interlocutor por **tu**, o verbo deve ir para a segunda pessoa do singular.

d) Os gaúchos preferem chamar o interlocutor pelo pronome de tratamento **você**.

e) Segundo Rodrigo, o uso do pronome de tratamento **você** revela mais formalidade que o uso do pronome pessoal **tu**.

f) As relações entre Rodrigo e Flora não estavam muito boas.

2. Dos textos seguintes, destaque os pronomes.

a) "Quando escrevo, repito o que já vivi antes. E para estas duas vidas, um léxico só não é suficiente." (Guimarães Rosa)

b) "Depois da nossa viagem de barco Halim sugeriu que eu ocupasse o outro quartinho dos fundos." (Milton Hatoum)

c) "O homem do campo não esperava tais dificuldades: a lei deve ser acessível a todos e a qualquer hora, pensa ele." (Franz Kafka)

d) "Tudo no mundo começou com um sim. Uma molécula disse sim a outra molécula e nasceu a vida." (Clarice Lispector)

e) "Ele guardava aqueles vidros de trezentos gramas. Sem propósito definido... Colecionismo... Essa palavra ele já a ouviu numa conversa entre médico... Que representará em medicina?..." (Dyonélio Machado)

f) "Duas rãs eram vizinhas. Uma morava em uma lagoa profunda longe da estrada e a outra, na estrada, em uma pequena poça d'água." (Esopo)

g) "Os cancerianos devem basear todas as suas relações na questão da compatibilidade dos signos. São compatíveis aqueles que não têm a letra A no nome: Touro, Virgem, Gêmeos e Peixes." (PIAUÍ. São Paulo: Abril, ano 1, n. 2, nov. 2006, p. 68.)

3. Do texto a seguir, destaque e classifique os pronomes.

Todos os detalhes acertados, voltamos para casa já noite fechada. Meu pai transmitiu a notícia a mamãe, que sem dizer nada nos serviu o jantar. Comemos em silêncio; melhor dizendo, nós, os irmãos, e nossa mãe, nos mantínhamos quietos, eu mastigando automaticamente, Er nem sequer tocando no prato. Mas papai, entusiasmado com a perspectiva das bodas, falava sem cessar, descrevendo o belo futuro que o primogênito teria.

(SCLIAR, Moacyr. *Manual da paixão solitária*. São Paulo: Companhia da Letras, 2008. p. 45.)

4. Leia este texto:

"O drama do treinador, a meu ver, é que todo mundo, em todo o mundo, diz que o Brasil tem hoje o melhor elenco de craques do planeta. Com esse material nas mãos, se a seleção for campeã, todos vão dizer: 'Também, com um time desses, até eu'."

(COUTO, José Geraldo. *Folha de S.Paulo*, 5 set. 2005. p. D9.)

Sem alterar o sentido, reescreva esse texto, substituindo as expressões **todo mundo** e **em todo o mundo** por outras. Faça as modificações que julgar necessárias.

5. No texto a seguir, os pronomes **aquele** (em **daquele**) e **esta** recuperam termos anteriormente expressos no contexto. Veja:

"De meu país e de minha família tenho pouco a dizer. Maus-tratos e o passar dos anos me afastaram daquele e fizeram de mim um estranho para esta."
(Edgar Allan Poe)

A que termos tais pronomes se referem?

Texto para a questão 6.

Lixeiro é morto por pegar doce com a mão

"O lixeiro O. M. de S. foi morto com dois tiros nas costas anteontem por ter posto a mão em um doce em uma lanchonete que não ia comprar. O assassino seria o dono da lanchonete V. G., 65, que, segundo a polícia, estava foragido até a noite de ontem."

(*Folha de S.Paulo* 8 dez. 1993.)

6. No trecho que você acabou de ler há pronome relativo empregado inadequadamente.

a) Diga em que consiste essa inadequação.

b) Reescreva o texto, tornando-o mais claro.

7. Leia estes versos: "Beija eu / Beija eu / Beija eu, me beija". (Marisa Monte, Arnaldo Antunes e Arto Lindsay)

Neles, o emprego do pronome reto na função de complemento verbal resulta em interessante efeito expressivo. Na linguagem formal esse emprego é aceitável? Justifique.

8. Reescreva as seguintes frases, adequando-as ao padrão culto de linguagem.

a) Convidei ela para a festa de aniversário.

b) Vi ele no cinema.

c) Deram o livro para eu.

d) Emprestaram o caderno para tu.

e) Receberam nós com muita atenção.

f) Entre ela e eu não há qualquer problema.

g) Jamais houve qualquer problema entre tu e eu.

h) Não vá à festa sem eu.

i) Ofereceram o trabalho para mim fazer.

j) Não deu para mim ir à escola ontem.

k) Falta muito pouco para mim descobrir a verdade.

l) Meu amor, preciso muito falar consigo.

m) Querida, eu gosto muito de si.

n) Eles queriam falar com nós.

o) Não lhe convidei para a festa.

p) Não o obedeço porque não lhe respeito.

q) Mandei ela sair.

9. Marque:

(1) para pronome substantivo

(2) para pronome adjetivo

a) **Minha** casa não é minha.

b) Encontrei-**a** desanimada.

c) **Aquele** homem foi visto em São Paulo.

d) **Isso** não tem cabimento.

e) Não conheço **seu** nome ou paradeiro.

f) Volte **outro** dia.

g) **Você** não está entendendo nada.

h) Não encontrei o livro **que** você recomendou.

i) **Qualquer** pessoa pode comparecer à festa.

10. Classifique as palavras em destaque usando os seguintes códigos:

(1) artigo

(2) pronome

(3) numeral

a) Resolveu arrumar **um** parceiro para as aulas de dança de salão.

b) Dos três rapazes, apenas **um** concordou em dançar com ela.

c) Levou-**a** para **o** centro do salão; todos **os** observavam, esperando **um** passo mais ousado.

d) **Um** ou **outro** amigo parava para **um** breve descanso; em seguida voltavam ao embalo da música. Tocaram muitas, mas apenas **uma** agradou aos bailarinos.

e) Não quero ouvir **o** disco que está na estante, mas **o** que ficou no armário do quarto.

11. Leia os textos seguintes, selecione e classifique os pronomes em possessivos, "P", e demonstrativos, "D".

a) "Eu sei que não tem perigo, que é o transporte mais seguro do mundo, e as estatísticas, e essa coisa toda, você já me explicou. Mas pense um pouco nos nossos filhos, pelo amor de Deus!" (Fernando Sabino)

b) "Meu primeiro movimento, ao ler esse delicado convite, foi deixar a mesa da redação e me dirigir ao Jardim Botânico, contemplar a flor e cumprimentar a administração do horto pelo feliz evento." (Rubem Braga)

c) "Minha irmã se casou, nossa mãe não quis festa." (Guimarães Rosa)

d) "Ele era realmente o seu grande público, a alavanca desinteressada e generosa que ia empurrando sem que ela mesma sentisse." (Marques Rebelo)

e) "Para ser franco, declaro que esses infelizes não me inspiram simpatia. Lastimo a situação em que se acham, reconheço ter contribuído para isso, mas não vou além. Estamos tão separados! A princípio estávamos juntos, mas esta desgraçada profissão nos distanciou. Madalena entrou aqui cheia de bons sentimentos e bons propósitos. Os sentimentos e propósitos esbarraram com minha brutalidade e o meu egoísmo." (Graciliano Ramos)

f) "Na minha impureza eu havia depositado a esperança de redenção nos adultos. A necessidade de acreditar na minha bondade futura fazia com que eu venerasse os grandes, que eu fizesse à minha imagem, mas a uma imagem de mim enfim purificada pela penitência do crescimento, enfim liberta da alma suja de menina. E tudo isso agora o professor destruía, e destruía meu amor por ele e por mim." (Clarice Lispector)

12. Reescreva as frases, usando, no lugar dos asteriscos, o pronome demonstrativo adequado.

a) Roma e Viena são belas cidades: * é capital da Áustria; *, da Itália.

b) Machado de Assis e Guimarães Rosa são dois grandes escritores: * escreveu *Dom Casmurro*; *, *Sagarana*.

c) Salvador e Florianópolis são duas capitais brasileiras: * é a capital de Santa Catarina; *, da Bahia.

d) * que eu tenho nas mãos é um livro.

e) * que tu tens nas mãos é um livro.

f) * que está nas mãos do professor é um livro.

g) * caneta que está na minha mão é tua?

h) * são as minhas aspirações: entrar na faculdade e conseguir um bom emprego.

13. Classifique os pronomes destacados de acordo com os códigos a seguir.

R = pessoal reto

O = pessoal oblíquo

P = possessivo

D = demonstrativo

a) "Cesse tudo **o** que a Musa antiga canta [...]" (Camões)

b) **O** que sei é que te amo.

c) Encontrei-**o** em casa.

d) Não **o** esperava tão cedo.

e) **Ele** deixou a sala apressado.

f) Não encontrei **meus** amigos em parte alguma.

g) O **próprio** repórter desconhecia os fatos.

h) Achei **o** que procuravas.

i) Achei-**o** num canto qualquer.

14. Dos textos seguintes, destaque os pronomes relativos.

a) "Lembrei-me do tacho velho, que era o centro da pequenina casa onde vivíamos" (Graciliano Ramos)

b) "Ele, que se mostrara tão generoso, tão displicente, pelas faltas alheias, não lhe perdoara." (Marques Rebelo)

c) Aquele menino, cujo pai é professor, disse que não faria o trabalho que lhe pediram.

d) Aquelas pessoas que compareceram à reunião falaram tudo quanto queriam falar.

e) "Uma noite destas, vindo da cidade para o Engenho Novo, encontrei no trem da Central um rapaz aqui do bairro, que eu conheço de vista e de chapéu." (Machado de Assis)

15. Nas seguintes frases, classifique os termos destacados de acordo com o código a seguir.

R = pronome relativo

I = pronome indefinido

D = pronome demonstrativo

? = pronome interrogativo

a) "O Cruzeiro, **que** a linda Sofia não quis fitar, como lhe pedia Rubião, está assaz alto para não discernir os risos e as lágrimas dos homens." (Machado de Assis)

b) "**Nada** lhes escapava, nem mesmo as escadas dos pedreiros, os cavalos de pau, o banco ou a ferramenta dos marceneiros." (Aluísio Azevedo)

c) "**Aquele** peru comido a sós redescobria em cada um o que a quotidianidade abafara por completo." (Mário de Andrade)

d) "Madalena procurava convencê-lo, mas não percebi o **que** dizia." (Graciliano Ramos)

e) "**Todos** tinham gostado dela no estúdio." (Marques Rebelo)

f) "A oposição, que não perdia nenhuma chance, distribuiu um panfleto **onde** um chargista reproduzia a surra com traços dignos de um folheto de Carlos Zéfiro." (Márcio Souza)

g) "– **Que** você fez hoje?

– O de sempre. E você?" (Dalton Trevisan)

h) "Ela sorriu. Estava agora muito sobressaltada. A **cada** momento olhava o relógio." (Eça de Queiroz)

i) "Logo ao primeiro grito do Coronel Ludgero Alves, **muitas** portas, até então fechadas, se escancaravam, ali dentro do casarão do Fórum." (Mário Palmério)

j) "O Sol nas bancas de revista / me enche de alegria e preguiça / **quem** lê tanta notícia?" (Caetano Veloso)

16. Observando o que determina o padrão formal de linguagem quanto à colocação dos pronomes oblíquos átonos, reescreva as frases a seguir, se necessário.

a) Me informaram os reais motivos de sua demissão.

b) Jamais enganar-te-ia desta maneira.

c) Agora me falaram os verdadeiros motivos.

d) Aqui se resolvem todos os problemas.

e) Alguém convenceu-me da verdade.

f) Não compreendi os motivos que alegaram-nos.

g) Quem disse-te essa bobagem?

h) Quanto custa-me entender os motivos!

i) Os céus te protejam.

j) Devolver-te-ão os documentos apresentados.

k) Não devolver-te-ão os documentos apresentados.

l) Nunca devolver-te-iam os documentos apresentados.

m) Senhores passageiros, se dirijam à plataforma de embarque.

n) Retirou-se, deixando-nos aliviados por instantes.

o) Era importante te ajudar.

p) Tinha contado-lhe os fatos.

q) Não tinha-lhe contado os fatos.

r) Quero-lhe entregar os documentos.

s) Não quero-lhe entregar os documentos.

Nos exercícios **17** a **19**, diga qual alternativa apresenta a colocação pronominal não recomendada no padrão formal de linguagem.

17. a) Não me disseram a verdade.

b) Apelidavam-me de formoso.

c) Me impuseram severo castigo.

d) Largaste-me só e desamparado.

e) Apressa-se porque já é dia.

18. a) Já não se viam mais os pássaros.

b) Discordou-se do seu ponto de vista.

c) Sairei, já que não me aceitam como amigo.

d) Não quebra-se a palavra empenhada.

e) Afugentei-o para longe daqui.

19. a) Amanhã, contar-lhe-ei o grande segredo.

b) Ali se vendem relógios.

c) Pedimos-lhe um favor e ele não fez.

d) Ninguém dar-se-ia bem naquele trabalho.

e) Vocês podem dizer-me o que isto significa?

Veja na página 435 questões de exames sobre o assunto abordado neste capítulo.

CAPÍTULO 10

Verbo

DEFINIÇÃO

Verbo é a palavra variável em pessoa, número, tempo, modo e voz que exprime um processo, isto é, aquilo que se passa no tempo.

Ao indicar um fato situado no tempo, o verbo, basicamente, pode exprimir:

a. ação:

O gorila **comeu** a banana.

b. estado:

O jardim **está** florido.

c. mudança de estado:

O dia **tornou-se** chuvoso.

d. fenômeno da natureza:

Choveu muito.

e. existência:

Havia apenas três pessoas na rua.

f. desejo:

Quero um mundo melhor!

g. conveniência:

Esta proposta não me **convém**.

LOCUÇÃO VERBAL

O processo verbal pode ser indicado por mais de uma palavra. Quando isso ocorre, temos uma **locução verbal**.

Nas locuções verbais, um verbo, denominado **auxiliar**, junta-se a um outro, denominado **principal**, alargando-lhe a significação. O verbo principal estará sempre em uma das formas nominais (infinitivo, gerúndio ou particípio) e o auxiliar receberá as flexões de tempo, modo, pessoa e número. Se houver mais de um auxiliar, a flexão ocorrerá somente no primeiro.

Nessas locuções, os verbos podem ou não estar ligados por preposição. Os verbos auxiliares, além de entrarem na formação das locuções verbais, formam os tempos compostos (os auxiliares **ter** e **haver**) e a voz passiva analítica (os auxiliares **ser**, **estar** e **ficar**).

verbo auxiliar flexionado		verbo principal (forma nominal)
Estamos		trabalhando.
Iremos		trabalhar.
Poderá		chover.
Acabou	de	chegar.

ESTRUTURA DO VERBO

As formas verbais apresentam três elementos em sua estrutura: radical, vogal temática e desinências.

a. **radical**: é a parte do verbo que serve como base do significado. É obtido retirando-se as terminações **-ar**, **-er**, **-ir** do infinitivo.

infinitivo	terminação	radical
cantar	ar	cant-
bater	er	bat-
partir	ir	part-

b. **vogal temática**: é a vogal que, em alguns casos, se agrega ao radical, preparando-o para receber as desinências. Como nem sempre é possível juntar-se a desinência diretamente ao radical, usam-se as vogais **a**, **e**, **i** como elemento de ligação. A vogal temática indica a que conjugação pertence o verbo.

vogal temática **a**: 1.ª conjugação (cant**ar**)

vogal temática **e**: 2.ª conjugação (bat**er**)

vogal temática **i**: 3.ª conjugação (part**ir**)

O radical acrescido da vogal temática recebe o nome de **tema**.

tema		tema		tema	
cant +	a	bat +	e	part +	i
radical	vogal temática	radical	vogal temática	radical	vogal temática

O verbo **pôr** e seus derivados (**compor**, **dispor**, **repor** etc.) pertencem à segunda conjugação (sua forma arcaica era **poer**).

c. **desinências**: são elementos que se acrescentam ao radical (ou ao tema) para indicar as categorias gramaticais de tempo e modo (desinências modo-temporais) e pessoa e número (desinências número-pessoais).

radical	vogal temática	desinência modo-temporal	desinência número-pessoal
cant	a	va	∅
cant	á	va	mos
cant	á	sse	is
cant	∅	e	mos

FORMAS RIZOTÔNICAS E FORMAS ARRIZOTÔNICAS

Formas rizotônicas são aquelas em que o acento tônico recai no radical.

and-o, **an**d-as

Formas **arrizotônicas** são aquelas em que o acento tônico recai na desinência.

and-a**rás**, and-a**rí**amos

Fique por dentro!

Rizotônica?! Arrizotônica?!

Palavrinhas estranhas, não é mesmo? Então vamos apelar para nossos conhecimentos gramaticais a fim de desvendar o significado dessas palavras...

Rizo é um elemento de composição que vem do grego e significa "raiz"; **tônico(a)** também vem do grego e, como já sabemos, indica algo relativo a "tom, tensão, energia". Relembrando: **sílaba tônica** é aquela que é pronunciada com "mais intensidade, com mais tom". Temos ainda que **a**- é prefixo, também vem do grego, e significa "privação, negação".

Assim, uma **forma rizotônica** é aquela em que o acento tônico recai na raiz (ou no radical); **forma arrizotônica** é aquela em que o acento tônico não recai no radical; portanto, recai na desinência.

FLEXÃO DO VERBO

Do ponto de vista morfológico, o verbo é a classe de palavras que apresenta o maior número de flexões, podendo flexionar-se em pessoa, número, tempo, modo e voz.

FLEXÃO DE PESSOA

O verbo flexiona-se em pessoa concordando com o seu sujeito. São três as pessoas do verbo:

a. primeira pessoa: a que fala.

Eu aprecio a natureza.

Nós apreciamos a natureza.

b. segunda pessoa: a quem se fala.

Tu aprecias a natureza.

Vós apreciastes a natureza.

c. terceira pessoa: de quem ou do que se fala.

Ele aprecia a natureza.

Elas apreciam a natureza.

A natureza é bela.

Aquelas paisagens são encantadoras.

FLEXÃO DE NÚMERO

O verbo pode se apresentar no singular ou no plural, concordando com o sujeito da oração.

sujeito (singular)

Joaquim **aprecia** a natureza.

verbo (singular)

sujeito (plural)

Joaquim e Pedro **apreciam** a natureza.

verbo (plural)

Como se pode observar, o verbo sempre concorda em pessoa e número com o sujeito da oração. Isso ocorre mesmo quando o sujeito, representado pelos pronomes pessoais retos, estiver implícito.

És uma pessoa muito importante para mim. (Sujeito implícito: tu.)

No ano passado, **viajamos** para Pernambuco. (Sujeito implícito: nós.)

Nesses exemplos, os verbos **ser** e **viajar** flexionam-se em pessoa e número, concordando com os sujeitos que estão implícitos.

FLEXÃO DE TEMPO

Sabemos que o verbo indica um processo localizado no tempo. Podemos distinguir três situações básicas: presente, pretérito e futuro.

a. se o processo ocorre no momento da fala, temos o tempo **presente**.

Aprecio a natureza.

b. se o processo já ocorreu, temos o tempo **pretérito**.

Apreciava a natureza.

c. se o processo ainda vai ocorrer, temos o tempo **futuro**.

Apreciarei a natureza.

O presente não se subdivide. Já o pretérito e o futuro apresentam subdivisões. O pretérito desdobra-se em perfeito, imperfeito e mais-que-perfeito. O futuro ramifica-se em futuro do presente e futuro do pretérito (veja quadros de conjugação nas páginas 189 a 200).

FLEXÃO DE MODO

Entende-se por modo a atitude que o falante assume em relação ao processo verbal (de certeza, de dúvida, de ordem etc.). São três modos verbais: indicativo, subjuntivo e imperativo.

a. **modo indicativo**: apresenta o fato como certo, preciso, seja ele pretérito, presente ou futuro.

Respeitamos a natureza.

Respeitávamos a natureza.

Respeitaremos a natureza.

b. **modo subjuntivo**: apresenta o fato como incerto, duvidoso.

Se **respeitássemos** a natureza, o mundo ficaria melhor.

Se **respeitarmos** a natureza, o mundo ficará melhor.

c. **modo imperativo**: exprime uma ordem, um pedido ou um conselho.

Respeite a natureza.

Passe-me o açúcar, por favor.

Evite o sol depois das 10 horas da manhã.

FLEXÃO DE VOZ

A flexão de voz indica a relação estabelecida entre o verbo e o seu sujeito. Conforme o tipo dessa relação, o verbo pode apresentar-se na voz ativa, na voz passiva ou na voz reflexiva.

a. **voz ativa**: quando o sujeito é o agente, isto é, aquele que executa a ação expressa pelo verbo.

sujeito
O gorila **comeu** a banana.
verbo na voz ativa

Grave isto!

O conceito de voz ativa é exclusivamente gramatical. Na oração "O menino levou uma surra", gramaticalmente temos o verbo na voz ativa, embora o sujeito (o menino) tenha sofrido a ação.

b. **voz passiva**: quando o sujeito é o paciente, ou seja, o receptor da ação expressa pelo verbo. Há dois tipos de voz passiva:

- **voz passiva analítica**: formada por verbo auxiliar conjugado mais o particípio do verbo principal.

sujeito
A banana **foi** **comida** pelo gorila.
verbo auxiliar — verbo principal

- **voz passiva sintética** (ou pronominal): formada por verbo na terceira pessoa mais o pronome apassivador **se**.

Comeu - **se** a banana.

(Comeu: verbo na 3.ª pessoa; se: pronome apassivador; a banana: sujeito)

c. **voz reflexiva**: quando o sujeito é ao mesmo tempo agente e paciente, ou seja, executor e receptor da ação expressa pelo verbo.

A voz reflexiva apresenta sempre a seguinte construção: sujeito mais verbo na voz ativa mais pronome oblíquo reflexivo.

O gorila **cortou** - **se**.

(O gorila: sujeito; cortou: verbo na voz ativa; se: pronome reflexivo)

FORMAS NOMINAIS

Existem três formas verbais que não apresentam flexão de tempo e modo, perdendo, portanto, as características exclusivas do verbo. Como desempenham funções próprias dos nomes (substantivo, adjetivo e advérbio), são denominadas **formas nominais**. São elas: infinitivo, particípio e gerúndio.

a. **infinitivo**: indica o processo propriamente dito, sem situá-lo no tempo; desempenha, assim, função semelhante à do substantivo.

É preciso **recuperar** os valores éticos.

O infinitivo pode apresentar flexão de pessoa, originando duas formas: o **infinitivo impessoal** (que não se flexiona) e o **infinitivo pessoal** (que é flexionado).

b. **particípio**: indica uma ação já acabada, desempenhando função semelhante à do adjetivo. O particípio admite flexão de gênero e número, concordando com o substantivo a que se refere.

Preservada a natureza, sobreviveremos.

Preservado o meio ambiente, sobreviveremos.

c. **gerúndio**: indica um processo verbal em curso, desempenhando função semelhante à do adjetivo e à do advérbio. O gerúndio não apresenta flexão.

"**Caminhando** e **cantando** e **seguindo** a canção [...]" (Geraldo Vandré)

Fique por dentro!

O gerúndio, coitado, virou vilão!

Com certeza, você já deve ter ouvido (ou deve estar ouvindo!) várias críticas ao emprego do gerúndio. Isso porque virou moda, principalmente em atividades de *telemarketing*, o uso abusivo de locuções como estas:

vamos estar mandando, vai estar enviando

Tais locuções foram batizadas de **gerundismo**. Assim, o gerúndio foi condenado desenfreadamente...

Deve-se lembrar que o gerúndio é uma forma verbal, as locuções com gerúndio são corretas e estão de acordo com as estruturas da língua e, em muitas situações (para indicar ação prolongada, para uma forma menos incisiva, para indicar um futuro não determinado, por exemplo), não só podem como devem ser empregadas.

O erro está no uso indiscriminado dessas locuções. Como em tantas outras questões gramaticais, o que importa é a adequação do que falamos à situação, ao contexto, ao interlocutor.

CLASSIFICAÇÃO DOS VERBOS

Quanto à flexão, os verbos classificam-se em: regulares, irregulares, defectivos, abundantes e pronominais.

a. **regulares**: são aqueles que seguem o paradigma, isto é, o modelo da conjugação. Quando um verbo é regular, o radical se mantém em todas as formas e as terminações são as mesmas do paradigma.

Não ligue o automático!

Em alguns casos, podemos encontrar alterações nos radicais de verbos regulares; é necessário observar se essa alteração é apenas um caso de acomodação gráfica para manter a identidade fonética. É o que ocorre, por exemplo, com os verbos **ficar**, **fingir** e **vencer**. Veja:

fi**c**o, fi**qu**ei   fin**j**o, fin**g**es   ven**ç**o, ven**c**es

b. irregulares: são aqueles que se afastam do modelo da conjugação, apresentando alterações ou no radical ou nas desinências.

eu pe**ç**o   tu pe**d**es   eu est**ou**   tu est**ás**

c. defectivos: são verbos de conjugação incompleta, ou seja, não apresentam algumas formas. São exemplos os verbos **falir** e **abolir** no presente do indicativo.

	FALIR	ABOLIR
eu	–	–
tu	–	aboles
ele	–	abole
nós	falimos	abolimos
vós	falis	abolis
eles	–	abolem

Consideram-se defectivos os chamados **verbos unipessoais**, como os que exprimem fenômenos da natureza (chover, ventar, anoitecer etc.) e os que exprimem vozes de animais (latir, miar, urrar, coaxar etc.).

Grave isto!

Veja, a seguir, o emprego dos verbos unipessoais:

- **verbos que exprimem fenômenos da natureza**: só se empregam na terceira pessoa do singular.

  Nevou em São Joaquim.

  Neste momento, **chove** em Belém.

- **verbos que exprimem vozes de animais**: só se empregam na terceira pessoa do singular e na terceira pessoa do plural.

  Capeto **latiu** a noite toda.

  Os cães **latiram** a noite toda.

d. **abundantes**: são aqueles que possuem duas ou mais formas de idêntico valor. A abundância ocorre com maior frequência no particípio de alguns verbos, que, além da forma regular (desinência -**do**), apresentam outra forma, denominada irregular ou abundante. Veja alguns exemplos:

INFINITIVO	PARTICÍPIO REGULAR	PARTICÍPIO IRREGULAR
aceitar	aceitado	aceito
acender	acendido	aceso
benzer	benzido	bento
concluir	concluído	concluso
eleger	elegido	eleito
enxugar	enxugado	enxuto
exprimir	exprimido	expresso
expulsar	expulsado	expulso

INFINITIVO	PARTICÍPIO REGULAR	PARTICÍPIO IRREGULAR
extinguir	extinguido	extinto
prender	prendido	preso

Quando o verbo apresenta duplo particípio, deve-se usar a forma regular com os auxiliares **ter** e **haver** e a forma irregular com os auxiliares **ser** e **estar**.

Tinham aceitado o pedido. O pedido **foi aceito**.

Haviam aceitado o pedido. O pedido **estava aceito**.

Alguns verbos apresentam apenas o particípio irregular.

INFINITIVO	PARTICÍPIO IRREGULAR
abrir	aberto
dizer	dito
escrever	escrito
fazer	feito

Atualmente, os verbos **pagar**, **gastar** e **ganhar** são usados apenas no particípio irregular, com qualquer auxiliar.

Ele **havia pago** a conta.

Tinham gasto todo o dinheiro.

Havia ganho muitos presentes no aniversário.

e. **pronominais**: são aqueles que são conjugados com o auxílio de pronomes oblíquos átonos, mas não são reflexivos.

Podem ser de dois tipos:

- **essencialmente pronominais**: são sempre acompanhados do pronome oblíquo átono.

  apoderar-se, atrever-se, ausentar-se, queixar-se, suicidar-se

- **acidentalmente pronominais**: aqueles que podem ser conjugados com ou sem auxílio do pronome oblíquo átono.

  lembrar-se, esquecer-se, debater-se, enganar-se

Não ligue o automático!

É importante que não se confundam verbos pronominais com reflexivos. Os reflexivos são verbos transitivos que vêm acompanhados de um pronome oblíquo átono; este funcionará como complemento e estará sempre na mesma pessoa que o sujeito. Veja:

ferir-se, cortar-se, lavar-se etc.

Note ainda que tais verbos podem ser usados não reflexivamente:

O soldado feriu o inimigo.
O menino cortou a mão.
O rapaz lavou a maçã.
O cabeleireiro penteou a noiva.

CONJUGAÇÃO VERBAL

Conjugar um verbo significa expressá-lo em todas as formas que ele possui. Como modelo, apresentamos a conjugação dos verbos regulares **cantar**, **bater** e **partir**, que servem de paradigma a todos os demais verbos regulares da primeira, segunda e terceira conjugação, respectivamente. Apresentamos também a conjugação do verbo **pôr**, que serve de paradigma a seus derivados.

MODO INDICATIVO

PRESENTE			
canto	bato	parto	ponho
cantas	bates	partes	pões
canta	bate	parte	põe
cantamos	batemos	partimos	pomos
cantais	bateis	partis	pondes
cantam	batem	partem	põem

PRETÉRITO IMPERFEITO			
cantava	batia	partia	punha
cantavas	batias	partias	punhas
cantava	batia	partia	punha
cantávamos	batíamos	partíamos	púnhamos
cantáveis	batíeis	partíeis	púnheis
cantavam	batiam	partiam	punham

PRETÉRITO PERFEITO SIMPLES			
cantei	bati	parti	pus
cantaste	bateste	partiste	puseste
cantou	bateu	partiu	pôs
cantamos	batemos	partimos	pusemos
cantastes	batestes	partistes	pusestes
cantaram	bateram	partiram	puseram

PRETÉRITO PERFEITO COMPOSTO			
tenho cantado	tenho batido	tenho partido	tenho posto
tens cantado	tens batido	tens partido	tens posto
tem cantado	tem batido	tem partido	tem posto
temos cantado	temos batido	temos partido	temos posto
tendes cantado	tendes batido	tendes partido	tendes posto
têm cantado	têm batido	têm partido	têm posto

PRETÉRITO MAIS-QUE-PERFEITO SIMPLES			
cantara	batera	partira	pusera
cantaras	bateras	partiras	puseras
cantara	batera	partira	pusera
cantáramos	batêramos	partíramos	puséramos
cantáreis	batêreis	partíreis	puséreis
cantaram	bateram	partiram	puseram

PRETÉRITO MAIS-QUE-PERFEITO COMPOSTO			
tinha cantado	tinha batido	tinha partido	tinha posto
tinhas cantado	tinhas batido	tinhas partido	tinhas posto
tinha cantado	tinha batido	tinha partido	tinha posto
tínhamos cantado	tínhamos batido	tínhamos partido	tínhamos posto
tínheis cantado	tínheis batido	tínheis partido	tínheis posto
tinham cantado	tinham batido	tinham partido	tinham posto

FUTURO DO PRESENTE SIMPLES			
cantarei	baterei	partirei	porei
cantarás	baterás	partirás	porás
cantará	baterá	partirá	porá
cantaremos	bateremos	partiremos	poremos
cantareis	batereis	partireis	poreis
cantarão	baterão	partirão	porão

FUTURO DO PRESENTE COMPOSTO			
terei cantado	terei batido	terei partido	terei posto
terás cantado	terás batido	terás partido	terás posto
terá cantado	terá batido	terá partido	terá posto
teremos cantado	teremos batido	teremos partido	teremos posto
tereis cantado	tereis batido	tereis partido	tereis posto
terão cantado	terão batido	terão partido	terão posto

FUTURO DO PRETÉRITO SIMPLES			
cantaria	bateria	partiria	poria
cantarias	baterias	partirias	porias
cantaria	bateria	partiria	poria
cantaríamos	bateríamos	partiríamos	poríamos
cantaríeis	bateríeis	partiríeis	poríeis
cantariam	bateriam	partiriam	poriam

FUTURO DO PRETÉRITO COMPOSTO			
teria cantado	teria batido	teria partido	teria posto
terias cantado	terias batido	terias partido	terias posto
teria cantado	teria batido	teria partido	teria posto
teríamos cantado	teríamos batido	teríamos partido	teríamos posto
teríeis cantado	teríeis batido	teríeis partido	teríeis posto
teriam cantado	teriam batido	teriam partido	teriam posto

MODO SUBJUNTIVO

PRESENTE			
cante	bata	parta	ponha
cantes	batas	partas	ponhas
cante	bata	parta	ponha
cantemos	batamos	partamos	ponhamos
canteis	batais	partais	ponhais
cantem	batam	partam	ponham

PRETÉRITO IMPERFEITO			
cantasse	batesse	partisse	pusesse
cantasses	batesses	partisses	pusesses
cantasse	batesse	partisse	pusesse
cantássemos	batêssemos	partíssemos	puséssemos
cantásseis	batêsseis	partísseis	pusésseis
cantassem	batessem	partissem	pusessem

PRETÉRITO PERFEITO			
tenha cantado	tenha batido	tenha partido	tenha posto
tenhas cantado	tenhas batido	tenhas partido	tenhas posto
tenha cantado	tenha batido	tenha partido	tenha posto
tenhamos cantado	tenhamos batido	tenhamos partido	tenhamos posto
tenhais cantado	tenhais batido	tenhais partido	tenhais posto
tenham cantado	tenham batido	tenham partido	tenham posto

PRETÉRITO MAIS-QUE-PERFEITO			
tivesse cantado	tivesse batido	tivesse partido	tivesse posto
tivesses cantado	tivesses batido	tivesses partido	tivesses posto
tivesse cantado	tivesse batido	tivesse partido	tivesse posto
tivéssemos cantado	tivéssemos batido	tivéssemos partido	tivéssemos posto
tivésseis cantado	tivésseis batido	tivésseis partido	tivésseis posto
tivessem cantado	tivessem batido	tivessem partido	tivessem posto

FUTURO SIMPLES			
cantar	bater	partir	puser
cantares	bateres	partires	puseres
cantar	bater	partir	puser
cantarmos	batermos	partirmos	pusermos
cantardes	baterdes	partirdes	puserdes
cantarem	baterem	partirem	puserem

FUTURO COMPOSTO			
tiver cantado	tiver batido	tiver partido	tiver posto
tiveres cantado	tiveres batido	tiveres partido	tiveres posto
tiver cantado	tiver batido	tiver partido	tiver posto
tivermos cantado	tivermos batido	tivermos partido	tivermos posto
tiverdes cantado	tiverdes batido	tiverdes partido	tiverdes posto
tiverem cantado	tiverem batido	tiverem partido	tiverem posto

MODO IMPERATIVO

AFIRMATIVO			
canta (tu)	bate (tu)	parte (tu)	põe (tu)
cante (você)	bata (você)	parta (você)	ponha (você)
cantemos (nós)	batamos (nós)	partamos (nós)	ponhamos (nós)
cantai (vós)	batei (vós)	parti (vós)	ponde (vós)
cantem (vocês)	batam (vocês)	partam (vocês)	ponham (vocês)

NEGATIVO			
não cantes (tu)	não batas (tu)	não partas (tu)	não ponhas (tu)
não cante (você)	não bata (você)	não parta (você)	não ponha (você)
não cantemos (nós)	não batamos (nós)	não partamos (nós)	não ponhamos (nós)
não canteis (vós)	não batais (vós)	não partais (vós)	não ponhais (vós)
não cantem (vocês)	não batam (vocês)	não partam (vocês)	não ponham (vocês)

INFINITIVO

IMPESSOAL			
cantar	bater	partir	pôr

PESSOAL			
cantar	bater	partir	pôr
cantares	bateres	partires	pores
cantar	bater	partir	pôr
cantarmos	batermos	partirmos	pormos
cantardes	baterdes	partirdes	pordes
cantarem	baterem	partirem	porem

GERÚNDIO

cantando	batendo	partindo	pondo

PARTICÍPIO

cantado	batido	partido	posto

CONJUGAÇÃO DOS VERBOS AUXILIARES *SER*, *ESTAR*, *TER* E *HAVER*

Como vimos, os verbos auxiliares se juntam a uma forma nominal de um verbo principal para formar os tempos compostos e as locuções verbais. Apresentamos, a seguir, a conjugação dos verbos auxiliares **ser**, **estar**, **ter** e **haver**.

MODO INDICATIVO

PRESENTE			
sou	estou	tenho	hei
és	estás	tens	hás
é	está	tem	há
somos	estamos	temos	havemos
sois	estais	tendes	haveis
são	estão	têm	hão

PRETÉRITO IMPERFEITO			
era	estava	tinha	havia
eras	estavas	tinhas	havias
era	estava	tinha	havia
éramos	estávamos	tínhamos	havíamos
éreis	estáveis	tínheis	havíeis
eram	estavam	tinham	haviam

PRETÉRITO PERFEITO SIMPLES			
fui	estive	tive	houve
foste	estiveste	tiveste	houveste
foi	esteve	teve	houve
fomos	estivemos	tivemos	houvemos
fostes	estivestes	tivestes	houvestes
foram	estiveram	tiveram	houveram

PRETÉRITO PERFEITO COMPOSTO			
tenho sido	tenho estado	tenho tido	tenho havido
tens sido	tens estado	tens tido	tens havido
tem sido	tem estado	tem tido	tem havido
temos sido	temos estado	temos tido	temos havido
tendes sido	tendes estado	tendes tido	tendes havido
têm sido	têm estado	têm tido	têm havido

PRETÉRITO MAIS-QUE-PERFEITO SIMPLES			
fora	estivera	tivera	houvera
foras	estiveras	tiveras	houveras
fora	estivera	tivera	houvera
fôramos	estivéramos	tivéramos	houvéramos
fôreis	estivéreis	tivéreis	houvéreis
foram	estiveram	tiveram	houveram

PRETÉRITO MAIS-QUE-PERFEITO COMPOSTO			
tinha sido	tinha estado	tinha tido	tinha havido
tinhas sido	tinhas estado	tinhas tido	tinhas havido
tinha sido	tinha estado	tinha tido	tinha havido
tínhamos sido	tínhamos estado	tínhamos tido	tínhamos havido
tínheis sido	tínheis estado	tínheis tido	tínheis havido
tinham sido	tinham estado	tinham tido	tinham havido

FUTURO DO PRESENTE SIMPLES			
serei	estarei	terei	haverei
serás	estarás	terás	haverás
será	estará	terá	haverá
seremos	estaremos	teremos	haveremos
sereis	estareis	tereis	havereis
serão	estarão	terão	haverão

FUTURO DO PRESENTE COMPOSTO			
terei sido	terei estado	terei tido	terei havido
terás sido	terás estado	terás tido	terás havido
terá sido	terá estado	terá tido	terá havido
teremos sido	teremos estado	teremos tido	teremos havido
tereis sido	tereis estado	tereis tido	tereis havido
terão sido	terão estado	terão tido	terão havido

FUTURO DO PRETÉRITO SIMPLES			
seria	estaria	teria	haveria
serias	estarias	terias	haverias
seria	estaria	teria	haveria
seríamos	estaríamos	teríamos	haveríamos
seríeis	estaríeis	teríeis	haveríeis
seriam	estariam	teriam	haveriam

FUTURO DO PRETÉRITO COMPOSTO			
teria sido	teria estado	teria tido	teria havido
terias sido	terias estado	terias tido	terias havido
teria sido	teria estado	teria tido	teria havido
teríamos sido	teríamos estado	teríamos tido	teríamos havido
teríeis sido	teríeis estado	teríeis tido	teríeis havido
teriam sido	teriam estado	teriam tido	teriam havido

MODO SUBJUNTIVO

PRESENTE			
seja	esteja	tenha	haja
sejas	estejas	tenhas	hajas
seja	esteja	tenha	haja
sejamos	estejamos	tenhamos	hajamos
sejais	estejais	tenhais	hajais
sejam	estejam	tenham	hajam

PRETÉRITO IMPERFEITO			
fosse	estivesse	tivesse	houvesse
fosses	estivesses	tivesses	houvesses
fosse	estivesse	tivesse	houvesse
fôssemos	estivéssemos	tivéssemos	houvéssemos
fôsseis	estivésseis	tivésseis	houvésseis
fossem	estivessem	tivessem	houvessem

PRETÉRITO PERFEITO			
tenha sido	tenha estado	tenha tido	tenha havido
tenhas sido	tenhas estado	tenhas tido	tenhas havido
tenha sido	tenha estado	tenha tido	tenha havido
tenhamos sido	tenhamos estado	tenhamos tido	tenhamos havido
tenhais sido	tenhais estado	tenhais tido	tenhais havido
tenham sido	tenham estado	tenham tido	tenham havido

PRETÉRITO MAIS-QUE-PERFEITO			
tivesse sido	tivesse estado	tivesse tido	tivesse havido
tivesses sido	tivesses estado	tivesses tido	tivesses havido
tivesse sido	tivesse estado	tivesse tido	tivesse havido
tivéssemos sido	tivéssemos estado	tivéssemos tido	tivéssemos havido
tivésseis sido	tivésseis estado	tivésseis tido	tivésseis havido
tivessem sido	tivessem estado	tivessem tido	tivessem havido

FUTURO SIMPLES			
for	estiver	tiver	houver
fores	estiveres	tiveres	houveres
for	estiver	tiver	houver
formos	estivermos	tivermos	houvermos
fordes	estiverdes	tiverdes	houverdes
forem	estiverem	tiverem	houverem

FUTURO COMPOSTO			
tiver sido	tiver estado	tiver tido	tiver havido
tiveres sido	tiveres estado	tiveres tido	tiveres havido
tiver sido	tiver estado	tiver tido	tiver havido
tivermos sido	tivermos estado	tivermos tido	tivermos havido
tiverdes sido	tiverdes estado	tiverdes tido	tiverdes havido
tiverem sido	tiverem estado	tiverem tido	tiverem havido

MODO IMPERATIVO

AFIRMATIVO			
sê (tu)	está (tu)	tem (tu)	há (tu)
seja (você)	esteja (você)	tenha (você)	haja (você)
sejamos (nós)	estejamos (nós)	tenhamos (nós)	hajamos (nós)
sede (vós)	estai (vós)	tende (vós)	havei (vós)
sejam (vocês)	estejam (vocês)	tenham (vocês)	hajam (vocês)

NEGATIVO			
não sejas (tu)	não estejas (tu)	não tenhas (tu)	não hajas (tu)
não seja (você)	não esteja (você)	não tenha (você)	não haja (você)
não sejamos (nós)	não estejamos (nós)	não tenhamos (nós)	não hajamos (nós)
não sejais (vós)	não estejais (vós)	não tenhais (vós)	não hajais (vós)
não sejam (vocês)	não estejam (vocês)	não tenham (vocês)	não hajam (vocês)

INFINITIVO

IMPESSOAL			
ser	estar	ter	haver

PESSOAL			
ser	estar	ter	haver
seres	estares	teres	haveres
ser	estar	ter	haver
sermos	estarmos	termos	havermos
serdes	estardes	terdes	haverdes
serem	estarem	terem	haverem

GERÚNDIO

sendo	estando	tendo	havendo

PARTICÍPIO

sido	estado	tido	havido

FORMAÇÃO DO IMPERATIVO

Nos verbos, podemos distinguir determinadas formas que dão origem a outras: umas são primitivas; outras, derivadas.

Os tempos (ou formas) primitivos são: **presente do indicativo**, **pretérito perfeito do indicativo** e **infinitivo impessoal**. Todas as demais formas são derivadas.

Apresentamos, a seguir, a formação do imperativo.

IMPERATIVO NEGATIVO

O imperativo negativo é derivado do presente do subjuntivo. Suas formas são idênticas, bastando acrescentar o advérbio de negação e excluir a primeira pessoa do singular. Acompanhe o exemplo:

PRESENTE DO SUBJUNTIVO		IMPERATIVO NEGATIVO
cante		–
cantes	→	não cantes tu
cante	→	não cante você
cantemos	→	não cantemos nós
canteis	→	não canteis vós
cantem	→	não cantem vocês

IMPERATIVO AFIRMATIVO

Forma-se o imperativo afirmativo da seguinte maneira:

a. as segundas pessoas (**tu** e **vós**) derivam das formas do presente do indicativo, retirando-se delas a letra **s**;

b. as demais pessoas são idênticas às do presente do subjuntivo.

PRESENTE DO INDICATIVO		IMPERATIVO AFIRMATIVO		PRESENTE DO SUBJUNTIVO
canto				cante
canta~~s~~	→	canta tu		cantes
canta		cante você	←	cante
cantamos		cantemos nós	←	cantemos
cantai~~s~~	→	cantai vós		canteis
cantam		cantem vocês	←	cantem

ALTERAÇÕES DE UM VERBO SEGUIDO DE PRONOME

O verbo, quando seguido de um pronome oblíquo átono, pode sofrer algumas alterações de ordem fonética.

a. Quando a forma verbal termina em -**r**, -**s** ou -**z** e é seguida dos pronomes oblíquos **o**, **a**, **os**, **as**:

- desaparece a última letra do verbo (-**r**, -**s**, -**z**);
- o pronome assume as formas **lo**, **la**, **los**, **las**.

comprar + os → comprá-los
fez + o → fê-lo
fiz + o → fi-lo
quis + o → qui-lo
temos + a → temo-la
vender + as → vendê-las

b. Quando a forma verbal termina em ditongo nasal seguido de **o**, **a**, **os**, **as**:

- o verbo permanece inalterado;
- o pronome assume as formas **no**, **na**, **nos**, **nas**.

amaram + o → amaram-no
compreenderam + as → compreenderam-nas
dão + as → dão-nas
dispõe + os → dispõe-nos
venderam + a → venderam-na

c. Na primeira pessoa do plural (**nós**), a forma verbal perde o **s** final quando seguida do pronome oblíquo **nos**.

queixamos + nos → queixamo-nos
referimos + nos → referimo-nos

EMPREGO DOS MODOS E TEMPOS VERBAIS

MODO INDICATIVO

a. **presente**: exprime um fato que ocorre no momento em que se fala.

Vejo um pássaro na janela.

O presente do indicativo também é usado para:

- exprimir uma verdade científica, um axioma.

  A Terra **é** redonda.

  Por um ponto **passam** infinitas retas.

- exprimir uma ação habitual

  Aos domingos não **saio** de casa.

- dar atualidade a fatos ocorridos no passado.

  Cabral **chega** ao Brasil em 1500.

- indicar fato futuro bastante próximo, quando se tem certeza de que ele ocorrerá.

  Amanhã **faço** os exercícios.

b. pretérito perfeito: exprime um fato já concluído anteriormente ao momento em que se fala

Ontem eu **reguei** as plantas do jardim.

c. pretérito imperfeito: exprime um fato anterior ao momento em que se fala, mas não o toma como concluído, acabado. Revela, pois, o fato em seu curso, em sua duração.

Ele **falava** muito durante as aulas.

d. pretérito mais-que-perfeito: indica um fato passado que já foi concluído, em relação a outro fato também passado.

Quando você resolveu o problema, eu já o **resolvera**.

Na linguagem atual tem-se usado com mais frequência o pretérito mais-que-perfeito composto.

Quando você resolveu o problema, eu já o **tinha resolvido**.

O mais-que-perfeito é, em alguns casos, usado no lugar do futuro do pretérito ou do imperfeito do subjuntivo.

"... Mais **servira**, se não **fora** / Para tão longo amor tão curta a vida!"
(Camões)

(servira = serviria; fora = fosse)

e. **futuro do presente**: exprime um fato posterior ao momento em que se fala, tido como certo.

Os meus pais **chegarão** amanhã.

As aulas **começarão** segunda-feira.

O futuro do presente pode ser empregado para exprimir ideia de incerteza, de dúvida.

Serei eu o único culpado?

f. **futuro do pretérito**: exprime um fato futuro tomado em relação a um fato passado.

Ontem você me disse que **viria** à escola.

O futuro do pretérito também pode ser usado para indicar incerteza, dúvida.

Seriam mais ou menos dez horas quando ele chegou.

Usa-se ainda o futuro do pretérito, em vez do presente do indicativo ou do imperativo, como forma de cortesia, de boa educação.

Você me **faria** um favor?

MODO SUBJUNTIVO

O subjuntivo apresenta o fato de modo incerto, impreciso, duvidoso.

É empregado geralmente em orações que dependem de outras (subordinadas).

Viajaríamos se **fizesse** calor.

a. **presente**: é empregado nas orações subordinadas para expressar fatos presentes ou futuros.

É justo que eles **fiquem**. (presente)

Desejo que todos **compareçam**. (futuro)

Em orações independentes, é utilizado para exprimir desejo.

Deus me **proteja**.

Que a terra lhes **seja** leve!

b. **pretérito imperfeito**: indica uma ação passada, presente ou futura em relação ao verbo da oração principal.

Se neste momento eu **tivesse** coragem, contaria a verdade. (presente)

Mesmo que **saísse** antes, não teria chegado a tempo. (passado)

Ficaria feliz se ele **fosse** à minha casa. (futuro)

c. **futuro**: é empregado em orações subordinadas para indicar eventualidade no futuro.

Farei o trabalho se **tiver** tempo.

MODO IMPERATIVO

O imperativo exprime uma atitude de ordem, solicitação, convite ou conselho. É empregado em orações absolutas, principais ou coordenadas. Como o imperativo pode exprimir várias atitudes do falante, a entoação da frase será fundamental para veicular a ideia pretendida.

No imperativo, o falante sempre se dirige a um interlocutor; por isso, esse modo verbal só possui as formas que admitem um interlocutor (segundas e terceiras pessoas; primeira pessoa do plural).

Prestem atenção! (ordem)

Empreste-me o livro, por favor. (solicitação)

Venha à festa do meu aniversário. (convite)

Não guarde rancor, pode lhe dar uma gastrite. (conselho)

EMPREGO DO INFINITIVO

Além do infinitivo impessoal, nossa língua apresenta também o infinitivo pessoal (ou flexionado).

Não há propriamente regras que determinem o emprego do infinitivo; o que se observa são tendências e usos consagrados por competentes usuários do português.

INFINITIVO NÃO FLEXIONADO

Emprega-se o infinitivo não flexionado:

a. quando ele não estiver se referindo a sujeito algum.

É preciso **sair**.

b. na função de complemento nominal (virá regido de preposição).

Esses exercícios eram fáceis de **resolver**.

c. quando ele faz parte de uma locução verbal.

Eles deviam **ir** ao cinema.

d. quando, dependente dos verbos **deixar**, **fazer**, **ouvir**, **sentir**, **mandar** e **ver**, tiver por sujeito um pronome oblíquo.

Mandei-os **sair**. (= eles)

Deixei-as **falar**. (= elas)

e. quando ele tem valor de imperativo.

Fazer silêncio, por favor.

Não ligue o automático!

No caso de orações em que o verbo indica reciprocidade, o infinitivo deverá ser flexionado. Veja:

Vi-os **afastarem**-se uns dos outros.
Mandei-as **abraçarem**-se.

Observe que, quando o infinitivo for dependente dos verbos **deixar**, **fazer**, **ouvir**, **sentir**, **mandar** e **ver**, ele não será impessoal, mas pessoal, pois possuirá sujeito.

INFINITIVO FLEXIONADO (PESSOAL)

Emprega-se o infinitivo flexionado quando ele tiver sujeito próprio (expresso ou implícito), diferente do sujeito da oração principal.

O remédio era **ficarmos** em casa.

O costume é os jovens **falarem** e os velhos **ouvirem**.

No primeiro exemplo, o sujeito do infinitivo **ficarmos** é **nós** (implícito), diferente do sujeito da oração principal, que é **o remédio**.

No segundo exemplo, os infinitivos **falarem** e **ouvirem** apresentam como sujeito, respectivamente, **os jovens** e **os velhos** (expressos), diferentes do sujeito da oração principal, que é **o costume**.

MORFOSSINTAXE DO VERBO

Inicialmente, é importante sempre atentar para os seguintes detalhes:

a. toda oração se estrutura a partir de um verbo ou de uma locução verbal;

b. sabemos quantas orações há em um período contando o número de verbos e locuções verbais;

c. o verbo sempre integrará o predicado.

A maioria dos verbos são significativos, isto é, informam alguma coisa a respeito do sujeito a que se referem. Há, no entanto, alguns verbos cuja função é estabelecer um elo entre o sujeito e um atributo dele (o predicativo do sujeito): são os chamados verbos de ligação.

Os verbos de conteúdo significativo (que indicam ação, fenômeno da natureza, existência, desejo, conveniência) formam o núcleo do predicado verbal ou um dos núcleos do predicado verbo-nominal, no caso o núcleo verbal. Observe:

Marcos **recebeu** os presentes. (O verbo funciona como núcleo do predicado verbal.)

Marcos **recebeu** os presentes triste. (O verbo funciona como um dos núcleos do predicado verbo-nominal; o outro núcleo é o adjetivo **triste**.)

Os verbos de ligação não funcionam como núcleo do predicado. Dessa forma, nos predicados em que aparecem, o núcleo será sempre um nome. Daí poder-se afirmar que, quando ocorrer verbo de ligação, o predicado será, sem dúvida, nominal. Veja:

Os convidados **ficaram** insatisfeitos. (O núcleo do predicado é o adjetivo **insatisfeitos**.)

Aquelas pessoas **eram** alegres. (O núcleo do predicado é o adjetivo **alegres**.)

Não fique aí parado!

Texto para as questões de 1 a 6.

Os viajantes e o machado

Dois homens viajavam juntos. Um deles encontrou um machado, e o outro exclamou: "Nós encontramos um machado".

"Não digas encontramos – redarguiu o primeiro – e sim "encontraste". Logo depois, aqueles que haviam perdido o machado os alcançaram e se atiraram sobre eles; o homem que estava com o machado, fugindo da perseguição, disse ao companheiro: "Estamos perdidos". E aquele retrucou: "Não digas 'estamos perdidos', e sim 'estou perdido', pois quando 'encontraste' o machado, não quiseste saber de repartir comigo o achado".

Moral: A fábula mostra que não compartilhar o sucesso com os amigos fará certamente que não se possa contar com eles nas desgraças.

(ESOPO. *Fábulas*. São Paulo: Martin Claret, 2006. p. 131.)

1. O que exprimem os verbos presentes no primeiro parágrafo? Em que tempo e modo se encontram?

2. No segundo parágrafo, um dos interlocutores, em duas falas, se dirige ao outro usando o verbo **dizer**. Em que modo e pessoa ele empregou esse verbo?

3. No trecho "[...] aqueles que haviam perdido o machado os alcançaram [...]" foi empregado um tempo composto. Sem alterar o sentido, reescreva o trecho empregando um tempo simples.

4. No texto ocorrem os verbos **redarguir** e **retrucar**.

a) O que significam esses verbos?

b) Qual sua função no texto?

5. Indique os elementos mórficos presentes nas seguintes formas verbais extraídas do texto:

a) viajavam

b) encontrou

c) encontramos

d) encontraste

6. Os verbos a seguir estão presentes no texto. Diga se são regulares ou irregulares.

a) exclamar

b) perder

c) alcançar

d) fugir

e) dizer

f) querer

g) saber

7. Dê uma nova redação às frases a seguir, atendendo ao que se pede.

a) A comissão já tinha preparado os convites de formatura. (voz passiva analítica com ênfase em **convites de formatura**)

b) As testemunhas foram interrogadas pelo delegado de plantão. (voz passiva sintética com ênfase na **ação de interrogar**)

c) Os sócios foram convocados para uma reunião. (voz ativa com ênfase na **ação de convocar**)

d) O carro ia ser pilotado por um brasileiro. (voz ativa com ênfase em **um brasileiro**).

e) A plateia aplaudiu com entusiasmo a apresentação do cantor. (voz passiva sintética com ênfase na **ação de aplaudir**)

Texto para a questão 8.

Deixe a carne de molho de véspera. No dia seguinte mude a água, afervente e corte em tirinhas. Refogue bastante cebola mas não deixe escurecer muito. Refogue aí a carne-seca ou charque. Refogue também o arroz. Junte água quente e sal, se faltar. A meio cozimento baixe o fogo e deixe o arroz acabar de cozinhar.

(SANGIRARDI, Helena B. Arroz de carreteiro. *Nova alegria de cozinhar*. 6. ed. Rio de Janeiro: Bloch Editores, [s.d.]. p. 323.)

8. No texto há diversas orações. Como você já sabe, as orações estruturam-se em torno de um verbo.

a) A maior parte dos verbos do texto está em que modo verbal?

b) Em que outra forma tais verbos poderiam aparecer sem prejudicar o sentido?

9. Destaque os verbos das frases a seguir e indique se expressam ação, existência, estado ou fenômeno da natureza. Depois, classifique-os quanto à conjugação.

a) Ontem choveu o dia inteirinho!

b) Depois da chuva, garoou até a noite.

c) O vento forte derrubou árvores e destelhou casas.

d) Até os bombeiros ficaram desolados com a situação.

e) Houve deslizamento de terra em morros da periferia.

f) A chuva fortíssima causou enormes estragos na cidade.

10. Leia: "Líderes asseguram vaga, e Corinthians reavê o 2.º lugar".

(*Folha de S.Paulo*, 10 maio 1999, p. 5-1.)

Na manchete acima, há um erro no emprego de forma verbal.

a) Identifique o erro.

b) Reescreva a manchete, corrigindo o erro.

11. Substitua os * usando o particípio adequado do verbo entre parênteses.

a) Havia * toda a louça. (enxugar)

b) A louça estava *. (enxugar)

c) Eles tinham * o fogo. (acender)

d) O fogo estava *. (acender)

e) Eu havia * o material. (entregar)

f) O material estava *. (entregar)

g) Haviam * o livro. (imprimir)

h) O livro foi *. (imprimir)

12. Complete as frases, colocando os verbos no tempo e modo pedidos.

a) "Que me conste, ainda ninguém * o seu próprio delírio..." (Machado de Assis) (relatar: pretérito perfeito do indicativo)

b) "Antes de iniciar este livro, * construí-lo pela divisão do trabalho." (Graciliano Ramos) (imaginar: 1.ª pessoa do singular, pretérito perfeito do indicativo)

c) "Nesse tempo eu não * mais nela..." (Graciliano Ramos) (pensar: pretérito imperfeito do indicativo)

d) "Não sendo meu costume dissimular ou esconder nada, * nesta página o caso do muro." (Machado de Assis) (contar: futuro do presente do indicativo)

e) "[...] sempre nos * aquele aproveitamento da vida [...]" (Mário de Andrade) (faltar: pretérito mais-que-perfeito do indicativo)

f) "Eu * já o começo de velhice – esta vida era só o desmoronamento." (Guimarães Rosa) (sofrer: pretérito imperfeito do indicativo)

g) "Mas o homem * o homem, inexoravelmente." (Cyro dos Anjos) (espiar: presente do indicativo)

h) "Nós, ajoelhados, ressentidos da influência moral do cenário, * sinceramente." (Raul Pompeia) (orar: pretérito imperfeito do indicativo)

13. Passe para o imperativo afirmativo as seguintes frases.

a) Não cantes aquela canção.
b) Não saias de casa hoje.
c) Não voltes tarde.
d) Não escrevas neste papel.

14. Passe para o imperativo negativo as seguintes frases.

a) Receba este presente.
b) Saia de casa imediatamente.
c) Tranca aquela porta.
d) Põe o livro no armário.

15. Faça de acordo com o modelo.

Se eu for demitido, voltarei para os EUA. = Se eu fosse demitido, voltaria para os EUA.

a) Se nós estivermos bem, venceremos.
b) Se houver quórum, a matéria será votada.
c) Se ele for hábil, ganhará a eleição.
d) Se todos tiverem sorte, acharão nova jazida.
e) Se nós formos firmes, convenceremos o paciente.

16. Transforme as frases de acordo com o modelo.

Joana canta. = Joana, cante!

a) Corretor vende a fazenda.
b) Daniel não lê o livro.
c) Dênis entrega as flores.
d) Crianças veem o cometa.
e) Marcelo não discute.

17. Identifique os verbos e as locuções verbais. Quando encontrar locuções, aponte o verbo auxiliar e o verbo principal.

a) Amanhã vou comprar o livro que o professor de português pediu.
b) O viajante parecia fatigado.
c) Tenho de escrever esta carta ainda hoje.
d) Eu continuo adoentado.
e) Já iam saindo, disfarçadamente, os malandros.
f) A mulher permaneceu calada o tempo todo.
g) Os técnicos continuam buscando soluções para o problema.

18. Coloque os verbos no futuro do subjuntivo, começando a frase pelas palavras: "Quando nós...".

a) chegar
b) receber
c) sorrir
d) pôr
e) repor
f) ver
g) rever
h) trazer
i) vir

19. Nas alternativas a seguir, siga o modelo.

Almoço fora todos os dias. = Se você almoçar fora todos os dias, eu também almoçarei.

a) Compro frutas no supermercado.
b) Ouço música de madrugada.
c) Vejo sombras no jardim.
d) Nado duas horas por dia.

20. Indique em que voz verbal estão os verbos das seguintes frases:

a) A prova será adiada.

b) Reformam-se roupas.

c) As aulas deverão ser ministradas pelo professor Eduardo Pontes.

d) Os deuses castigam os fracos.

e) Nos chalés da Praia Dourada confeccionam-se bijuterias artesanalmente.

21. Passe as frases a seguir para a voz passiva.

a) Contei uma linda história para as crianças dormirem.

b) Toda manhã Joana recolhe as roupas do varal.

c) A empresa concedeu um aumento salarial aos funcionários.

d) Pedro lê muitos livros todos os anos.

22. Passe as frases a seguir para a voz ativa.

a) As moças foram enganadas pelo impostor.

b) O navio foi abandonado no cais pelo comandante.

c) Uma nova peça será encenada por aquele grupo.

d) Um novo atleta será incorporado ao time pelo técnico.

23. As frases seguintes estão na voz passiva sintética. Passe-as para a passiva analítica.

a) Efetuar-se-á a compra do imóvel.

b) Não se corrigirão as provas.

c) Efetivar-se-á a contratação dos aprovados.

24. As frases seguintes estão na voz passiva analítica. Passe-as para a passiva sintética.

a) A roupa será consertada.

b) As plantas serão regadas todos os dias.

c) Bolos de aniversário são confeitados.

d) Os trabalhos serão analisados esta manhã.

25. Coloque o verbo pedido no presente do subjuntivo, começando a frase pelas palavras: "É preciso que nós...".

a) cantar

b) vender

c) partir

d) pôr

e) receber

f) saber

g) querer

h) dormir

i) sobreviver

26. Coloque o verbo pedido no imperfeito do subjuntivo, começando a frase pelas palavras: "Se nós...".

a) cantar

b) vender

c) rir

d) trazer

e) pôr

f) dispor

g) ver

h) prever

i) vir

Veja na página 443 questões de exames sobre o assunto abordado neste capítulo.

CAPÍTULO

11

Advérbio

DEFINIÇÃO

Advérbio é a palavra que, fundamentalmente, modifica o verbo, exprimindo determinada circunstância (tempo, modo, intensidade etc.).

Cheguei	**cedo**.
verbo	advérbio

Falaram	**muito**.
verbo	advérbio

Alguns advérbios podem também modificar um adjetivo ou outro advérbio.

Eram alunas **muito** (advérbio) bonitas (adjetivo).

Eles chegaram **bastante** (advérbio) cedo (advérbio).

Em certas construções, o advérbio pode modificar uma frase inteira. Nesses casos, estará no início ou no final da frase, de preferência separado por vírgula.

Todos voltaram, (oração) **felizmente** (advérbio).

Certamente (advérbio), todo homem é mortal (oração).

LOCUÇÃO ADVERBIAL

Frequentemente, o advérbio não é representado por uma única palavra, mas por um conjunto de palavras. A esse conjunto de palavras dá-se o nome de **locução adverbial**. Elas podem se formar por:

- preposição mais substantivo

  Sabia o poema **de cor** (locução adverbial).

- preposição mais adjetivo

  Ele cantará **de novo** (locução adverbial).

- preposição mais advérbio

  Ele não enxerga **de perto** (locução adverbial).

Observe mais alguns exemplos de locuções adverbiais:

à direita, à esquerda, à frente, à vontade, ao léu, em vão, cara a cara, de maneira alguma, de manhã, de propósito, de repente, de súbito, frente a frente, gota a gota, lado a lado, passo a passo, por acaso, sem dúvida, algumas vezes, muitas vezes

CLASSIFICAÇÃO DOS ADVÉRBIOS

Os advérbios e as locuções adverbiais são classificados conforme a circunstância que expressam. Apresentamos a seguir as principais circunstâncias, seguidas de alguns advérbios e locuções adverbiais comumente empregados para exprimi-las.

a. **afirmação**: sim, certamente, efetivamente, realmente, com certeza, sem dúvida.

b. **dúvida**: talvez, quiçá, possivelmente, provavelmente.

c. **intensidade**: bastante, demais, menos, muito, pouco, tão.

d. **lugar**: aí, ali, aqui, atrás, cá, lá, abaixo, acima, adiante, além, dentro, fora, perto, à direita, à esquerda.

e. **tempo**: agora, ainda, amanhã, cedo, já, nunca, tarde, sempre, de manhã, de repente.

f. **modo**: assim, bem, depressa, devagar, mal, à vontade, às escondidas, ao léu e grande parte dos advérbios terminados em -**mente** (alegremente, ansiosamente, calmamente etc.).

g. **negação**: não, tampouco, absolutamente, de maneira alguma, de modo algum.

ADVÉRBIOS INTERROGATIVOS

As palavras **onde**, **como**, **quando** e **quanto**, usadas em frases interrogativas (diretas ou indiretas), são chamadas **advérbios interrogativos**.

Onde você mora?

Como você se portou?

Quando você volta?

Quanto custa o ingresso?

Não ligue o automático!

Quando estudamos os pronomes, vimos que a palavra **quanto** pode funcionar como pronome interrogativo.

Quanto é pronome interrogativo quando se refere a substantivo e, por ser pronome, admite flexão de gênero e número. Veja:

Quanto milho cabe no saco?

Quantos alunos faltaram?

Quantas pessoas compareceram?

Quanto é advérbio interrogativo quando se refere a verbo. Nesse caso não se flexiona. Observe:

Quanto custa o ingresso?

Quanto custam os ingressos?

FLEXÃO DE GRAU

Embora o advérbio seja classificado como palavra invariável, certos advérbios admitem variação de grau. Cumpre observar, no entanto, que advérbios não variam em gênero e número.

À semelhança dos adjetivos, são dois os graus do advérbio: comparativo e superlativo.

GRAU COMPARATIVO

a. de igualdade

Forma-se o comparativo de igualdade antepondo-se **tão** ao advérbio e pospondo **como** ou **quanto**.

Ele chegou **tão cedo quanto** o colega.

Falava **tão bem como** o pai.

b. de superioridade

Forma-se o comparativo de superioridade antepondo-se **mais** ao advérbio e pospondo **que** ou **do que**.

Ele chegou **mais cedo que** (do que) o colega.

Não ligue o automático!

Os advérbios **bem** e **mal** admitem também o grau comparativo de superioridade irregular, expresso respectivamente pelas formas **melhor** e **pior**. Veja:

Na corrida dos cem metros, Pedro se saiu **melhor** que (do que) eu.

Em Matemática, Carla está **pior** que (do que) eu.

c. de inferioridade

Forma-se o comparativo de inferioridade antepondo-se **menos** ao advérbio e pospondo **que** ou **do que**.

Ele caminhava **menos apressadamente que** (do que) o colega.

GRAU SUPERLATIVO

O superlativo pode ser sintético ou analítico.

a. **sintético**: a alteração de grau é feita pelo acréscimo de um sufixo ao advérbio.
Cheguei **cedíssimo**.

b. **analítico**: a alteração de grau é feita com o auxílio de outro advérbio, no caso, um advérbio de intensidade.
Cheguei **muito cedo**.

EMPREGO DOS ADVÉRBIOS

1 Quando se coordenam vários advérbios terminados em -**mente**, pode-se usar esse sufixo apenas no último advérbio.

Estava dormindo **calma**, **tranquila** e **sossegadamente**.

2 Antes de particípios não se devem usar as formas irregulares do comparativo de superioridade (**melhor**, **pior**), e sim as formas analíticas (**mais bem**, **mais mal**).

Aquelas alunas estavam **mais bem** preparadas que as outras.

Esta roupa parece **mais mal**-acabada que aquela.

3 Na linguagem popular, é comum o advérbio receber sufixo diminutivo. Cumpre observar que nesses casos, o sufixo não possui valor diminutivo, e sim valor superlativo.

Ele chegou **cedinho**. (muito cedo)

Moro **pertinho** de você. (bem perto)

4 Ainda na linguagem popular, é comum a repetição do advérbio a fim de intensificá-lo.

Devo chegar **cedo**, **cedo**.

Parto **logo**, **logo**.

Fique por dentro!

A palavra **só** pode funcionar como advérbio e como adjetivo. É advérbio quando equivale a **somente**, **apenas**, e é adjetivo quando equivale a **sozinho**. Veja:

Aguarde **só** um minuto que eu já volto. (**Só** é advérbio; equivale a **somente**, **apenas**.)

Estou com dor de cabeça, por isso prefiro ficar **só**. (**Só** é adjetivo; equivale a **sozinho** / **sozinha**.)

Quando **só** é adjetivo, admite a flexão de número; quando é advérbio, não admite flexão. Observe:

Estamos com dor de cabeça, por isso queremos ficar **sós**. (adjetivo = **sozinhos** / **sozinhas**)

Aguardem **só** alguns minutos que eles já voltam. (advérbio = **apenas**)

PALAVRAS DENOTATIVAS

Certas palavras que se assemelham a advérbios não pertencem, segundo a Nomenclatura Gramatical Brasileira (NGB), a nenhuma classe de palavras específica. Elas são simplesmente chamadas **palavras denotativas** e podem indicar, entre outras coisas:

a. **inclusão**: até, inclusive, também.
Ele **também** foi.

b. **exclusão**: apenas, exceto, menos, salvo.
Todos, **exceto** eu, foram à festa.

c. **explicação**: a saber, isto é, ou seja, por exemplo.
Ele, **por exemplo**, não pôde comparecer.

d. **retificação**: aliás, ou melhor.
Amanhã, **aliás**, depois de amanhã, iremos à festa.

e. **realce**: cá, é que, lá.
Sei **lá** o que ele está fazendo agora!

f. **situação**: afinal, agora, então.
Afinal, quem está falando?

g. **designação**: eis.
Eis o verdadeiro culpado de tudo.

MORFOSSINTAXE DO ADVÉRBIO

Os advérbios e as locuções adverbiais desempenham, sintaticamente, a função de **adjuntos adverbiais**.

A exemplo dos advérbios, os adjuntos adverbiais também são classificados segundo a circunstância que exprimem. Veja dois exemplos:

"**Hoje** eu quero a rosa mais linda que houver" (Dolores Duran)

Entre e fique **à vontade**.

O advérbio **hoje** funciona sintaticamente como **adjunto adverbial de tempo**. A locução adverbial **à vontade** desempenha a função sintática de **adjunto adverbial de modo**.

Fique por dentro!

Adjetivo ou advérbio?

É cada vez mais comum encontrarmos – seja em textos caracterizados pelo tom coloquial, seja em textos mais formais – o emprego de adjetivos na função de advérbios. Observe:

Aquela jogadora bate **firme**.

Um bom refrigerante também desce **redondo**.

Nos exemplos acima, as palavras **firme** e **redondo** estão diretamente relacionadas às formas verbais **bate** e **desce**; desempenham, portanto, função de advérbios. Por isso, é importante sempre estar atento para as relações entre as palavras que formam a frase.

Não fique aí parado!

Texto para as questões de 1 a 3.

Aula de filosofia

Eu só te poderia dar uma noção do nada se não tivéssemos nascido. Agora é tarde, é muito tarde, minha filha... Ah, deliciosamente tarde!

(QUINTANA, Mário. *Caderno H.* Porto Alegre: Globo, 1983. p. 68.)

1. Destaque os advérbios do texto.

2. Aponte no texto uma palavra **denotativa** e o que ela indica.

3. Aponte advérbios que estão modificando outros advérbios e as circunstâncias que eles indicam.

Texto para as questões 4 e 5.

Leia um trecho do poema *Canção do exílio*, de Gonçalves Dias:

"Minha terra tem palmeiras / Onde canta o Sabiá; / As aves que aqui gorjeiam, / Não gorjeiam como lá. [...]"

(DIAS, Antônio Gonçalves. In: DE NICOLA, José. *Literatura brasileira*: das origens aos nossos dias. 16. ed. São Paulo: Scipione, 2004. p. 139.)

4. Esse poema foi escrito por Gonçalves Dias em Coimbra, Portugal, em julho de 1843. Levando em conta essa informação, indique a que lugares o poeta faz referência com os advérbios **aqui** e **lá**.

5. Classifique morfologicamente a palavra **onde**.

a) Qual é o seu referente?

b) Que função sintática desempenha a palavra **onde** na oração "Onde canta o Sabiá"?

6. Leia a letra desta canção:

Feitiço da Vila

Quem nasce lá na Vila / Nem sequer vacila / Ao abraçar o samba / Que faz dançar os galhos / Do arvoredo / E faz a lua nascer mais cedo. / Lá em Vila Isabel / Quem é bacharel / Não tem medo de bamba. / São Paulo dá café / Minas dá leite / E a Vila Isabel dá samba.

[...]

(ROSA, Noel; GOGLIANO, Oswaldo (Vadico). *Feitiço da Vila*. In: MÁXIMO, João; DIDIER, Carlos. *Noel Rosa; uma biografia*. Brasília: Ed. da UnB, 1990. p. 329-30.)

O autor da letra de *Feitiço da Vila* é Noel Rosa, conhecido como "o poeta da Vila", por ter nascido e vivido no bairro carioca de Vila Isabel. Ao escrever os versos dessa música, que exalta o bairro onde nasceu e viveu, o compositor estava em Vila Isabel? Justifique sua resposta.

7. "Fábio Costa pega apenas 2 jogos de suspensão" (*Folha de S.Paulo*, 10 ago. 2004. p. D3.)

A frase acima foi manchete da seção de esportes do jornal *Folha de S.Paulo*. A respeito dela, responda:

a) Objetivamente, qual é o fato informado?

b) Que palavra da frase permite concluir que o jornalista manifesta uma opinião sobre o fato informado?

c) Para o jornalista, a punição de Fábio Costa foi justa? Explique.

8. Nos textos seguintes, identifique os advérbios representados por uma única palavra.

a) "Como podia o homem que tem o pão na mesa, o sal para salgar, a carne e o vinho, contar a história de um faminto? como podia o pai, Pedro, ter omitido tanto nas tantas vezes que contou aquela história oriental?" (Raduan Nassar)

b) "Sempre estranhei o silêncio de Samara Délia, o desinteresse em querer saber como tudo tinha acontecido." (Milton Hatoum)

c) "O bonde ainda não parou, e ele já está maltratando a porta de saída com pequenos pontapés impacientes." (Dyonélio Machado)

d) "Hoje é o dia mais infeliz da minha vida! Hoje não houve para mim o confortante calor do sol, nem a brisa da tarde me acalentou com seu corpo macio." (José Roberto Torero)

e) "Contei rapidamente os caboclos que iam com ele, contei os meus e asseverei que a cerca não se derrubava." (Graciliano Ramos)

f) "Sempre tivera o gosto perverso de certas mulheres pela calva dos homens, e aquele apetite insatisfeito inflamara-se com a idade." (Eça de Queirós)

g) "Pela segunda vez em dois dias, a patroa voltou hoje ao quarto do Sr. Timóteo." (Lúcio Cardoso)

h) "Cândido era um grande menino, beiçudo, louro, de olhos verdes e maneiras difíceis de indolência e enfado. Atravessou devagar a sala, dobrando a cabeça, cobrindo o rosto com a manga, castigado pela curiosidade pública." (Raul Pompeia)

i) "Se eu não olhasse Ezequiel, é provável que não estivesse aqui escrevendo este livro, porque o meu primeiro ímpeto foi correr ao café e bebê-lo." (Machado de Assis)

9. Substitua as locuções adverbiais por um advérbio, sem alterar o sentido das frases.

a) **Em breve** vão inaugurar aqui um lava-rápido.

b) "Vou ficar, / ficar **com certeza**, / maluco beleza" (Raul Seixas)

c) **Pouco a pouco** ele ia assimilando aquelas novas ideias.

d) Esforçou-se **em vão**.

e) A chuva desabou **de repente**, sem que esperássemos.

f) Com a chegada da polícia ao cassino, os jogadores saíram **às pressas**.

g) As tarefas foram feitas **ao mesmo tempo**.

h) Tal decisão, **sem dúvida alguma**, é passível de recurso.

10. Intensifique os advérbios em destaque com advérbios de intensidade.

a) Não sabia que você dirigia **mal**.

b) Moro **longe** da escola.

c) Costumo acordar **cedo** todos os dias.

d) Apesar do despreparo físico, o time jogou **bem**.

11. Acrescente advérbios às frases seguintes, de acordo com a circunstância solicitada.

a) A empresa lucrou. (intensidade / tempo / lugar)

b) O baile terminou. (tempo / lugar / modo)

12. Nas frases a seguir, indique a circunstância expressa pelo advérbio em destaque.

a) Ele falava muito **mal**.

b) **Ali** se vendem relógios.

c) Acordamos **cedo**.

d) Eles estudaram **bastante**.

e) Ele **certamente** virá.

f) Os alunos se portaram muito **bem**.

g) Eram pessoas **bastante** simpáticas.

h) **Talvez** eles não possam comparecer.

i) Elas **sempre** vão ao baile.

13. Reescreva as frases seguintes, corrigindo-as.

a) Este jogador está melhor posicionado que aquele.

b) Esta questão está pior elaborada que aquela.

Veja na página 451 questões de exames sobre o assunto abordado neste capítulo.

CAPÍTULO

12

Preposição

DEFINIÇÃO

Preposição é a palavra invariável que liga dois termos da oração, subordinando um ao outro.

Gostava	**de**	flores.
Moravam	**em**	Paris.
É um problema fácil	**de**	resolver.
É um filme impróprio	**para**	menores.

Como você pôde observar pelos exemplos, o termo introduzido por preposição pode estar se referindo a um verbo, como nos dois primeiros exemplos, ou a um nome, como nos dois últimos.

Há casos em que a preposição pode estar ligando duas orações de um período, subordinando uma à outra.

oração principal	oração subordinada
Fiz de tudo	**para** te esquecer.
Foi advertido	**por** estar se comportando mal.

LOCUÇÃO PREPOSITIVA

Damos o nome de **locução prepositiva** ao conjunto de duas ou mais palavras com valor de preposição.

abaixo de, acerca de, a fim de, ao lado de, apesar de, através de, de acordo com, embaixo de, em frente a, em vez de, junto de, para com, perto de, por entre

Eram	afáveis	**para com**	os amigos.
A proposta	estava	**de acordo com**	o pedido.
		locução prepositiva	

CLASSIFICAÇÃO DAS PREPOSIÇÕES

As preposições classificam-se em essenciais e acidentais.

a. **essenciais**: são aquelas que sempre funcionam como preposição.

a, após, ante, até, com, contra, de, desde, em, entre, para, per, perante, por, sem, sob, sobre, trás

b. **acidentais**: são palavras que, embora não sejam efetivamente preposições, podem funcionar como tal. Podemos destacar dentre elas:

afora, conforme, consoante, durante, exceto, salvo

EMPREGO DAS PREPOSIÇÕES

1 As preposições podem estabelecer variadas relações entre os termos que ligam.

Chegou **de** ônibus. (meio)

Voltou **de** Pernambuco. (origem)

Saiu **com** os amigos. (companhia)

- Vivia **sem** dinheiro. (falta ou ausência)

  Discursava **para** convencer. (finalidade)

  Morava **em** uma praia distante. (lugar)

  Morreu **de** fome. (causa)

  Usava um chapéu **de** palha. (matéria)

  O carro **de** Paulo é antigo. (posse)

  Conversavam **sobre** futebol. (assunto)

2 Algumas preposições podem aparecer unidas a outras palavras.

Quando na junção da preposição com outra palavra não houver perda de elemento fonético, teremos **combinação**. Caso haja perda fonética, teremos **contração**.

combinação	**contração**
ao (a + o)	**do** (de + o)
aos (a + os)	**dum** (de + um)
aonde (a + onde)	**desta** (de + esta)
	no (em + o)
	neste (em + este)

3 A preposição **a** pode se fundir com um outro **a** (ou **as**). Essa fusão é indicada pelo acento grave (`) e recebe o nome de **crase**. O estudo da crase será feito no capítulo 23.

Vou **à** escola. (Vou **a** + a escola.)

Fizeram referência **às** colegas. (Fizeram referência **a** + as colegas.)

4 Na linguagem formal, não se deve fazer a contração da preposição **de** com o artigo que encabeça o sujeito de um verbo.

Está na hora **de a** onça beber água. (E não: Está na hora **da onça** beber água.)

No exemplo acima, **a onça** é o sujeito do verbo **beber**, por isso não podemos contrair a preposição **de** com o artigo **a** que encabeça o sujeito.

Essa regra vale também para construções com pronomes pessoais:

Chegou a hora **de ele** sair. (E não: Chegou a hora **dele** sair.)

Nesse caso, **ele** é sujeito do verbo **sair**, por isso não se pode contrair a preposição com o sujeito.

Fique por dentro!

Sujeito é sempre termo **regente**.

O termo que antecede a preposição é denominado **regente**; o termo introduzido por uma preposição é denominado **regido**.

O sujeito é sempre termo regente, o que significa que não pode vir introduzido por preposição.

Em casos como "Chegou a hora de a onça beber água", a preposição não introduz o sujeito e sim o verbo no infinitivo pessoal. Dessa forma, o verbo é o termo regido, e **a hora** é o termo regente (a hora de...).

MORFOSSINTAXE DA PREPOSIÇÃO

As preposições **não** desempenham função sintática dentro da oração. Apenas estabelecem conexão entre termos de uma oração; por isso são consideradas conectivo ou palavra relacional.

Embora não exerçam função sintática, o emprego adequado das preposições é de fundamental importância para a coesão textual.

Não fique aí parado!

1. No texto a seguir, omitimos as preposições bem como as combinações e as contrações de preposições com outras palavras, colocando asteriscos (*) em seu lugar. Sua tarefa consistirá em reescrever o texto colocando as palavras que omitimos.

"Estamos * ano 50 antes * Cristo. Toda a Gália foi ocupada * romanos... Toda? Não! Uma aldeia povoada * irredutíveis gauleses ainda resiste * invasor. E a vida não é nada fácil * as guarnições * legionários romanos * campos fortificados * Babaorum, Aquarium, Laudanum e Petibonum..."

(GOSCINNY, Rene; UDERZO, Albert. *Asterix e a surpresa de César.* 2. ed. Rio de Janeiro: Record, 2004. p. 3.)

2. Atentando ao sentido, escolha na relação a seguir a preposição que completa adequadamente as frases.

até – após – por – sobre – com – sem – contra – desde – para – perante – sob – entre

a) O réu sentou-se * o advogado e o promotor.

b) Ano * ano, ele sempre diz a mesma coisa.

c) Eles compareceram * o juiz para depor.

d) Ficaremos no sítio * o final de dezembro.

e) O carro estava estacionado * uma árvore.

f) Ao entrar, tirou o chapéu que estava * a cabeça.

g) Este filme não é recomendado * crianças.

h) Consegui resolver o problema * a ajuda do professor.

i) Ficavam discutindo * uma coisa à toa.

j) Pedro foi derrotado para a eleição de representante da classe, pois dos trinta alunos, vinte e dois votaram * ele.

k) Espero ser atendido logo, pois estou aqui * as sete horas da manhã.

l) Não pude viajar, pois estava * dinheiro.

3. Reescreva o trecho a seguir, substituindo **optaram** pelas formas correspondentes dos verbos indicados em cada item.

Os leitores optaram pelo uniforme roxo.

a) gostar

b) simpatizar

c) lembrar-se

d) referir-se

4. Nos versos a seguir, indique a relação estabelecida pela preposição **de** em suas duas ocorrências.

"De muito gorda a porca já não anda,
de muito usada a faca já não corta"

(BUARQUE, Chico. *Cálice*. In: *Chico Buarque*, 1978. (LP). Polygram, Phillips, 1978.)

5. Uma mesma preposição pode estabelecer relações de sentido diferentes. Indique o sentido estabelecido pela preposição destacada nas frases a seguir.

a) O livro estava **sobre** a mesa.

b) Leu um livro **sobre** a origem das histórias em quadrinhos.

c) Voltou para casa **de** bicicleta.

d) Voltou **de** Pernambuco na semana passada.

e) Colocou o casaco porque tremia **de** frio.

f) Fez dieta **para** emagrecer.

g) Olhou **para** o céu.

h) Resolvi ficar **em** casa.

i) Volto **em** trinta minutos.

6. Nos textos a seguir, destaque as preposições, bem como as combinações e contrações de preposições com outras palavras.

a) "Desde pequeno convivi com um idioma na escola e nas ruas da cidade, e com um outro na Parisiense." (Milton Hatoum)

b) "Que culpa temos nós dessa planta da infância, de sua sedução, de seu viço e constância?" (Jorge de Lima)

c) "Na modorra das tardes vadias na fazenda, era num sítio lá do bosque que eu escapava aos olhos apreensivos da família." (Raduan Nassar)

d) "No Brasil as coisas acontecem, mas depois, com um simples desmentido, deixam de acontecer." (Stanislaw Ponte Preta)

e) "Não sou casado, minha fortuna é o bastante para permitir-me viver com luxo." (Guy de Maupassant)

f) "Durante todos esses anos o homem observa o porteiro quase sem interrupção." (Franz Kafka)

g) "Principiou uma luta baixa entre o peru e o vulto de papai." (Mário de Andrade)

h) "Não tive filhos, não transmiti a nenhuma criatura o legado de nossa miséria." (Machado de Assis)

i) "Mas eu acho, sem falsa modéstia, que Deus deve andar muito ocupado com as bombas de hidrogênio e outros assuntos maiores." (Rubem Braga)

7. Nas frases a seguir, destaque as locuções prepositivas.

a) Apesar de João ter saído cedo, de acordo com as instruções de seu pai, não chegou a tempo.

b) Em vez de Márcia ficar perto de mim, ela preferiu ficar junto de ti.

8. Reescreva as frases seguintes, corrigindo-as.

a) Todos aguardavam o momento do menino falar.

b) Apesar das chuvas terem voltado, o racionamento de água continuou.

Veja na página 454 questões de exames sobre o assunto abordado neste capítulo.

CAPÍTULO 13

Conjunção

DEFINIÇÃO

Conjunção é a palavra invariável que liga duas orações ou dois termos que exercem a mesma função sintática dentro de uma oração.

Pedro chegou atrasado (oração) **e** (conjunção) João ficou aborrecido. (oração)

Eram dez horas (oração) **quando** (conjunção) Pedro chegou. (oração)

núcleo do sujeito núcleo do sujeito
Pedro **e** João chegaram atrasados.
conjunção

núcleo do objeto núcleo do objeto
Visitamos Fortaleza **e** Natal.
conjunção

LOCUÇÃO CONJUNTIVA

Dá-se o nome de **locução conjuntiva** ao conjunto de duas ou mais palavras com valor de conjunção. Em geral, as locuções conjuntivas terminam pela conjunção **que**.

a fim de que, à medida que, à proporção que, ainda que, contanto que, desde que, de maneira que, já que, se bem que, uma vez que

CLASSIFICAÇÃO DAS CONJUNÇÕES

As conjunções, assim como as locuções conjuntivas, classificam-se em **coordenativas** e **subordinativas**.

CONJUNÇÕES COORDENATIVAS

Ligam termos que exercem a mesma função sintática, ou orações independentes (coordenadas). As conjunções coordenativas subdividem-se em: aditivas, adversativas, alternativas, conclusivas e explicativas.

Apresentamos a seguir as principais conjunções (e locuções conjuntivas) coordenativas de cada tipo.

a. **aditivas** (indicam soma, adição): e, nem, mas também, mas ainda.

b. **adversativas** (indicam oposição, contraste): mas, porém, todavia, contudo, entretanto.

c. **alternativas** (indicam alternância, escolha): ou, ou... ou, ora... ora, quer... quer.

d. **conclusivas** (indicam conclusão): pois (posposto ao verbo), logo, portanto, então.

e. **explicativas** (indicam explicação): pois (anteposto ao verbo), porque, que.

CONJUNÇÕES SUBORDINATIVAS

Ligam duas orações sintaticamente dependentes. As conjunções subordinativas subdividem-se em: causais, condicionais, consecutivas, comparativas, conformativas, concessivas, temporais, finais, proporcionais e integrantes.

Apresentamos a seguir as principais conjunções (e locuções conjuntivas) subordinativas de cada tipo.

a. **causais** (exprimem causa, motivo): porque, visto que, já que, uma vez que, como.

b. **condicionais** (exprimem condição): se, caso, contanto que, desde que.

c. **consecutivas** (exprimem resultado, consequência): que (precedido de **tão**, **tal**, **tanto**), de modo que, de maneira que.

d. **comparativas** (exprimem comparação): como, que (precedido de **mais** ou **menos**).

e. **conformativas** (exprimem conformidade): como, conforme, segundo etc.

f. **concessivas** (exprimem concessão): embora, se bem que, ainda que, mesmo que, conquanto.

g. **temporais** (exprimem tempo): quando, enquanto, logo que, desde que, assim que.

h. **finais** (exprimem finalidade): a fim de que, para que, que.

i. **proporcionais** (exprimem proporção): à proporção que, à medida que, quanto mais, quanto menos.

j. **integrantes**: que, se (quando iniciam oração subordinada substantiva).

Fique por dentro!

Assim como ocorre com as preposições, é o contexto que determina a relação estabelecida pela conjunção (ou locução conjuntiva), pois uma mesma conjunção (ou locução conjuntiva) pode estabelecer relações diferentes entre orações. Observe:

Você irá bem na prova **desde que** estude. (A locução conjuntiva **desde que** está estabelecendo relação de condição.)

Não para de falar **desde que** a aula começou. (A locução conjuntiva **desde que** está estabelecendo relação de tempo.)

Gritou tanto **que** ficou rouco. (A conjunção **que** está estabelecendo relação de consequência.)

Ele gritou mais **que** eu. (A conjunção **que** está estabelecendo relação de comparação.)

MORFOSSINTAXE DA CONJUNÇÃO

As conjunções, assim como as preposições, **não** desempenham função sintática na oração. Como vimos, as conjunções apenas ligam termos de mesma função sintática ou orações de um período composto. São, por isso, consideradas **conectivos**.

No caso do período composto, as conjunções estabelecem o tipo de relação existente entre as orações. Para uma melhor e correta compreensão das conjunções, portanto, é necessário conhecer a análise sintática.

Retomaremos o estudo das conjunções quando tratarmos do período composto.

Fique por dentro!

Conectivos, coesão textual e argumentação

As conjunções e as preposições não desempenham função sintática, mas são fundamentais na organização dos textos: são essas categorias gramaticais que, ao lado dos advérbios e dos pronomes, são responsáveis pela "amarração" dos textos, ou seja, relacionam, conectam palavras e/ou termos, daí serem chamadas **conectivos**.

Os conectivos, tomados isoladamente fora de qualquer contexto, praticamente não produzem sentido. Mas, ao relacionarem diferentes elementos de um texto, vêm carregados de significação. São, por isso, considerados importantes operadores argumentativos. Pense, por exemplo, no peso das conjunções em construções como:

Você fala, fala, diz que acontece, **mas**...

Você diz que não tem nada com isso, **mas** ajudou a organizar tudo, se beneficiou, **portanto**...

Não fique aí parado!

Texto para as questões de 1 a 3.

Se você faz de tudo para ganhar um corpo bronzeado e abusa de banhos de sol, cuidado! Em vez de uma bela cor, a exposição prolongada e sem as devidas precauções pode resultar em insolação. Trata-se de uma incapacidade do corpo de perder calor pela transpiração e ocorre quando o mecanismo regulador da temperatura corporal deixa de funcionar. Dor de cabeça, febre que pode passar dos 40°, náuseas, vômitos, tontura, falta de ar, vermelhidão e ressecamento da pele e até perda da consciência são alguns dos sintomas da insolação.

(Revista *Céu azul*. Bronzeamento é bom, mas cuidado com o sol! São Paulo: Spagat, n. 19, p. 19.)

1. As conjunções estabelecem relação de sentido entre as orações. O que exprimem as conjunções destacadas nos trechos a seguir?

a) "**Se** você faz de tudo para ganhar um corpo bronzeado [...]"

b) "[...] **e** abusa de banhos de sol, cuidado!"

2. Comente a diferença de sentido nas frases a seguir:

a) A insolação ocorre quando o mecanismo regulador da temperatura corporal deixa de funcionar.

b) A insolação ocorre porque o mecanismo regulador da temperatura corporal deixa de funcionar.

3. O texto enumera sintomas da insolação.

a) Foram enumerados todos os sintomas? Justifique.

b) Uma palavra presente nessa enumeração deixa entrever que um dos sintomas é considerado mais grave que os outros. Qual é?

c) Que palavra do texto lhe permitiu chegar a essa conclusão?

4. O jornal *O Estado de S. Paulo* noticiou que dois "flanelinhas"[1] foram condenados a uma pena de cinco anos por terem praticado crime de extorsão contra uma mulher. A reportagem do jornal afirma:

"A vítima dirigia seu automóvel quando ficou bloqueada no trânsito. Os dois flanelinhas cercaram o carro e exigiram a entrega do dinheiro. Intimidaram a jovem batendo com os cabos do rodinho no veículo. O juiz disse que é inverossímil a versão dos flanelinhas de que as pessoas por eles abordadas sempre entregavam-lhes espontaneamente de R$ 5,00 a R$ 10,00. 'A vítima assim se viu constrangida numa situação muito comum nesta urbe[2], desassistida na noite, em região embora de pouco movimento, porém, sem qualquer fiscalização', escreveu o juiz." (*O Estado de S. Paulo*, 28 jun. 2000.)

(**Notas do autor**: flanelinha[1]: pessoa que, nas cidades, trabalha informalmente guardando veículos; urbe[2]: cidade.)

No texto, uma conjunção subordinativa introduz uma ideia que está em contradição com outras informações do texto.

a) Identifique essa conjunção.

b) O segmento textual que ela introduz está em contradição com quais outros segmentos?

5. Leia: "[...] e quanto mais engrossam a casca, mais se torturam com o peso da carapaça, pensam que estão em segurança mas se consomem de medo [...]" (Raduan Nassar)

Em relação ao trecho, classifique as afirmações em verdadeiras ou falsas.

a) **Quanto mais** inicia uma oração que exprime proporção.

b) A palavra **que** funciona como conjunção integrante por introduzir uma oração cuja função é completar o sentido de **pensam**.

c) A última oração do trecho exprime ideia de causa.

d) **Mais** é advérbio de intensidade e **mas** é conjunção.

e) **Em segurança** equivale a **seguros**.

6. Nas orações a seguir, indique a relação estabelecida pelas conjunções destacadas.

a) Era uma montanha tão alta **que** podia ser vista a quilômetros de distância.

b) Luana tinha muitos amigos, **entretanto** preferia estar sozinha.

c) Luana preferia estar sozinha, **embora** tivesse muitos amigos.

d) **Como** o torneio não paga prêmios, muitos jogadores renomados não participarão.

Em cada exercício da série a seguir, de **7** a **13**, ocorrem duas frases isoladas. Sua tarefa consistirá em ligá-las por uma conjunção, a fim de obter a relação indicada entre parênteses. Faça adaptações, se necessário.

7. Ele era artilheiro do time. Ele não marcou nenhum gol no campeonato. (oposição)

8. Ouvimos um ruído. Havia gente nos fundos da casa. (conclusão)

9. Devolva-me o livro. Estou precisando dele. (explicação)

10. Ele saiu. Eu cheguei. (tempo)

11. Chegou atrasado. Saiu tarde de casa. (causa)

12. Resolvemos tomar banho frio. Era um inverno rigoroso. (concessão)

13. Estudamos com afinco. Conseguimos boa nota. (consequência)

14. Nas frases a seguir, classifique as conjunções.

a) "A decoração era rica, embora desgastada e antiga." (Edgar Allan Poe)

b) Ele ainda não chegou, portanto não podemos começar a reunião.

c) Venha urgente, pois sua presença está sendo solicitada.

d) Eles não estudaram, todavia conseguiram boa nota.

e) Iremos à praia se fizer bom tempo.

f) Chegou quando a reunião já tinha começado.

g) Como estivesse doente, não pude comparecer à aula.

15. Marque:

SI = para conjunção subordinativa integrante

PR = para pronome relativo

a) "A mesma orientação **que** recebera dos seus superiores, o engenheiro transmitiu aos subordinados imediatos." (Murilo Rubião)

b) "Ele estava sabendo **que** eu tinha um dente podre e dolorido, por isso passei a evitá-lo." (Modesto Carone)

c) "O importante é **que** a nossa emoção sobreviva." (P. C. Pinheiro/E. Gudim)

d) O livro **que** você leu é interessante.

Veja na página 456 questões de exames sobre o assunto abordado neste capítulo.

CAPÍTULO 14

Interjeição

DEFINIÇÃO

Interjeição é a palavra invariável com a qual exprimimos sentimentos súbitos e emoções.

As interjeições podem ser expressas por:

- simples sons vocálicos:

  ah!, oh!, ô!

- uma palavra:

  atenção!, avante!, cuidado!

- um conjunto de palavras:

  cruz credo!, ora bolas!, puxa vida!

LOCUÇÃO INTERJETIVA

Quando a interjeição é expressa por um conjunto de palavras, temos uma **locução interjetiva**.

CLASSIFICAÇÃO DAS INTERJEIÇÕES

Por meio das interjeições (e locuções interjetivas) podemos exprimir variados sentimentos e emoções. Veja alguns exemplos :

- **alegria**: ah!, oh!, oba!
- **advertência**: atenção!, cuidado!, epa!
- **afugentamento**: fora!, passa!, xô!
- **alívio**: arre!, ufa!
- **animação**: avante!, coragem!, eia!
- **chamamento**: ó!, ô!, olá!, tchê!
- **concordância**: claro!, pudera!
- **desejo**: oxalá!, tomara!
- **dor**: ai!, ui!
- **espanto**: bah!, chi!, ué!, oh!, oxente!, uai!
- **impaciência**: hem!, hum!
- **invocação**: alô!, ô!, olá!
- **saudação**: salve!, ave!, olá!, oi!
- **silêncio**: psiu!, silêncio!

Não ligue o automático!

A lista de interjeições que apresentamos deve servir apenas como referência. A correta compreensão de uma interjeição depende da análise do contexto em que ela aparece. A expressividade da linguagem é fértil na criação de interjeições e locuções interjetivas. Por essas razões, devemos estar sempre atentos ao significado global do enunciado em que a interjeição se insere.

MORFOSSINTAXE DA INTERJEIÇÃO

A interjeição é considerada **palavra-frase**, caracterizando-se como uma estrutura à parte. Não desempenha, portanto, função sintática.

Fique por dentro!

Interjeição e exclamação

As interjeições e locuções interjetivas formam frases e são marcadas pela pontuação. Como expressam estados emocionais, são pronunciadas com entonação forte; na escrita, em geral, vêm marcadas pelo ponto de exclamação.

Não fique aí parado!

1. A classificação das palavras deve ser feita sempre levando-se em conta o contexto em que são empregadas. Com base nessa informação, classifique a palavra **fora** nas frases a seguir.

a) Fora! Você está sendo chato.

b) Deixe o cachorro fora.

c) Levei um tremendo fora.

d) Todos concordaram com o projeto, fora eu.

2. Que emoções as interjeições abaixo exprimem?

a) **Cuidado!** Não corra tanto.

b) **Psiu!** Não façam barulho.

c) **Coragem!** Tudo vai dar certo.

d) **Arre!** Que bom que ele saiu!

e) **Ai!** Não pise no meu pé.

f) **Alô**, é do consultório médico?

g) **Tomara** que eu ganhe o prêmio.

h) **Oba!** Vou entrar em férias amanhã.

3. Substitua as expressões em destaque por uma interjeição.

a) **Fiquem quietos!** A aula já vai começar.

b) **Não desista!** Você vai conseguir.

c) **Preste atenção!** Nesta estrada há muitas curvas perigosas.

d) **Suma daqui!** Você está sendo muito inconveniente.

4. Classifique as palavras em destaque, assinalando:

A = para advérbios

P = para preposições

C = para conjunções

I = para interjeições

a) "**Se** mosquito fosse malandro mordia **antes** e zunia **depois**." (Stanislaw Ponte Preta)

b) "Mestre não é quem ensina, **mas** quem de repente aprende." (Guimarães Rosa)

c) "Não guardo **em** minha cabeça o que posso encontrar em outro lugar." (Albert Einstein)

d) "A vida é **tão** contínua **que** nós a dividimos **em** etapas, e a uma delas chamamos de morte." (Clarice Lispector)

e) "O vinho demasiado não guarda segredos **nem** cumpre a palavra." (Miguel de Cervantes)

f) "**Ultimamente** tenho analisado a estrutura do navio." (Edgar Allan Poe)

g) "**Quando** eu te encarei frente **a** frente não vi o meu rosto [...]" (Caetano Veloso)

h) "Durante séculos pensei **que** a guerra fosse o desvio e a paz a rota." (Afonso Romano de Sant'Anna)

i) "**Olá!**, como vai? / Eu vou indo e você, tudo bem?" (Paulinho da Viola)

j) "Todo caminho que trilhamos pela primeira vez é **muito** mais longo do que o mesmo caminho **quando** já o conhecemos." (Thomas Mann)

k) "O mais importante e bonito, no mundo, é que as pessoas não estão sempre iguais – **ainda** não foram terminadas – mas que elas estão **sempre** mudando." (Guimarães Rosa)

l) "– **Salve!** / Como é que vai? / – Amigo, há quanto tempo... / – Um ano ou mais..." (Sílvio Silva Jr. e Aldir Blanc)

Veja na página 459 questões de exames sobre o assunto abordado neste capítulo.

PARTE

3

SINTAXE

CAPÍTULO 15

Termos essenciais da oração

A ANÁLISE SINTÁTICA

Sintaxe é a parte da gramática que estuda a relação entre os vários termos que formam uma oração ou entre as várias orações que formam um período.

A palavra **análise** significa "decompor um todo em suas partes constituintes". **Analisar sintaticamente** uma oração ou um período significa, pois, decompô-los em seus elementos constituintes (sujeito, predicado, oração principal e oração subordinada etc.), a fim de verificar a relação lógica entre eles.

Antes, porém, de iniciarmos o estudo desses elementos, vamos conceituar frase, oração e período.

FRASE, ORAÇÃO E PERÍODO

FRASE

Frase é toda palavra ou conjunto de palavras capaz de transmitir uma mensagem e estabelecer comunicação.

Para que haja frase, a presença de um verbo não é obrigatória; desde que o enunciado possua sentido completo, ele constituirá uma frase. Na linguagem falada, a entoação, ou seja, o modo como proferimos as palavras, indica o início e o final da frase. Na escrita, o início é assinalado pela letra maiúscula e o final pelo ponto (final, de interrogação, de exclamação) ou pelas reticências. As frases que não possuem verbo são chamadas de **frases nominais**.

Silêncio.

Fogo!

Independência ou morte!

Choveu muito em Salvador?

A comitiva desembarcou no novo aeroporto.

Espero que ele reveja a decisão que tomou.

TIPOS DE FRASE

As frases podem ser utilizadas com diversas finalidades: perguntar, informar, relatar, definir, ordenar, exprimir surpresa etc. Dependendo da intenção do enunciador, as frases classificam-se em:

- **declarativas**: são utilizadas para informar, opinar, definir, relatar.

  Por um ponto passam infinitas retas.

  É necessário ter paciência.

- **interrogativas**: são utilizadas para fazer uma pergunta.

  Que dia é hoje?

  Quando começam as férias?

- **imperativas**: são utilizadas para exprimir ordem, conselho ou solicitação.

  Jogue o lixo no lixo.

  Não estacione em fila dupla.

- **exclamativas**: são utilizadas para exprimir espanto, admiração, surpresa.

  Que lugar encantador!

  Não acredito que ele veio!

- **optativas**: são utilizadas para exprimir desejo.

  Deus te proteja!

  Bons ventos o levem!

ORAÇÃO E PERÍODO

Oração é a frase ou membro de frase que se organiza ao redor de um verbo ou de uma locução verbal. Uma oração pode ou não ter sentido completo.

Choveu muito em Santa Catarina. (uma oração)

Enchentes **costumam causar** transtornos. (uma oração)

A verdade **é** que ele **desistiu** da compra do imóvel. (duas orações)

Nos dois primeiros exemplos, as orações possuem sentido completo. No terceiro, temos duas orações: "A verdade é" e "que ele desistiu da compra do imóvel"; tomadas isoladamente, não têm sentido completo.

Período é a frase constituída por uma ou mais orações.

CLASSIFICAÇÃO DO PERÍODO

Dependendo do número de orações que o formam, o período pode ser simples ou composto.

a. **simples**: formado por uma única oração, que recebe o nome de **oração absoluta**; no período simples teremos apenas um verbo ou apenas uma locução verbal.

   A temperatura **continua** baixa.
   (continua: verbo)

   Os ganhadores já **podem retirar** os prêmios.
   (podem retirar: locução verbal)

b. **composto**: formado por mais de uma oração; teremos tantas orações em um período quanto for o número de verbos ou de locuções verbais.

A temperatura **continua** baixa, os termômetros **estão marcando** dez graus. (duas orações)

Espero que ela me **telefone** ainda hoje. (duas orações)

É necessário que ela **volte** e **assuma** o cargo que **abandonou**. (quatro orações)

RESUMINDO

- Nem toda frase é uma oração (há frases sem verbo).
- Nem toda oração é uma frase (há orações sem sentido completo).
- Há frases formadas por uma ou mais orações (período simples ou período composto).
- Todo período é uma frase porque tem sentido completo.

TERMOS ESSENCIAIS DA ORAÇÃO

Nas orações, as palavras se relacionam exercendo determinadas funções. Damos o nome de **termo da oração** à palavra (ou conjunto de palavras) que desempenha uma função sintática dentro da oração.

Em geral, as orações se estruturam por meio de um **sujeito** e de um **predicado**; por essa razão, esses dois termos são considerados essenciais.

SUJEITO E PREDICADO

Num enunciado completo, via de regra, nos é dada uma informação a respeito de alguém ou de alguma coisa. O ser de quem se informa algo denomina-se **sujeito**. A informação propriamente dita recebe o nome de **predicado**.

sujeito (o ser de quem se informa algo): Juvenal

predicado (a informação propriamente dita): **dirigia** a palavra às classes menos favorecidas.

verbo: dirigia

sujeito: "Minha vida

predicado: **era** um palco iluminado." (Sílvio Caldas e Orestes Barbosa)

verbo: era

SUJEITO

ORDEM DIRETA E ORDEM INVERSA

A posição normal do sujeito é no início da oração. Quando isso ocorre, dizemos que a oração está em **ordem direta**.

sujeito: Coisas horríveis | predicado: aconteceram naquele verão.

sujeito: Outras testemunhas | predicado: apresentaram uma nova versão dos fatos.

Nada impede, porém, que o sujeito venha depois do predicado ou nele intercalado. Quando isso ocorre, dizemos que a oração está na **ordem inversa** (ou **indireta**).

predicado: Aconteceram naquele verão | sujeito: coisas horríveis.

predicado: Apresentaram | sujeito: outras testemunhas | predicado: uma nova versão dos fatos.

SUJEITO E CONCORDÂNCIA

Sempre haverá concordância em número e pessoa entre verbo e sujeito, mesmo que a oração venha em ordem inversa.

(sujeito; 2.ª pessoa do singular)

Tu **estavas** tão linda.

(verbo; 2.ª pessoa do singular)

(sujeito; 3.ª pessoa do singular)

Fabiana **estava** tão linda.

(verbo; 3.ª pessoa do singular)

(sujeito; 3.ª pessoa do plural)

Fabiana e Flávia **estavam** tão lindas.

(verbo; 3.ª pessoa do plural)

(sujeito; 3.ª pessoa do plural)

Naquela região **ocorreram** fenômenos inexplicáveis.

(verbo; 3.ª pessoa do plural)

NÚCLEO

Os termos da oração podem ser representados por uma única palavra ou por um conjunto de palavras.

Quando um termo da oração é expresso por mais de uma palavra, haverá sempre uma de maior importância semântica, em torno da qual giram as demais palavras que com ela concordam e se relacionam.

A essa palavra de maior carga significativa damos o nome de **núcleo**. Veja, a seguir, em **"Morfossintaxe do sujeito"**, quais classes de palavras podem funcionar como núcleo do sujeito.

MORFOSSINTAXE DO SUJEITO

O núcleo do sujeito pode ser expresso por:

a. substantivo

sujeito: **Juvenal** (núcleo) — predicado: atualizava seus conhecimentos.

sujeito: **Flores** (núcleo) — predicado: ornamentavam a casa.

b. pronome substantivo

sujeito: **Eles** (núcleo) — predicado: não compareceram à reunião.

sujeito: **Aquilo** (núcleo) — predicado: nos preocupava.

c. numeral

sujeito: **Um** (núcleo) — predicado: é pouco.

sujeito: **Dois** (núcleo) — predicado: é um número primo.

d. palavra substantivada

sujeito: Um **olá** (núcleo: olá) | predicado: foi dito com voz trêmula.

sujeito: Um simples "**indefiro**" (núcleo: indefiro) | predicado: pôs fim a uma querela de mais de dois anos.

e. uma oração subordinada

predicado: É urgente | sujeito: **que você se case**. (oração subordinada)

predicado: É preciso | sujeito: **estudar a lição**. (oração subordinada)

TIPOS DE SUJEITO

Dependendo do núcleo, o sujeito pode ser simples ou composto.

a. simples: quando possui um só núcleo.

sujeito: Um **touro** (núcleo: touro) | predicado: vivia pastando à vista de todos.

b. composto: quando possui mais de um núcleo.

sujeito: **Bois**, **vacas**, **bezerros** (núcleo, núcleo, núcleo) | predicado: andavam misturados.

Às vezes, por elegância ou concisão, o sujeito simples não aparece expresso na oração, mas pode ser facilmente identificado pela desinência verbal.

sujeito: (eu) | predicado: Falei com você ontem à tarde.

sujeito: (nós) | predicado: Viajamos para a Itália.

Esse tipo de sujeito é chamado de **oculto**, **desinencial** ou **implícito na desinência verbal**.

Quanto à possibilidade de ser identificado ou não, o sujeito pode ser determinado ou indeterminado.

a. **sujeito determinado**: quando é possível reconhecer gramaticalmente o sujeito da oração; é o que ocorre com o sujeito simples e o sujeito composto vistos anteriormente. Mesmo o sujeito implícito na desinência verbal é um sujeito determinado.

b. **sujeito indeterminado**: quando a informação contida no predicado refere-se a um elemento que não se pode (ou não se quer) identificar.

sujeito	predicado
(?)	Falaram muito mal de você na reunião.

sujeito	predicado
(?)	Acredita-se na existência de discos voadores.

Não ligue o automático!

Quando o sujeito é representado por um pronome substantivo indefinido, não devemos classificá-lo como indeterminado, mas como **sujeito simples** (portanto, determinado).

sujeito	predicado	sujeito	predicado
Alguém	pegou minha caneta.	**Algo**	preocupa os candidatos.

CASOS DE SUJEITO INDETERMINADO

O sujeito será indeterminado nas seguintes situações:

a. O verbo está na terceira pessoa do plural e não há sujeito expresso na oração nem é possível identificá-lo pelo contexto.

sujeito	predicado
(?)	Telefonaram para você.

b. O verbo está na terceira pessoa do singular, seguido do índice de indeterminação do sujeito **se**.

sujeito: (?) — predicado: Precisa-se de digitadores.

sujeito: (?) — predicado: Acredita-se na existência de vida extraterrestre.

Grave isto!

A palavra **se** pode desempenhar várias funções na oração, como é demonstrado no capítulo 24.

É fundamental perceber que, quando ocorre o pronome apassivador **se**, não temos caso de sujeito indeterminado, mas de sujeito determinado, expresso na oração, com verbo na voz passiva sintética. Para reconhecer quando o **se** é pronome apassivador, basta verificar se ocorrem estas duas condições:

- verbo transitivo direto flexionado na terceira pessoa (singular ou plural);
- possibilidade de transformação da oração para a voz passiva analítica.

predicado: Quebrou-**se** — sujeito: a vidraça. → sujeito: A vidraça — predicado: foi quebrada.

⇑ pronome apassivador
(quem quebra, quebra alguma coisa)
verbo transitivo direto

predicado: Venderam-**se** — sujeito: os carros. → sujeito: Os carros — predicado: foram vendidos.

⇑ pronome apassivador
(quem vende, vende alguma coisa)
verbo transitivo direto

ORAÇÃO SEM SUJEITO

Temos oração sem sujeito quando a informação veiculada pelo predicado não se refere a sujeito algum. Ocorre com os verbos impessoais, que são os seguintes:

a. verbos que exprimem fenômenos naturais (**chover**, **ventar**, **anoitecer**, **amanhecer**, **relampejar**, **trovejar**, **nevar** etc.).

predicado

Choveu torrencialmente em Mato Grosso.

predicado

Anoiteceu de repente.

Se o verbo que exprime fenômeno natural for empregado em sentido figurado, haverá sujeito.

sujeito

Choveram **reclamações** contra aquela empresa.

b. os verbos **fazer**, **ser**, **estar** na indicação de tempo cronológico ou clima.

predicado

[Faz dois anos] [que ele saiu.]

predicado

É uma hora.

predicado

Está frio.

c. o verbo **haver** no sentido de existir ou indicando tempo transcorrido.

predicado

Havia cinco alunos na biblioteca.

predicado

[Há dois meses] [que não vejo Reinaldo.]

O verbo **existir** *não é impessoal*. Logo, ele possuirá sujeito expresso na oração, concordando normalmente com ele.

predicado — sujeito

Existiam quatro pessoas interessadas na vaga.

OS VERBOS IMPESSOAIS

Os verbos impessoais (exceção feita ao verbo **ser**) devem ficar sempre na terceira pessoa do singular. Assim, o correto é dizer:

Havia muitas leis.

Faz dois meses.

Quando um verbo auxiliar se junta a um impessoal, ele também fica no singular.

Pode haver muitas leis.

Vai fazer dois meses.

PREDICADO

PREDICAÇÃO VERBAL

A predicação verbal trata do modo pelo qual os verbos formam o predicado (se exigem ou não complementos). De modo geral, podemos afirmar que há verbos:

- **nocionais**: verbos dotados de conteúdo semântico, aqueles que nos remetem a noções presentes em nosso universo;
- **de ligação**: aqueles que exprimem estado ou mudança de estado.

Os verbos nocionais exprimem basicamente ações, acontecimentos, fenômenos da natureza; os verbos de ligação não exprimem ações. Os verbos nocionais sempre funcionam como núcleo do predicado; os verbos de ligação nunca funcionam como núcleo do predicado.

VERBOS INTRANSITIVOS

São verbos nocionais que não necessitam de um complemento.

sujeito	predicado	sujeito	predicado
Os alunos	**saíram**.	Luiza Porto	**sumiu**.
	verbo intransitivo		verbo intransitivo

Observe que os verbos dos exemplos acima:

- possuem conteúdo semântico;

- não reclamam um complemento, pois são capazes de dar uma informação completa a respeito do sujeito;
- são capazes de, sozinhos, constituir o predicado.

Grave isto!

Há certos verbos intransitivos que exigem adjuntos adverbiais para que possam constituir o predicado.

Moro (v. intransitivo) **em São Paulo** (adj. adverbial).

Vou (v. intransitivo) **para Londres** (adj. adverbial).

Tais verbos são chamados **transitivos circunstanciais**.

Muitas vezes, o verbo intransitivo virá acompanhado de um termo que exprime uma circunstância de tempo, modo, lugar etc. (adjunto adverbial), ou de um termo que exprime um atributo do sujeito (predicativo). Isso, no entanto, não altera seu caráter de verbo intransitivo. É isso o que ocorre nos exemplos a seguir:

Os alunos (sujeito) **saíram** (v. intransitivo) **felizes** (pred. do sujeito). — **saíram felizes**: predicado

Luiza Porto (sujeito) **sumiu** (v. intransitivo) **de casa** (adj. adverbial). — **sumiu de casa**: predicado

VERBOS TRANSITIVOS

São verbos nocionais que, não tendo sentido completo, necessitam de um complemento para que possam constituir o predicado. Os verbos transitivos subdividem-se em transitivos diretos, transitivos indiretos e transitivos diretos e indiretos.

a. **transitivos diretos**: exigem complemento sem preposição obrigatória (objeto direto).

sujeito — obj. direto

Os alunos **compraram** livros.

v. trans. direto

sujeito — obj. direto

Luiza Porto **ama** Carlos.

v. trans. direto

b. **transitivos indiretos**: exigem complemento com preposição obrigatória (objeto indireto).

sujeito — obj. indireto

Os alunos **gostam** **de** jogos.

v. trans. indireto

sujeito — obj. indireto

O documento **pertence** **a** Carlos.

v. trans. indireto

c. **transitivos diretos e indiretos**: exigem dois complementos: um sem e outro com preposição obrigatória (objetos direto e indireto).

sujeito — obj. direto — obj. indireto

Os alunos **ofereceram** flores **a** todas as mães.

v. trans. direto e indireto

sujeito — obj. direto — obj. indireto

Luiza Porto **emprestou** o livro **a** Carlos.

v. trans. direto e indireto

VERBOS DE LIGAÇÃO

São verbos que exprimem estado ou mudança de estado (não indicam, portanto, ações). Nas orações com verbos de ligação, o sujeito não pratica nem sofre a ação; o sujeito é apenas o ser a quem se atribui alguma característica. Tais verbos servem de elemento de ligação entre um sujeito e um atributo dele, o predicativo do sujeito.

A casa (sujeito) **é** (v. de ligação) nova. (pred. do sujeito)

Luiza Porto (sujeito) **está** (v. de ligação) triste. (pred do sujeito)

Observe que, nos predicados formados com verbos de ligação, a principal informação a respeito do sujeito está contida no predicativo do sujeito e não no verbo.

Os verbos de ligação podem expressar:

a. estado permanente

Érica **é** alta.

b. estado circunstancial

Érica **está** magra.

c. estado transitório

O aluno **esteve** quieto durante a aula.

d. mudança de estado

O aluno **tornou-se** comportado.

e. continuidade de estado

O aluno **permaneceu** quieto.

Os principais verbos que costumam funcionar como verbos de ligação são: **ser**, **estar**, **parecer**, **permanecer**, **ficar**, **andar** e **continuar**.

PREDICATIVO

Predicativo é o termo da oração que funciona como núcleo nominal do predicado. A função do predicativo é atribuir uma característica ao sujeito ou ao objeto; no primeiro caso, temos o **predicativo do sujeito**; no segundo, o **predicativo do objeto**.

PREDICATIVO DO SUJEITO

É o elemento do predicado que se refere ao sujeito, mediante um verbo (de ligação ou não), com a função de informar algo a respeito do sujeito.

sujeito: A Terra — predicado: é **redonda**.
é = v. de ligação; **redonda** = pred. do sujeito

sujeito: A sala — predicado: está **cheia**.
está = v. de ligação; **cheia** = pred. do sujeito

sujeito: O aluno — predicado: caminha **distraído**.
caminha = v. nocional; **distraído** = pred. do sujeito

sujeito: Adolfo — predicado: dirige **feliz**.
dirige = v. nocional; **feliz** = pred. do sujeito

MORFOSSINTAXE DO PREDICATIVO DO SUJEITO

O predicativo do sujeito pode ser representado por:

a. adjetivos ou locuções adjetivas

O dia está **chuvoso**.

A panela é **de barro**.

b. substantivos

Isso tudo é **verdade**.

c. pronomes substantivos

Para Estela, a beleza era **tudo**.

d. numerais substantivos

Os acusados eram **três**.

e. palavra ou expressão substantivada
A vida é **um querer sem fim**.

f. oração subordinada substantiva
O mais importante é **recuperar os arquivos perdidos**.

PREDICATIVO DO OBJETO

É o termo do predicado que se relaciona ao objeto, atribuindo-lhe uma característica.

sujeito	predicado		
O juiz	julgou	o réu	**culpado**.
		obj. direto	pred. do objeto

sujeito	predicado		
O ingrato	deixou	Márcia	**pobre**.
		obj. direto	pred. do objeto

predicado		
Considero-	o	**inteligente**.
	obj. direto	pred. do objeto

O predicativo do objeto normalmente se refere ao objeto direto. São raros os casos em que se refere ao objeto indireto. Veja alguns exemplos:

predicado		
Chamei-	lhe	**de covarde**.
	obj. indireto	pred. do objeto

predicado		
Gosto	dela	**alegre**.
	obj. indireto	pred. do objeto

MORFOSSINTAXE DO PREDICATIVO DO OBJETO

O predicativo do objeto pode ser representado por:

a. adjetivo
Mantenha a cidade **limpa**.

b. substantivo

Os moradores do prédio elegeram Valmir **síndico**.

TIPOS DE PREDICADO

Dependendo do núcleo (ou núcleos), temos **predicado verbal**, **predicado nominal** e **predicado verbo-nominal**.

a. predicado verbal: o núcleo da informação veiculada pelo predicado está contido num verbo nocional (transitivo ou intransitivo).

sujeito: O professor | predicado verbal: **chegou ao colégio**.

sujeito: O viajante | predicado verbal: **caminhava pela estrada**.

b. predicado nominal: o núcleo da informação veiculada pelo predicado está contido num nome (predicativo do sujeito). O verbo, nesse caso, funciona como elemento de ligação entre o sujeito e o predicativo.

sujeito: A prova | predicado nominal: **era difícil**.

sujeito: O menino | predicado nominal: **estava machucado**.

c. predicado verbo-nominal: é um predicado que apresenta dois núcleos: o verbo nocional (transitivo ou intransitivo) e o predicativo (do sujeito ou do objeto).

sujeito: O menino | predicado verbo-nominal: **chegou machucado ao colégio**.

sujeito: Os compradores | predicado verbo-nominal: **consideraram a proposta razoável.**

Não fique aí parado!

Texto para as questões de 1 a 6.

Uma muito estranha e suspeita procissão

Havia bastante tempo que não chovia na região. O trigo, o centeio, a cevada e tantas outras culturas necessitavam urgentemente de água ou toda a safra estaria perdida. Os camponeses, muito religiosos, apelavam aos céus para que Deus, em sua infinita misericórdia, abrisse as torneiras das nuvens e regasse suas plantações. Para tanto, faziam novenas, orações, promessas e procissões. Acontece que as trombetas que tinham alertado os ouvidos de Dom Quixote faziam parte de uma procissão dos camponeses que iam até uma capela oferecer suas orações ao bom Deus. Era um pedido de chuvas, mas, para a imaginação alvoroçada de nosso herói, já pareceu mais uma aventura que se apresentava, esquecido ele mesmo de já ter, muitas vezes, participado desses atos religiosos.

(CERVANTES, Miguel de. *Dom Quixote*. Adaptação de José Angeli. 21. ed. São Paulo: Scipione, 2005. p. 66.)

1. Por quantas orações é formado o primeiro período do texto? Qual o sujeito de cada uma delas?

2. Sem alterar o sentido, reescreva o primeiro período do texto substituindo o verbo **haver** por um sinônimo.

3. Indique e classifique o sujeito das orações que formam o segundo período.

4. Indique o sujeito das seguintes formas verbais:

a) apelavam
b) abrisse
c) faziam
c) ter participado

5. No texto, a expressão **para tanto** retoma uma ideia anteriormente expressa. Qual?

6. Classifique quanto à predicação os seguintes verbos do texto:

a) chovia
b) necessitavam
c) estaria
d) regasse
e) oferecer

7. Combine as palavras para formar frases. Não se esqueça de pontuá-las adequadamente.

a) curta – a – mentira – perna – tem
b) da – é – Roma – a Itália – capital
c) do – as – são – sete – arco-íris – cores
d) do – o – é – amigo – cão – homem – o – melhor

8. **Oração** é uma construção gramatical que se organiza ao redor de um verbo (ou de uma locução verbal). Com base nesse conceito, diga quantas orações temos neste período:
O problema é que, além de praticarem um comércio com requintes de crueldade, eles também ameaçam o próprio ambiente.

9. Damos o nome de **frase** a todo enunciado linguístico que possui sentido completo. Levando em conta essa definição, diga se as orações da questão anterior constituem frases.

10. Leia este enunciado:

Parabéns! Muitas felicidades e muita saúde.

Agora, responda: ele pode ser considerado um exemplo de frase, de oração ou de período? Justifique.

11. Amplie os sujeitos das orações a seguir acrescentando ao núcleo palavras da classe gramatical indicada entre parênteses.

a) Livros faziam parte da biblioteca. (pronome adjetivo e locução adjetiva)

b) Carros estavam em exposição. (numeral e adjetivo)

c) Apito era ouvido ao longe. (artigo e locução adjetiva)

d) Jogadores participaram do evento. (numeral, adjetivo e locução adjetiva)

e) Naquele mês, chegaram navios ao porto. (pronome adjetivo e locução adjetiva)

f) Gerente foi o responsável pelo bom desempenho da loja. (artigo, adjetivo e locução adjetiva)

12. Identifique os núcleos dos sujeitos. Em seguida, substitua esses núcleos por pronomes ou numerais.

a) Os telefones públicos eram escassos naquele bairro.

b) Gabriela, Camila e Raquel chegaram atrasadas.

c) Sua atitude não me agrada nem um pouco.

d) Certa pessoa fez alusão ao acontecimento.

e) Atos, Portos e Aramis eram os mosqueteiros.

13. Geralmente, o sujeito é o termo da oração a respeito do qual se fala. No entanto, em diversas construções, o termo de quem se fala não é o sujeito. Para efeito de classificação de um termo como sujeito, deve-se levar em conta que se trata do termo da oração com o qual o verbo estabelece concordância.

Em vista disso, podemos dizer que nas orações pode haver um sujeito gramatical (aquele com o qual o verbo concorda) e um sujeito lógico (aquele de quem se fala) e nem sempre esses "sujeitos" coincidem.

Observe as frases a seguir e diga de quem se fala e qual é o sujeito gramatical de cada uma delas.

a) "A onça, o povo dizia que ela tinha vindo de longe." (Guimarães Rosa, *Sagarana*)

b) "As chaves ele tirou no mesmo instante daquele bolso; como da vez anterior, tudo estava em um molho, em um aro de aço. (Dostoiévski, *Crime e castigo*)

14. Como vimos, os verbos impessoais, com exceção do verbo **ser**, devem permanecer na terceira pessoa do singular. Com base nisso, reescreva as frases a seguir, adequando-as ao padrão culto de linguagem.

a) Vão fazer quatro anos que moro neste bairro.

b) Haviam muitos motivos para ele aceitar a proposta.

c) Devem haver lugares mais interessantes que este.

d) Fazem três semanas que ele não aparece.

15. Classifique as formas verbais destacadas quanto à predicação:

a) "No episódio 'Dom Quixote das crianças', o escritor Monteiro Lobato (1882-1948) fez Dona Benta **contar** as aventuras do Cavaleiro da Triste Figura para a turma do Sítio do Pica-

-pau-amarelo, depois que a boneca Emília encontrou o título de Cervantes numa estante alta da biblioteca." (*Entreclássicos*. São Paulo: Duetto, n. 3, [s.d.]. p. 98. Especial Entrelivros.)

b) "Hamlet **é** puro, estudioso e **tem** um desejo secreto de **tornar-se** o primeiro dentista *viking* – coisas que **causam** extremo embaraço a seu pai." (Browne, Dik. *O melhor de Hagar, o Horrível*. Porto Alegre: L&PM, 1997. p. 40.)

c) "O Tejo **é** mais belo que o rio que **corre** pela minha aldeia." (Fernando Pessoa)

d) "Na literatura brasileira, há um número significativo de livros que **trazem** em suas narrativas personagens árabes, ou turcos, como são vulgarmente chamados." (*Biblioteca*. São Paulo: Duetto, ano I, n. 3, [s.d.]. p. 82. Especial Entrelivros.)

e) "Na manhã infinita as nuvens **surgiram** como a loucura numa alma." (Vinicius de Moraes)

f) "Nós **merecemos** a morte, porque **somos** humanos e a guerra é feita pelas nossas mãos." (Cecília Meireles)

g) "Nesse tempo eu não pensava mais nela, **pensava** em ganhar dinheiro." (Graciliano Ramos)

16. Identifique o sujeito e o predicado de cada frase; em seguida, destaque seus núcleos.

a) Os dinossauros também viveram nos polos.

b) Têm aumentado ultimamente as denúncias contra cientistas.

c) Existem mais de cem espécies de frutas venenosas.

d) Nos galhos da pitangueira, brincavam livremente os pássaros.

e) Nos últimos dez anos, muitos abandonaram seus sonhos.

f) Nestes livros, muitos autores contam suas experiências pessoais.

g) Naquele momento, foram saindo disfarçadamente os culpados.

h) São inadmissíveis os crimes de guerra.

17. Nas orações a seguir destaque a palavra que funciona como núcleo do predicado.

a) Sua tranquilidade é impressionante.

b) Esse livro cabe no bolso.

c) A casa era espaçosa.

d) Não sente muito perto da tela.

e) Copie os arquivos em um lugar seguro.

f) Você é cliente desde 2007.

g) Todos brincavam no parque.

h) As tarifas de exportação continuam altas.

i) Não sou tímida.

j) O médico recomendou repouso absoluto ao paciente.

k) As mercadorias continuam nas prateleiras.

l) O Rio de Janeiro continua lindo.

18. Nas frases a seguir, destaque o termo que funciona como predicativo e diga se ele é predicativo do sujeito ou do objeto.

a) O herói achou desprezível o motivo.

b) Muitas pessoas deixaram o local insatisfeitas.

c) Cansados, os viajantes chegaram ao destino.

d) Os náufragos, desesperados, esperavam por socorro.

e) São inadmissíveis atitudes como estas.

f) A notícia deixou triste a aluna.

g) A escolta levava preso o homem.

h) Deixaram o livro rasgado.

i) Acho sua atitude imperdoável.

j) O ministro considerou incerta a sua presença no seminário.

k) A falta de notícias deixou preocupados os pais do menino.

l) Todos consideravam arriscada aquela travessia.

m) Os turistas acharam confortável o hotel.

n) Chamaram o técnico de incompetente.

o) Desesperados, eles gritavam por socorro.

p) Encontraram abertas as janelas da casa.

q) Solícito, o médico nos atendeu em seu consultório.

r) Para quem usa caixa eletrônico, a vida fica mais fácil.

s) Aquiles parecia inflexível o tempo todo.

t) Agamenon julgava Aquiles inflexível.

19. Reescreva as frases a seguir substituindo o verbo **haver** por ***existir*** e o verbo **existir** por ***haver***. Faça as modificações necessárias.

a) Se não houvesse obstáculos, teríamos conseguido.

b) Existem motivos suficientes para ele fazer a reclamação.

c) Deveria haver mais linhas férreas no Brasil.

d) Podem existir fatos que desmintam essa afirmação.

20. Construa orações de acordo com as estruturas pedidas.

a) sujeito + predicado nominal (verbo de ligação + predicativo do sujeito)

b) sujeito + predicado verbal (verbo intransitivo)

c) sujeito + predicado verbal (verbo transitivo direto)

d) sujeito + predicado verbo-nominal (verbo transitivo direto + predicativo do sujeito)

e) sujeito + predicado verbo-nominal (verbo transitivo direto + predicativo do objeto)

f) sujeito + predicado verbo-nominal (verbo intransitivo + predicativo do sujeito)

21. O predicado verbo-nominal permite formar frases mais concisas, já que nele podemos fundir dois predicados num só. Torne os períodos compostos a seguir mais concisos, transformando-os em períodos simples com predicado verbo-nominal.

a) Os alunos chegaram à solenidade e estavam apreensivos.

b) Todos saíram do hospital e estavam satisfeitos com a recuperação do paciente.

c) Os espectadores assistiram ao jogo e ficaram sentados nas arquibancadas.

d) Os transeuntes caminhavam pelas ruas e estavam apreensivos.

e) Depois de uma longa viagem, os turistas chegaram ao local e estavam cansados.

f) Os jurados assistiam ao julgamento e permaneciam calados.

22. Reescreva os seguintes períodos, transformando suas orações em orações sem sujeito. Veja o modelo.

Existe um restaurante chinês perto daqui. = Há um restaurante chinês perto daqui.

a) Existem muitos cheques sem fundo.

b) Existirá um novo caminho para o sítio?

c) Devem existir situações semelhantes.

d) Ainda existem crianças fora da escola.

23. Reescreva as orações seguintes, indeterminando o sujeito. Veja o modelo.

Ele vive bem lá. = Vive-se bem lá. = Vivem bem lá.

a) Os brasileiros pensam no futuro.

b) Esta firma precisa de faxineira.

c) Vivemos tranquilamente no interior.

24. Nas orações a seguir, temos predicados verbais. Substitua o termo destacado, formando predicados verbo-nominais.

Dica: use adjetivos e não se esqueça de fazê-los concordar com o nome a que se referem.

a) Eles saíram de casa **com esperança**.

b) Eles esperavam o acontecimento **com tranquilidade.**

c) Todos caminhavam **com pressa** para o local do espetáculo.

d) **Com indignação**, eles observavam os acontecimentos.

e) A multidão assistia, **em delírio**, ao espetáculo da cantora.

f) Os alunos ouviam, **com atenção**, as explicações da professora.

g) A mãe relatava, **com desespero**, o desaparecimento da criança.

25. Identifique o sujeito das orações e coloque-as em ordem direta.

a) Apareceu no jardim da casa de Ana Maria um ramalhete de flores.

b) No último verão, as casas da vila foram reformadas.

c) Aconteceram coisas estranhas naquele dia.

d) Chegou ontem a Brasília mais um embaixador estrangeiro.

26. Aponte a alternativa em que a palavra **se** é índice de indeterminação do sujeito.

a) Resolver-se-ão os exercícios.

b) Não se reprovarão estes alunos.

c) Trabalha-se com afinco naquela empresa.

d) Vendem-se relógios.

e) Plastificam-se documentos.

27. Aponte a alternativa em que a palavra **se** é pronome apassivador.

a) Vive-se bem no campo.

b) Revogar-se-á este dispositivo.

c) Obedeceu-se ao pedido do diretor.

d) Estuda-se muito naquela escola.

e) n.d.a.

Veja na página 460 questões de exames sobre o assunto abordado neste capítulo.

CAPÍTULO 16 Termos integrantes da oração

Segundo a Nomenclatura Gramatical Brasileira (NGB), são termos integrantes da oração:

- o objeto direto;
- o objeto indireto;
- o complemento nominal;
- o agente da passiva.

O objeto direto e o objeto indireto são termos da oração que completam o sentido de verbos transitivos; o complemento nominal é o termo da oração que completa o sentido relativo de um substantivo, adjetivo ou advérbio; o agente da passiva é o termo da oração que indica, na voz passiva, quem executa a ação expressa pelo verbo.

OBJETO DIRETO

Objeto direto é o termo da oração que completa a significação de um verbo transitivo direto sem auxílio de preposição obrigatória.

Carlos (sujeito) vendia (v. trans. direto) **livros** (obj. direto).

Os passageiros (sujeito) esperavam (v. trans. direto) **o trem** (obj. direto).

OBJETO INDIRETO

Objeto indireto é o termo da oração que completa a significação de um verbo transitivo indireto, sempre com auxílio de uma preposição.

Carlos (sujeito) gosta (v. trans. indireto) **de música** (obj. indireto).

O professor (sujeito) confia (v. trans. indireto) **em seus alunos** (obj. indireto).

Evidentemente, o objeto direto e o objeto indireto podem completar o sentido de um verbo transitivo direto e indireto.

Oferecemos (v. trans. direto e indireto) **uma medalha** (obj. direto) **ao primeiro colocado** (obj. indireto).

A preposição que introduz o objeto indireto não possui significação; ela é mero elo sintático entre o verbo e seu complemento.

MORFOSSINTAXE DOS OBJETOS

O núcleo do objeto direto e indireto pode ser representado por:

a. substantivo

Lígia (sujeito) comprou (v. trans. direto) **flores** (obj. direto).

Lígia (sujeito) gosta (v. trans. indireto) **de flores** (obj. indireto).

b. pronome substantivo

Nunca vi (v. trans. direto) **aquilo** (obj. direto).

Eles (sujeito) confiam (v. trans. indireto) **em mim** (obj. indireto).

c. palavra substantivada

Como resposta, ele (sujeito) recebeu (v. trans. direto) **um "tchau"** (obj. direto).

Só precisava (v. trans. indireto) **de um "sim"** (obj. indireto) para iniciar os trabalhos.

Os objetos podem também ser representados por uma oração, denominada **oração subordinada substantiva objetiva** (direta ou indireta).

Espero (v. trans. direto) **que você me auxilie** (obj. direto; oração).

obj. indireto

Necessito **de que você me auxilie**.

v. trans. indireto — oração

OBJETO CONSTITUÍDO POR PRONOME OBLÍQUO

Os pronomes oblíquos assumem geralmente a função de complementos verbais (objeto direto e objeto indireto).

Os pronomes oblíquos átonos **o**, **a**, **os**, **as** devem ser utilizados como complemento de verbos transitivos diretos, exercendo, portanto, a função sintática de **objeto direto**. Os pronomes **lhe**, **lhes** devem ser utilizados como complemento de verbos transitivos indiretos, exercendo, portanto, a função sintática de **objeto indireto**.

obj. direto

O pai deixou- **as** em casa.

v. trans. direto

obj. indireto

A resposta interessava- **lhe**.

v. trans. indireto

Os pronomes oblíquos **me**, **te**, **se**, **nos**, **vos** servem de complemento a verbos transitivos diretos ou indiretos. Isso significa que eles podem assumir a função sintática de **objeto direto** ou **objeto indireto**.

Para analisá-los corretamente, basta atentar à predicação verbal, isto é, verificar se tais pronomes completam o sentido de um verbo transitivo direto ou de um verbo transitivo indireto.

obj. direto

Espero- **te** na estação.

v. trans. direto

obj. indireto

Pertencem- **te** todos aqueles presentes.

v. trans. indireto

obj. direto

Não **me** convidaram.

v. trans. direto

obj. indireto

Isto **me** convém.

v. trans. indireto

OBJETO DIRETO PREPOSICIONADO

Como vimos, o objeto direto é o termo da oração que completa a significação de um verbo transitivo direto sem ser introduzido por preposição obrigatória. Casos há, no entanto, em que o objeto direto pode vir introduzido por preposição, que evidentemente não será obrigatória, isto é, não será exigida pelo verbo. Nesses casos, a preposição se justifica por questões estilísticas ou para evitar ambiguidade.

O importante é estar atento à transitividade verbal. Observe que o objeto direto, mesmo preposicionado, completa sempre o sentido de um verbo transitivo direto.

obj. direto

Comeu o pão.

v. trans. direto

obj. dir. preposicionado

Comeu do pão. (Quem come, come algo.)

v. trans. direto

Outros exemplos de objeto direto preposicionado:

obj. dir. preposicionado

Os romanos adoravam a Júpiter.

v. trans. direto

obj. dir. preposicionado

Bebeu do vinho que lhe ofereceram.

v. trans. direto

Eles **amam** (v. trans. direto) **a Deus** (obj. dir. preposicionado).

Nunca **enganaram** (v. trans. direto) **a ti** (obj. dir. preposicionado).

OBJETO DIRETO INTERNO (OU COGNATO)

Vimos que verbos intransitivos são aqueles que, por terem sentido completo, não reclamam um complemento (objeto). É comum, no entanto, o emprego desses verbos com um objeto, representado por um substantivo da mesma área semântica do verbo:

Vivia uma **vida** de rei.

Combater o bom **combate**.

"(...) E **rir** meu **riso** e derramar meu pranto

Ao seu pesar ou seu contentamento." (Vinicius de Moraes)

OBJETO PLEONÁSTICO

Muitas vezes, por uma questão de ênfase, antecipamos o objeto, colocando-o no início da frase, e depois o repetimos por meio de um pronome oblíquo átono. A esse objeto repetido damos o nome de **objeto pleonástico**:

O livro (o. d.) não **o** (o. d. pleonástico) encontrei em nenhum lugar.

Ao gerente (o. i.), não **lhe** (o. i. pleonástico) pedi nada.

Muitas vezes, o objeto pleonástico está repetindo a forma tônica do pronome oblíquo:

A mim (o. d. (tônico)), ninguém **me** (o. d. pleonástico (átono)) engana.

Fique por dentro!

Observe as seguintes construções:

a) **Ele** mandou o rapaz treinar mais.

b) Mandei **ele** para fora.

c) Entreguei a **ele** um novo treino.

Elas são muito comuns no dia a dia, não? Mas estão de acordo com o que prescreve a gramática normativa?

Os pronomes **ele**, **eles**, **ela**, **elas** podem ser empregados como **sujeito** ou como **objeto**. Quando empregados como objeto, por serem tônicos, devem ser precedidos de preposição. Os enunciados **a** e **c**, portanto, estão de acordo com o padrão formal culto: em **a**, o pronome exerce a função de **sujeito**; em **c**, exerce a função de **objeto indireto**. Ocorre que, no uso informal, o enunciado **b** tem sido muito empregado. Nesse caso, temos o pronome na função de **objeto direto**, sem preposição.

COMPLEMENTO NOMINAL

Complemento nominal é o termo da oração que se liga a um nome (substantivo, adjetivo ou advérbio), sempre por meio de preposição, com a função de completar o sentido desse nome.

O povo tinha necessidade **de alimentos**.
(necessidade: nome (subst.); de alimentos: compl. nominal)

Este remédio é prejudicial **ao organismo**.
(prejudicial: nome (adj.); ao organismo: compl. nominal)

Falou favoravelmente **ao réu**.
(favoravelmente: nome (adv.); ao réu: compl. nominal)

Os nomes que exigem complemento nominal, via de regra, correspondem a verbos transitivos que possuem mesmo radical. Observe alguns exemplos:

NOME	COMPLEMENTO NOMINAL	VERBO	OBJETO
amor	aos filhos	amar	os filhos
respeito	aos pais	respeitar	os pais
combate	às chamas	combater	as chamas
recordação	da cena	recordar	a cena
confiança	na justiça	confiar	na justiça
queima	de estoque	queimar	o estoque
leitura	do texto	ler	o texto

MORFOSSINTAXE DO COMPLEMENTO NOMINAL

O núcleo do complemento nominal é geralmente representado por um substantivo ou uma palavra com valor de substantivo.

compl. nominal

Tinha necessidade **de ajuda**. (núcleo: **ajuda**, substantivo)

compl. nominal

Anastácia fez referência **a ele**. (núcleo: **ele**, pronome substantivo)

O complemento nominal pode também ser representado por um pronome oblíquo. Nesse caso, a preposição está implícita no pronome.

compl. nominal

Caminhar a pé **lhe** era saudável. (era saudável **a ele**)

compl. nominal

Aquele remédio **nos** era prejudicial. (era prejudicial **a nós**)

Num período composto, a função de complemento nominal pode ser exercida por uma oração com valor de substantivo, que receberá o nome de **oração subordinada substantiva completiva nominal**.

compl. nominal

Tinha necessidade **de que o ajudassem**.

AGENTE DA PASSIVA

Agente da passiva é o termo da oração que se refere a um verbo na voz passiva, sempre introduzido por preposição, e indica o elemento que executa a ação verbal.

sujeito (paciente) / ag. da passiva

As terras foram desapropriadas **pelo governo**.

verbo na voz passiva

sujeito (paciente) / ag. da passiva

A cidade estava cercada **de inimigos**.

verbo na voz passiva

O agente da passiva aparece geralmente na voz passiva analítica (construída com verbo auxiliar + particípio do verbo principal). Embora seja menos frequente, pode também ocorrer na voz passiva sintética (construída com verbo transitivo direto + pronome apassivador).

sujeito (paciente) / ag. da passiva

Este mar se navega **de cruéis marinheiros**.

voz passiva sintética

sujeito (paciente) / ag. da passiva

Esta classe formou-se **de bons alunos**.

voz passiva sintética

MORFOSSINTAXE DO AGENTE DA PASSIVA

O agente da passiva é um termo que mantém íntima relação com o sujeito de uma voz ativa. Por essa razão, o agente da passiva é representado por um substantivo ou por uma palavra com valor de substantivo:

O trabalho foi feito **pelos pedreiros**. (núcleo: **pedreiros**, substantivo)

O trabalho foi feito **por eles**. (núcleo: **eles**, pronome substantivo)

O trabalho foi feito **pelos dois**. (núcleo: **dois**, numeral substantivo)

O agente da passiva pode também estar representado por uma oração com valor de substantivo, como no exemplo a seguir:

O trabalho foi feito **por quem devia**.

Neurônios trabalhando...

A vida como ela será

Daqui a mais ou menos 1 bilhão de anos, a Terra não será mais habitável. No limite do seu material combustível, o Sol estará se expandindo. A elevação da temperatura no terceiro planeta do sistema solar tornará inviável a sobrevivência de qualquer criatura. Isso significa que a vida em nosso mundo já ultrapassou a meia-idade. Estamos nós, seres vivos, mais perto do fim do que do começo. No tempo que resta, que cara terá a vida sobre a Terra? Que espécies surgirão e quais estarão fadadas a desaparecer na trilha das mudanças evolucionárias? E por quanto tempo ainda viveremos nós, seres humanos, para presenciar essas mudanças?

(TEIXEIRA, Jerônimo. *Superinteressante*. São Paulo: Abril, ed. 184, jan. 2003, p. 51.)

Indique a que palavras do texto se relacionam os termos **da temperatura**, **de qualquer criatura** e **do fim**. Que função sintática exercem nas orações de que fazem parte?

Da temperatura refere-se a **elevação** (substantivo); **de qualquer criatura** refere-se a **sobrevivência** (substantivo); e **do fim** refere-se a **perto** (advérbio). Todos os três termos exercem a função sintática de **complemento nominal**.

TRANSPOSIÇÃO DA VOZ PASSIVA PARA A VOZ ATIVA

Se transpusermos a oração em que aparece o agente da passiva para a voz ativa, o agente da passiva assumirá a função sintática de sujeito na voz ativa; o sujeito da voz passiva assumirá a função de objeto direto na voz ativa.

voz passiva

sujeito: As terras | foram desapropriadas | ag. da passiva: pelo governo.

voz ativa

sujeito: O governo | desapropriou | obj. direto: as terras.

voz passiva

sujeito: Este mar | se navega | ag. da passiva: de cruéis marinheiros.

voz ativa

sujeito: Cruéis marinheiros | navegam | obj. direto: este mar.

Não fique aí parado!

Texto para as questões de 1 a 3.

"Não é para nós que o leite da vaca brota, mas nós o bebemos. A flor não foi feita para ser olhada por nós nem para que sintamos seu cheiro, e nós a olhamos e cheiramos."
(LISPECTOR, Clarice. *A paixão segundo G.H.* Rio de Janeiro: Rocco, 1998. p. 150.)

1. Indique o sujeito das seguintes formas verbais:

a) brota

b) bebemos

c) foi feita

d) sintamos

2. Uma das funções do pronome é substituir nomes. Diga que nome é substituído pelos pronomes oblíquos destacados e que função sintática eles desempenham na oração de que fazem parte.

a) "[...] mas nós **o** bebemos."

b) "[...] e nós **a** olhamos [...]"

3. No texto, um termo exerce a função sintática de agente da passiva. Qual?

4. Num outro trecho do mesmo livro, Clarice Lispector diz: "O leite da vaca, nós o bebemos. E se a vaca não deixa, usamos de violência.". (LISPECTOR, Clarice. *A paixão segundo G.H.* Rio de Janeiro: Rocco, 1998. p. 151.)

a) O verbo **beber** é transitivo direto (quem bebe, bebe algo). No trecho, qual é o complemento de **beber**?

b) O verbo **deixar** geralmente é empregado com complemento. No texto, esse complemento não vem expresso, mas é possível identificá-lo. Levando em conta o contexto, qual é o complemento do verbo **deixar** no texto?

c) Em que sentido foi empregado o verbo **usar** no texto? Classifique esse verbo quanto à predicação.

5. Complete o sentido dos nomes destacados por meio de um complemento nominal.

a) A pressa é **inimiga** *.

b) **Depois** * vem a bonança.

c) Gato escaldado tem **medo** *.

d) Esse lugar está **cheio** *.

e) O atraso causou a **perda** *.

f) A **consulta** * permite saber o sentido das palavras.

g) A **descoberta** * trouxe riqueza àquela cidade.

h) Como estava chovendo, eles ficaram **dentro** *.

i) Eles procederam à **limpeza** *.

j) O **acesso** * foi interditado.

k) Ele vivia **descontente** *.

l) Era um filme **impróprio** *.

m) Ele tinha **horror** *.

6. "Você já mostrou muita nota vermelha para seu pai. Para variar, mostre uma nota preta." (Anúncio publicitário)

a) Da primeira oração, aponte e classifique o sujeito, o predicado e os complementos verbais.

b) Qual é o sentido das expressões **nota vermelha** e **nota preta**?

7. Indique a função sintática dos termos em destaque.

a) "Tinha muito medo **da morte** (1) repentina e pra se livrar dela, fazia as nove primeiras sextas-feiras, emendadas. **De defunto** (2) não tinha medo, só **de gente viva** (3), conforme dizia. Agora, **da perdição eterna** (4), tinha horror, pra ela e pros outros." (PRADO, Adélia. Sem enfeite nenhum. In: MORICONI, Italo (Org.). *Os cem melhores contos brasileiros do século*. Rio de Janeiro: Objetiva: 2001. p. 349.)

b) "A seu lado, viajava **um padre** (1), alheio **a tudo** (2), mergulhado no breviário." (Fernando Sabino)

c) Nos caixas eletrônicos, você poderá consultar **seu saldo** (1), além de fazer o pagamento **de suas contas** (2).

d) Este cartão de crédito é **importante** (1) para você, pois **lhe** (2) dá **acesso** (3) **às coisas** (4) de que você gosta. Com ele, **você** (5) vive e usufrui os prazeres da vida.

8. Transforme os verbos transitivos em nomes regidos de complemento nominal. Veja o exemplo.

criticar os colegas = crítica aos colegas

a) necessitar de carinho

b) sequestrar o empresário

c) confiar no colega

d) obedecer ao regulamento

e) combater a fome

f) amar o próximo

g) prejudicar a saúde

h) entregar os documentos

9. Passe as orações para a voz passiva e identifique o agente da passiva.

a) O funcionário recuperou todos os objetos perdidos.

b) Fiz todo o trabalho sem ajuda de ninguém.

c) Uma luz fraca ilumina os quadros em exposição.

d) O aluno resolveu todas as questões da prova.

e) A polícia prendeu os assaltantes.

10. Marque:

OD = para objeto direto

OI = para objeto indireto

DP = para objeto direto preposicionado

a) Duvido **destas coisas**.

b) Conheço **estas coisas**.

c) Gostou **do suco** que lhe ofereceram.

d) Bebeu **do suco** que lhe ofereceram.

e) O fato interessa **a eles**.

f) Devemos amar **a eles** como a nós próprios.

g) Os inimigos cumpriram **com a palavra**.

h) O policial sacou **do revólver** para enfrentar o perigoso bandido.

11. Dê a função sintática dos pronomes destacados nas frases a seguir.

a) Emprestei-**lhe** o dinheiro.

b) Espero-**o** na estação.

c) Isto **nos** pertence.

d) Aquilo não **me** convinha.

e) Entregaram-**te** o livro.

f) Desejo-**te** uma boa viagem.

g) Sua opinião não **me** importava.

h) Nada **nos** incomoda.

i) O ator não **me** convidou para a estreia do filme.

j) O navio enviou-**nos** um sinal.

k) Não **me** deixe só!

l) Diga-**lhe** a verdade.

m) Ela vai mostrar-**nos** um novo jogo.

n) Pegue-**nos** às 17 horas.

o) Eu **o** recebo com carinho.

p) Alguém **te** deu o recado?

q) O campeão de boxe dá-**se** muita importância.

Veja na página 464 questões de exames sobre o assunto abordado neste capítulo.

CAPÍTULO 17

Termos acessórios da oração e vocativo

Segundo a Nomenclatura Gramatical Brasileira (NGB), são termos acessórios da oração:

- o adjunto adnominal;
- o adjunto adverbial;
- o aposto.

O vocativo é um termo isolado dentro da oração (não pertence ao sujeito nem ao predicado). Isso significa que não está em nenhum dos grupos de funções sintáticas: não é termo essencial, nem integrante, nem acessório.

ADJUNTO ADNOMINAL

Adjunto adnominal é o termo da oração que se refere a um substantivo, com a função de determiná-lo ou caracterizá-lo (função típica do adjetivo ou de palavras com valor de adjetivo).

As palavras que funcionam como adjunto adnominal sempre concordam em gênero e número com o substantivo a que se referem.

sujeito				predicado
Aqueles	**dois**	meninos	**estudiosos**	saíram.
adj. adn.	adj. adn.	subst. (núcleo do sujeito)	adj. adn.	

MORFOSSINTAXE DO ADJUNTO ADNOMINAL

O adjunto adnominal pode ser representado por:

a. artigo

O menino chegou.

b. numeral adjetivo

Dois meninos chegaram.

c. pronome adjetivo

Aqueles meninos chegaram.

d. adjetivo

Meninos **tristes** chegaram.

e. locução adjetiva

Meninos **do interior** chegaram.

Grave isto!

Quando o adjunto adnominal é representado por uma locução adjetiva, não há concordância:

A seleção **do Brasil** embarcou para a Austrália. (= brasileira)

As seleções **do Brasil** embarcaram para a Austrália. (= brasileiras)

f. **pronome pessoal oblíquo** (que, nesse caso, equivale a um pronome possessivo)

adj. adnominal

Roubaram- **me** os documentos. (= Roubaram **meus** documentos.)

pron. possessivo

O adjunto adnominal pode também ser representado por uma oração, que receberá o nome de **oração subordinada adjetiva**.

oração adjetiva

O homem **que trabalha** progride. (= O homem **trabalhador** progride.)

DIFERENÇA ENTRE ADJUNTO ADNOMINAL E COMPLEMENTO NOMINAL

Ao analisar sintaticamente uma oração, é comum surgirem dúvidas quanto à classificação de adjuntos adnominais representados por locução adjetiva, que podem ser confundidos com o complemento nominal.

Para eliminar esse tipo de dúvida, leve em conta as seguintes condições:

a. Se o termo introduzido por preposição estiver ligado a adjetivo ou advérbio, será, sem dúvida alguma, complemento nominal (lembre-se de que o adjunto adnominal sempre se relaciona a um substantivo).

compl. nominal

Era favorável **ao divórcio**.

adjetivo

compl. nominal

Depôs favoravelmente **ao réu**.

advérbio

b. Quando o termo introduzido pela preposição estiver ligado a substantivo, reflita sobre o sentido ativo ou passivo desse termo:

- será adjunto adnominal quando tiver sentido ativo.

A resposta **do aluno** (adj. adnominal) foi satisfatória. (O aluno deu a resposta: sentido ativo.)

- será complemento nominal quando tiver sentido passivo.

A resposta **ao aluno** (compl. nominal) foi satisfatória. (O aluno recebeu a resposta: sentido passivo.)

A crítica **do técnico** (adj. adnominal) **aos jogadores** (compl. nominal) tinha fundamento.
(O técnico fez a crítica: sentido ativo; os jogadores receberam a crítica: sentido passivo.)

ADJUNTO ADVERBIAL

Adjunto adverbial é o termo da oração que se liga a um verbo, com ou sem preposição, a fim de indicar uma circunstância qualquer ou intensificar o sentido do verbo. O adjunto adverbial pode também estar ligado a adjetivos ou advérbios, intensificando o sentido de ambos.

Nos exemplos a seguir, os adjuntos adverbiais se ligam a verbos.

O aluno comportou-se (verbo) **bem** (adj. adverbial).

Os viajantes chegarão (verbo) **a São Paulo** (adj. adverbial).

Os estudantes leram (verbo) o livro **na biblioteca** (adj. adverbial).

Os alunos estudaram (verbo) **muito** (adj. adverbial).

Os adjuntos adverbiais também podem intensificar um adjetivo ou um advérbio.

Édson é **muito** (adj. adverbial) estudioso (adjetivo).

Humberto fala **muito** (adj. adverbial) bem (advérbio).

O adjunto adverbial pode exprimir inúmeras circunstâncias. Vejamos as mais comuns:

a. lugar

Moro **em São Paulo**.

b. tempo

Cheguei **cedo**.

c. modo

Nadava **bem**.

d. instrumento

Cortou-se **com a faca**.

e. assunto

Falavam **sobre política**.

f. causa

Morreu **de tuberculose**.

g. finalidade

Estudou **para a prova**.

h. companhia

Saiu **com os amigos**.

i. negação

Ele **nunca** viaja.

j. dúvida

Talvez ele venha.

k. meio

Ele chegou **de trem**.

l. intensidade

Eles falam **muito**.

MORFOSSINTAXE DO ADJUNTO ADVERBIAL

O adjunto adverbial normalmente é representado por um advérbio ou por uma locução adverbial.

Eles costumam acordar **cedo**. (advérbio: cedo)

Entre e fique **à vontade**. (locução adverbial: à vontade)

Pode também ser expresso por uma oração, que receberá o nome de **oração subordinada adverbial**.

Cheguei **quando eram 10 horas**. (oração subordinada adverbial: quando eram 10 horas)

APOSTO

Aposto é o termo da oração que se liga a um substantivo ou palavra com valor de substantivo com a função de explicá-lo, esclarecê-lo, identificá-lo ou discriminá-lo.

Geralmente o aposto vem separado do nome a que se refere por sinal de pontuação.

Lúcia, **aluna do oitavo ano**, foi bem na prova. (nome: Lúcia; aposto: aluna do oitavo ano)

Desejo-lhe uma coisa: **felicidade**. (nome: coisa; aposto: felicidade)

Roubaram tudo: **quadros, joias, dinheiro, documentos**. (nome: tudo; aposto: quadros, joias, dinheiro, documentos)

Existe um tipo de aposto que normalmente não vem separado por sinais de pontuação, como nos exemplos que seguem:

A cidade (nome) **de São Paulo** (aposto) sofre com as enchentes.

Ela morava na Rua (nome) **Itacema** (aposto).

Navegavam pelo Rio (nome) **Amazonas** (aposto).

A esse tipo de aposto dá-se o nome de **aposto de especificação**.

MORFOSSINTAXE DO APOSTO

O núcleo do aposto é geralmente representado por um substantivo ou uma palavra com valor de substantivo.

Meu signo, **peixes** (aposto), é um dos signos da água. (substantivo)

Descobri a grande razão da minha vida: **você** (aposto). (pronome substantivo)

Num período composto, a função de aposto pode ser exercida por uma oração com valor de substantivo, que receberá o nome de **oração subordinada substantiva apositiva**.

Meu grande desejo é este: **poder viajar nas férias** (aposto).

Neurônios trabalhando...

Sabedoria popular de graça, reunida no mesmo endereço

Promover registro e divulgação da cultura popular em suas diversas formas de expressão. Eis a missão da *Jangada Brasil*, revista eletrônica mensal, no ar desde agosto de 1998.

Põe à disposição mais de 3 mil textos sobre festas populares, lendas e mitos. Rezas, benzeduras, folguedos, literatura de cordel. Artesanato, agricultura e superstições. Anedotas, charadas e curiosidades. Tudo na forma integral e gratuitamente. Nas seções **Como Dizia a Vovó** e **No Estradão**, a sabedoria popular se expressa numa seleção de 360 provérbios e mais de 550 frases de para-choques de caminhão, disponíveis para *download*. Em **Realejo**, arquivo de som e partituras de músicas do cancioneiro folclórico. Entre em <www.jangadabrasil.com.br>.

(*Almanaque Brasil de cultura popular*. São Paulo: Andreato Comunicação e Cultura, n. 63, jun. 2004. p. 28.)

O texto diz que a revista *Jangada Brasil* tem uma missão.

a. Transcreva a frase do texto que exprime qual é essa missão.

b. Essa frase é uma oração? Por quê?

c. Que função sintática ela exerce?

a) A frase que exprime a missão da revista *Jangada Brasil* é "Promover registro e divulgação da cultura popular em suas diversas formas de expressão.". b) Essa frase é uma oração, pois se estrutura em torno de um verbo (**promover**). c) Exerce a função de **aposto**, pois explica, esclarece, identifica a missão da revista.

VOCATIVO

Vocativo é um termo isolado dentro da oração (não pertence nem ao sujeito nem ao predicado), que serve para invocar, chamar, interpelar um interlocutor real ou não.

O vocativo pode estar no começo, no meio ou no fim da frase.

vocativo
"**Colombo**, fecha a porta de teus mares!" (Castro Alves)

vocativo
"Se oriente, **rapaz**, pela constelação do Cruzeiro do Sul!" (Gilberto Gil)

vocativo
"Quando você me deixou, **meu bem**, me disse pra ser feliz e passar bem." (Chico Buarque)

O vocativo vem, normalmente, isolado por sinal de pontuação e admite a anteposição de interjeição de chamamento. Como representa o interlocutor a quem interpelamos no discurso direto, o vocativo é representado por substantivo ou pronome substantivo.

vocativo
"**Oh, minha amada**, que olhos os teus." (Vinicius de Moraes)

Não fique aí parado!

Texto para as questões de 1 a 6.

Nosso maior astrônomo dá nome a astro

Não apenas o autor do *Novo Dicionário da Língua Portuguesa*, Aurélio Buarque de Holanda, é o especialista responsável por seu amplo e preciso conteúdo. Os verbetes que tratam de astronomia e astronáutica, constantes das versões do dicionário entre 1975 e 1986, têm autoria de Ronaldo Rogério de Freitas Mourão, astrônomo brasileiro que coleciona feitos científicos e títulos em vários lugares do mundo. (*Almanaque Brasil de cultura popular*. São Paulo: Andreato Comunicação e Cultura, n. 92, dez. 2006. p. 8.)

1. O texto afirma que Ronaldo Rogério de Freitas Mourão é autor dos verbetes de astronomia e astronáutica das versões entre 1975 e 1986 do *Novo Dicionário da Língua Portuguesa*. O que vem a ser um verbete de dicionário?

2. Sem alterar o sentido, reescreva o primeiro período do texto substituindo o advérbio **apenas** por um outro.

3. A que termos se referem "Aurélio Buarque de Holanda" e "astrônomo brasileiro que coleciona feitos científicos e títulos em vários lugares do mundo"? Que função sintática exercem?

4. Observe a palavra **responsável**.

a) No primeiro período do texto, ela foi empregada como substantivo ou adjetivo?

b) A significação dela é completada por um termo. Qual?

c) Que palavra funciona como núcleo desse termo?

5. O segundo período do texto é formado por três orações (observe que há três verbos: **tratam**, **têm**, **coleciona**). Sem alterar o sentido, reescreva esse período usando uma única oração. Faça as modificações que julgar necessárias.

6. No texto, aparecem os substantivos **astronomia** e **astronáutica**, ambos formados a partir de **astro**. Que significam esses substantivos?

7. Comente o que exprimem os termos destacados nas frases a seguir e dê a função sintática de cada um deles.

a) O pagamento dos impostos foi feito **pelo funcionário da empresa**.

b) O pagamento dos impostos foi feito **pela internet**.

8. Amplie as orações a seguir substituindo o * por adjuntos adnominais do nome em destaque. Observe que os adjuntos adnominais devem ser da classe gramatical indicada entre parênteses.

a) O menino aceitou * **desafio**. (pronome substantivo)

b) A corrida aconteceu numa **tarde** *. (locução adjetiva)

c) Eles caminhavam por uma **estrada** *. (adjetivo)

d) Na corrida entre os animais, o sapo foi o * **colocado**. (numeral)

e) O sapo foi desafiado por * **coelho** para disputar * **corrida**. (artigo indefinido)

f) Ao escovar os dentes, costumava fazer uso de **cremes** *. (adjetivo)

g) Consulte * **dentista** regularmente. (pronome substantivo)

h) Escovar os dentes ajuda eliminar * **placa** *. (artigo; adjetivo)

i) Na floresta havia **animais** *. (adjetivo)

j) Nas fábulas há **animais** *. (oração)

k) Os **gritos** * assustaram o menino. (locução adjetiva)

l) O consulado visou o **passaporte** *. (adjetivo)

m) Eles entraram em uma **rua** *. (locução adjetiva)

n) O trabalho foi feito por * **operários** *. (numeral; adjetivo)

9. Leia: "A indicação do diretor agradou a todos os acionistas". Fora de contexto, essa frase comporta duas interpretações. Quais?

10. Dê a função sintática dos termos destacados.

a) "Nunca foram **claras as razões** que conduzem **as pessoas** ao ar rarefeito das altas montanhas, ao topo do mundo. Quem quiser entender o sentido **dessa busca obsessiva** encontrará **boas** pistas na personalidade **tempestuosa** do austríaco Reinhold Messner, **escalador nascido em 1944 na região do Tirol**." (*Os caminhos da Terra*. São Paulo: Abril, n. 5, maio 2000. p. 98.)

b) "Meu **antigo** patrão, **Salustiano Padilha**, que tinha levado uma vida de economias **indecentes**, para fazer o filho doutor, acabara morrendo **do estômago e de fome** sem ver **na família** o título que ambicionava." (Graciliano Ramos)

c) "O alarme se fez **na vila**. Para uns, **os mais adiantados**, era um fabricante **de moeda falsa**; para outros, **os crentes e simples**, um tipo que tinha parte com o tinhoso." (Lima Barreto)

d) "**Uma das hortaliças mais cultivadas no mundo**, o tomate dá em uma planta herbácea e com caule **flexível** que, por isso mesmo, não aguenta o peso dos frutos em posição vertical." (*Galileu*. São Paulo: Globo, n. 138, jan. 2003. p. 15.)

e) "– Muito bom dia, **senhora**, / que nesta janela está; /
sabe dizer se é possível / algum trabalho encontrar?" (João Cabral de Melo Neto)

f) "Os Maias eram uma **antiga** família da Beira, sempre **pouco** numerosa, sem linhas **colaterais**, sem parentelas – e agora reduzida **a dois varões**: o senhor da casa, **Afonso da Maia**, um velho já, quase um antepassado, mais idoso que o século, e seu neto Carlos, que estudava **medicina**." (Eça de Queirós)

g) "A **primeira** filha de Dona Manuela morreu **aos quatro meses**, **duma gastroenterite**, que zombou tanto da homeopatia e alopatia dos médicos, como do empirismo **solícito** das vizinhas." (Marques Rebelo)

11. Reescreva as frases, incluindo os adjuntos adverbiais indicados.

a) Havia inúmeras ruas estreitas. (lugar)
b) Desceram as lágrimas pelo rosto. (modo)
c) Sua fisionomia denunciava segurança. (negação / tempo)
d) Ela fica nervosa. (intensidade)
e) Jogaremos golfe. (tempo / lugar)
f) O movimento da loja cai. (afirmação / tempo)

12. Nas frases seguintes, indique a circunstância expressa pelo adjunto adverbial em destaque.

a) Expulsou a senhora **da sala**.
b) Ele fez o exercício **com calma**.
c) Saiu **com os amigos**.
d) Falavam **acerca do desemprego**.
e) Estudou **para o concurso**.
f) Os alunos falam **demasiadamente**.
g) Assinou a escritura **com uma caneta-tinteiro**.
h) O trânsito ficou complicado **com a greve dos ônibus**.

13. Das orações que seguem, identifique os adjuntos adnominais.

a) Pessoas infelizes não sentem saudade.
b) O animado cordão carnavalesco saiu para as ruas.
c) A moça pobre recebeu uma soma vultosa.
d) Antigos comerciantes reuniram-se em assembleia.
e) Várias pessoas assistiram a um terrível incêndio.
f) Não encontraram os verdadeiros motivos.
g) Dois jornais confirmaram o fato.
h) Jornais matutinos confirmaram aqueles fatos.
i) Levava uma vida de rei.
j) Os alunos interessados foram convidados.

14. Das orações que seguem, destaque os adjuntos adverbiais.

a) O cão desapareceu na planície vazia.
b) Levava um canivete no cinto.
c) Ele chegou ontem a Belém.
d) Eles vinham de longe.
e) Não conseguiram resolver todos os problemas.
f) Eles sempre se comportam mal na sala de aula.
g) Resolveram os problemas com calma.
h) Naquele lugar, não se falava muito alto.
i) Fora de casa, sempre se comportavam muito bem.

15. Das orações que seguem, destaque os apostos.

a) Telêmaco, filho de Ulisses e Penélope, sempre acreditou que seu pai estava vivo.

b) Menelau, marido de Helena, era irmão de Agamenon.

c) A história de Simbad, o marujo, é contada em *As mil e uma noites*.

d) Segundo a lenda, o Minotauro, um ente mitológico com corpo de homem e cabeça de touro, vivia em Creta, uma das ilhas da Grécia.

e) Hades, filho de Crono e Reia, vive nos infernos e reina sobre os mortos.

f) Heitor, um valente guerreiro troiano, foi morto por Aquiles.

g) Tudo – as roupas, os móveis, os livros – estava fora de lugar.

h) As previsões foram feitas por uma pitonisa em quem ninguém acreditava: Cassandra.

i) "Eu, por exemplo, o capitão do mato, Vinicius de Moraes, poeta e diplomata, o branco mais preto do Brasil [...]" (Vinicius de Moraes e Baden Powel)

j) Muitos manifestantes compareceram à Praça da Sé.

16. Classifique os termos destacados como adjuntos adnominais ou complementos nominais.

a) Depois de muita negociação, o clube desembolsou dinheiro e realizou a compra **do artilheiro**, reforçando assim seu elenco.

b) A alegria **dos torcedores** animava os jogadores.

c) O fumo é prejudicial **à saúde**.

d) A resolução **do exercício** estava correta.

e) A construção **do prédio** foi demorada.

f) A construção **do engenheiro** foi elogiada.

g) Todos tinham medo **de escuro**.

h) O medo **da criança** preocupava a mãe.

i) Abandonou o cargo por falta **de interesse**.

17. Identifique a alternativa incorreta.

a) O advérbio exerce função de adjunto adverbial.

b) O adjunto adverbial indica uma circunstância do verbo.

c) A locução adverbial também exerce a função de adjunto adverbial.

d) Os adjuntos adnominais têm a mesma função dos adjuntos adverbiais.

e) Artigos, numerais, pronomes e adjetivos exercem função de adjunto adnominal.

18. Nas orações que seguem, identifique os vocativos.

a) Fala, Mangueira!

b) "Já meditaste no destino do nariz, amado leitor?" (Machado de Assis)

c) "Dona Glória, a senhora ainda persiste na ideia de meter o nosso Bentinho no seminário?" (Machado de Assis)

d) Mantenha a cabeça no lugar, rapaz.

e) Amigo, por favor pegue esta carta.

f) Ó estrelas, inspirem este poeta.

g) "A ordem, meus amigos, é a base do governo." (Machado de Assis)

h) Olhe, Dona Evarista, veja se seu marido dá um passeio.

i) Eu, minhas senhoras, não quero mais me preocupar com isso.

Veja na página 469 questões de exames sobre o assunto abordado neste capítulo.

CAPÍTULO

18 Tipos de período

Como vimos no capítulo 15, **período** é a frase constituída por uma ou mais orações. Dependendo do número de orações que o compõem, o período pode ser **simples** ou **composto**.

a. **período simples**: é formado por uma única oração, que recebe o nome de **oração absoluta**. No período simples, temos apenas um verbo ou locução verbal.

"Minha vida **era** um palco iluminado." (Sílvio Caldas e Orestes Barbosa)

Amanhã **poderá chover**.

b. período composto: é formado por mais de uma oração; teremos tantas orações em um período quanto for o número de verbos ou de locuções verbais. Dependendo de como as orações se relacionam, pode ser:

- **composto por coordenação**: é formado exclusivamente por orações coordenadas.

oração — oração

"No outro dia **tomei** o trem, **ferrei** no sono

oração

e **acordei** às dez horas na estação central." (Graciliano Ramos)

oração — oração

Cheguei cedo ao teatro, mas não **arranjei** um bom lugar.

- **composto por subordinação**: é formado de oração principal e oração(ões) subordinada(s).

oração principal

"Um relance de olhos **revelou**-me

oração subordinada

que sua fisionomia não **era** estranha." (Cyro dos Anjos)

oração principal — oração subordinada

Não **conheço** a pessoa que Luciana **estava procurando**,

oração subordinada

quando **chegou** à cidade.

- **composto por coordenação e subordinação**: trata-se de um tipo de período misto no qual coexistem os dois processos sintáticos de relacionar orações (a coordenação e a subordinação). É formado de oração principal, oração(ões) subordinada(s) e oração(ões) coordenada(s).

oração principal / *oração subordinada*

O síndico **convocou** uma reunião a fim de que o problema **fosse**

oração coordenada

resolvido, mas ninguém compareceu.

oração subordinada / *oração principal*

Quando ele **chegou**, **retirei**-me imediatamente

oração coordenada

e depois **fui** para casa.

Nos capítulos anteriores, estudamos a estrutura sintática do período simples. Nos próximos capítulos (19 e 20), estudaremos a estrutura sintática do período composto.

Não fique aí parado!

1. Diga quantos períodos ocorrem nos trechos a seguir, destacando as orações que formam cada um deles.

a) "Quando abri os olhos, vi o vulto de uma mulher e o de uma criança. As duas figuras estavam inertes diante de mim, e a claridade indecisa da manhã nublada devolvia os dois corpos ao sono e ao cansaço de uma noite maldormida." (Milton Hatoum)

b) "Arminda caiu no corredor. Ali mesmo o senhor da escrava abriu a carteira e tirou cem mil-réis de gratificação. Cândido Neves guardou as duas notas de cinquenta mil-réis, enquanto o senhor novamente dizia à escrava que entrasse." (Machado de Assis)

2. Nas atividades a seguir, reúna os períodos simples formando um único período composto. Faça as modificações que julgar necessárias a fim de tornar o período composto coeso e coerente.

a) No ano de 1383, um muçulmano árabe tomou um navio para Alexandria no Egito. O muçulmano árabe servia ao soberano de Túnis.

b) Durante uma festa religiosa, o jardineiro viu dois pássaros. Os dois pássaros pousaram na folhagem de uma árvore. O jardineiro não trabalhou na festa religiosa.

3. Identifique cada período a seguir, marcando CC para composto por coordenação, CS para composto por subordinação e CCS para composto por coordenação e subordinação.

a) "Eu nunca podia imaginar que ia encontrar o mundo assim sem nenhum defeito." (Adriana Falcão)

b) "Liguei para um diplomata do Itamaraty que vive em Varsóvia e que o conhecia desde pequeno." (Bernardo Carvalho)

c) "O sinal verde acendeu-se enfim, bruscamente os carros arrancaram, mas logo se notou que não tinham arrancado todos por igual." (José Saramago)

d) "Sofri um ataque de espirros sucessivos, meu crânio doía e eu estava com febre, mas me sentia possuído por uma força e uma determinação que não tive nunca a nenhuma idade e por causa alguma." (Gabriel García Márquez)

e) "Uma semana depois a lâmpada da entrada do mercadinho sumia, uma perereca saltava de um saquinho de papel, um busca-pé estourava debaixo do balcão [...]" (Luiz Vilela)

f) "A injúria equilibrou-me o espanto." (Raul Pompeia)

g) "Duvide-se, divirja-se, objete-se." (Guimarães Rosa)

h) "A morte é para qualquer momento, não se pode estar de pijama." (Guimarães Rosa)

i) "O homem foi até a porta, chamou o carcereiro, e ficou falando com alguém que estava fora." (Rachel de Queiroz)

j) "Carmélia bailava à sombra de árvores que refulgiam ao sol." (Cyro dos Anjos)

k) "Conheci que Madalena era boa em demasia, mas não conheci tudo de uma vez." (Graciliano Ramos)

l) "Todos os pais aconselham, se bem que nem todos possam jurar pelo valor de seus conselhos." (Rui Barbosa)

m) "Na natureza nada se cria, nada se perde, tudo se transforma." (Lavoisier)

4. Leia: "Apenas na manhã seguinte, conhecemos com detalhes os planos industriais do primo Basílio". Do ponto de vista sintático, temos, nesse trecho de Eça de Queirós:

a) um período simples;

b) um período composto por subordinação, cuja oração principal é "Apenas na manhã seguinte", com verbo subentendido;

c) um período composto por subordinação cuja oração principal é "Apenas na manhã seguinte, conhecemos com detalhes os planos industriais do primo Basílio";

d) um período composto por coordenação e subordinação;

e) um período composto por subordinação cuja oração principal é "conhecemos com detalhes os planos industriais do primo Basílio".

Veja na página 474 questões de exames sobre o assunto abordado neste capítulo.

CAPÍTULO 19

Orações coordenadas e orações intercaladas

ORAÇÕES COORDENADAS

Orações coordenadas são aquelas que, no período, não exercem função sintática umas em relação às outras. Uma oração coordenada, portanto, nunca será termo das outras coordenadas com as quais se relaciona.

or. coordenada	or. coordenada	or. coordenada	or. coordenada
Acordei cedo,	**tomei** o café,	**paguei** a conta	e **deixei** o hotel.

Verifique que, no exemplo acima, temos quatro orações sintaticamente independentes; cada oração é, do ponto de vista sintático, uma unidade autônoma.

Apesar de sintaticamente independentes, as orações coordenadas se relacionam logicamente pelo sentido, dando coesão e coerência à frase. Se as orações coordenadas do exemplo dado estivessem assim relacionadas:

Deixei o hotel, paguei a conta, tomei o café e acordei cedo.

o sentido da frase estaria prejudicado.

As orações coordenadas podem vir ou não introduzidas por conjunções coordenativas, que são as palavras responsáveis por estabelecer conexão entre segmentos de frases (no caso, as orações de um período).

Quando não vêm introduzidas por conjunção, recebem o nome de **coordenadas assindéticas**. Nesse caso, as orações estarão justapostas e a conexão entre elas será dada por uma pausa, representada, na escrita, por sinal de pontuação.

Quando vêm introduzidas por conjunção (ou locução conjuntiva), recebem o nome de **coordenadas sindéticas**.

Grave isto!

Sindética e **assindética** são palavras provenientes de *sýndeton*, termo grego que significa "união, laço, conjunção". Daí dar-se o nome de **sindética** à oração coordenada que apresenta conjunção e **assindética** à que não apresenta.

É importante assinalar que o processo da coordenação pode também ocorrer entre períodos de um texto, como no seguinte exemplo:

"No mundo moderno, os órgãos do governo têm a obrigação de prestar serviços à população. Até o final do século passado, muitas pessoas achavam que a única função do governo era manter a ordem pública e cuidar da defesa do país. O governo fazia pouco mais do que isso, deixando quase tudo na mão dos particulares.

Mas as condições de vida social mudaram muito. Com a Revolução Industrial (século XVIII), um número elevado de pessoas saiu do campo e foi para as grandes cidades. Muitas dessas pessoas não conseguiram emprego, outras se empregaram, mas com salários muito baixos. [...]"

(DALLARI, Dalmo de Abreu. *Viver em sociedade*. São Paulo: Moderna, 1985. p. 42.)

CLASSIFICAÇÃO DAS ORAÇÕES COORDENADAS SINDÉTICAS

As orações coordenadas sindéticas classificam-se em:

- aditivas;
- adversativas;
- alternativas;
- conclusivas;
- explicativas.

Veja, a seguir, o que exprime cada uma delas bem como as conjunções e locuções conjuntivas que normalmente as introduzem.

a. **aditivas**: exprimem ideia de soma, adição.

or. coord. assindética	or. coord. sind. aditiva
Pedro estuda	**e trabalha**.

As principais conjunções aditivas são: **e**, **nem**, **mas também**, **mas ainda**.

b. **adversativas**: exprimem ideia de adversidade, oposição, contraste.

or. coord. assindética	or. coord. sind. adversativa
Pedro trabalha muito,	**mas ganha pouco**.

As principais conjunções adversativas são: **mas**, **porém**, **todavia**, **contudo**, **entretanto**, **no entanto**.

Fique por dentro!

A conjunção adversativa **mas** sempre estará no início da oração coordenada. As demais conjunções adversativas podem estar no início, no meio ou no final da oração coordenada.

Pedro trabalha muito, **no entanto** ganha pouco.

Pedro trabalha muito; ganha, **no entanto**, pouco.

Pedro trabalha muito; ganha pouco, **no entanto**.

c. **alternativas**: exprimem ideia de alternância, escolha. Haverá alternância quando a ocorrência de um fato implicar a não ocorrência de outro.

or. coord. assindética	or. coord. sind. alternativa
Venha agora	**ou perderá a vez**.

As principais conjunções alternativas são: **ou, ou... ou**, **ora... ora**, **quer... quer**, **já... já, seja... seja**.

d. **conclusivas**: exprimem ideia de conclusão.

or. coord. assindética	or. coord. sind. conclusiva
As árvores balançam,	**logo está ventando**.

As principais conjunções conclusivas são: **logo**, **portanto**, **então**, **pois** (posposto ao verbo).

e. **explicativas**: exprimem ideia de explicação, justificação, confirmação.

or. coord. assindética	or. coord. sind. explicativa
Venha imediatamente,	**pois sua presença é indispensável**.

As principais conjunções explicativas são: **pois** (anteposto ao verbo), **porque**, **que**.

O PAPEL DAS CONJUNÇÕES

Como já foi dito no capítulo 13, que trata das conjunções, é fundamental notar que o contexto determina a relação estabelecida pela conjunção, pois uma mesma conjunção pode estabelecer relações diferentes entre orações. Observe estes exemplos:

I. Pedro trabalha de dia **e** estuda à noite.

II. Pedro queria viajar nas férias **e** não podia.

III. Siga este conselho **e** terá sucesso.

Repare que, em I, a conjunção **e** estabelece relação de adição entre as duas orações. Em II e em III, essa mesma conjunção assume outros matizes, indicando adversidade e explicação, respectivamente. As frases II e III equivalem, assim, a:

Pedro queria viajar nas férias, **mas** não podia.

Siga este conselho, **pois** terá sucesso.

ORAÇÕES INTERCALADAS

Orações intercaladas (também conhecidas como orações interferentes) são orações independentes que não pertencem à sequência do período.

As orações intercaladas são utilizadas para um esclarecimento, um aparte, uma citação.

or. intercalada

"Desta vez, **disse ele,** vai para a Europa." (Machado de Assis)

or. intercalada

Eu **– retrucou o advogado –** não concordo.

or. intercalada

"A cunhadinha **(continuava a dar este nome a Capitu)** tinha-lhe falado naquilo por ocasião de nossa última visita a Andaraí, e disse-lhe a razão do segredo." (Machado de Assis)

As orações intercaladas vêm separadas por vírgula, duplo travessão ou parênteses.

Não fique aí parado!

Texto para as questões 1 e 2.

"[...] loucura é um conceito que mudou com o tempo. Na Idade Média, por exemplo, se alguém ouvia vozes ou tinha visões, esse alguém não era considerado necessariamente um maluco: podia ser um santo recebendo mensagens do céu. E muitos loucos viviam com suas famílias, nas aldeias, sem que ninguém se preocupasse com eles. Só mais tarde é que surgiu o hospício. O objetivo era tratar os doentes mentais, claro, mas também tirá-los das ruas: perturbavam e além disso davam um mau exemplo, porque não trabalhavam, não consumiam... Os loucos não só eram recolhidos, mas eram também acorrentados, como se fossem animais ferozes. Na época da Revolução Francesa essa situação melhorou um pouco: um médico chamado Pinel, que fazia parte do governo, tomou a iniciativa de libertar aquela pobre gente."

(SCLIAR, Moacyr. *O mistério da casa verde*. São Paulo: Ática, 2006. p. 58.)

1. Em relação ao período "Os loucos não só eram recolhidos, mas eram também acorrentados, como se fossem animais ferozes.", assinale V para as opções verdadeiras e F para as falsas.

a) É um período composto formado por três orações.

b) A oração "[...] mas eram também acorrentados" exprime adversidade.

c) A oração "[...] como se fossem animais ferozes." exprime comparação.

d) A oração "[...] mas eram também acorrentados [...]" exprime adição.

e) A primeira oração está na voz ativa.

2. Quais são as alternativas verdadeiras?

a) O hospício surgiu na Idade Média.

b) A oração "[...] podia ser um santo recebendo mensagens do céu." esclarece algo afirmado anteriormente.

c) A oração "[...] mas também tirá-los das ruas [...]" exprime ideia de adição.

d) Os loucos eram internados em hospícios somente para serem tratados.

e) A oração "[...] se alguém ouvia vozes [...]" exprime condição.

3. Forme períodos compostos por coordenação juntando orações das duas colunas a seguir de modo que o todo faça sentido.

Ou vocês conseguem uma autorização...	que ainda dá tempo de pagar as contas.
Aquela empresa triplicou suas exportações para o exterior...	no entanto é capaz de descrever com precisão lugares que nunca viu.
Vá diretamente à bilheteria do teatro...	por isso ninguém mais acredita nela.
Era formado em Odontologia...	pois está ameaçando chover.
Vivia dizendo mentiras...	ou não poderão viajar sozinhos.
Nunca saiu de sua cidade...	que lá você ainda encontrará ingressos.
O banco fecha às quatro horas, corra...	todavia nunca exerceu a profissão.
Leve o guarda-chuva...	não é verdade, portanto, que esteja em crise.

4. Complete os períodos a seguir por meio de uma oração que apresente uma conclusão coerente.

a) Ele morava bem distante do local de trabalho, ...

b) Gabriela nasceu em 1991 e seu irmão em 1992, ...

c) Fumar é prejudicial à saúde...

d) Sabiam que a prova seria difícil...

e) O preço da geladeira na loja A estava mais baixo que na loja B...

5. Os períodos compostos podem ser formados por coordenação e subordinação. Num mesmo período, é possível a ocorrência dos dois processos. Observe os períodos a seguir, delimite as orações e responda: por qual processo eles foram formados?

a) "Os Condenados eram quatro rapazes que cantavam e faziam muito sucesso naquele mês de setembro." (Adriana Falcão)

b) "*Clip* era um filmezinho que você via mas não precisava entender." (Adriana Falcão)

6. Leia este período: "O relógio aponta o momento exato / da morte incerta, a gravata enforca, / o sapato aperta, o país exporta." (Sydney Miller)

Por quantas orações ele é formado? Classifique-as.

7. Apresentamos, a seguir, períodos cujos elementos de conexão entre as orações coordenadas foram suprimidos. Sua tarefa será a de reorganizá-los, restabelecendo as relações de coordenação.

a) O trânsito estava caótico. / Ninguém chegou atrasado à reunião.

b) Por favor, devolva-me o livro. / Estou precisando dele.

c) O voo 3216 pousará no Aeroporto de Congonhas. O voo 3216 partiu de Maceió. O Aeroporto de Congonhas foi reformado recentemente.

d) "Há muitos tipos de colírios destinados ao tratamento de diferentes doenças dos olhos. Os olhos são órgãos de muita sensibilidade. O uso de qualquer tipo de colírio, sem orientação e controle do médico, poderá causar mais problemas do que resultados positivos." (*Manual da boa visão*, Imesp. p. 6.)

e) "Nunca me esqueço de um consórcio de moto que fiz quando tinha 17 anos. Estava começando a ganhar dinheiro. Acabei gastando mais do que podia. A cada mês o valor aumentava. Fui sorteada. Tirei a moto. As parcelas nunca mais acabavam. Hoje os consórcios podem ter mudado. Eu nunca mais fiz um." (*Meu dinheiro*. São Paulo: Abril, maio 2001. p. 11.)

8. A ideia de alternância normalmente é expressa pela conjunção ou: "Ou você vai ou você fica.", "Estamos aqui para brincar ou para trabalhar?". Em qual das frases a seguir, porém, essa conjunção expressa uma ideia diferente? Reescreva a frase a fim de explicitar essa ideia.

a) Os acidentes perfurantes oculares em adultos ocorrem basicamente no trabalho ou no trânsito.

b) A criança, por sua própria natureza, fica mais exposta a acidentes que atingem os olhos. A maioria deles ocorre dentro ou nas proximidades de sua casa.

c) Não deixe ao alcance de crianças objetos cortantes ou pontiagudos, tais como facas, tesouras, garfos, chaves de fenda, lápis, canetas, varetas e arames.

d) Não esfregue os olhos ou pisque depois de pingar o colírio.

9. Sem alterar o sentido, reescreva os períodos a seguir, mudando a posição da conjunção coordenativa.

a) Ele fazia promessas com entusiasmo, todavia ninguém acreditava nele.

b) As pessoas acreditam em dias melhores, portanto são otimistas.

10. Classifique as orações em destaque.

a) "**Dr. Sampaio escreveu um bilhete à família** e entregou-me no mesmo dia trinta e seis contos e trezentos." (Graciliano Ramos)

b) "Luís Padilha abriu a boca **e arregalou os olhos miúdos**." (Graciliano Ramos)

c) "Os advogados sempre têm arrazoados urgentes por fazer **e vivem às voltas com os prazos processuais**." (Cyro dos Anjos)

d) "Um sabedor não é armário de sabedoria armazenada, **mas transformador reflexivo de aquisições dirigidas**." (Rui Barbosa)

e) Não demore, **pois já estamos atrasados**.

f) Não havia mais passagens, **portanto não puderam viajar**.

g) Apressa-te, que já é tarde.

h) Já estamos sem dinheiro; devemos, pois, retornar logo.

i) Encontrei a gaveta trancada, então não pude pegar os documentos.

11. Leia:

"A canoa deslizava brandamente, entrava na boca do Rio Canumã e despertava as sardinhas meio adormecidas entre duas águas, nenhum pássaro cantava, as vozes noturnas da floresta haviam-se calado, mas nós estávamos alerta." (Inglês de Souza)

Agora divida o período em orações e classifique-as.

12. Aponte a alternativa em que ocorra oração coordenada sindética adversativa.

a) Ou você resolve o exercício, ou fica sem nota.

b) Ele não resolveu o exercício, logo ficou sem nota.

c) Resolva o exercício, porque você ficará sem nota.

d) Ele preferia ficar sem nota a resolver o exercício.

e) Ele ficou sem nota, mas não resolveu o exercício.

Veja na página 475 questões de exames sobre o assunto abordado neste capítulo.

CAPÍTULO 20

Orações subordinadas

No período composto, as orações se relacionam de tal modo que umas podem exercer funções sintáticas em relação a outras.

Toda oração que exerce uma função sintática em relação a outra denomina-se **oração subordinada**. A oração que tem um de seus termos representado por outra denomina-se **principal**.

Geralmente, a relação de subordinação entre orações é estabelecida pelas conjunções e locuções conjuntivas subordinativas (**quando**, **embora**, **como**, **porque**, **se**, **ainda que**, **contanto que** etc.), pelos pronomes relativos (**que**, **o qual**, **cujo** etc.), ou pelas formas nominais do verbo (**infinitivo**, **gerúndio** e **particípio**). Quando a subordinação se dá por meio de conectivos (conjunções subordinativas e pronomes relativos), dizemos que a oração subordinada está na forma de **oração desenvolvida**. Caso a subordinação se dê pelas formas nominais do verbo, dizemos que se trata de **oração reduzida**.

As orações subordinadas, conforme a função sintática que exerçam, classificam-se em substantivas, adjetivas ou adverbiais.

a. **substantivas**: exercem as funções próprias de um substantivo (sujeito, objeto direto, objeto indireto, predicativo, complemento nominal, aposto). As subordinadas substantivas, quando não aparecem na forma de orações reduzidas, são introduzidas, em geral, pelas conjunções integrantes **que** e **se**, as quais não desempenham nenhuma função sintática.

b. **adjetivas**: exercem a função sintática de adjunto adnominal, comumente exercida pelo adjetivo. As subordinadas adjetivas, quando não aparecem na forma de orações reduzidas, são introduzidas por pronomes relativos – **que**, **quem**, **quanto**, **como**, **onde**, **cujo** (e flexões), **o qual** (e flexões). Os pronomes relativos desempenham diferentes funções sintáticas na oração por eles introduzida.

c. **adverbiais**: exercem a função sintática de adjunto adverbial, característica do advérbio. As subordinadas adverbiais, quando não aparecem na forma de orações reduzidas, são introduzidas pelas conjunções subordinativas (exceto as integrantes) e exprimem circunstâncias de tempo, consequência, causa, comparação, concessão, proporção, condição, conformidade, finalidade. Tais conjunções não desempenham função sintática.

ORAÇÕES SUBORDINADAS SUBSTANTIVAS

As orações subordinadas substantivas, conforme a função sintática que desempenham, classificam-se em subjetivas, objetivas diretas, objetivas indiretas, predicativas, completivas nominais, apositivas.

a. **subjetivas**: exercem a função de sujeito do verbo da oração principal. Observe:

I. Seu casamento (sujeito) é urgente.

II. Que você case (or. sub. subst. subjetiva) é urgente. (or. principal)

No exemplo I, em que temos um período simples, o núcleo do sujeito é representado por um substantivo – **casamento**. No exemplo II, um período composto, formado de duas orações, o sujeito da oração principal é representado por uma oração – **que você case** –, que exerce a mesma função sintática do substantivo **casamento** no exemplo I.

A essa oração, que exerce a função sintática de sujeito de outra oração, dá-se o nome de **oração subordinada substantiva subjetiva**:

- **oração subordinada**: porque exerce uma função sintática em relação a outra oração, denominada oração principal, à qual se subordina;
- **substantiva**: porque exerce uma função própria do substantivo;
- **subjetiva**: porque exerce a função sintática de sujeito do verbo da oração principal.

Note as ocorrências mais frequentes de orações subordinadas substantivas subjetivas:

oração principal	oração subordinada substantiva subjetiva
É provável	que ele chegue ainda hoje.
Convém	que ele chegue ainda hoje.
Conta-se	que ele chegará ainda hoje.

Quando há oração subordinada substantiva subjetiva, a oração principal apresenta o verbo na terceira pessoa do singular e não possui sujeito nela mesma.

b. **objetivas diretas**: exercem a função sintática de objeto direto do verbo da oração principal.

oração principal	oração subordinada substantiva objetiva direta
Espero	que você se case.
Desejo	que ele volte.
Não sei	se viajarei amanhã.

c. **objetivas indiretas**: exercem a função sintática de objeto indireto do verbo da oração principal.

oração principal	oração subordinada substantiva objetiva indireta
Necessitávamos	de que nos ajudassem.
Gostaria	de que todos me apoiassem.

Nesses exemplos, os verbos da oração principal exigem uma preposição, que antecede a conjunção integrante.

d. **predicativas**: desempenham a função sintática de predicativo do sujeito da oração principal.

oração principal	oração subordinada substantiva predicativa
Meu maior desejo era	que todos voltassem.
Minha esperança é	que sejas feliz.

Observe a presença do verbo de ligação encerrando a oração principal.

e. **completivas nominais**: exercem a função sintática de complemento de um nome da oração principal.

oração principal	oração subordinada substantiva completiva nominal
Tenho medo	de que me traias.
Sou favorável	a que o condenem.

Observe que as completivas nominais (assim como o complemento nominal) se ligam a um nome (substantivo, adjetivo ou advérbio) por meio de preposição.

f. **apositivas**: desempenham a função sintática de aposto de um nome da oração principal.

oração principal	oração subordinada substantiva apositiva
Desejo uma coisa:	que sejas feliz.
Espero sinceramente isto:	que vocês não faltem mais.

Note que, assim como no caso do aposto, as orações apositivas separam-se da principal por sinal de pontuação.

Quanto à posição que ocupam no período, as orações subordinadas substantivas costumam vir após a principal.

Grave isto!

As orações subordinadas substantivas, como vimos, começam geralmente pelas conjunções subordinativas integrantes (**que** e **se**). Podem, no entanto, vir introduzidas por outras palavras. Veja:

oração principal	oração subordinada substantiva
Não sei	**como** ele se comportou.
Perguntei	**quando** era o exame.
Não sei	**por que** és tão vaidosa.
Perguntamos	**quanto** custava o produto.
Não sabemos	**quem** escondeu os documentos.

ORAÇÕES SUBORDINADAS ADJETIVAS

As orações subordinadas adjetivas são, como já definimos, aquelas que exercem a função sintática de adjunto adnominal, própria do adjetivo. Estão relacionadas a um nome (ou pronome) da oração principal e vêm introduzidas por um pronome relativo.

adjetivo

I. Admiramos os alunos **estudiosos**.

oração sub. adjetiva

II. Admiramos os alunos **que estudam**.

No exemplo I, em que temos um período simples, o adjetivo **estudiosos** refere-se ao substantivo **alunos** e exerce a função sintática de adjunto adnominal. No exemplo II, um período composto, a função sintática de adjunto adnominal não é mais exercida por um adjetivo, mas por uma oração que equivale a um adjetivo – **que estudam** – que funciona como adjunto adnominal do núcleo do objeto direto, o substantivo **alunos**. A essa oração dá-se o nome de **oração subordinada adjetiva**:

- **oração subordinada**: porque exerce uma função sintática em relação a outra oração, denominada oração principal, à qual se subordina;
- **adjetiva**: porque exerce a função de adjunto adnominal, própria do adjetivo.

É muito fácil reconhecer uma oração subordinada adjetiva, já que ela sempre virá introduzida por um pronome relativo. A oração adjetiva pode vir depois da oração principal ou estar nela intercalada:

or. principal		oração sub. adjetiva
Serão premiados os alunos	**que**	conseguirem melhor nota.
	pron. relativo	

or. principal	oração sub. adjetiva	or. principal
Os alunos	**que conseguirem melhor nota**	serão premiados.
	pron. relativo (que)	

Quanto ao sentido, as orações subordinadas adjetivas classificam-se em restritivas ou explicativas.

a. restritivas: restringem a significação do nome a que se referem.

or. principal	or. sub. adj. restritiva	or. principal
O homem	**que fuma**	vive menos.

Verifique que a característica expressa pela oração adjetiva **que fuma** não se aplica a todos os elementos da espécie homem (não são todos os homens que fumam, apenas alguns deles). Dizemos, então, que ela restringe a significação do nome a que se refere. Veja outros exemplos:

or. principal	or. sub. adj. restritiva	or. principal
Os atletas	**que foram convocados**	apresentaram-se ontem.

or. principal	or. sub. adj. restritiva	or. principal
O homem	**que trabalha**	sente-se mais útil.

or. principal	or. sub. adj. restritiva
Resolveram os exercícios	**que faltavam**.

b. **explicativas**: não restringem a significação do nome; pelo contrário, acrescentam uma característica que é própria do elemento a que se referem.

or. principal	or. sub. adj. explicativa	or. principal
O homem,	**que é um ser racional**,	aprende com os erros.

Verifique que a característica **que é um ser racional** não restringe a significação do nome a que se refere, uma vez que se aplica a todos os elementos da espécie. Nesse caso, a oração subordinada adjetiva explicativa informa uma característica que é própria a todos os seres humanos.

Dizemos então que ela explica o significado do nome a que se refere. Veja outros exemplos:

or. principal	or. sub. adj. explicativa	or. principal
O Sol,	**que é uma estrela**,	é o centro do nosso sistema planetário.

or. principal	or. sub. adj. explicativa	or. principal
Capitu,	**que é uma personagem criada por Machado de Assis**,	tinha olhos de ressaca.

or. principal — São Paulo,

or. sub. adj. explicativa — **que é o maior parque industrial da América Latina**,

or. principal — apresenta sérios problemas de poluição ambiental.

Como você pode observar nos exemplos anteriores, as orações subordinadas adjetivas explicativas, na escrita, são separadas da principal por vírgula.

Quanto à posição no período, as orações subordinadas adjetivas podem vir depois da oração principal ou nela intercaladas.

Fique por dentro!

Subordinada? Principal?

Vimos que, num período composto por subordinação, teremos pelo menos uma oração principal. Observe bem, **pelo menos uma**, o que significa que podemos ter mais de uma oração principal. Às vezes, temos uma oração subordinada a uma principal, mas que, ao mesmo tempo, é principal em relação a outra subordinada. Para comprovar isso, analise calmamente o período a seguir:

O diretor informou que o aluno que colaborasse nas festividades seria recompensado.

A oração **O diretor informou** é a oração principal; a oração **que o aluno que colaborasse nas festividades seria recompensado** é uma oração subordinada substantiva objetiva direta (completa o significado da forma verbal **informou**); a oração **que colaborasse nas festividades** é uma oração subordinada adjetiva restritiva, que desempenha função sintática de adjunto adnominal na oração objetiva direta **que o aluno seria recompensado**. Assim, essa última oração é subordinada à primeira oração, mas é principal em relação à oração adjetiva.

É tudo muito simples... Só é preciso ter calma para analisar o período.

FUNÇÃO SINTÁTICA DOS PRONOMES RELATIVOS

Como vimos, os pronomes relativos desempenham função sintática na oração adjetiva. Para analisá-los, o melhor procedimento é montar a oração adjetiva substituindo o pronome relativo pelo seu antecedente.

O **homem**, (antecedente) **que** (pron. relativo) é um ser racional, aprende com os erros.

(oração principal: O homem aprende com os erros; oração adjetiva: O homem é um ser racional.)

O próximo passo é analisar essa oração adjetiva. Observe que a função do pronome relativo será a mesma que seu antecedente exercer na oração adjetiva quando feita a substituição. No exemplo, o pronome relativo desempenha a função sintática de **sujeito** da oração subordinada adjetiva.

As principais funções sintáticas desempenhadas pelos pronomes relativos são:

a. sujeito

O Sol, / **que** é uma estrela, / é o centro de nosso sistema planetário.

(**que** substitui **o Sol** ⇒ **O Sol** é uma estrela. ⇒ **O Sol**: sujeito)

b. objeto direto

Os trabalhos / **que** faço / me dão prazer.

(**que** substitui **os trabalhos** ⇒ Faço **os trabalhos**. ⇒ **os trabalhos**: objeto direto)

c. objeto indireto

Os filmes / **a que** nós nos referimos / são italianos.

(**que** substitui **os filmes** ⇒ Nós nos referimos **aos filmes**. ⇒ **aos filmes**: objeto indireto)

As pessoas / **de quem** gostamos / são italianas.

(**quem** substitui **as pessoas** ⇒ Gostamos **das pessoas**. ⇒ **das pessoas**: objeto indireto)

Neurônios trabalhando...

Estudando sem perder o sono

Eu dormia muitas vezes com o dicionário debaixo do travesseiro. Eu estava persuadido de que, à noite, as palavras o atravessariam e viriam instalar-se em compartimentos preparados para elas. As palavras deixariam assim as páginas e viriam imprimir-se em minha cabeça. Eu seria sábio no dia em que, no livro, só houvesse páginas em branco.

(JELLOUN, Tahar Bem. *Les yeux baissés*. In: MORAIS, José. *A arte de ler*. São Paulo: Ed. da Unesp, 1995. p. 161.)

Localize a oração adjetiva restritiva presente no texto. Em seguida, responda:

a. Qual é a função desempenhada pelo pronome relativo?

b. Qual é o sujeito dessa oração?

Oração adjetiva restritiva **em que, no livro, só houvesse páginas em branco.** a) Adjunto adverbial. b) Na verdade, trata-se de uma oração sem sujeito (lembre-se de que o verbo **haver**, no sentido de "existir", é impessoal).

d. predicativo do sujeito

O atleta saudável / **que** ele sempre foi / hoje está fora das pistas por causa de um acidente.

(**que** substitui o **atleta saudável** ⇒ Ele sempre foi **o atleta saudável.** ⇒ **o atleta saudável**: predicativo do sujeito)

e. complemento nominal

O filme / **a que** fizeram referência / foi premiado.

(**que** substitui **o filme** ⇒ Fizeram referência **ao filme.** ⇒ **ao filme**: complemento nominal)

f. adjunto adnominal

O menino / **cujo** pai é médico / deverá seguir a carreira do pai.

(**cujo** substitui **o menino** ⇒ O pai **do menino** é médico. ⇒ **do menino**: adjunto adnominal)

g. agente da passiva

O médico / **por quem** fui operado / é também professor da universidade.

(**quem** substitui **o médico** ⇒ Fui operado **pelo médico.** ⇒ **pelo médico**: agente da passiva)

h. adjunto adverbial

A cidade / **em que** moro / é bastante tranquila.

(**que** substitui **a cidade** ⇒ Moro **na cidade.** ⇒ **na cidade**: adjunto adverbial)

ORAÇÕES SUBORDINADAS ADVERBIAIS

Orações subordinadas adverbiais são, conforme definimos, aquelas que exercem a função sintática de adjunto adverbial, própria do advérbio. Observe:

		advérbio
I.	Saímos	**tarde**.
	oração principal	or. sub. adverbial
II.	Saímos	**quando era tarde**.

No exemplo I, um período simples, o advérbio **tarde** refere-se ao verbo e exerce a função sintática de adjunto adverbial. No exemplo II, um período composto, a função sintática de adjunto adverbial não é mais exercida por um advérbio, mas por uma oração equivalente –

quando era tarde. A essa oração dá-se o nome de **oração subordinada adverbial**:

- **oração subordinada**: porque exerce uma função sintática em relação a outra oração, denominada oração principal, à qual se subordina;
- **adverbial**: porque exerce a função de adjunto adverbial, própria do advérbio.

As orações subordinadas adverbiais iniciam-se pelas conjunções subordinativas, exceto as integrantes (que, como vimos, introduzem as orações subordinadas substantivas).

A Nomenclatura Gramatical Brasileira (NGB) faz referência a nove tipos de oração adverbial: causal, comparativa, consecutiva, concessiva, condicional, conformativa, final, proporcional, temporal.

A melhor maneira de classificar as orações adverbiais é pensar no significado da oração no contexto em que ela aparece. Não se habitue, portanto, a decorar lista de conjunções.

Vejamos agora cada tipo, um a um.

a. causais: exprimem causa, aqui entendida como motivo, ou seja, aquilo que determina ou provoca um acontecimento.

or. principal — or. sub. adv. causal

Não viajamos / **porque** **estava chovendo**.

(porque: conjunção)

As principais conjunções e locuções conjuntivas causais são: **porque**, **como** (equivalendo a **porque**), **visto que**, **já que**, **uma vez que**.

b. comparativas: exprimem comparação, que é o ato de confrontar dois elementos a fim de estabelecer semelhanças ou diferenças entre eles.

or. principal — or. sub. adv. comparativa

Choveu / **como** **chove em Belém**.

(como: conjunção)

Muitas vezes as orações comparativas vêm com o verbo elíptico.

Choveu / como em Belém. (⇒ Choveu como chove em Belém.)

verbo elíptico: **chove**

Falava mais / que papagaio. (⇒ Falava mais que papagaio fala.)
verbo elíptico: **fala**

As principais conjunções comparativas são: **como**, **que** (precedido de **mais** ou de **menos**).

c. **consecutivas**: exprimem consequência (resultado ou efeito de uma ação qualquer).

or. principal — Choveu tanto
or. sub. adv. consecutiva — **que o jogo foi suspenso**.
conjunção — **que**

A principal conjunção consecutiva é **que** (precedido de um termo intensivo: **tão, tal, tanto**).

d. **concessivas**: exprimem concessão, que é o ato de conceder, de permitir, de não negar, de admitir uma ideia contrária.

or. principal — Choveu
or. sub. adv. concessiva — **embora a meteorologia previsse bom tempo**.
conjunção — **embora**

As principais conjunções e locuções conjuntivas concessivas são: **embora**, **conquanto**, **se bem que**, **ainda que**, **mesmo que**, **por mais que**, **por menos que**.

Nas orações concessivas se admite um fato que faça algum tipo de restrição ao fato expresso pela oração principal, porém incapaz de impedi-lo; por isso as orações concessivas trazem sempre em si a ideia de **apesar de**.

Tirou boa nota, **se bem que não tivesse estudado**. (⇒ Tirou boa nota apesar de não ter estudado.)

e. **condicionais**: exprimem condição, entendida como uma obrigação que se impõe ou se aceita para que determinado fato se realize.

or. principal — Viajaremos
or. sub. adv. condicional — **se não chover amanhã**.
conjunção — **se**

As principais conjunções e locuções conjuntivas condicionais são: **se**, **caso**, **contanto que**, **desde que**.

A oração condicional traz sempre em si a ideia de na **hipótese de**.

Terminarei o trabalho amanhã **se tudo der certo**. (⇒ Terminarei o trabalho amanhã **na hipótese de tudo dar certo**.)

f. **conformativas**: exprimem conformidade, isto é, de acordo, de adequação, de não contradição.

or. principal — or. sub. adv. conformativa

Choveu, **conforme** **era previsto**.

conjunção

As principais conjunções conformativas são: **conforme**, **segundo**, **como**, **consoante**.

g. **finais**: exprimem finalidade, entendida como objetivo, a destinação de um fato.

or. principal — or. sub. adv. final

Os lavradores esperavam a chuva **a fim de que** **não perdessem a colheita**.

loc. conjuntiva

As principais conjunções e locuções conjuntivas finais são: **a fim de que**, **para que**, **que**.

h. **proporcionais**: exprimem proporção, entendida como a relação entre duas coisas, de modo que qualquer alteração em uma delas implique alteração na outra.

or. sub. adv. proporcional — or. principal

À proporção que **a civilização progride**, o romantismo se extingue.

loc. conjuntiva

As principais locuções conjuntivas proporcionais são: **à proporção que**, **à medida que**.

i. **temporais**: exprimem tempo.

or. principal — or. sub. adv. temporal

Choveu **quando** **anoitecia**.

(quando: conjunção)

As principais conjunções e locuções conjuntivas temporais são: **quando**, **enquanto**, **logo que**, **desde que**, **assim que**.

As orações subordinadas adverbiais não têm posição fixa no período, podendo aparecer antes ou depois da oração principal ou nela intercaladas.

ORAÇÕES SUBORDINADAS REDUZIDAS

Muitas vezes, as orações subordinadas podem aparecer na forma de orações reduzidas. As orações subordinadas reduzidas têm duas características:

a. apresentam o verbo em uma das formas nominais: gerúndio, particípio ou infinitivo;

b. não vêm introduzidas por conectivos (conjunções e locuções conjuntivas subordinativas ou pronomes relativos).

As orações subordinadas reduzidas classificam-se, de acordo com a forma verbal que apresentam, em:

a. subordinada reduzida de gerúndio;

b. subordinada reduzida de particípio;

c. subordinada reduzida de infinitivo.

Os três tipos de orações subordinadas (substantivas, adjetivas e adverbiais) podem aparecer na forma de orações reduzidas. As orações substantivas sempre aparecerão na forma de **reduzidas de infinitivo**.

As orações subordinadas substantivas reduzidas encaixam-se na oração principal exercendo funções sintáticas próprias dos substantivos (sujeito, objeto direto, objeto indireto, predicativo do sujeito, complemento nominal, aposto). Para classificá-las, basta verificar a função sintática que exercem em relação à oração principal, classificando-a como se fosse uma oração desenvolvida acrescentando-se as palavras **reduzida de infinitivo**. Observe:

or. principal	or. sub. reduzida de infinitivo
A equipe de resgate esperava	**encontrar sobreviventes**.

A oração **encontrar sobreviventes** exerce a função sintática de objeto direto, pois completa a significação do verbo **esperar** da oração principal; deve então ser classificada como **oração subordinada substantiva objetiva direta reduzida de infinitivo**. Veja outro exemplo:

or. principal	or. sub. reduzida de infinitivo
Meu desejo era	**passar um mês fora**.

A oração **passar um mês fora** exerce a função sintática de predicativo do sujeito. Observe que ela se refere ao sujeito da oração principal, **meu desejo**, por meio de um verbo de ligação. Deve então ser classificada como **oração subordinada substantiva predicativa reduzida de infinitivo**.

Para classificar orações subordinadas adjetivas e adverbiais que se apresentam na forma de oração reduzida, costuma-se adotar o seguinte procedimento:

1. desenvolvê-las, isto é, tirá-las da forma reduzida, fazendo aparecer o conectivo (conjunção subordinativa ou pronome relativo);
2. classificar a oração desenvolvida;
3. aplicar a classificação da oração desenvolvida à reduzida, acrescentando as palavras **reduzida de gerúndio**, **reduzida de particípio** ou **reduzida de infinitivo**, conforme o caso.

Observe atentamente os exemplos a seguir:

Havia muitas pessoas **trabalhando no campo**.

Desenvolvendo:

or. principal	or. sub. adj. restritiva
Havia muitas pessoas	**que** **trabalhavam no campo**.

que ⇑ pronome relativo

Aplicando a análise à oração reduzida, temos: **oração subordinada adjetiva restritiva reduzida de gerúndio**. Veja outro exemplo:

Terminado o baile, todos saíram.

Desenvolvendo:

or. sub. adv. temporal — or. principal

Quando **terminou o baile**, todos saíram.

⇑

conjunção

Aplicando a análise da oração desenvolvida à reduzida, temos: **oração subordinada adverbial temporal reduzida de particípio**.

Não fique aí parado!

1. Leia: "A impaciência com o 'baixo clero' corintiano, porém, não se viu com as estrelas do time. Tevez, Carlos Alberto e Sebá, que estreou ontem, mesmo jogando bem, foram festejados pela torcida." (*Folha de S.Paulo*, 17 fev. 2005. p. D3.)

a) O emprego inadequado de uma oração subordinada adverbial é responsável por uma incoerência no texto. Identifique essa oração e comente a incoerência.

b) A que termo do período refere-se a oração **que estreou ontem**? Como ela deve ser classificada?

2. Observe este trecho: "O pai de Arturzinho, um médico que trabalhava muito e preservava o seu descanso, proibira qualquer tipo de zoeira na casa." (SCLIAR, Moacyr. *O mistério da casa verde*. São Paulo: Ática, 2006. p. 14.)

Em relação a ele, responda:

a) A sequência **um médico que trabalhava muito e preservava o seu descanso** refere-se a que termo? Que função exerce no período?

b) No período, há duas orações coordenadas entre si. Identifique essas orações e classifique-as, indicando o termo do período a que elas se referem.

3. A texto a seguir é encontrado em agências bancárias:

> **Prezado cliente**
> Se desejar, solicite aqui a sua senha de controle para atendimento e dirija-se à fila.

a) Por quantas orações esse texto é formado?

b) Que tipo de período ocorre?

c) Qual a circunstância expressa pela primeira oração?

4. Complete o sentido dos trechos a seguir com uma oração subordinada substantiva. A seguir, classifique as orações substantivas formadas.

a) Perguntei...

b) Tinha receio...

c) Nossa ideia era...

d) É fundamental...

e) Pedro lembrou-se...

f) Havia um grande interesse...

g) Era aguardado ansiosamente...

h) Percebe-se...

i) Muita gente pediu...

j) Ele sugeriu ao colega...

k) Ele se esqueceu...

5. Analise as orações destacadas e marque:

A se for adverbial causal;

B se for adverbial consecutiva.

a) Correram tanto, **que ficaram cansados**.

b) Ficaram cansados **porque correram muito**.

c) Foram punidos **porque se comportaram muito mal**.

d) Comportaram-se tão mal, **que foram punidos**.

6. Observe os períodos a seguir:

"Não havia necessidade de muita roupa."

Não havia necessidade de usar muita roupa.

Indique quantas orações formam esses períodos e a função sintática de "de muita roupa" e "de usar muita roupa".

7. Leia: "Custa muito caro para a sociedade manter limpos os espaços públicos e recuperar a natureza afetada." (Departamento Nacional de Trânsito – Denatran. *Direção defensiva*.)

a) Nesse período há duas orações coordenadas entre si. Identifique-as e classifique-as.

b) A que termo se referem os adjetivos **limpos** e **afetada**? Que função sintática exercem?

c) A que palavra refere-se **caro**? A que classe de palavras pertence? Qual é sua função sintática?

8. Classifique as orações presentes nos períodos a seguir como subordinadas substantivas subjetivas ou subordinadas substantivas objetivas diretas.

a) O rei berrou que estava cheio dos sermões da rainha.

b) Convém que você fuja imediatamente.

c) Conta-se que naquela torre habita uma bruxa.

d) Contam que naquela torre habita uma bruxa.

e) É provável que ele chegue ainda hoje.

f) Acontece que meu coração ficou triste.

g) Parece que eles chegaram à cidade.

h) Ele afirmou categoricamente que o fato não era verdadeiro.

i) Comenta-se que poucos foram reprovados.

j) Urge que você retorne ao país.

9. Classifique as orações em destaque.

a) "Não desperto mais com a sensação **de que meus dias estão contados**." (Milton Hatoum)

b) "Vejo agora **quanto estava preso a ela**." (Cyro dos Anjos)

c) "[...] tenho a impressão **de que estou vivendo não em Belo Horizonte**." (Cyro dos Anjos)

d) A virtude das mulheres é **que elas nunca mentem**.

e) Ele fez questão **de que nos retirássemos**.

f) Ele ficou com medo **de que eu revelasse seu segredo**.

g) O time precisava **de que toda a torcida esperasse**.

h) Ele sempre quer a mesma coisa: **que a sua presença seja notada**.

i) Os homens sempre se esquecem **de que não são o sexo frágil**.

j) Sou favorável **a que o absolvam**.

k) Havia dúvida **de que o fato fosse verdadeiro**.

l) Ninguém duvidava **de que o fato fosse verdadeiro**.

m) Ignoramos **quando se deu o desastre**.

n) É conveniente **que todos compareçam**.

o) É preciso **que você seja mais responsável**.

p) Foi necessário **que os bombeiros interviessem**.

q) Não entendi **por que ele não compareceu**.

r) Perguntei **se ele estava satisfeito**.

s) Meu desejo é **que eles retornem rápido**.

t) Sempre alegava a mesma coisa: **que não era o único culpado**.

10. Leia este trecho: "Fermentação e destilação são as duas únicas receitas para se fabricar o álcool que pode ser bebido." (*Superinteressante*. São Paulo: Abril, fev. 2000. p. 36.)

Com relação a ele, pergunta-se: todo álcool pode ser bebido? Justifique sua resposta.

11. Reescreva as frases a seguir, substituindo as expressões destacadas por um adjetivo, conforme o modelo:

Formavam-se gotículas ***que não se podiam perceber****. ⇒ Formavam-se gotículas* ***imperceptíveis****.*

a) O saber é um bem **que não se pode destruir.**

b) A caneta solta tinta **que não se pode apagar**.

c) Tem uma letra **que não se consegue ler**.

d) Foi uma cena **que não se podia imaginar**.

e) É uma grandeza **que não pode ser medida**.

f) É uma atitude **que não pode ser compreendida**.

12. Destaque e classifique as orações subordinadas adjetivas.

a) "O carteiro, cujo velho sonho era a formatura do filho, viu logo ali meios de consegui-la." (Lima Barreto)

b) "Minha terra tem palmeiras onde canta o sabiá." (Gonçalves Dias)

c) "[...] não há serenidade moral que corte uma polegada sequer às abas do tempo [...]" (Machado de Assis)

d) "Gosto dos homens que têm um futuro e das mulheres que têm um passado." (Oscar Wilde)

e) "Cesse tudo o que a Musa antiga canta [...]" (Camões)

f) "Chamei ontem o Dr. Fagundes, que é o médico da casa desde anos." (Cyro dos Anjos)

g) "O velho papagaio, que me parecia humorístico, dá-me, agora, grande pena." (Cyro dos Anjos)

h) "O caboclo mal-encarado que encontrei um dia em casa do Mendonça também se acabou em desgraça. (Graciliano Ramos)

i) "Vários fregueses que sempre procederam bem quebraram tudo de repente." (Graciliano Ramos)

j) "As criaturas que me serviram durante anos eram bichos." (Graciliano Ramos)

13. Aponte a diferença de significado entre os dois períodos a seguir.

I. Os homens, que têm seu preço, são fáceis de corromper.

II. Os homens que têm seu preço são fáceis de corromper.

14. Leia: "Os infelizes tinham caminhado o dia inteiro, estavam cansados e famintos." (Graciliano Ramos)

Empregando a conjunção adequada, reescreva o período, estabelecendo entre essas orações:

a) uma relação causal;

b) uma relação de conclusão.

15. Classifique as orações subordinadas adverbiais em destaque.

a) "**Quanto mais engrossam a casca**, mais se torturam com o peso da carapaça." (Raduan Nassar)

b) "A mulherice só lhe nasceria tarde **porque até no capim vagabundo há desejo de sol**." (Clarice Lispector)

c) "**Quando serenei**, pareceu-me que houvera barulho sem motivo." (Graciliano Ramos)

d) "**À medida, porém, que as horas se passavam**, sentia-me cair num estado de perplexidade e covardia." (Graciliano Ramos)

e) "Guiou-me ao canto nono, **como a uma rua suspeita**." (Raul Pompeia)

f) "Era cedo demais **para que eu pudesse pesar filosoficamente a revelação** [...]" (Raul Pompeia)

g) "Emília foi mais forte **do que eu**." (Cyro dos Anjos)

h) "**Desde que houve a reunião em casa de Jandira**, eu não pensava mais em Arabela [...]" (Cyro dos Anjos)

i) "**Quando ela morresse**, eu lhe perdoaria os defeitos." (Graciliano Ramos)

j) "Recolheu sua mala **para que o intruso se acomodasse**." (Fernando Sabino)

16. Identifique e classifique as orações reduzidas nos períodos seguintes.

a) Penso estar na sala certa.
b) O remédio era ficarmos em casa.
c) Há sombras vagueando na noite.
d) Não dizendo a verdade, nada conseguirás.
e) Terminada a festa, retiraram-se todos os convidados.
f) É necessário chegares a tempo.
g) Foram repreendidas por se queixarem.
h) Encontrei um homem andando sem destino.
i) Fiz um atalho, para encurtar o caminho.
j) Temendo consequências mais drásticas, suspenderam a obra.
k) É necessário fazermos mudanças radicais.
l) Não comparecendo à reunião, sairás prejudicado.
m) Precisando, disponha.

17. Explique por que há uma ambiguidade no período a seguir:

"O guarda encontrou os criminosos correndo em direção à estação.".

18. Na frase "**Sem estudar**, você não será aprovado.", a oração destacada indica ideia de:

a) concessão
b) modo
c) causa
d) condição
e) tempo

19. Na frase "**Sabendo que seria preso**, ainda assim saiu à rua.", a ideia contida na oração em destaque é de:

a) conformidade
b) modo
c) condição
d) tempo
e) concessão

20. Na frase "**Não vendo o poste**, colidiu com ele.", a oração destacada encerra ideia de:

a) concessão
b) causa
c) condição
d) modo
e) finalidade

Veja na página 477 questões de exames sobre o assunto abordado neste capítulo.

CAPÍTULO 21

Concordância

DEFINIÇÃO

Concordância é o mecanismo por meio do qual as palavras alteram suas terminações para se adequarem harmonicamente umas às outras na frase.

Há dois tipos de concordância:

a. **concordância verbal**: o verbo altera as desinências número-pessoais para ajustar-se em pessoa e número ao sujeito.

b. **concordância nominal**: os nomes (adjetivos, artigos, numerais adjetivos e pronomes adjetivos) alteram suas desinências para se ajustarem em número e gênero ao substantivo (ou pronome) a que se referem.

CONCORDÂNCIA VERBAL

Regra: verbo e sujeito devem concordar em número e pessoa.

sujeito	verbo	
Eu	cheguei.	(primeira pessoa do singular)
Tu	chegaste.	(segunda pessoa do singular)
O aluno	chegou.	(terceira pessoa do singular)
Os alunos	chegaram.	(terceira pessoa do plural)

Como você pode notar, essa regra não oferece maiores dificuldades. Entretanto, há casos em que a concordância não é feita de acordo com a regra que apresentamos; somam-se a eles alguns outros em que não se tem ainda uma norma consolidada, pois mesmo na linguagem formal encontram-se usos divergentes para um mesmo caso. É justamente a esses casos que dedicaremos agora a nossa atenção.

CASOS PARTICULARES

O SUJEITO É UM COLETIVO

Quando o sujeito é um coletivo, o verbo acompanha o número do substantivo coletivo.

sujeito
(coletivo no singular)

O bando **perturbou** a pacata cidade.

verbo
(3.ª pessoa do singular)

sujeito
(coletivo no plural)

Os bandos **perturbaram** a pacata cidade.

verbo
(3.ª pessoa do plural)

Se o coletivo singular vier especificado por um adjunto plural, o verbo pode ficar no singular (conforme a regra) ou ir para o plural.

sujeito (coletivo especificado)

A multidão de fanáticos torcedores **aplaudiu** (ou **aplaudiram**) a jogada.

verbo

Esse procedimento deve ser aplicado também com as expressões partitivas (**parte de**, **metade de**, **uma porção de**, **a maior parte** etc.).

sujeito

Grande parte dos torcedores **compareceu** (ou **compareceram**) ao estádio.

verbo

NOMES QUE SÓ SE USAM NO PLURAL

Quando o sujeito é um nome que só se usa no plural e não vem precedido de artigo, o verbo fica no singular. Caso venha antecipado de artigo, o verbo deverá estar no mesmo número em que estiver o artigo.

Minas Gerais **produz** muito leite.

Vassouras **comemora** seu aniversário em 29 de setembro.

Os Estados Unidos **lançaram** nova sonda espacial.

Os Andes se **estendem** desde a Venezuela até a Patagônia.

O SUJEITO É UM PRONOME DE TRATAMENTO

Quando o sujeito é um pronome de tratamento, o verbo fica sempre na terceira pessoa (do singular ou do plural), dependendo do número do pronome de tratamento.

Sua Alteza **está** em audiência.

Vossas Altezas **desejam** assistir à ópera?

Sua Excelência **recolheu**-se aos seus aposentos.

Vossas Excelências **merecem** esta honraria.

O SUJEITO É O PRONOME RELATIVO *QUE*

Quando o sujeito é o pronome relativo **que**, o verbo concorda com o antecedente do pronome relativo.

	antecedente	sujeito	verbo	
Paulo foi	**a pessoa**	que	**despachou**	a mercadoria.
Estas foram	**as pessoas**	que	**distribuíram**	a mercadoria
Fomos	**nós**	que	**entregamos**	a mercadoria.
Foste	**tu**	que	**autorizaste**	a importação.

O SUJEITO É O PRONOME RELATIVO *QUEM*

Quando o sujeito é o pronome relativo **quem**, o verbo concorda com ele, devendo ficar na terceira pessoa do singular.

		sujeito	verbo	
Desta vez sou	eu	**quem**	**paga**	a conta.
Na festa foste	tu	**quem**	**cantou**	aquela canção.
Fomos	nós	**quem**	**apresentou**	a melhor proposta.
São	eles	**quem**	**dita**	a lei.

Grave isto!

Por analogia ao pronome relativo **que**, cuja concordância, como vimos, deve ser feita com seu antecedente, é frequente a concordância do verbo com o antecedente do pronome relativo **quem**.

	antecedente	sujeito	verbo	
Desta vez sou	**eu**	quem	**pago**	a conta.
Na festa foste	**tu**	quem	**cantaste**	aquela canção.
Fomos	**nós**	quem	**apresentamos**	a melhor proposta.
São	**eles**	quem	**ditam**	a lei.

O SUJEITO É *MAIS DE UM / MAIS DE DOIS*

Quando o sujeito é formado pelas expressões **mais de um**, **mais de dois**, o verbo deverá estar no mesmo número em que estiver o numeral dessas expressões.

Mais de **um** aluno **faltou**.

Mais de **dois** alunos **faltaram**.

Há, no entanto, dois casos em que a expressão **mais de um** exige verbo no plural:

a. quando vier repetida.

Mais de um aluno, mais de um professor **faltaram**.

b. quando o verbo indicar reciprocidade.

Mais de um atleta **cumprimentaram-se.**

O SUJEITO É FORMADO PELAS EXPRESSÕES *ALGUNS DE NÓS / POUCOS DE NÓS*

Quando o sujeito é formado de um pronome indefinido ou interrogativo no plural (**alguns**, **poucos**, **muitos**, **quantos**, **quais** etc.), seguido dos pronomes retos **nós** ou **vós**, a concordância se fará com o pronome indefinido plural ou com o pronome reto.

Alguns de nós **saíram** (ou **saímos**).

Quais de vós **receberam** (ou **recebestes**) o prêmio?

Muitos dentre nós **resolveram** (ou **resolvemos**) o problema.

A opção de uma escolha ou outra estará relacionada à intenção do falante. Ao optar pela construção **Alguns de nós saímos**, o falante deixa claro para o interlocutor que se inclui no grupo dos que consideram a situação arriscada, o que não ficaria claro se optasse pela construção **Alguns de nós saíram**. Nesse caso, o falante não pertence necessariamente ao grupo daqueles que consideram a situação arriscada.

A opção pela concordância com um pronome ou outro só existe quando ambos estão no plural. Se o pronome indefinido ou interrogativo estiver no singular, o verbo só poderá ficar no singular concordando com ele.

Algum de nós **sabe** onde encontrar o livro.

Quem de nós **entregará** o prêmio?

VERBOS *DAR*, *BATER*, *SOAR* INDICANDO HORAS

Na indicação de horas, os verbos **dar**, **bater**, **soar** concordam normalmente com seu sujeito.

sujeito: **O relógio** — verbo: **deu** — duas horas.

sujeito: **O sino da igreja** — verbo: **bateu** — três horas.

Quando não está expresso na frase quem deu as horas, o sujeito é o número de horas indicado, com o qual o verbo deverá concordar.

verbo: **Deu** — sujeito: **uma hora** — adjunto adverbial: no relógio da igreja.

verbo: **Deram** — sujeito: **duas horas** — adjunto adverbial: na torre da matriz.

VERBO COM ÍNDICE DE INDETERMINAÇÃO DO SUJEITO

Quando o verbo vier acompanhado pelo índice de indeterminação do sujeito **se**, ficará obrigatoriamente na terceira pessoa do singular.

Precisa-se de digitadores.

Acredita-se em seres extraterrestres.

Trabalha-se em lugares poluídos.

Observe que, quando funciona como índice de indeterminação do sujeito, a palavra **se** está ligada a um verbo que não é transitivo direto.

VERBO COM PRONOME APASSIVADOR

Quando vier acompanhado do pronome apassivador **se**, o verbo concordará normalmente com o sujeito expresso na oração.

Vende-se (verbo) uma casa de veraneio. (sujeito: uma casa de veraneio)

Vendem-se (verbo) casas de veraneio. (sujeito: casas de veraneio)

Consertam-se (verbo) sapatos. (sujeito: sapatos)

Observe que o pronome apassivador **se** está ligado a verbo transitivo direto.

O SUJEITO É UMA ORAÇÃO SUBORDINADA

Quando o sujeito é uma oração subordinada, o verbo da oração principal fica na terceira pessoa do singular.

Ainda **falta** (verbo) resolver vários exercícios. (sujeito (oração subordinada): resolver vários exercícios)

OS VERBOS *HAVER* E *FAZER* IMPESSOAIS

O verbo **haver** (no sentido de existir, ou indicando tempo transcorrido) e o verbo **fazer** (indicando tempo transcorrido) são impessoais, isto é, não possuem sujeito. Nesses casos, não se flexionam em número, devendo ficar na terceira pessoa do singular.

Havia sérios compromissos.

Fazia dez anos que ele não vinha a São Paulo.

Deve **haver** sérios compromissos.

Vai **fazer** dez anos que ele não vem a São Paulo.

Note que, quando um verbo auxiliar se junta a um verbo impessoal, ele também fica no singular.

Não ligue o automático!

O verbo **existir** não é impessoal; possui sujeito e com ele deverá concordar.

Existem (verbo) sérios compromissos. (sujeito)

Devem existir (loc. verbal) sérios compromissos. (sujeito)

SUJEITO COMPOSTO

Quando o sujeito é composto, o verbo deve ir para o plural.

O mapa e os dicionários (sujeito composto) **chegaram** (verbo no plural).

Chegaram (verbo no plural) o mapa e os dicionários (sujeito composto).

Se o sujeito composto vier posposto ao verbo, a concordância pode ser feita com o núcleo mais próximo (concordância atrativa).

Chegou (verbo) o **mapa** e os dicionários (sujeito composto).

Falhou (verbo) o **cálculo** e as previsões (sujeito composto).

Há casos, porém, em que o sujeito composto, mesmo anteposto ao verbo, admite o verbo no singular:

a. quando os núcleos são sinônimos ou quase sinônimos.

sujeito composto

O **rancor** e o **ódio** **deixou**-o transtornado.

verbo

b. quando os núcleos vierem dispostos em gradação.

sujeito composto

Uma **indignação**, uma **raiva** profunda, um **ódio** intenso **apossou**-se dele.

verbo

c. quando os núcleos do sujeito composto são dois infinitivos.

sujeito composto

Trabalhar e **estudar** **fazia** dele um homem feliz.

verbo

Observação: caso os infinitivos exprimam ideias opostas, ocorrerá o plural.

sujeito composto

Rir e **chorar** se **alternam**.

verbo

SUJEITO COMPOSTO RESUMIDO POR PRONOME INDEFINIDO

Quando o sujeito composto vier resumido por palavras como **tudo**, **nada**, **ninguém** etc., a concordância deverá ser feita obrigatoriamente com a palavra resumitiva.

sujeito composto

Alunos, mestres, diretores, **ninguém** **faltou**.

verbo

sujeito composto

A casa, os móveis, a roupa, **tudo** **estava** fora de lugar.

verbo

sujeito composto

Alunos, mestres, funcionários, **todos** **foram** ao casamento.

verbo

SUJEITO COMPOSTO FORMADO DE PESSOAS DIFERENTES

Quando o sujeito composto é formado de pessoas diferentes e entre elas há a primeira pessoa, o verbo irá obrigatoriamente para a primeira pessoa do plural.

sujeito composto

Eu, tu e ele **resolvemos** o exercício. (⇒ Nós resolvemos...)

verbo

sujeito composto

O professor, tu e **eu** **saímos** apressados. (⇒ Nós saímos...)

verbo

No caso de o sujeito composto ser formado de segunda e terceira pessoa, o verbo poderá ir para a segunda ou para a terceira pessoa do plural.

sujeito composto

Tu e **teu colega** **chegastes** cedo. (⇒ Vós chegastes...)

verbo

sujeito composto

Tu e **teu colega** **chegaram** cedo. (⇒ Vocês chegaram...)

verbo

NÚCLEOS DO SUJEITO LIGADOS POR *OU*

Quando os núcleos do sujeito vierem ligados pela conjunção **ou**, vamos distinguir dois casos:

a. se a conjunção **ou** tiver valor excludente, o verbo ficará no singular.

sujeito composto

Roma **ou** Viena **sediará** as próximas Olimpíadas.

verbo

b. se a conjunção **ou** não tiver valor excludente, o verbo irá para o plural.

sujeito composto

Roma **ou** Viena **estão** preparadas para as próximas Olimpíadas.

verbo

A EXPRESSÃO *HAJA VISTA*

A expressão **haja vista** não varia, mesmo seguida de expressão no plural.

Vai ser difícil convencer a opinião pública de que não há corrupção, **haja vista** os diversos pedidos de CPI apresentados.

O ator deverá receber vários prêmios, **haja vista** suas excelentes atuações.

Observe que o substantivo **vista** fica sempre no feminino, como nas expressões **ponto de vista**, **tenham em vista**.

O VERBO *SER*

Efetuar a concordância do verbo **ser** exige cuidados, já que, muitas vezes, a concordância desse verbo não se faz com o sujeito, mas com o predicativo. Vejamos alguns casos de concordância do verbo **ser**.

- O verbo **ser** concordará obrigatoriamente com o predicativo quando o sujeito for o pronome interrogativo **quem** ou **que**.

sujeito		predicativo
Que	**são**	células?
Quem	**foram**	os responsáveis?

- O verbo **ser** concordará obrigatoriamente com o predicativo quando indicar tempo, data ou distância.

	predicativo
É	uma hora.
São	duas horas.

	predicativo
É	um quilômetro.
São	dois quilômetros.

predicativo

É primeiro de maio.
São dez de julho.

Grave isto!

Note que na indicação de tempo ou distância, o verbo **ser** concordará com o primeiro numeral.

É uma hora e trinta minutos.

É bem mais de **uma** hora.

São dez para a uma.

- Havendo pronome pessoal, o verbo **ser** concordará obrigatoriamente com ele, independentemente de o pronome pessoal estar antes ou depois do verbo **ser**.

Os responsáveis **somos nós**.
Nós somos os responsáveis.
O professor **sou eu**.
Eu sou o professor.

- Quando houver nome de pessoa, o verbo **ser** concordará obrigatoriamente com ele, independentemente de o nome de pessoa estar antes ou depois do verbo **ser**.

Juliana era as esperanças do time.
As esperanças do time **era Juliana**.

- Quando o sujeito do verbo **ser** for o pronome indefinido **tudo**, ou os demonstrativos **isto**, **isso**, **aquilo**, **o**, a concordância se fará, de preferência, com o predicativo.

sujeito predicativo

Tudo **são** flores.

verbo

sujeito — Isto | **são** (verbo) | predicativo — sintomas menos graves.

sujeito — Aquilo | **eram** (verbo) | predicativo — lembranças de um triste passado.

sujeito — O | que nos | interessa / **são** (verbo) | predicativo — os problemas da nação.

- O verbo **ser** das expressões **é muito**, **é pouco**, **é suficiente**, **é bastante**, denotadoras de quantidade, distância, peso etc., fica sempre na terceira pessoa do singular.

  Cem metros **é** muito.
  Dois reais **é** pouco.
  Dez quilos **é** suficiente.

CONCORDÂNCIA NOMINAL

Regra: o adjetivo, o artigo, o numeral adjetivo e o pronome adjetivo concordam em gênero e número com o substantivo (ou pronome substantivo) a que se referem.

Aqueles dois meninos estudiosos leram os livros antigos.

CASOS PARTICULARES

UM ADJETIVO REFERINDO-SE A MAIS DE UM SUBSTANTIVO

Quando temos um só adjetivo referindo-se a mais de um substantivo, vamos distinguir dois casos:

1. Se o adjetivo vier anteposto aos substantivos, deverá concordar com o substantivo mais próximo.

   Escolheste **má hora** e lugar.

Escolheste **mau lugar** e hora.

Se o adjetivo anteposto funcionar como predicativo (do sujeito ou do objeto), poderá concordar com o substantivo mais próximo (conforme a regra), ou ir para o plural.

Estava **calmo** o aluno e a aluna.

ou

Estavam **calmos** o aluno e a aluna.

Se o adjetivo anteposto referir-se a nomes próprios, o plural será obrigatório.

As **simpáticas** Lúcia e Luciana são irmãs.

2 Se o adjetivo vier posposto aos substantivos, haverá duas opções de concordância:

a. o adjetivo concorda com o substantivo mais próximo.

Encontramos um jovem e um homem **preocupado**.

b. o adjetivo vai para o plural, concordando com todos os substantivos.

Encontramos um jovem e um homem **preocupados**.

Quando se opta pela concordância no plural, é preciso levar em conta que, se pelo menos um dos substantivos for masculino, o adjetivo irá para o masculino plural.

Encontramos uma jovem e um homem **preocupados**.

Evidentemente, o adjetivo concordará com o último substantivo se apenas ele estiver sendo qualificado.

Comeu peixe e laranja **madura**.

Da janela avistava sol e mar **azul**.

No mercado comprou carne e feijão-**preto**.

Se o adjetivo posposto aos substantivos funcionar como predicativo, o plural será obrigatório.

O aluno e a aluna estão **aprovados** (predicativo).

UM SUBSTANTIVO DETERMINADO POR MAIS DE UM ADJETIVO

Quando houver um único substantivo para vários adjetivos, há duas construções possíveis:

Estudava **os idiomas** francês, inglês e italiano.
Estudava **o idioma** francês, **o** inglês e **o** italiano.

Note que, quando se coloca o substantivo no plural, não se usa artigo antes dos adjetivos. Se, no entanto, o substantivo estiver no singular, será obrigatório o uso do artigo do segundo adjetivo em diante.

AS EXPRESSÕES *É BOM / É NECESSÁRIO / É PROIBIDO*

As expressões formadas de verbo **ser** mais um adjetivo (**é bom**, **é necessário**, **é proibido** etc.) não variam.

Água mineral **é bom**.
Virtude **é necessário**.
Bebida alcoólica **é proibido** para menores.

Entretanto, se o sujeito vier antecedido de artigo (ou outro determinante), a concordância será obrigatória.

A água mineral é **boa**.
A virtude é **necessária**.
A bebida alcoólica é **proibida**.

AS PALAVRAS *ANEXO / INCLUSO*

Anexo e **incluso** são palavras que funcionam como adjetivos; devem, portanto, concordar com o substantivo ou pronome a que se referem.

Segue **anexo** o **livro**.
Seguem **anexos** os **livros**.
Segue **anexa** a **fotografia**.
Seguem **anexas** as **fotografias**.

Vai **incluso** o **documento**.
Vão **inclusos** os **documentos**.
Vai **inclusa** a **procuração**.
Vão **inclusas** as **procurações**.

Incluem-se nesta regra as seguintes palavras: **mesmo**, **próprio**, **obrigado**, **agradecido**, **grato**, **quite**.

"Eu **mesmo** conto tudo", disse **Guilherme**.

"Eu **mesma** conto tudo", disse **Camila**.

Ele próprio disse: "**agradecido**".

Elas próprias disseram: "**agradecidas**".

Ajudei o **menino** e ele me disse: "**obrigado**".

Ajudei a **menina** e ela me disse: "**obrigada**".

O **menino** ficou **grato**.

A **menina** ficou **grata**.

Os **meninos** ficaram **gratos**.

As **meninas** ficaram **gratas**.

O aluno está **quite** com o serviço militar.

Os alunos estão **quites** com o serviço militar.

A PALAVRA *MENOS*

Menos é advérbio; trata-se, portanto, de palavra que não se flexiona.

Havia **menos** alunos na sala.

Havia **menos** alunas na sala.

AS PALAVRAS *BASTANTE / BASTANTES*

A palavra **bastante**, quando se refere a um substantivo, concorda normalmente com o substantivo.

Bastantes pessoas compareceram à reunião.

Havia **bastantes razões** para ele comparecer.

As **provisões** foram **bastantes** para as férias.

Já falei isso **bastantes vezes**.

Referindo-se a verbo, adjetivo ou advérbio, **bastante** pertence à classe dos advérbios, não devendo, portanto, ser flexionado.

Elas falam **bastante**.

Elas são **bastante** simpáticas.

Elas chegaram **bastante** cedo.

Nesta regra, podemos incluir ainda as seguintes palavras: **meio**, **muito**, **pouco**, **caro**, **barato**, **longe**. Elas se flexionam, portanto, quando se referem a substantivos, mas não se flexionam quando funcionam como advérbio.

Tomou **meio litro** de leite.

Tomou **meia garrafa** de refrigerante.

É **meio**-dia e **meia** (hora).

Muitos alunos compareceram à formatura.

Poucas pessoas assistiram ao jogo.

Os **sapatos** eram **caros**.

A **mercadoria** é **barata**.

Andei por **longes terras**.

Nos exemplos que seguem, **meio**, **muito**, **pouco**, **caro**, **barato** e **longe** não se flexionam por se tratar de advérbios.

A porta estava **meio** aberta.
Ela anda **meio** aborrecida.

Os alunos estudaram **muito**.

Elas gastaram **pouco**.

Aqueles sapatos custaram **caro**.

Aquelas mercadorias custaram **barato**.

Eles moram **longe**.

PRONOMES DE TRATAMENTO

A concordância (verbal e nominal) dos pronomes de tratamento será sempre em terceira pessoa.

Vossa Excelência não **precisa** incomodar-**se** com **seus** problemas.

Vossa Alteza conhece muito bem os **seus** inimigos.

Um adjetivo referindo-se a um pronome de tratamento concordará com o sexo da pessoa representada por este pronome.

Sua Majestade está **preocupado**. (um rei)

Sua Majestade está **preocupada**. (uma rainha)

AS PALAVRAS *SÓ / SÓS*

A palavra **só**, quando for adjetivo (equivalerá a **sozinho**), concordará normalmente com o nome ou pronome a que se refere.

Luana ficou **só**.

Elas ficaram **sós**.

Quando for advérbio (equivalerá a **somente**, **apenas**), não varia.

Depois da batalha **só** restaram cinzas.

Os artistas **só** esperam ter seu talento reconhecido.

A locução adverbial **a sós** é invariável.

Gabriel, gostaria de ficar **a sós** com você.

Gabriel e Daniela precisam conversar **a sós**.

SUBSTANTIVO EMPREGADO COMO ADJETIVO

Substantivos empregados na função de adjetivos não variam.

blusa **vinho** blusas **vinho**

terno **cinza** ternos **cinza**

PARTICÍPIOS

Os particípios concordam normalmente com o substantivo (ou pronome) a que se referem.

Iniciado o **trabalho**, todos saíram.

Iniciados os **trabalhos**, todos saíram.

Iniciada a **aula**, o professor fez a chamada.

Iniciadas as **aulas**, os professores fizeram a chamada.

Ele foi **aprovado** para o cargo.

Elas foram **aprovadas** para o cargo.

Quando o particípio integra um tempo composto conjugado na voz ativa, permanece invariável.

O professor **tinha iniciado** a aula.

A professora **tinha iniciado** as provas.

Os professores **tinham iniciado** a aula.

As professoras **tinham iniciado** as provas.

CONCORDÂNCIA IDEOLÓGICA

Muitas vezes a concordância não é feita com a forma gramatical das palavras, mas com a ideia ou o sentido que está subentendido nelas. A esse tipo de concordância dá-se o nome de concordância **ideológica** ou **silepse**.

A dinâmica e populosa São Paulo continua sofrendo com as enchentes. (Silepse de gênero: subentende-se **a cidade de São Paulo**.)

Os brasileiros comemoramos a vitória do nosso ginasta. (Silepse de pessoa: subentende-se **nós, os brasileiros**.)

Os Sertões conta a Guerra de Canudos. (Silepse de número: subentende-se **a obra *Os sertões***.)

Não fique aí parado!

1. Numa loja havia um cartaz em que estava escrito: "Temos capa para chuva feminina.". Responda:

a) A forma como foi redigida a frase leva a uma interpretação estranha. Comente-a.

b) Reescreva a frase de forma a impossibilitar a interpretação errônea.

2. Numa padaria estava afixado o seguinte cartaz: "Proibido a venda de bebidas alcoolica à menores de 18 anos.". A frase do cartaz apresenta desvios em relação ao nível formal de linguagem. Reescreva-a a fim de adequá-la à linguagem culta.

3. As frases a seguir apresentam problemas de concordância. Reescreva-as a fim de adequá-las à modalidade culta da linguagem.

a) A distribuição de todas as atividades apresentada no capítulo ficam a critério do professor.

b) A população dos dois países envolvido no conflito realizaram uma manifestação.

c) O ritmo das mudanças ocorrida nas empresas tendem a mudar.

d) A administração dos imóveis urbano constataram várias irregularidades.

e) O preço de vários produtos agrícola subiram muito nos últimos meses.

f) Com certeza, nosso problema estão nas cotas, porque precisamos de muitas mais.

g) Sebo é o lugar onde se vende livros usados.

h) Toda essa situação gera muitos conflitos dentro da sala de aula, o que não ocorria anos atrás, quando o ritmo de vida e a estrutura familiar era diferente.

i) Ao final da sessão, restava apenas cinco deputados no plenário.

j) A revelação dos acontecimentos ocorrido naquela sessão plenária chocaram muitas pessoas.

k) Faltava apenas dois veículos para que a indústria automobilística aquecesse o mercado de vendas de carros modernos.

l) Num único dia passou boiando três corpos.

m) Em diversos órgãos de imprensa surge especulações a respeito da separação da atriz.

n) Ainda subsiste indícios de que ela foi a autora do crime.

o) Está à disposição dos interessados os editais do concurso.

4. "Você será submetido à verificação de pressão arterial, pulso e temperatura. Será também realizada uma entrevista para que seja avaliado se realmente você pode ser doador. O resultado dos testes realizados será enviado por correspondência."

O texto acima foi adaptado de um prospecto do Hemocentro *Doe sangue!*, produzido pela Universidade Federal Paulista (Unifesp), de São Paulo.

Reescreva esse texto, substituindo:

a) **você** por **tu**;

b) **você** por **você e eu**;

c) **uma entrevista** por **algumas entrevistas**;

d) **o resultado** por **os resultados**.

5. Mude o verbo de acordo com as alterações propostas para o sujeito.

a) O senador vai se filiar a outro partido.

O senador e o deputado * a outro partido.

Os parlamentares * a outro partido.

b) Os jovens de periferia têm valores próprios.

A geração *shopping center* * valores próprios.

Você e eu * valores próprios.

c) O turista argentino prefere o litoral de Santa Catarina.

O turista argentino e o uruguaio * o litoral de Santa Catarina.

Os turistas paraguaios * o litoral de Santa Catarina.

Tu e eu * o litoral de Santa Catarina.

6. Reescreva as frases a seguir, substituindo os termos destacados pelo que se está entre parênteses. Faça as modificações necessárias para que a frase reescrita fique de acordo com o padrão culto de linguagem.

a) Espera-se **solução** para o caso. (soluções)

b) **Tu e ele** devem retornar logo. (Eu e ele)

c) Havia **alguma coisa estranha** naquela casa. (muitas coisas estranhas)

d) Existe **um candidato** com chances de ganhar. (dois candidatos)

e) O **México** aderiu ao acordo. (Os Estados Unidos)

f) Faz **um mês** que ele não aparece. (três meses)

g) **Mais de dois alunos** fazem o estágio obrigatório. (Mais de um aluno)

h) Deu **uma hora** da tarde no relógio do mosteiro. (duas horas)

i) Precisa-se de **padeiro** com prática. (padeiro e confeiteiro)

j) Até o ano passado, naquela cidade não havia **agência bancária**. (agências bancárias)

7. Efetue a concordância escolhendo a forma adequada.

a) "Tristeza, indiferença, lágrimas, sorrisos, tudo nela * ter um significado oculto." (Joseph Conrad) (parecia / pareciam)

b) "Folhas secas e sementes, pedaços de madeira, caixas de lápis e tubos de tinta, tudo * desaparecido." (Milton Hatoum) (havia / haviam)

c) "O interior do quarto, os livros, os móveis, o casaco desabotoado do professor, sua atitude diante da mesa, a chama vacilante do fogo, tudo * a história de um trabalho profundo." (Thomas Hardy) (testemunhava / testemunhavam)

d) "No Brasil as coisas acontecem, mas depois, com um simples desmentido, * de acontecer." (Stanislaw Ponte Preta) (deixa / deixam)

8. Leia: "Acabavam de soar as 9 e três quartos no relógio do castelo e ele a nada se atrevera ainda. Indignado com a própria covardia, Julien pensou: 'Precisamente no momento em que o relógio bater 10 horas, hei de executar o que durante todo o dia me comprometi a fazer, ou então subo ao meu quarto e rebento os miolos.'". (STENDHAL. *O vermelho e o negro*. São Paulo: Abril, 1979. p. 60.)

Com relação ao texto:

a) Justifique a concordância de **acabavam de soar**.

b) Qual é a função sintática de **no relógio do castelo**?

c) Justifique a concordância de **bater**.

d) Reescreva o fragmento "Precisamente no momento em que o relógio bater 10 horas [...]", omitindo o termo **o relógio**.

9. Reescreva as frases, substituindo as palavras em destaque por aquelas indicadas entre parênteses, fazendo a concordância adequada.

a) A **tarde** chuvosa e fria impedia qualquer atividade agitada. (tardes; dias; mês)

b) **Lenço** fino e sedoso foi comprado pelo gentil e educado **rapaz**. (blusas / rapazes; lenço e blusa / garotas; blusa / senhora)

c) Minha **prima** usava **roupa** caríssima. (primas / perfumes; tio / calças e camisas)

d) Sua súbita **solidariedade** provocou estranha **reação** nas pessoas. (interesse / força; interesse e solidariedade / comportamento)

Para os exercícios **10** a **30**, assinale:
A = se apenas a sentença I estiver correta;
B = se apenas a sentença II estiver correta;
C = se apenas a sentença III estiver correta;
D = se todas estiverem corretas e
E = se nenhuma estiver correta.

10. I. Sucedeu, naquela época, acontecimentos inevitáveis.

II. Faltou, naquele dia, cinco alunos.

III. Ocorreu, naquela noite, fatos estranhos.

11. I. Chegaram o mapa e os dicionários.

II. Chegou o mapa e os dicionários.

III. O mapa e os dicionários chegaram.

12. I. Eu, tu e vossos amigos chegamos ao local.

II. Eu, tu e nosso colega saímos de casa.

III. Tu e teus amigos resolvestes o problema.

13. I. Existe casos sem solução.

II. Deve existir muitos casos sem solução.

III. Devem haver muitos casos sem solução.

14. I. Na sala de aula, havia vinte alunos.

II. Na sala de aula, existia vinte alunos.

III. Na sala de aula, tinha vinte alunos.

15. I. Faz dez anos que ele saiu.

II. Devem fazer uns dez anos que ele saiu.

III. Vão fazer uns dez anos que ele saiu.

16. I. Vê-se muitas pessoas caminhando no parque.

II. Espera-se os resultados.

III. Via-se, através da janela, os pássaros.

17. I. Tratavam-se de assuntos muito importantes.

II. Acreditavam-se, muitas vezes, em marcianos.

III. Confiam-se em pessoas honestas.

18. I. Obedeceram-se aos regulamentos.

II. Precisa-se de cozinheiras com bastante experiência.

III. Apelam-se para pessoas altruístas.

19. I. Mais de um aluno ausentaram-se.

II. Mais de dois alunos ausentaram-se.

III. Mais de um caso ficaram sem solução.

20. I. Mais de uma pessoa fugiram.

II. Mais de um lápis, mais de uma borracha estava sobre a mesa.

III. Mais de um atleta agrediu-se.

21. I. Quais de vós pretendem fugir?

II. Quais de vós pretendeis fugir?

III. Qual de vós pretende fugir?

22. I. Foram eles que pretenderam o cargo.

II. Fomos nós que pretendemos o cargo.

III. Fui eu que fiz o exercício.

23. I. Fomos nós quem pretendeu o cargo.

II. Fui eu quem fez o exercício.

III. Hoje sou eu quem paga a conta.

24. I. Pedro ou Paulo ganharão as eleições.

II. Maria ou Ângela casarão com Pedro.

III. Para mim é indiferente, macarrão ou carne me agradam.

25. I. É uma hora em ponto.

II. Ele não chegou, haja visto os últimos compromissos.

III. São meio-dia e meia.

26. I. Da capital àquela cidade são uns duzentos quilômetros.

II. Eles não chegaram, haja visto os problemas encontrados.

III. De São Paulo ao Rio de Janeiro é uns quatrocentos quilômetros.

27. I. O mundo são ilusões perdidas.

II. Tudo são flores no presente.

III. Aquilo não eram suposições dignas de crédito.

28. I. A atitude prejudicou o comércio francês e italiano.

II. A atitude prejudicou os comércios francês e italiano.

III. A atitude prejudicou os comércios francês e o italiano.

29. I. O livreto segue anexo à carta.

II. Segue anexo os livretos.

III. Vai incluso à carta a minha procuração.

30. I. Ela mesmo disse: "obrigado".

II. Ela próprio falou: "obrigado".

III. "Muito obrigado", respondeu a baronesa.

Veja na página 490 questões de exames sobre o assunto abordado neste capítulo.

CAPÍTULO 22

Regência

DEFINIÇÃO

Regência é a parte da gramática que trata das relações entre os termos da oração, verificando como se estabelece a dependência entre eles. Observe:

I. Ele visou o alvo certo.

II. Ele visou a um emprego melhor.

No exemplo I, notamos que o verbo **visar** apresenta complemento sem preposição (objeto direto); no exemplo II, constatamos que o verbo **visar** apresenta complemento introduzido pela preposição **a** (objeto indireto).

Damos o nome de **regente** ao termo que exige o complemento e de **regido** ao complemento.

Quando o termo regente é um verbo, dizemos que se trata de **regência verbal**.

Os amigos **necessitavam** de **apoio**.
regente — regido

Quando o termo regente é um nome, dizemos que se trata de **regência nominal**.

Eles eram **fiéis** ao **amigo**.
regente — regido

REGÊNCIA DE ALGUNS VERBOS

Há verbos que, na linguagem informal, apresentam o uso diferente do que é estabelecido pela gramática normativa e verbos que possuem mais de um sentido, apresentando mais de uma regência.

Sem a pretensão de esgotar o assunto, apresentamos, a seguir, a regência de alguns verbos que se enquadram nesses dois casos.

VERBOS CUJO USO NA LINGUAGEM INFORMAL DIFERE DA NORMA CULTA

- **custar**: no sentido de "ser custoso", "ser difícil", pede objeto indireto com a preposição **a** e oração subordinada com verbo no infinitivo. Nesse sentido, o sujeito de **custar** é a oração subordinada reduzida de infinitivo.

  Custou ao aluno aceitar o fato.

  Custa-me entender suas atitudes.

  Observação: É comum, mesmo em registros formais, o emprego do verbo **custar**, no sentido de "ser custoso", com sujeito representado por pessoa.

  Délia custava entender o motivo da demissão.

- **namorar**: quando empregado com complemento, esse deve vir sem preposição (namorar alguém ou namorar alguma coisa).

  Paulo **namora** Claudete.

  Ele **namora** uma aluna do oitavo ano.

  Há muito tempo ele **namora** uma bicicleta com marchas.

Grave isto!

É cada vez mais frequente e aceito o uso do verbo **namorar** no sentido de "manter relação de namoro" como transitivo indireto, regendo a preposição **com**. Tal uso se explica por analogia a **casar com, noivar com**.

Paulo namora **com** Claudete. Filomena está namorando **com** Ivã.

- **obedecer**: exige complemento com a preposição **a**.

  O filho **obedece a**o pai. Ele **obedecia a** leis antigas.

- **preferir**: na linguagem formal, quando usado com dois complementos, o objeto indireto deve ser introduzido pela preposição **a**.

  Prefiro estudar **a** trabalhar. Prefiro cinema **a** teatro.

Grave isto!

Na linguagem formal, o verbo **preferir** não deve ser empregado com termo intensivo (**mais**, **muito mais**, **mil vezes** etc.). Assim, nesse padrão de linguagem, não se deve dizer:

Prefiro **mais** cinema **do que** teatro.

Prefiro **mil vezes mais** estudar **que** trabalhar.

- **simpatizar**: exige complemento com a preposição **com**.

  Simpatizei com aquela pessoa.

  A diretoria não **simpatizou com** o novo funcionário.

  O verbo **simpatizar** não é pronominal. Assim, não são aceitas no nível formal de linguagem construções como:

  Simpatizei-me com aquela pessoa.

  A diretoria não **se simpatizou com** o novo funcionário.

Fique por dentro!

Verbo *ir* e *chegar*

Na linguagem informal, é comum o uso desses verbos com a preposição **em**:

Amanhã vou **no** cinema.
Aos domingos, costumamos ir **na** missa.
Cheguei **na** escola atrasado.
Finalmente chegamos **na** praia que procurávamos.

A norma culta, entretanto, determina que com esses verbos o adjunto adverbial seja introduzido pela preposição **a** e não pela preposição **em**. Assim, nesse padrão de linguagem, deve-se dizer:

Amanhã vou **ao** cinema.
Aos domingos, costumamos ir **à** missa.
Cheguei **à** escola atrasado.
Finalmente chegamos **à** praia que procurávamos.

VERBOS QUE APRESENTAM MAIS DE UMA REGÊNCIA

- **aspirar**

No sentido de "inspirar", "sorver", exige complemento sem preposição (objeto direto).

Ela **aspirou** o aroma das flores.
Naquele ambiente, **aspirava** um ar insalubre.

No sentido de "almejar", "pretender", exige complemento com a preposição **a** (objeto indireto).

A funcionária **aspirava a**o cargo de chefia.
O candidato **aspirava a** uma posição de destaque.

- **assistir**

No sentido de "dar assistência", "dar ajuda", é utilizado de preferência com complemento sem preposição (objeto direto).

Uma junta médica **assistiu** o paciente.

A nova política fundiária procurará **assistir** o trabalhador rural.

Também são admitidas as construções **assistir ao paciente**, **assistir ao trabalhador**.

No sentido de "ver", "presenciar", exige complemento com a preposição **a** (objeto indireto).

Assistimos a um filme interessante.

Assisti a uma partida de tênis.

No sentido de "caber", "pertencer", exige complemento com a preposição **a** (objeto indireto).

É um direito que **assiste a**o trabalhador.

Tal privilégio **assiste a**o aluno.

- **chamar**

No sentido de "convocar", "mandar vir", exige complemento sem preposição (objeto direto).

O técnico **chamou** os jogadores. **Chame** os trabalhadores.

Nesse caso, admite-se também a construção preposicionada.

O técnico **chamou pelos** jogadores.

Chamou pelos seus protetores.

No sentido de "cognominar", "dar nome", exige indiferentemente complemento com ou sem a preposição **a** e predicativo com ou sem a preposição **de**. Daí admitir quatro construções diferentes:

Chamei Pedro **de** tolo. **Chamei-o de** tolo.

Chamei a Pedro **de** tolo. **Chamei-lhe de** tolo.

Chamei Pedro tolo. **Chamei-o** tolo.

Chamei a Pedro tolo. **Chamei-lhe** tolo.

- **esquecer / lembrar**

Quando não são pronominais, exigem complemento sem preposição (objeto direto).

Ele **esqueceu** o caderno. Nós **lembramos** tudo o que houve.

Quando pronominais, exigem complemento com a preposição **de** (objeto indireto).

Ele **se esqueceu do** caderno.

Nós **nos lembramos de** tudo o que houve.

- **implicar**

No sentido de "acarretar", exige complemento sem preposição.

Tal atitude **implicará** sua demissão.

A divulgação prévia dos gabaritos **implicará** a anulação da prova.

No sentido de "impacientar-se", "demonstrar antipatia", exige complemento com a preposição **com**.

Vivia implicando **com** o irmão mais novo.

- **informar**

Quando usado com dois complementos (um sem e outro com preposição), admite duas construções:

Informei a nota **a**o aluno. ou Informei o aluno **d**a nota.

Pelos exemplos acima, observamos que, quando o objeto direto refere-se a uma coisa, a pessoa será objeto indireto com a preposição **a**. Quando o objeto direto refere-se a uma pessoa, a coisa será objeto indireto com a preposição **de**.

A regência do verbo **informar** aplica-se também aos verbos **avisar**, **certificar**, **notificar**, **prevenir** e **cientificar**.

- **pagar**

O verbo **pagar** pede objeto direto (aquilo que é pago), e objeto indireto com a preposição **a**, que representa a pessoa ou a instituição a quem se faz o pagamento:

Paguei o livro diretamente **a**o vendedor.

Paguei o empréstimo **a**o banco.

O verbo **pagar** pode ser usado com apenas um dos complementos: apenas o objeto direto (sempre referente a coisa), ou apenas o objeto indireto (sempre referente a pessoa ou instituição).

Paguei o empréstimo. Paguei **a**o banco.

A regência do verbo **pagar** aplica-se também ao verbo **perdoar**.

Perdoei a dívida. Perdoei **a**o devedor.

- **proceder**

No sentido de "ter fundamento", não exige complemento algum. Trata-se, pois, de verbo intransitivo.

Aqueles boatos não **procediam**.

Se sua reclamação **proceder**, farei a revisão da prova.

No sentido de "originar-se", "vir", exige a preposição **de**.

Todos os males **procedem da** hipocrisia.

Há em português palavras que **procedem do** árabe.

No sentido de "executar", "realizar", exige a preposição **a**.

Procederemos a um inquérito.

Tão logo a votação se encerre, **procederemos às** apurações.

- **querer**

No sentido de "desejar", exige complemento sem preposição (objeto direto).

"Eu **quero** uma casa no campo." (Tavito e Zé Rodrix)

"**Quero** um refúgio que seja seguro." (Thomas Roth)

No sentido de "estimar", "ter afeto", exige complemento com a preposição **a** (objeto indireto).

Quero a meus pais.

Quero a meus colegas.

- **visar**

No sentido de "mirar", exige complemento sem preposição (objeto direto).

Ele **visou** o alvo.

O caçador **visou** a presa, disparou e errou.

No sentido de "dar visto", exige complemento sem preposição (objeto direto).

O gerente **visou** o cheque.

O próprio cônsul **visou** meu passaporte.

No sentido de "ter em vista", exige complemento com a preposição **a** (objeto indireto).

Visamos a uma posição de destaque.

Ele agia sem **visar a** lucros.

OBSERVAÇÕES FINAIS

1. Os verbos transitivos indiretos (exceção feita ao verbo **obedecer**) não admitem voz passiva. Assim, na linguagem formal não são aceitas construções como:

   O filme **foi assistido** pelos alunos.

   O cargo **era visado** pelos funcionários.

   Deve-se dizer:

   Os alunos assistiram **a**o filme.

   Os funcionários visavam **a**o cargo.

2. Não se deve dar um mesmo complemento a palavras de regências diferentes. Assim, na linguagem formal, não se devem utilizar construções como:

   Entrou e **saiu d**a sala. (Entrar **em**; sair **de**.)

   Assisti e **gostei d**o filme. (Assistir **a**; gostar **de**.)

   Deve-se dizer:

   Entrou **na sala** e saiu **dela**.

   Assisti **ao filme** e gostei **dele**.

3. Como vimos no capítulo sobre pronomes, as formas oblíquas **o**, **a**, **os**, **as** funcionam como complementos de verbos transitivos diretos, enquanto as formas **lhe**, **lhes** funcionam como complementos de verbos transitivos indiretos.

   Convidei o amigo. ⇒ Convidei-**o**.

   Obedeço ao amigo. ⇒ Obedeço-**lhe**.

   Quero o livro. ⇒ Quero-**o**.

   Quero a meus pais. ⇒ Quero-**lhes**.

Neurônios trabalhando...

Altos e baixos

Um homem apaixonado pelo céu andava o tempo todo de rosto para cima, a contemplar as mutáveis configurações das nuvens e o brilho distante das estrelas.

Nesse embevecimento, não viu uma trave contra a qual topou violentamente com a testa. Um amigo zombou da sua distração, dizendo que quem só quer ver estrelas acaba vendo as estrelas que não quer.

Espírito previdente, esse amigo vivia de olhos postos no chão, atento a cada acidente do caminho. Por isso não pôde ter sequer um vislumbre da maravilhosa fulguração do meteoro que um dia lhe esmagou a cabeça.

(PAES, José Paulo. *Socráticas*. São Paulo: Companhia das Letras, 2001. p. 64.)

Observe o emprego do verbo **esmagar**, na última linha do texto. Sabemos que se trata de um verbo transitivo direto. No entanto, ele está acompanhado do pronome oblíquo **lhe**, que geralmente desempenha a função de objeto indireto. Como podemos explicar essa ocorrência?

Nesse caso, o pronome **lhe** não é complemento verbal. Sua função na oração é a de adjunto adnominal, equivalendo ao pronome possessivo **sua** ("esmagou a sua cabeça").

4 Havendo pronome relativo ou interrogativo, a preposição exigida pelo verbo desloca-se para antes do pronome.

Este é o emprego **a que aspiro**.

A que filmes você pretende **assistir**?

De quem você **gosta**?

Este é o autor **a cuja** obra **me refiro**.

Este é o autor **por cuja** obra tenho **simpatia**.

5 Há verbos transitivos indiretos que, na linguagem formal, não devem ser empregados com o pronome oblíquo **lhe**, mas com o pronome **ele**, precedido de preposição.

Preciso usar óculos. **Dependo deles** para dirigir.

Moro perto de uma farmácia. **Recorro a ela** sempre que necessito de remédios.

Veja mais alguns desses verbos: **aludir**, **aspirar**, **obstar**, **assistir** (no sentido de "presenciar como espectador"), **carecer**, **desconfiar**, **duvidar**, **gostar**, **incorrer**, **insistir**, **pensar**, **reparar**, **concordar**.

REGÊNCIA DE ALGUNS NOMES

acessível **a**
afável **com, para com**
agradável **a**
alheio **a**
amante **de**
análogo **a**
ansioso **de, por**
apto **a, para**
benéfico **a**
capaz **de, para**
certo **de**
compatível **com**
compreensível **a**
comum **a, de**
constante **em**
contíguo **a**
contrário **a**
cuidadoso **com**
curioso **de**
desatento **a**
descontente **com**
desejoso **de**
desfavorável **a**
diferente **de**
difícil **de**
digno **de**
entendido **em**
erudito **em**
escasso **de**
essencial **para**
estranho **a**
fácil **de**
favorável **a**
fiel **a**
firme **em**
generoso **com** ▶

grato **a**
hábil **em**
habituado **a**
horror **a**
hostil **a**
idêntico **a**
impossível **de**
impróprio **para**
incompatível **com**
inconsequente **com**
indeciso **em**
independente **de, em**
indiferente **a**
indigno **de**
inerente **a**
inexorável **a**
leal **a**
lento **em**
liberal **com**
natural **de**
negligente **em**
nocivo **a**
paralelo **a**
parco **em**, **de**
passível **de**
perito **de**
perpendicular **a**
pertencente **a**
pertinaz **em**
possível **de**
possuído **de**
posterior **a**
prejudicial **a**
prestes **a**, **para**
propício **a**
próximo **a**, **de**
responsável **por**
rico **de**, **em**
seguro **de**, **em**
semelhante **a**
sensível **a**
útil **a**, **para**
versado **em**

Os advérbios terminados em -**mente** seguem a regência dos adjetivos de que se originaram:

analogamente **a,** diferentemente **de**, favoravelmente **a**, impropriamente **para**, indiferentemente **a**, paralelamente **a**

Não fique aí parado!

1. Leia o texto a seguir.

Capítulo I – Dos direitos e deveres individuais e coletivos

Todos são iguais perante a lei, sem distinção de qualquer natureza, garantindo-se aos brasileiros e aos estrangeiros residentes no País a inviolabilidade do direito à vida, à igualdade, à segurança e à propriedade [...]"

(Artigo 5.º da *Constituição da República Federativa do Brasil*. Disponível em: <www.senado.gov.br/sf/legislacao/const>. Acesso em: 17 set. 2010.)

a) As preposições geralmente são empregadas para relacionar dois termos da oração, subordinando um ao outro. Não é o que ocorre no título do capítulo I de nossa constituição. O que exprime a preposição **de** em **Dos direitos e deveres individuais e coletivos**?

b) **Perante** é uma preposição. Que termos ela relaciona? Que outra preposição (ou locução prepositiva) poderia ser usada sem alteração de sentido?

c) As preposições são utilizadas para introduzir termos cuja função é completar o sentido de certas palavras. Indique a que palavras se referem os termos do texto introduzidos pela preposição **a**. Que função sintática eles exercem?

2. Leia este trecho: "No que me tange e concerne (perdão pela frase do finado Jânio Quadros), não gosto do atual governo nem o aprovo, mas não me lembro de ter gostado ou aprovado qualquer governante.". (CONY, Carlos Heitor. *Folha de S.Paulo*, São Paulo, 17 abr. 2001, p. 1-2.)

Vimos que, no padrão formal de linguagem, não se deve dar um único complemento para palavras que regem preposições diferentes. Com base nessa informação, identifique no texto acima duas construções:

a) uma em que ocorre um desvio daquela regra, reescrevendo o trecho a fim de adequá-lo ao que preconiza a gramática normativa;

b) outra em que o autor segue a regra que estabelece que não se deve dar um único complemento para palavras que regem preposições diferentes.

3. Leia: "O jogador não está em campo para bater no adversário, e sim para bater o adversário, usando para isso sua perícia e seus recursos técnicos.". (COUTO, José Geraldo. *Folha de S.Paulo*, São Paulo, 24 abr. 2000. p. 5-7.)

Nesse período, o autor emprega duas vezes o verbo **bater**. Explique, comentando também a regência, o sentido de **bater** em cada uma das ocorrências.

4. Ao comentarmos a regência do verbo **preferir**, ressaltamos que esse verbo não admite termo intensivo (**mais, muito mais, mil vezes** etc.). Com base nessa informação, comente se, na frase a seguir, a regência do verbo **preferir** está de acordo com o que preceitua a norma culta: "Maioria prefere mais dinheiro a tempo livre.". (*Folha de S.Paulo*, São Paulo, 7 jun. 2000. p. 1-1.)

5. As frases a seguir apresentam desvios na sintaxe de regência em relação ao que prescreve a gramática normativa. Reescreva-as a fim de adequá-las ao nível formal de linguagem.

a) A perda do cartão de consumo implica numa multa de R$ 500,00.

b) É preferível combater os males do que intimidar as próprias emoções.

c) Ele aspirava uma posição de maior destaque.

d) Este é certamente um direito que não assiste estas pessoas.

e) Venha assistir os debates em minha sala.

f) A cortesia mandava obedecer os desejos da minha antiga dama.

g) Os desempregados visam melhores condições de vida.

h) Assistimos ontem um belo filme na televisão.

i) Aquele jogador ainda aspira uma vaga na seleção.

j) Aquelas pessoas só visavam os seus próprios interesses.

k) Depois daquele terrível acidente, as autoridades resolveram proceder uma fiscalização rigorosa.

l) Custei para tomar esta decisão.

m) As constantes faltas ao trabalho implicaram em sua demissão.

n) O aluno simpatizou-se com a professora.

o) Esqueci dos documentos.

p) Nunca perdoarei o homem que me magoou.

q) No Municipal, assisti uma ópera de Verdi.

r) Prefiro mais aspirar uma posição honesta do que ficar aqui.

6. Nas frases seguintes, troque o verbo em destaque pelos verbos apresentados entre parênteses, fazendo as adaptações necessárias.

a) Este é o filme que o aluno **viu**. (assistir / gostar)

b) São opiniões em que **penso**. (referir-se / duvidar)

c) É um autor cuja obra **conheço**. (gostar / simpatizar)

7. Reescreva as frases acrescentando as preposições que faltam. Faça a combinação ou a contração da preposição com outra palavra, se for o caso.

a) Todos pareciam alheios * tudo.

b) Você é favorável * que ele seja perdoado?

c) Não tenho a menor dúvida * que ele voltará.

d) Esta decisão é benéfica * quem?

e) Você é capaz * fazer isso?

f) Estava ansioso * uma resposta * o meu pedido.

8. Complete as frases, usando o pronome adequado.

a) Você pagou a dívida? Sim, paguei-*.

b) Você pagou ao homem? Sim, paguei-*.

c) Você ama este rapaz? Não, não * amo.

d) Isto pertence a esta pessoa? Não, isto não * pertence.

e) Você cumprimentou o professor? Sim, cumprimentei-*.

f) Você obedece a este homem? Sim, obedeço-*.

g) Você quer a seus amigos? Sim, quero-*.

h) Você quer o livro? Sim, quero-*.

i) Você assistiu a este filme? Sim, assisti *.

j) Você aspira a este cargo? Sim, aspiro *.

Veja na página 506 questões de exames sobre o assunto abordado neste capítulo.

PARTE

4

APÊNDICE

CAPÍTULO 23

Crase

INTRODUÇÃO

A palavra **crase** significa “mistura, fusão”. Em português, ocorre a crase com as vogais idênticas (**a** + **a**), indicada, na escrita, pelo acento grave (`). É importante que você não confunda crase com acento grave. A crase é um fenômeno fonético; pertence, pois, à língua oral. O acento grave é símbolo gráfico que indica a fusão dos dois **a**; pertence, pois, à língua escrita.

É fundamental atentar que, embora idênticas, essas vogais pertencem a classes gramaticais diversas: o primeiro **a** é sempre uma preposição; o segundo pode ser:

a. o artigo feminino **a** ou **as**:

	prep.		art.	
Fui	**a**	+	**a**	feira.
Fui		**à**		feira.

	prep.		art.	
Retornamos	**a**	+	**as**	praias.
Retornamos		**às**		praias.

b. o **a** que inicia os pronomes demonstrativos **aquele**(**s**), **aquela**(**s**), **aquilo**:

	prep.		pron.	
Fui	**a**	+	**a**quele	monumento.
Fui		**à**quele		monumento.

c. o **a** do pronome relativo **a qual** ou **as quais**:

	prep.		pron. rel.	
A cidade	**a**	+	**a**	qual nos referimos fica longe.
A cidade		**à**		qual nos referimos fica longe.

d. o pronome demonstrativo **a** ou **as**:

	prep.		pron. dem.	
Esta caneta é semelhante	**a**	+	**a**	que me deste.
Esta caneta é semelhante		**à**		que me deste.

Como vimos no capítulo sobre pronomes, **a** e **as** são pronomes demonstrativos quando equivalem a **aquela** e **aquelas**.

Como se nota, a identificação da ocorrência ou não da crase depende fundamentalmente dos conceitos de **termo regente** e de **termo regido**, estudados no capítulo anterior.

Fique por dentro!

A palavra **crase** vem do grego *krâsis* e significa "mistura". Indica a contração ou fusão de dois sons vocálicos semelhantes em um só. Na evolução da língua, são alguns exemplos de crase:

leer ⇒ ler   door ⇒ dor   pee ⇒ pé   soo ⇒ só

Atualmente, no entanto, a denominação crase é quase exclusivamente reservada para o caso da fusão da preposição **a** com o artigo **a**, a ponto de, na linguagem popular, a crase confundir-se com o acento grave:

O aluno perguntou ao professor se o **a** da frase "Pedro voltou à noite" tem crase.

CRASE DA PREPOSIÇÃO *A* COM O ARTIGO *A* OU *AS*

REGRA

Haverá crase sempre que o termo regente exigir a preposição **a** e o termo regido admitir o artigo **a** ou **as**.

	regente	prep.		art.	regido
Eu me	referi	**a**	+	**a**	diretora.
Eu me referi			**à**		diretora.

regente	prep.		art.	regido
Fui	**a**	+	**a**	cidade.
Fui		**à**		cidade.

Nesses casos, é fácil comprovar a ocorrência da crase. Ao trocarmos o termo regido por um masculino equivalente, obteremos a combinação **ao** (preposição **a** mais artigo masculino **o**), o que confirma a presença da preposição e do artigo. Observe:

Eu me referi **ao** diretor. Fui **ao** bairro.

Note que, para que ocorra crase, é necessário que o termo regente exija a preposição **a** e o termo regido venha determinado pelo artigo feminino **a**. Se um desses fatos não ocorrer, evidentemente não temos crase.

	regente	prep.	art.	regido
I. Eu	conheço	Ø	**a**	diretora.

	regente	prep.	art.	regido
II. Eu me	refiro	**a**	Ø	ela.

No exemplo I, não ocorre a crase porque o termo regente (**conheço**) não exige preposição **a** (quem conhece, conhece alguém ou alguma coisa: verbo transitivo direto); portanto, ali está presente apenas um **a** (o artigo que determina o termo regido, **diretora**).

No exemplo II, também não ocorre crase, porque temos tão somente a preposição **a**, exigida pelo termo regente, o verbo **referir-se** (quem se refere, se refere a alguém ou a alguma coisa). Observe que diante do termo regido (**ela**) não se emprega o artigo.

Verifique, ainda, que, se adotarmos o procedimento de trocar o termo regido por um masculino equivalente, não obteremos a combinação **ao**. Assim:

Eu conheço o diretor. (Não ocorre a preposição, mas tão somente o artigo.)

Eu me refiro a ele. (Não ocorre o artigo, mas tão somente a preposição **a**.)

NÃO OCORRE CRASE

Vimos que uma das condições para que ocorra a crase é o termo regido admitir a anteposição do artigo **a** ou **as**. Quando não houver o artigo, evidentemente não haverá a crase, por isso nunca ocorre crase:

a. diante de palavras masculinas.

Isto cheira **a** perfume francês.

Gostava de andar **a** pé.

b. diante de verbos.

Ainda há muita coisa **a** fazer.

Estava disposto **a** disputar uma vaga.

c. diante da maioria dos pronomes.

Entregaram o prêmio **a** ela.

Peço licença **a** Vossa Excelência.

Fizeram referência **a** esta carta.

Não fizeram alusão **a** alguma possibilidade de devolução da mercadoria.

Não ligue o automático!

Alguns pronomes admitem a anteposição do artigo. É possível, então, ocorrer a crase diante desses pronomes, se o termo regente exigir preposição **a**. Veja:

Peço desculpas **à** senhorita.

Fizeram referência **à** mesma pessoa.

d. nas expressões formadas por palavras repetidas (gota **a** gota, frente **a** frente, ponta **a** ponta etc.). Nesses casos, temos simplesmente a preposição **a**. Observe as expressões masculinas correlatas: lado **a** lado, passo **a** passo (e não "lado ao lado", "passo ao passo").

Ficou cara **a** cara com o inimigo.

Contava as moedas uma **a** uma.

e. diante de substantivos empregados em sentido genérico.

Falava **a** pessoas desinteressadas.

Fez alusão **a** cidades litorâneas.

Não se referiu **a** criatura alguma.

CASOS ESPECIAIS

EXPRESSÕES FORMADAS COM PALAVRAS FEMININAS

O **a** inicial das locuções adverbiais, adjetivas, prepositivas e conjuntivas formadas por palavras femininas – como **à noite**, **à tarde**, **à vista**, **às duas horas**, **à meia-noite**, **às vezes**, **às pressas**, **às escondidas**, **à moda de** (mesmo que a palavra **moda** fique subentendida), **à medida que**, **à proporção que**, **à exceção de**, **à beira de** etc. – deve receber o acento grave.

Chegou **às duas horas** e só saiu **à noite**.

Às vezes caminhava **às pressas** pela rua.

Às terças-feiras, aquele restaurante serve dobrada **à moda do Porto** e filé **à Camões**.

Estava **à procura de** uma loja que vendesse produtos com desconto para pagamento **à vista.**

À medida que caminhavam iam ficando cansados, **à exceção de** Paulo, que parecia ter um fôlego de gato.

"Mulheres **à beira de** um ataque de nervos." (título de um filme)

É importante notar que nessas expressões ocorre o acento grave, mesmo que não tenha havido a crase, isto é, a fusão de duas vogais idênticas.

Em "Saímos **à** meia-noite.", o acento grave indica a fusão de dois **a**. Verifique que, se substituirmos o termo regido (**meia-noite**) por um masculino equivalente (**meio-dia**), obteremos a combinação **ao**:

Saímos **ao** meio-dia.

Já em "Vendi à vista o relógio que ganhei numa rifa.", o acento grave não está indicando a fusão de dois **a**. Se substituirmos o termo regido (**vista**) por um masculino equivalente (**prazo**), não obteremos a combinação **ao**:

Vendi **a** prazo o relógio que ganhei numa rifa.

Não ligue o automático!

Evidentemente, nas expressões formadas com palavras masculinas ou se a preposição que introduz a expressão adverbial for outra diferente de **a**, não ocorrerá a crase.

A escolha do produto fica a critério do cliente.

Estamos aqui desde as sete horas.

Quanto às expressões adverbiais de instrumento, não há consenso. Há autores que usam o acento grave nesse tipo de expressão adverbial; outros, não.

Eles escreveram **a máquina**. (ou **à máquina**)

Saíram num barco **a vela**. (ou **à vela**)

PODE OU NÃO OCORRER CRASE

Há três casos em que o uso do acento grave é facultativo:

a. diante de nomes de pessoas do sexo feminino.

Ele fez referência **a** Sandra. / Ele fez referência **à** Sandra.

b. diante de pronomes possessivos femininos.

Obedeço **a** minha irmã. / Obedeço **à** minha irmã.

Pode ou não ocorrer crase porque diante de tais palavras pode ou não ocorrer artigo. Podemos dizer:

Sandra chegou. / **A** Sandra chegou.
Minha irmã saiu. / **A** minha irmã saiu.

Evidentemente, se optarmos por utilizar o artigo e o termo antecedente exigir a preposição **a**, ocorrerá a crase.

Fez referência **às** suas colegas.

Nesse caso, optou-se por utilizar o artigo feminino plural (**as**). Como o termo antecedente (**referência**) exige a preposição **a**, ocorre a crase.

Como vimos no capítulo em que estudamos o artigo, a anteposição do artigo a nomes de pessoas indica familiaridade ou intimidade.

Dessa forma, com nomes de pessoas com as quais não temos intimidade, não devemos empregar o artigo e, em consequência, diante deles não haverá crase.

O professor fez referência **a** Anita Garibaldi.

c. depois da preposição **até.**

Fomos até **a** feira. / Fomos até **à** feira.

Nesse caso, pode ou não estar ocorrendo a crase, pois podemos indiferentemente usar a preposição **até** ou a locução prepositiva **até a**.

Em "Fomos até a feira.", ocorre a preposição **até** seguida do artigo **a**, portanto temos um **a** apenas. Já em "Fomos até à feira.", temos a locução prepositiva **até a**, cujo **a** vai se fundir com o artigo que antecede a palavra **feira**.

DIANTE DE NOMES DE LUGAR

Como vimos no capítulo sobre o artigo, alguns nomes de lugar admitem a anteposição do artigo; outros, não.

Haverá crase diante de nomes de lugar se o termo regente exigir a preposição **a** e o termo regido (o nome do lugar) admitir o artigo **a**.

Para verificar se um nome de lugar admite ou não o artigo, podemos utilizar o seguinte artifício: se, ao formularmos uma frase com um nome de lugar precedido do verbo **vir**, obtivermos a contração **da**, fica claro que diante daquele nome de lugar cabe o artigo **a**, uma vez que **da** é a contração da preposição **de** com o artigo **a**.

Se, por outro lado, obtivermos simplesmente a preposição **de**, claro está que aquele nome de lugar não admite a anteposição do artigo.

Viajamos **à** Argentina no mês passado. (Viemos d**a** Argentina: Argentina admite o artigo.)

Vou **à** Itália. (Venho d**a** Itália: Itália admite o artigo.)

Retornou **a** Roma. (Venho de Roma: Roma não admite o artigo.)

Vou **a** Curitiba. (Venho de Curitiba: Curitiba não admite o artigo.)

Se o nome de lugar que não admite o artigo vier determinado, passará a admiti-lo e, consequentemente, ocorrerá a crase.

Vou **à** Roma antiga. (Venho d**a** Roma antiga.)

Retornamos **à** agradável Curitiba. (Venho d**a** agradável Curitiba.)

Observe estes casos:

Conheço **a** Bahia.

Visitamos **a** Itália.

É evidente que neles não ocorre a crase, uma vez que os termos regentes (**conheço** e **visitamos**) não exigem a preposição **a**, pois são verbos transitivos diretos. Nesses casos, temos apenas o artigo **a**.

DIANTE DAS PALAVRAS *CASA* E *TERRA*

As palavras **casa** (no sentido de "lar", "moradia") e **terra** (no sentido de "chão firme") não admitem a anteposição do artigo **a**, por isso diante delas não ocorre a crase.

Voltamos cedo **a** casa.

Os marinheiros desceram **a** terra.

Se, no entanto, tais palavras estiverem especificadas, passarão a admitir o artigo e, consequentemente, ocorrerá a crase diante delas (desde que, é claro, o termo regente exija a preposição **a**).

Voltamos cedo **à** casa dos amigos.

Os marinheiros desceram **à** terra dos anões.

DIANTE DOS PRONOMES DEMONSTRATIVOS *AQUELE(S), AQUELA(S), AQUILO*

Haverá crase com os pronomes demonstrativos **aquele**(s), **aquela**(s), **aquilo** sempre que o termo regente exigir a preposição **a**.

Assisti **àquele** filme.

Aspiro **àquela** vaga.

Prefiro isto **àquilo**.

DIANTE DE PRONOMES RELATIVOS

- Ocorrerá crase com os pronomes relativos **a qual**, **as quais** quando esses pronomes vierem precedidos de uma preposição **a**, exigida por um termo da oração que tais pronomes introduzem.

  A cidade **à qual** iremos possui praias **às quais** chegaremos.

  Observe que, nesse exemplo, os termos **iremos** e **chegaremos** exigem a preposição **a**, que migra para antes dos pronomes relativos e com eles deve se fundir.

  É fácil constatar a ocorrência da crase nesses casos, utilizando-se o artifício de trocar os termos femininos por masculinos equivalentes. Observe:

  O país **ao** qual iremos possui recantos **aos** quais chegaremos.

- Os pronomes **quem** e **cuja** não admitem a anteposição do artigo, portanto diante deles não ocorre crase.

  Esta é a mulher **a** quem obedeço.

  Este é o autor **a** cuja obra me refiro.

  Nesses casos, o **a** é preposição.

- Diante do pronome relativo **que** normalmente não há crase, uma vez que esse pronome não admite a anteposição do artigo.

  Esta é a faculdade **a** que aspiro.

  Esta é a cidade **a** que iremos.

  Nesse caso, ocorre apenas a preposição **a**. No entanto, ocorrerá crase diante do pronome relativo **que** quando antes dele tivermos o pronome demonstrativo **a** ou **as** (**aquela**, **aquelas**).

  Esta camisa é igual **à** que comprei.

  Em caso de dúvida, pode-se verificar se ocorre ou não crase pelo recurso da substituição do termo feminino por um masculino equivalente.

  Esta é a faculdade **a** que aspiro. (Este é o curso **a** que aspiro.)

  Esta é a cidade **a** que iremos. (Este é o bairro **a** que iremos.)

  Esta camisa é igual **à** que comprei. (Este paletó é igual **ao** que comprei.)

Não fique aí parado!

1. Nas frases a seguir, omitimos intencionalmente o acento grave, caso ele ocorresse. Troque as palavras destacadas por palavras masculinas equivalentes e, a seguir, diga se ocorre ou não a crase com a palavra feminina.

   a) Pedro chegou **a** escola antes de mim.

   b) Costumo ir **a** feira aos domingos.

   c) Atendemos **a** todas as exigências.

   d) Aguardavam ansiosamente **a** presença de todos.

   e) Era uma pessoa apegada **as** novidades.

   f) Esse livro não pertence **a** nenhuma aluna.

   g) Pedi desculpas **a** ela.

   h) O prêmio foi entregue **a** primeira colocada.

   i) Fizeram alusão **a** mesma pessoa.

   j) Assistimos **a** uma partida de tênis.

   k) Não chegaram **a** conclusão alguma.

   l) Graças **a** esta pessoa consegui achar o caminho.

2. Substitua a palavra em destaque pela dos parênteses. Atenção à crase!

   a) Perguntou ao **vizinho** se conhecia aquele escritor. (vizinha)

   b) Perguntou a um **homem** se conhecia aquela rua. (mulher)

   c) Assisti ao **fato** estarrecido. (cena)

   d) Ele aspirava ao **crescimento** rápido na empresa. (ascensão)

   e) Aspirava a muito **movimento** em sua nova vida. (badalações)

   f) Perguntou como se chegava ao **centro da cidade**. (praça principal)

   g) Perguntou como se chegava ao **bairro da Penha**. (aquela rua)

   h) Não sabia que o **homem** ao qual se dirigira era diretor da empresa. (mulher)

   i) Não sou favorável a esse **regulamento**. (pena)

   j) Não sou favorável ao **corte** dessa árvore. (derrubada)

   k) Não sou favorável a **punir-se uma pessoa com a morte**. (pena de morte)

   l) Mandou-me ao **mercado**. (padaria)

   m) Respondeu à **filha** que não poderia sair naquela noite. (ela)

   n) Foi ao **baile de formatura** da filha. (formatura)

   o) Despediram-se ao **cair** da tarde. (primeiras horas)

   p) Não conte nada ao seu **vizinho**. (vizinha)

   q) Não conte nada ao **seu pai**. (ninguém)

3. Explique a diferença de sentido entre:

I. Minha mãe decidiu juntar-se às pessoas de bem.

II. Minha mãe decidiu juntar-se a pessoas de bem.

4. Leia o texto a seguir:

"Os hóspedes do PMG Hotel, por estarem alojados dentro do Pantanal, terão sempre ao seu redor como companhia a fauna e a flora pantaneira. Os programas são pescas a piranhas, focagem de jacarés, caminhadas ecológicas, passeios à cavalo e barco à motor acompanhados de guias com prática do Pantanal."

Retirado de um folheto distribuído em um hotel do Pantanal mato-grossense, esse texto apresenta erros no emprego do acento indicativo da crase. Reescreva o trecho, corrigindo-o, e justifique as correções feitas.

5. Nas frases seguintes, omitiu-se propositalmente o acento indicativo da crase. Reescreva-as, colocando o acento adequadamente.

a) "Não era talhado para obedecer a ordens ou deixar de dizer o que pensava por respeito a hierarquia." (Bernardo Carvalho)

b) "Sentado, a princípio, a minha frente, fizera, aos poucos, girar a cadeira, de forma a ficar sentado com o rosto voltado para a porta do aposento." (Edgar Allan Poe)

c) "Só que nenhum dos dois pode ser tão emocionante, nem jamais foi tão disputado tão palmo a palmo ou pé a pé, topada a topada, canelada a canelada, as vezes tapa a tapa." (Rubem Braga)

d) "Tanto o cura quanto o barbeiro fizeram muitas e detalhadas recomendações a ama e a sobrinha, no sentido de recuperar o alquebrado corpo de nosso conhecido herói." (Miguel de Cervantes)

e) "Quando ouviu a voz assim chamá-lo, ele estava de pé a porta de sua guarita, com uma bandeira na mão, enrolada a volta do curto mastro." (Charles Dickens)

f) "Acreditava ter obedecido fielmente as instruções do Conselho. Se fracassara, a culpa deveria ser atribuída a omissão de algum detalhe desconhecido da profecia." (Murilo Rubião)

g) "Devo dizer que o resultado não se fez esperar: pressentindo a tarde que a dor não chegaria ao anoitecer, vasculhei a casa a procura de um instrumento adequado de defesa." (Modesto Carone)

h) "A noitinha a mãe chegou, viu a caixa, mostrou-se satisfeita, dando a impressão de que já esperava a entrega do volume." (Lourenço Diaféria)

i) "Levantava cedo, tomava seu café com leite e saía as pressas para a rua. Voltava, as vezes, meia hora depois. No jantar era o primeiro a chegar a mesa." (Marcos Rey)

j) "Perguntei por que não tinha ido a escola, respondeu que não ia mais, nunca mais, e me contou a história do cavalo. Disse que não adiantava ir a escola porque estava resolvido a fugir." (José J. Veiga)

k) "A moça me disse ontem que a lua estava linda. A noite me telefonou e me animou a chegar a janela." (Otto Lara Resende)

l) "O homem já estava solto, graças a intervenção do cônsul holandês, a quem ele se fez compreender com meia dúzia de palavras holandesas." (Lima Barreto)

m) "Outro dia fui a São Paulo e resolvi voltar a noite, uma noite de vento sul e chuva, tanto lá como aqui." (Rubem Braga)

6. Substitua os asteriscos por **a** ou **à**.

a) Em passeio pela Europa, fomos * Inglaterra, * França, * Suíça e * Portugal.

b) Nestas férias, iremos * Fortaleza; nas próximas, * Santa Catarina.

c) Fizeram uma excursão * Ouro Preto dos casarões coloniais.

d) Indo * Itália, não deixe de ir * Veneza.

e) Tenho muita vontade de conhecer * Bahia.

7. Substitua os *, usando **a**, **à**, **as**, **às**.

a) Fui * cidade * duas horas da tarde * fim de comprar um sapato.

b) Eu conheço * aluna que está * espera do ônibus.

c) Os meninos se referiram * você.

d) Não chegaram * conclusão alguma.

e) Pediram * própria aluna que comparecesse * secretaria.

f) Fizeram referência * alunas.

g) Retornaram tarde * casa.

h) Retornaram tarde * casa dos avós.

8. Continue substituindo os *, usando **a**, **à**, **as**, **às**.

a) * pombas estão recolhidas no pombal.

b) * pombas não resta outra opção.

c) Sua posição era semelhante * que defendi ontem.

d) São pessoas * cujas ideias fizemos referência.

e) Para ir * festa, vou comprar um vestido novo.

9. Substitua os *, usando **aquele**, **aquela**, **àquele**, **àquela**.

a) Entreguei o bilhete * homem.

b) O livro está sobre * mesa.

c) Deram emprego * senhora.

d) Não pertenço * grupo.

e) Assistimos * novela.

Nas questões **10** a **18** assinale a alternativa em que não ocorra erro.

10. a) Sempre que visitava o museu dirigia-se à mesma pessoa.

b) Dirigiu-se à ela sem pensar.

c) Chegamos a noite e saímos às pressas.

d) Não estávamos dispostos à ir.

e) Toda noite assisto à novelas.

11. a) Ele almejava à posição principal.

b) Ele procedeu à investigação.

c) A estrada liga São Paulo à Minas.

d) Estas são as crianças à cujos pais me referi.

e) A tarde iremos a cidade.

12. a) Os trabalhadores levavam fardos as costas.

b) Nunca fui à baile a fantasia.

c) Dedique-se as suas atividades com responsabilidade.

d) Não tenho nada a dizer em relação a isso.

e) Ficou anos à esperar pelas reformas administrativas.

13. a) À fusão de duas vogais idênticas dá-se o nome de crase.

b) Minhas ideias são idênticas as suas.

c) Fizemos alusão as pessoas presentes na reunião.

d) Era ainda muito cedo quando cheguei à casa.

e) Ele conhece à lei.

14. a) Esta sala é contígua aquela.

b) O jovem à quem deram o prêmio é parente do homem à quem o negaram.

c) A nação a qual te referes é o Brasil.

d) Não escreveram à ninguém.

e) Ele pagou a dívida à devedora.

15. a) Passo à passo, a tarefa era cumprida.

b) Esta questão é análoga àquela.

c) A medida que andava, ficava mais disposto à continuar.

d) Ele pagou à dívida.

e) Disse à ela que a esperaria.

16. a) Entreguei a senhorita todos os documentos.

b) Ele matou o animal à tiro.

c) Estou aqui desde às sete horas.

d) Ele tem um estilo a Eça de Queirós.

e) Revelou a verdade à inimiga.

17. a) Chegou a uma hora em ponto.

b) O professor se referia às alunas interessadas.

c) Tu costumas andar à pé?

d) Agradeci a própria pessoa.

e) Aquela hora ninguém estaria disposto à fazer mais nada.

18. a) O almoço será as duas horas.

b) Daqui a pouco, estaremos frente à frente.

c) Ele dirigiu-se à Vossa Senhoria.

d) Obedeçamos à esta senhora.

e) Ele dirigiu-se à mesma senhora.

Veja na página 515 questões de exames sobre o assunto abordado neste capítulo.

CAPÍTULO 24 Morfossintaxe das palavras *que* e *se*

A PALAVRA *QUE*

A palavra **que**, em português, pode ser:

1 **substantivo**: equivale a **alguma coisa**. Nesse caso, virá sempre antecedida de artigo ou outro determinante, e receberá acento por ser monossílabo tônico terminado em **e**. Como substantivo, designa também a décima sexta letra de nosso alfabeto.

Quando a palavra **que** for substantivo, exercerá as funções sintáticas próprias dessa classe de palavra (sujeito, objeto direto, objeto indireto, predicativo etc.).

Ele tem certo **quê** misterioso. (Substantivo na função de núcleo do objeto direto.)

O **quê** vem depois do pê e antes do erre. (Substantivo na função de núcleo do sujeito.)

2 **interjeição**: exprime espanto, admiração, surpresa. Nesse caso, será acentuada e seguida de ponto de exclamação. Usa-se também a variação **o quê**! Quando funciona como interjeição, a palavra **que** não exerce função sintática.

Quê! Você ainda não resolveu os exercícios?!

O quê! Você por aqui de novo?

3 **preposição**: liga dois verbos de uma locução verbal em que o auxiliar é o verbo **ter**. Equivale a **de**. Quando é preposição, a palavra **que** não exerce função sintática.

Tenho **que** sair mais cedo.

Ela tem **que** dar uma resposta até amanhã.

4 **partícula expletiva** ou **de realce**: pode ser retirada da frase, sem prejuízo algum ao sentido. Nesse caso, a palavra **que** não exerce função sintática. Como o próprio nome indica, é usada apenas para dar realce. Como partícula expletiva, aparece também na expressão **é que**.

Quase **que** não consigo terminar o trabalho.

Eles **é que** conseguiram terminar o trabalho.

5 **advérbio**: modifica um adjetivo ou um advérbio. Equivale a **quão**. Quando funciona como advérbio, a palavra **que** exerce a função sintática de adjunto adverbial; no caso, de intensidade.

Que lindas são aquelas crianças!

Que longe é aquela cidade!

Que caro!

6 **pronome**: como pronome, a palavra **que** pode ser:

a. **pronome relativo** – retoma um termo antecedente, projetando-o na oração consequente, uma oração subordinada adjetiva. Equivale a **o qual** (e flexões). Como já vimos no capítulo sobre as orações adjetivas, o pronome relativo **que** pode exercer inúmeras funções sintáticas. Observe dois exemplos:

Não encontramos as pessoas **que** saíram. (Pronome relativo na função de sujeito da forma verbal **saíram**.)

Este é o caminho **que** procurávamos. (Pronome relativo na função de objeto direto, complementando o sentido da forma verbal **procurávamos**.)

b. **pronome indefinido**: nesse caso, pode funcionar como pronome substantivo ou pronome adjetivo.

- **pronome substantivo**: equivale a **que coisa**. Quando for pronome substantivo, a palavra **que** exercerá as funções próprias do substantivo (sujeito, objeto direto, objeto indireto etc.).

  Que aconteceu com você? (Pronome substantivo indefinido na função de sujeito.)

  Você precisa de **quê**? (Pronome substantivo indefinido na função de núcleo do objeto indireto.)

- **pronome adjetivo**: determina um substantivo. Nesse caso, exerce a função sintática de adjunto adnominal.

  Que vida é essa? (Pronome adjetivo indefinido na função de adjunto adnominal.)

  Que livros você comprou? (Pronome adjetivo indefinido na função de adjunto adnominal.)

Note que o pronome indefinido **que** pode aparecer em orações exclamativas ou interrogativas. Nas frases interrogativas, é chamado de **pronome interrogativo**.

Que aconteceu com você?

Que livros você comprou?

7 **conjunção**: relaciona duas orações entre si. Nesse caso, não exerce função sintática. Como conjunção, a palavra **que** pode relacionar tanto orações coordenadas quanto subordinadas, daí classificar-se como **conjunção coordenativa** ou **conjunção subordinativa**. Quando funciona como conjunção coordenativa ou subordinativa, a palavra **que** recebe o nome da oração que introduz. Veja:

Venha logo, **que** é tarde. (conjunção coordenativa explicativa)
Falou tanto **que** ficou rouco. (conjunção subordinativa consecutiva)
Faz dez anos **que** partimos dali. (conjunção subordinativa temporal)
Estou bem mais calmo **que** ontem. (conjunção subordinativa comparativa)
"Fiz-lhe sinal **que** se calasse." (conjunção subordinativa final) (Machado de Assis)

Quando inicia uma oração subordinada substantiva, a palavra **que** recebe o nome de **conjunção subordinativa integrante**.

Desejo **que** você venha.
Espero **que** tudo corra bem.

Neurônios trabalhando...

"eu não sei dizer
o que quer dizer
o que vou dizer
eu amo você
mas não sei o que
isso quer dizer
eu não sei por que
eu teimo em dizer
que amo você [...]"

(BALEIRO, Zeca. Lenha. In: *Vô imbolá*. (CD). Universal, 1999.)

A palavra **que** aparece cinco vezes na letra da música acima, mas somente em um caso ela funciona como conjunção subordinativa integrante. Em qual verso isso ocorre? Justifique sua resposta.

No último verso. Nas três primeiras ocorrências, o **que** é pronome relativo, tendo por antecedente o pronome demonstrativo **o**. Na quarta ocorrência ("eu não sei por **que**..."), temos um pronome indefinido utilizado numa interrogativa indireta, chamado de pronome interrogativo, nesse caso.

A PALAVRA *SE*

A palavra **se**, em português, pode ser:

1 **conjunção**: relaciona entre si duas orações. Nesse caso, não exerce função sintática. Como conjunção, a palavra **se** pode ser:

a. **conjunção subordinativa integrante**: inicia uma oração subordinada substantiva.

Perguntei **se** ele estava satisfeito.

Queria saber **se** tudo estava a contento.

b. **conjunção subordinativa condicional**: inicia uma oração adverbial condicional (equivale a **caso**).

Se todos tivessem estudado, as notas seriam altas.

Continuarei a história **se** você ficar quieto.

2 **partícula expletiva ou de realce**: pode ser retirada da frase sem prejuízo algum para o sentido. Nesse caso, a palavra **se** não exerce função sintática. Como o próprio nome indica, é usada apenas para dar realce.

Ele **se** morria de ciúme da namorada.

Passavam-**se** os dias, e nada acontecia.

3 **parte integrante do verbo**: faz parte dos verbos pronominais. Nesse caso, o **se** não exerce função sintática.

Ele arrependeu-**se** do que fez.

Ajoelhou-**se** no chão e rezou.

4 **pronome apassivador**: ligado a verbo transitivo direto, forma orações que estão na voz passiva sintética (ou pronominal). Nesse caso, não exerce propriamente uma função sintática: seu papel é apenas apassivar o verbo.

Vendem-**se** casas.

Aluga-**se** carro.

Compram-**se** joias.

Grave isto!

Lembre-se de que, quando o **se** é pronome apassivador, o sujeito estará presente na oração e o verbo estará na terceira pessoa no mesmo número que o sujeito. Nesses casos, temos verbos transitivos diretos na voz passiva sintética (ou pronominal).

Uma das formas de se reconhecer o pronome apassivador é observar se a oração de que ele faz parte pode ser convertida em uma oração com verbo na voz passiva analítica (verbo auxiliar + particípio do verbo principal).

Casas são vendidas.

Carro é alugado.

Joias são compradas.

5. **índice de indeterminação do sujeito**: vem ligado a um verbo que não é transitivo direto, tornando o sujeito indeterminado. Não exerce propriamente uma função sintática; seu papel é o de indeterminar o sujeito. Lembre-se de que, nesse caso, o verbo deverá estar na terceira pessoa do singular.

Trabalha-**se** de dia.

Vive-**se** bem aqui.

Precisa-**se** de auxiliares de venda.

6. **pronome reflexivo**: como vimos no capítulo sobre os pronomes, quando a palavra **se** é pronome pessoal, ela deverá estar sempre na mesma pessoa do sujeito da oração de que faz parte. Por isso, o pronome oblíquo **se** sempre deverá ser usado como **pronome reflexivo** (equivalendo a **a si mesmo**), podendo assumir as seguintes funções sintáticas:

a. objeto direto.

Ele cortou-**se** com a faca.

b. objeto indireto.

Ele arroga-**se** direitos que não possui.

c. sujeito de um infinitivo.

"Sofia deixou-**se** estar à janela." (Machado de Assis)

Fique por dentro!

A forma plural do pronome reflexivo **se** também pode ser empregada para exprimir reciprocidade de ação. Quando isso ocorre, o pronome reflexivo é classificado como **pronome recíproco**. Nesse caso, podem-se acrescentar as expressões **uns aos outros, reciprocamente, mutuamente** etc.

Ivan e Lúcia amavam-**se** intensamente. ⇒ Amavam um ao outro.

Os amigos cumprimentaram-**se**. ⇒ Cumprimentaram-se mutuamente, reciprocamente.

Não fique aí parado!

1. Leia este trecho de canção:

"Anunciaram e garantiram que o mundo ia se acabar / Por causa disso, minha gente lá de casa começou a rezar / E até disseram que o sol ia nascer antes da madrugada / Por causa disso nessa noite lá no morro, não se fez batucada."

(ASSIS VALENTE. *E o mundo não se acabou*. Disponível em: <www.vagalume.com.br/carmen-miranda/e-o-mundo-nao-se-acabou-2.html>. Acesso em: 17 set. 2010.)

a) No primeiro verso, ocorrem as palavras **que** e **se**. Como elas devem ser classificadas?

b) No último verso, também ocorre a palavra **se**. Como ela deve ser classificada? Justifique sua resposta.

c) Compare:

I. "E até disseram que o sol ia nascer antes da madrugada"

II. E disseram que o sol ia nascer antes da madrugada.

Agora comente a diferença de sentido entre essas duas frases.

d) Geralmente, a informação veiculada pelo predicado refere-se a um sujeito. Que tipo de sujeito temos para os verbos **anunciaram**, **garantiram** e **disseram**?

2. Nas frases seguintes, classifique as palavras em destaque.

a) "A vida é tão contínua **que** nós a dividimos em etapas, e a uma delas chamamos de morte." (Clarice Lispector)

b) "Depois de ler este livro, duvido **que** algum jovem ainda seja capaz de dizer, sinceramente, **que** não curte ler." (Ana Maria Machado)

c) "Mais vale um filé no prato do **que** um boi no açougue." (Stanislaw Ponte Preta)

d) Dois bicudos não **se** beijam.

e) Quem nunca comeu melado quando come **se** lambuza.

f) Raposa **que** dorme não apanha galinha.

g) Para compreender a fala de outrem não basta entender as suas palavras: temos **que** compreender seu pensamento.

h) **Se** ficar o bicho pega. **Se** correr, o bicho come.

i) **Se** ele **se** enganou não sei, mas sei **que** ele arrependeu-**se** daquilo **que** fez.

3. Dê a função sintática do termo em destaque.

a) Os alunos **que** fizeram o trabalho terão nota.

b) Estes são os exercícios **que** os alunos resolveram.

c) Não abandones as coisas **de que** gostas.

d) Ele cortou-**se** com uma faca.

e) O professor arrogava-**se** o direito de antecipar a prova sem aviso prévio.

4. Classifique a palavra **que** nas frases a seguir.

a) É fundamental que todos concordem com a decisão.

b) Vista-se depressa, que você está bastante atrasado.

c) Jovem que era, atirou-se ao trabalho com grande ímpeto.

d) Que desagradável é aquela pessoa!

e) Tenho que entregar os documentos ainda hoje.

f) Que você fez hoje?

g) Que gravata você pretende usar?

h) Eu que sei dos meus problemas.

i) Desejamos que ela volte rapidamente.

j) Ele estudou bem mais que os colegas.

k) Vá na frente, que irei depois.

l) Aquela mulher tem um quê de interessante.

5. Classifique a palavra **se** nas frases que seguem.

a) Não sei se ela aceitará o vale.

b) Assistiu-se ao espetáculo com muito interesse.

c) Vá-se embora, já, senão eu grito.

d) Se você não queria ser multado, não devia estacionar o carro ali.

e) Esta classe formou-se de bons alunos.

f) Penteou-se para sair.

g) Olhava-se no espelho e sorria.

h) Indaguei se todos estavam presentes.

i) Vive-se bem naquele lugar.

j) Plastificam-se documentos.

k) Se chover, não iremos à festa.

l) Não sei se o problema está certo.

m) Eles se queixaram ao diretor.

n) Ele se foi para nunca mais voltar.

o) Descansa-se à noite.

p) Não se conheciam as razões.

q) Tirarás boa nota, se estudares com afinco.

6. A classificação entre parênteses da palavra em destaque está errada em:

a) Tenho **que** ir embora. (preposição)

b) Não conheço o rapaz **que** entrou. (pronome relativo)

c) Ele disse **que** voltaria cedo. (advérbio)

d) Você é **que** sabe. (partícula de realce)

e) **Que** quer você? (pronome interrogativo)

7. Aponte a alternativa na qual a palavra **que** exerce a função de objeto direto:

a) Que belo dia está fazendo!

b) Contarei a você, que é meu amigo.

c) Este é o prefeito de que precisamos.

d) Este é o exercício que acertei.

e) O aluno que estuda é recompensado.

8. A classificação da palavra **se** está correta em:

a) Passavam-se os meses, e nenhuma notícia chegava. (parte integrante do verbo)

b) Venha à festa se estiver disposta. (conjunção integrante)

c) Quero perguntar-lhe se você está satisfeita. (conjunção subordinativa condicional)

d) Com o susto, deixou-se cair no sofá. (partícula de realce)

e) Compram-se bonecas de louça. (pronome apassivador)

Veja na página 524 questões de exames sobre o assunto abordado neste capítulo.

CAPÍTULO 25

Pontuação

Para reproduzir, na língua escrita, os inumeráveis recursos da fala, contamos com uma série de sinais gráficos denominados **sinais de pontuação**. São eles:

- o ponto (**.**)
- o ponto de interrogação (**?**)
- o ponto de exclamação (**!**)
- a vírgula (**,**)
- o ponto e vírgula (**;**)
- os dois-pontos (**:**)
- as aspas (**“ ”**)
- o travessão (**–**)
- as reticências (**...**)
- os parênteses (**( )**)

Alguns sinais de pontuação servem, fundamentalmente, para marcar pausas (o ponto, a vírgula, o ponto e vírgula). Outros têm a função de indicar a melodia, a entoação da fala (o ponto de exclamação, o ponto de interrogação).

Para o bom emprego dos sinais de pontuação, convém conhecer os casos em que o uso de alguns deles é obrigatório (determinado pela sintaxe), mas levando em conta que existem também razões de ordem subjetiva (a busca da melhor expressão, que se transforma numa questão de estilo).

A seguir, passaremos a expor algumas orientações sobre o assunto.

PONTO

É o sinal de pontuação utilizado para marcar o final de frases declarativas e é o sinal que indica maior pausa. Quando encerra um texto escrito, é também chamado **ponto final**.

Anoitecia**.**
Sou estudante**.**
Refiz as contas e não descobri onde errei**.**

PONTO DE INTERROGAÇÃO

É usado para marcar o final de frases interrogativas diretas. Nunca é colocado no fim de uma interrogativa indireta.

Entendeu**?**
Será que vai chover**?**
Se eu terminar os exercícios, posso ir com você**?**

PONTO DE EXCLAMAÇÃO

É colocado após determinadas palavras, como as interjeições, e no fim de frases enunciadas com entoação exclamativa. Denota, entre outras coisas, entusiasmo, alegria, dor, surpresa, espanto e ordem.

Olá**!**
Ah**!** entendi**!**
Ótimo**!**
Que susto**!**
Não toque em nada**!**

VÍRGULA

Indica uma pausa de curta duração, que não marca o fim do enunciado. Pode ser empregada para separar termos de uma oração ou para separar orações de um período.

VÍRGULA NO INTERIOR DA ORAÇÃO

Em português, a ordem comum dos termos na frase é a seguinte: o sujeito vem antes do verbo, e os complementos verbais, o predicativo do sujeito e os adjuntos adverbiais formados por mais de uma palavra vêm depois do verbo.

Quando os termos da oração se dispõem nessa ordem, dizemos que estão na **ordem direta**.

sujeito	verbo	obj. direto	adj. adverbial
Muitos alunos	estudaram	a matéria da prova	com afinco.

Quando ocorre qualquer alteração na sequência lógica dos termos, temos a **ordem indireta** (ou inversa).

termo deslocado

Com afinco, muitos alunos estudaram a matéria da prova.

Quando a oração está na ordem direta, não se separam por vírgulas seus termos imediatos. Assim, não se usa vírgula entre o sujeito e o predicado, entre o verbo e seu complemento, entre o nome e seu complemento ou adjunto.

sujeito	predicado
Muitos imigrantes europeus	chegaram ao Brasil naquele ano.

sujeito	verbo	complementos do verbo
Todos os alunos	apresentaram	a redação ao professor.

adj. adnominal		compl. nominal	
A áspera	resposta	ao candidato	deixou-o magoado.

No interior da oração, a vírgula é utilizada nos casos seguintes.

TERMOS INTERCALADOS

Os termos que se intercalam na ordem direta, quebrando a sequência natural da frase, devem vir isolados por vírgulas. Assim, separam-se:

a. adjuntos adverbiais intercalados.

adj. adv. intercalado

Os candidatos, **naquele dia,** receberam a imprensa.

Se o adjunto adverbial intercalado for de pequena extensão (um advérbio apenas, por exemplo), não se usa a vírgula, uma vez que não há quebra na sequência lógica do enunciado.

advérbio

Os candidatos **sempre** receberam a imprensa.

b. o predicativo do sujeito intercalado.

predicativo

Os espectadores, **inquietos,** aguardavam o início do espetáculo.

c. expressões de caráter explicativo ou corretivo, como **isto é**, **a saber**, **ou seja**, **ou melhor** etc.

expressão explicativa

A sua atitude, **isto é,** o seu comportamento na aula merece elogios.

expressão corretiva

Não haverá aula amanhã, **ou melhor,** depois de amanhã.

d. conjunções coordenativas intercaladas.

conjunção intercalada

A sua atitude, **no entanto,** causou sérios desentendimentos.

conjunção intercalada

Havia, **porém,** um inconveniente sério.

TERMOS DESLOCADOS

Geralmente, um termo deslocado de seu lugar original na frase deve vir separado por vírgula. Assim, separam-se:

a. o adjunto adverbial anteposto ao verbo.

adj. adv. anteposto

Naquele dia, os candidatos receberam a imprensa.

Se o adjunto adverbial anteposto for um advérbio apenas, a vírgula é dispensável.

Hoje os candidatos deverão receber os jornalistas credenciados.

b. o complemento pleonástico antecipado ao verbo.

compl. pleonástico antecipado

Este assunto, já o li em algum lugar.

c. o predicativo do sujeito antecipado.

predicativo

Inquietos, os espectadores aguardavam o início do espetáculo.

TERMOS COORDENADOS ASSINDÉTICOS

Termos coordenados assindéticos, isto é, termos que exercem a mesma função sintática na oração, se não estiverem ligados por conjunção, devem ser separados por vírgulas.

Algumas espécies de psitacídeos comem brotos**,** flores**,** folhas tenras.

Outras procuram milharais, bananais, cafezais, cacauais, arrozais, capinzais.

TERMOS COORDENADOS LIGADOS POR *E*, *OU*, *NEM*

Quando os termos coordenados estiverem ligados pelas conjunções **e**, **ou**, **nem**, não se usa a vírgula.

Aquela paisagem nos despertava confiança, tranquilidade **e** calma.
Pedro **ou** Paulo casará com Heloísa.
Não necessitavam de dinheiro **nem** de auxílio.

Se essas conjunções vierem repetidas para dar ideia de ênfase, usa-se a vírgula:

E os pais**, e** os amigos**, e** os vizinhos magoaram-no.

Não caminhava por montanhas**, ou** florestas**, ou** cavernas**, ou** desertos.

Não estudava Física**, nem** Química**, nem** Matemática**, nem** História.

OUTROS CASOS

Usa-se também a vírgula no interior da oração para:

a. separar o nome do lugar na indicação de datas.

Recife, 22 de janeiro de 2008.

Porto Alegre, 15 de dezembro de 2007.

b. marcar a omissão do verbo.

Eu vou para Natal. Você**,** para Fortaleza. (Subentende-se **vai**: Você vai para Fortaleza.)

c. isolar o vocativo.

"A ordem**, meus amigos,** é a base do governo." (Machado de Assis)

Pode-se, em vez de vírgula, marcar o vocativo com um ponto de exclamação a fim de dar ênfase.

"**Deus! Ó Deus!** Onde estás que não respondes?" (Castro Alves)

d. isolar o aposto.

Jericoacoara**, uma das mais belas praias do Brasil,** fica no Ceará.

Nas férias visitei Natal**, a capital do Rio Grande do Norte**.

VÍRGULA ENTRE ORAÇÕES

ORAÇÕES SUBORDINADAS ADJETIVAS EXPLICATIVAS

As orações subordinadas adjetivas explicativas sempre são separadas por vírgula.

or. principal	or. sub. adj. explicativa	or. principal
O homem,	**que é um ser racional,**	tem o privilégio da fala.

ORAÇÕES SUBORDINADAS ADJETIVAS RESTRITIVAS

As orações subordinadas adjetivas restritivas em geral não se separam da principal por vírgula. Podem terminar por vírgula (mas nunca começar por ela) quando tiverem certa extensão, sobretudo se terminarem por um verbo seguido pelo verbo da oração principal.

or. princ. — Os empregados, | or. sub. adj. restritiva — que por causa de diversos problemas de saúde

or. sub. adj. restritiva — decorrentes de trabalho insalubre se aposentaram, | or. princ. — serão indenizados.

Fique por dentro!

Adjetivas restritivas entre vírgulas?

Pense no seguinte enunciado:

Os jogadores que treinam, se cuidam, estudam e se atualizam têm futuro.

Nele temos uma sequência de quatro orações adjetivas que se referem ao substantivo **jogadores** (as três últimas, com o pronome relativo subentendido) e que estão coordenadas (a segunda e a terceira são assindéticas; a quarta é sindética aditiva). Veja:

1. que **treinam**
2. [que] se **cuidam**
3. [que] **estudam**
4. e [que] se **atualizam**

Desprezando qualquer estilo, poderíamos ter a seguinte construção:

Os jogadores que treinam e que se cuidam e que estudam e que se atualizam têm futuro.

Mas o fato que nos interessa é a pontuação. As quatro orações são adjetivas restritivas (o enunciado não se refere a todos os jogadores, mas apenas àqueles que treinam, se cuidam, estudam, se atualizam). Sabemos que as orações restritivas ligam-se diretamente ao referente, sem pausa (portanto, na escrita, não vêm entre vírgulas). Como explicar as vírgulas em "que treinam**,** se cuidam, estudam"? Simples: as vírgulas estão separando as orações coordenadas, ou seja, não estão indicando pausa entre a oração adjetiva e seu referente.

ORAÇÕES SUBORDINADAS ADVERBIAIS

Orações dessa modalidade (sobretudo quando vierem antes da principal) separam-se por vírgula.

or. sub. adverbial — or. principal

Quando o cantor entrou no palco, todos aplaudiram.

or. sub. adverbial — or. principal

Entrando o cantor, todos devem aplaudir.

or. principal — or. sub. adverbial

Matias dormia**,** **quando começou o filme**.

No caso de a oração subordinada adverbial vir depois da principal, a vírgula não é obrigatória.

ORAÇÕES SUBORDINADAS SUBSTANTIVAS

Orações dessa categoria (com exceção das apositivas) não se separam da principal por vírgula.

or. principal — or. sub. substantiva

Espero **que você me telefone**.

or. principal — or. sub. substantiva

O remédio era **ficar em casa**.

As orações subordinadas apositivas separam-se da principal por vírgulas ou por dois-pontos.

or. principal — or. sub. substantiva apositiva — or. principal

Seu grande desejo, **que o chefe lhe promovesse,** foi finalmente atendido.

or. principal — or. sub. substantiva apositiva

Espero sinceramente isto: **que vocês não faltem mais**.

ORAÇÕES COORDENADAS

As orações coordenadas (exceto as iniciadas pela conjunção aditiva **e**) separam-se por vírgula.

or. coordenada — or. coordenada

Eles se esforçam muito, porém não obtêm o resultado desejado.

or. coordenada — or. coordenada

Penso, logo existo.

or. coordenada — or. coordenada — or. coordenada — or. coordenada

Cheguei, pedi silêncio, aguardei alguns minutos **e** comecei a aula.

Pode-se usar vírgula antes da conjunção **e** quando:

a. as orações coordenadas tiverem sujeitos diferentes.

or. coordenada — or. coordenada

"**Os adjetivos** passam, e **os substantivos** ficam." [Machado de Assis].

sujeito — sujeito

b. a conjunção **e** vier repetida enfaticamente.

E volta**, e** recomeça**, e** se esforça**, e** consegue.

c. a conjunção **e** assumir outros valores (adversidade, consequência etc.).

Ele estudou muito**, e** não conseguiu passar. (⇒ mas não conseguiu passar)

Esforçou-se muito**, e** conseguiu a aprovação. (⇒ em consequência conseguiu a aprovação)

Neurônios trabalhando...

Ardil 22

Ambientado à época da II Guerra, este romance [*Ardil 22*, de Joseph Heller] descreve uma base aérea da qual partiam missões virtualmente suicidas: poucos eram os pilotos que retornavam com vida. A única forma de escapar à convocação era recorrer ao psiquiatra da base. Que explicava aos pilotos: "Vocês só podem evitar as missões se provarem que estão loucos. Mas se vocês querem escapar das missões, é porque estão com o juízo preservado – e portanto têm de voar". Este era o Ardil 22, um argumento do qual ninguém escapava.

(SCLIAR, Moacyr. *A face oculta*. Porto Alegre: Artes e Ofícios, 2001. p. 86.)

No texto acima, uma oração adjetiva explicativa e uma coordenada adversativa e uma coordenada conclusiva receberam pontuação diferente do que se costuma usar.

a. Localize o trecho e pontue-o de acordo com as regras estudadas neste capítulo.

b. Você entendeu por que o escritor optou por essa pontuação?

a. A única forma de escapar à convocação era recorrer ao psiquiatra da base, que explicava aos pilotos: „Vocês só podem evitar as missões se provarem que estão loucos, mas, se vocês querem escapar das missões, é porque estão com o juízo preservado – e portanto têm de voar".

b. Ao optar por uma pontuação que se desvia do padrão, o autor valoriza determinados aspectos de seu texto: ao iniciar um período com a oração adjetiva explicativa, enfatiza a explicação que segue; ao fazer o mesmo procedimento com a coordenada adversativa, enfatiza o contra-argumento, adverso ao que vai dito no período anterior; e o travessão, estilístico, realça a conclusão. Além disso, com essa pontuação, evitou que o período ficasse muito longo.

ORAÇÕES INTERCALADAS

As orações intercaladas são sempre separadas por vírgulas, duplo travessão ou parênteses.

O problema das enchentes, **disse o candidato,** (or. intercalada) será prioritário.

Eu – **repetiu o orador** – (or. intercalada) não concordo.

A cunhadinha **(continuava a dar este nome a Capitu)** (or. intercalada) tinha-lhe falado naquilo por ocasião de nossa última visita a Andaraí, e disse-lhe a razão do segredo. (Machado de Assis)

PONTO E VÍRGULA

O ponto e vírgula marca uma pausa mais longa que a da vírgula, no entanto menor que a do ponto. É empregado para:

- separar orações coordenadas que já venham "quebradas" no seu interior por vírgula.

  "Os burgueses admiravam-lhe a economia**;** os clientes, a polidez**;** os pobres, a caridade." (Gustave Flaubert)

  "Os espelhos são usados para ver o rosto**;** a arte, para ver a alma." (Bernard Shaw)

- separar orações coordenadas que se contrabalançam em força expressiva (formando antítese, por exemplo).

  Muitos se esforçam**;** poucos conseguem.
  Uns trabalham**;** outros descansam.

- separar orações coordenadas de certa extensão.

  Os jogadores de futebol olímpico reclamaram com razão das constantes críticas do técnico**;** porém o teimoso treinador ficou completamente indiferente aos apelos dos atletas.

- separar os diversos itens de enunciados enumerativos em leis, decretos, portarias etc.

  Considerando:
  a) o alto valor dos produtos importados**;**
  b) a onerosa carga tributária**;**

c) a burocracia alfandegária;

d) a urgência do material adquirido;

solicitamos especial atenção ao nosso pedido.

Art. 92. São órgãos do poder Judiciário:

I – o Supremo Tribunal Federal;

II – o Superior Tribunal de Justiça;

III – os Tribunais Regionais Federais e Juízes Federais;

IV – os Tribunais e Juízes do Trabalho;

V – os Tribunais e Juízes Eleitorais;

VI – os Tribunais e Juízes Militares;

VII – os Tribunais e Juízes dos Estados e do Distrito Federal e Territórios. (*Constituição da República Federativa do Brasil.* Disponível em: <www.senado.gov.br/sf/legislacao/const>. Acesso em: 17 set. 2010.)

DOIS-PONTOS

Os dois-pontos marcam a suspensão da melodia de uma frase e são utilizados para:

- dar início a fala ou citação textual de outrem.

  "A porta abriu-se, um brado ressoou:

  – Até que enfim, meu rapaz!" (Eça de Queirós)

- dar início a uma sequência que explica, esclarece, identifica, desenvolve ou discrimina uma ideia anterior.

  Descobri a grande razão da minha vida**:** você.

  Já lhe dei tudo**:** amor, carinho, compreensão, apoio.

  O resultado não se fez esperar**:** fomos chamados à diretoria.

ASPAS

Empregam-se as aspas para:

- isolar citação textual colhida a outrem.

  Como afirma Caio Prado Jr., em *História econômica do Brasil*: **"**A questão da imigração europeia do século XIX está intimamente ligada à da escravidão.**"**.

"Não tenhas ciúmes de tua mulher para que ela não se meta a enganar-te com a malícia que aprender de ti." (Machado de Assis)

- isolar palavras ou expressões estranhas à língua culta, tais como: gírias, expressões populares, estrangeirismos não aportuguesados etc.

Onde você "descolou" essa roupa?

Hoje em dia é preciso estar muito atento aos "hackers".

Polícia espera prender "serial killer" ainda hoje.

- mostrar que uma palavra está sendo utilizada em sentido diverso do habitual (geralmente, expressando ironia).

O atendimento na lanchonete foi "rápido": meu sanduíche chegou exatamente quarenta e cinco minutos depois do pedido.

- dar destaque a uma palavra ou expressão.

Já entendi o "porquê" do seu projeto; só não percebo "como" executá-lo.

TRAVESSÃO

O travessão simples (–) serve para indicar que alguém está falando de viva voz (discurso direto). Emprega-se, pois, o travessão para marcar a mudança de interlocutor nos diálogos.

"– De quem são as pernas?

– Da Madalena, respondeu Gondim.

– Quem?

– Uma professora. Não conhece? Bonita.

– Educada, atalhou João Nogueira.

– Bonita, disse outra vez Gondim. Uma lourinha aí de uns trinta anos.

– Quantos? – perguntou João Nogueira.

– Uns trinta, pouco mais ou menos." (Graciliano Ramos)

Pode-se usar o duplo travessão (– –) para substituir dupla vírgula, sobretudo quando se quer dar ênfase ou destaque ao termo intercalado.

O ministro – profundo conhecedor do mercado internacional – está consciente das dificuldades.

Machado de Assis – grande romancista brasileiro – também escreveu contos.

RETICÊNCIAS

As reticências marcam uma interrupção na sequência lógica da frase. Podem ser usadas com valor estilístico, ou seja, com a intenção deliberada de permitir que o leitor complete o pensamento suspenso ou para marcar fala quebrada e desconexa, própria de quem está nervoso ou inseguro.

Não vou dizer mais nada. Você já deve ter percebido que ele**...**

"Depois de um instante, Carlos lançou lá, entre um rumor de água que caía:
– Não sei**...** Talvez**...** Logo te digo**...**" (Eça de Queirós)

Usam-se também as reticências (de preferência, entre parênteses ou colchetes) para indicar que parte de um trecho citado foi omitida.

"**[...]** nenhuma tinha os olhos de ressaca, nem os de cigana oblíqua e dissimulada." (Machado de Assis)

"Não alcancei a celebridade do emplasto, não fui califa **[...]**" (Machado de Assis)

"Art. 39. É vedado ao fornecedor de produtos ou serviços:

[...]

III – enviar ou entregar ao consumidor, sem solicitação prévia, qualquer produto, ou fornecer qualquer serviço:

[...]

IX – deixar de estipular prazo para o cumprimento de sua obrigação **[...]**" (*Código de defesa do consumidor*)

PARÊNTESES

Os parênteses servem para isolar explicações, indicações ou comentários acessórios.

"Fui hoje cedo à casa deste último, apresentar desculpas **(**deve ter ficado aborrecido com a minha ausência no local determinado para o encontro**)** e repetir o convite para a pretendida visita." (Cyro dos Anjos)

"Ela **(**a rainha**)** é a representação viva da mágoa [...]" (Lima Barreto)

Não fique aí parado!

1. Os períodos a seguir são formados com as mesmas palavras, dispostas na mesma ordem. A única mudança é a posição das vírgulas. Em decorrência disso, os significados são diferentes.

Explique o sentido que tem cada um dos enunciados.

a) O advogado do jornalista, Mário Duarte, requereu ontem ao Superior Tribunal de Justiça a revogação da prisão temporária de seu cliente.

b) O advogado do jornalista Mário Duarte requereu ontem ao Superior Tribunal de Justiça a revogação da prisão temporária de seu cliente.

2. Usando apenas uma vírgula, pontue a frase a seguir de duas maneiras distintas, de modo que tenham sentidos diferentes.

Se o homem soubesse o valor que tem a mulher andaria de rastos à sua procura.

3. Reescreva a frase a seguir, obedecendo às instruções.

Muitas instituições bancárias evitam o assunto fraude digital pelo simples receio de parecer vulneráveis.

a) Inicie a frase por "pelo simples receio de parecer vulneráveis".

b) Coloque "pelo simples receio de parecer vulneráveis" entre o sujeito e o verbo.

c) Coloque "pelo simples receio de parecer vulneráveis" entre o verbo **evitar** e o complemento desse verbo.

4. Dos textos a seguir, retiramos todos os sinais de pontuação. Reescreva cada um deles em dois períodos, colocando os sinais de pontuação que faltam.

a) Havia alguns problemas porém que expressavam a experiência específica das sociedades árabes quando se tornaram independentes elas herdaram uma variedade de escolas algumas públicas algumas privadas algumas modernas algumas islâmicas tradicionais algumas ensinando por meio do árabe outras de uma língua europeia geralmente inglês ou francês (Albert Hourani)

b) Quando o primeiro guarani abriu os olhos estava adulto benfeito completo assim como tudo ao seu redor o céu o Sol a Lua as nuvens as estrelas os montes o mato o campo o rio a oca o peixe o bem o mal a vida a morte (Hernâni Donato)

c) A poluição sonora provoca muitos efeitos negativos os principais são distúrbios do sono estresse perda da capacidade auditiva surdez dores de cabeça distúrbios digestivos perda de concentração aumento do batimento cardíaco e alergias (Departamento Nacional de Trânsito (Denatran). *Direção defensiva*.)

5. Pontue adequadamente as frases usando a vírgula, se necessário.

a) "Ao redor da mesa por um instante imobilizados achavam-se o pai a mãe a avó três crianças e uma mocinha magra de dezenove anos." (Clarice Lispector)

b) "Macabéa que nunca se irritava com ninguém arrepiava-se com o hábito que Glória tinha de deixar a frase inacabada." (Clarice Lispector)

c) "Meu antigo patrão Salustiano Padilha que tinha levado uma vida de economias indecentes para fazer o filho doutor acabara morrendo do estômago e de fome sem ver na família o título que ambicionava." (Graciliano Ramos)

d) "Então tirou o roupão violentamente passou um vestido sem apertar o corpete vestiu por cima um casaco largo de inverno atirou o chapéu para a cabeça despenteada saiu desceu a rua tropeçando nas saias." (Eça de Queirós)

e) "O povo se apinhava na avenida o dinheiro circulava alegremente as lâmpadas de carbureto espargiam sobre o burburinho focos de luz muito branca." (Rachel de Queiroz)

6. Nos textos a seguir, omitiram-se propositalmente os sinais de pontuação. Reescreva-os, pontuando-os adequadamente.

a) À noite porém o doutor percebendo que a mulher dormia saltou a janela e correu em direção ao cemitério Cora de pés nus com as chinelas nas mãos procurou a criada para irem juntas à colheita de ossos (Lima Barreto)

b) Minha criadagem se compõe ou melhor se compunha de um cocheiro um jardineiro um criado de quarto uma cozinheira e uma roupeira que era ao mesmo tempo uma espécie de despenseira (Guy de Maupassant)

c) Como eu tinha imaginado uma corrente marítima impele o navio se é que assim se pode designar adequadamente uma onda que rugindo e uivando pelo alvo gelo reboa em direção ao sul com velocidade igual à da queda vertiginosa de uma catarata (Edgar Allan Poe)

d) Como porém estivesse com a camisa rasgada o paletó sem a manga direita ligeiras escoriações por todo o corpo e de sunga recebeu ordem superior para retirar-se sob pena de abertura de inquérito administrativo de acordo com os estatutos em vigor (Lourenço Diaféria)

e) Aos cinquenta anos magro alto de gestos imponentes e uma certa altivez forçada era mais conhecido por sua enorme biblioteca onde empenhava toda a moeda conseguida nas colheitas ou pela venda sucessiva de partes de suas terras do que propriamente por sua esquisita maneira de viver (Miguel de Cervantes)

7. Pontue o enunciado a seguir, usando dois-pontos e vírgulas:

"A Literatura Portuguesa nos deu dois grandes escritores Camões grande poeta renascentista e Fernando Pessoa grande poeta moderno."

8. Pontue o enunciado seguinte, usando dois-pontos, ponto e vírgula e vírgula:

"Guimarães Rosa e Clarice Lispector são importantes nomes da Literatura Brasileira o primeiro escreveu *Sagarana* a segunda *A hora da estrela*."

9. Pontue adequadamente a frase a seguir, usando duplo travessão:

"O país prepara uma verdadeira festa um verdadeiro Carnaval para o dia 15."

10. Pontue adequadamente o enunciado a seguir, usando parênteses:

"Desejamos que o novo ministro esperamos que seja um entendido em educação faça as reformas necessárias."

Veja na página 531 questões de exames sobre o assunto abordado neste capítulo.

CAPÍTULO 26 Figuras e vícios de linguagem

FIGURAS DE LINGUAGEM

INTRODUÇÃO

Damos o nome de **figuras de linguagem** às formas linguísticas usadas para exprimir o pensamento de modo original, criativo. As figuras de linguagem exploram o sentido conotativo de palavras ou expressões, realçam a sonoridade de palavras e frases e, até mesmo, organizam a frase, afastando-a, de algum modo, de uma estrutura gramatical padrão, a fim de dar destaque a algum de seus elementos.

As figuras de linguagem não são exclusividade da linguagem literária. Você poderá observá-las também na linguagem coloquial, na publicidade, nas letras de músicas, nos ditados populares, nos jargões de determinadas profissões, enfim, em qualquer situação em que se use a linguagem de forma original as figuras poderão estar presentes.

As figuras de linguagem costumam ser classificadas em figuras de som, figuras de construção, figuras de pensamento e figuras de palavras.

FIGURAS DE SOM

a. **aliteração**: consiste na repetição ordenada de mesmos sons consonantais.

"**B**oi **b**em **b**ravo, **b**ate **b**aixo, **b**ota **b**a**b**a, **b**oi **b**errando... **D**ança **d**oi**d**o, **d**á **d**e **d**uro, **d**á **d**e **d**entro, **d**á **d**ireito... **V**ai, **v**em, **v**olta, **v**em na **v**ara, **v**ai não **v**olta, **v**ai **v**arando..." (Guimarães Rosa)

b. **assonância**: consiste na repetição ordenada de mesmos sons vocálicos.

"**O** qu**e** **o** vag**o** **e** incógnit**o** d**e**s**e**j**o** / d**e** s**e**r **e**u m**e**sm**o** d**e** m**e**u s**e**r m**e** d**e**u." (Fernando Pessoa)

c. **paronomásia**: consiste na aproximação de palavras de sons parecidos, mas de significados distintos.

"Conhecer as **manhas** e as **manhãs** / O sabor das **massas** e das **maçãs**" (Almir Sater e Renato Teixeira)

d. **onomatopeia**: consiste na criação de uma palavra para imitar sons e ruídos. Ao contrário das figuras anteriores, a onomatopeia procura imitar ruídos e não apenas sugeri-los.

"[...] não se ouvia mais que o **plic-plic-plic-plic** da agulha no pano." (Machado de Assis)

Chega de **blá-blá-blá**!

Você deve ter notado pelos exemplos de figuras de som que apresentamos que a ocorrência de uma figura não exclui outra(s), ou seja, num mesmo texto podem ocorrer assonância, aliteração e paronomásia.

FIGURAS DE CONSTRUÇÃO

a. **elipse**: consiste na omissão de um termo facilmente identificável pelo contexto.

"Na sala, apenas quatro ou cinco convidados." (omissão de **havia**) (Machado de Assis)

b. **zeugma**: consiste na elipse de um termo que já apareceu antes.

"Nem ele entende a nós, nem nós a ele." (omissão de **entendemos**) (Camões)

"Um galo sozinho não tece uma manhã: / Ele precisará sempre de outros galos. / De um que apanhe esse grito que ele [...]" (omissão de **galo**) (João Cabral de Melo Neto)

c. **polissíndeto**: consiste na repetição de conectivos ligando termos da oração ou elementos do período.

"[...] / **e** sob as ondas ritmadas / **e** sob as nuvens **e** os ventos / **e** sob as pontes **e** sob os túneis / **e** sob as labaredas **e** sob o sarcasmo / **e** sob a gosma **e** sob o vômito [...]" (Carlos Drummond de Andrade)

A ausência de conectivos entre termos da oração ou elementos do período chama-se **assíndeto**.

"Soltei a pena, Moisés dobrou o jornal, Pimentel roeu as unhas." (Graciliano Ramos)

d. **inversão**: consiste na mudança da ordem natural dos termos na frase.

"Garruchas há que sozinhas disparam." (Guimarães Rosa)

"Ouviram do Ipiranga as margens plácidas / De um povo heroico o brado retumbante." (Hino Nacional Brasileiro)

e. **silepse**: consiste na concordância não com o que vem expresso, mas com o que se subentende, com o que está implícito. A silepse pode ser:

- de gênero.

  Vossa Excelência está preocupado.

  Vossa Excelência é pouco conhecido.

Os adjetivos **preocupado** e **conhecido** concordam em gênero com o sexo da pessoa representada pelo pronome de tratamento.

- de número.

  "O senhor não duvide – tem gente, neste aborrecido mundo, que matam só para ver alguém fazer careta..." (Guimarães Rosa)

  Os Sertões conta a Guerra de Canudos.

Os verbos **matam** e **conta** não concordam em número com os sujeitos expressos nas frases (**gente** e ***Os Sertões***), mas com a ideia implícita nessas palavras: **pessoas** e a **obra**.

- de pessoa.

"O que me parece inexplicável é que **os brasileiros persistamos** em comer essa coisinha verde e mole que se derrete na boca." (Manuel Bandeira)

A forma verbal **persistamos** concorda em pessoa com a palavra **nós** (primeira pessoa do plural), que está subentendida, e não com o sujeito expresso **brasileiros** (que levaria o verbo para a terceira pessoa do plural).

f. **anacoluto**: consiste em deixar um termo solto na frase. Isso ocorre, geralmente, porque se inicia uma determinada construção sintática e depois se opta por outra.

"**Eu**, que chamava de amor a minha esperança de amor." (Clarice Lispector)

"**O homem**, chamar-lhe mito não passa de anacoluto." (Carlos Drummond de Andrade)

Grave isto!

Evidentemente, se o termo que se deixar solto na frase não tiver valor expressivo e prejudicar o sentido do enunciado, não poderemos dizer que se trata de uma figura de linguagem, mas de um defeito de construção sintática da frase, como no exemplo a seguir:

As pessoas que compareceram ao encontro amplamente divulgado pela imprensa, se tivessem sido avisadas a tempo.

g. **pleonasmo**: consiste numa redundância cuja finalidade é reforçar a mensagem.

"**As figuras na parede**, eu **as** reconhecia com um novo modo de olhar." (Clarice Lispector)

"E **rir meu riso** e derramar meu pranto / Ao seu pesar ou seu contentamento." (Vinicius de Moraes)

h. **anáfora**: consiste na repetição de uma mesma palavra no início de versos ou frases.

"Amor é um fogo que arde sem se ver; / **É** ferida que dói e não se sente; / **É** um contentamento descontente; / **É** dor que desatina sem doer." (Camões)

FIGURAS DE PENSAMENTO

a. **antítese**: consiste na aproximação de termos contrários, de palavras que se opõem pelo sentido.

"Os jardins têm **vida** e **morte**..." (Cecília Meireles)

"Se no desejo você fosse o amor / Durante o **frio**, fosse o **calor**" (Dominguinhos e Nando Cordel)

b. **ironia**: é a figura que apresenta um termo em sentido oposto ao usual, obtendo-se, com isso, efeito crítico ou humorístico.

"Confesso que Marianinha foi para mim um daqueles **amores únicos, dos quais não temos mais que cinco ou seis em toda a vida**." (José Roberto Torero)

c. **eufemismo**: consiste em substituir uma expressão por outra menos brusca; em síntese, procura-se suavizar alguma afirmação desagradável.

Vossa Excelência está **faltando com a verdade**, uma vez que ficou comprovado que na sua gestão houve **desvio de dinheiro público**.

(**Faltando com a verdade** no lugar de **está mentindo**; **desvio de dinheiro público** no lugar de **roubo**.)

d. **hipérbole**: trata-se de exagerar uma ideia com finalidade enfática.

Estou **morrendo** de sede. (Em vez de **estou com muita sede**.)

Não vejo você **há séculos**. (Em vez de **há muito tempo**.)

e. **prosopopeia** ou **personificação**: consiste em atribuir a seres inanimados predicados que são próprios dos seres animados.

"**O vento beija** meus cabelos
as ondas lambem minhas pernas". (Lulu Santos)

f. **gradação** ou **clímax**: é a apresentação de ideias em progressão ascendente (**clímax**) ou descendente (**anticlímax**).

"Um coração chagado de desejos / **Latejando**, **batendo**, **restrugindo**..." (progressão ascendente) (Vicente de Carvalho)

"Ó não guardes, que a madura idade, / te converta essa flor, essa beleza, / **em terra**, **em cinza**, **em pó**, **em sombra**, **em nada**." (progressão descendente) (Gregório de Matos)

g. **apóstrofe**: consiste na interpelação enfática a alguém (ou a alguma coisa personificada).

"**Senhor Deus dos desgraçados**! / Dizei-me vós, **Senhor Deus!**" (Castro Alves)

FIGURAS DE PALAVRAS

a. **metáfora**: consiste em empregar um termo com significado diferente do habitual, com base numa relação de similaridade entre o sentido próprio e o sentido figurado. A metáfora implica, pois, uma comparação em que o conectivo comparativo fica subentendido.

"Meu pensamento é **um rio subterrâneo**." (Fernando Pessoa)

Observe que, no contexto, estabelece-se uma comparação implícita entre **rio subterrâneo** e **pensamento**, na medida em que o pensamento, como um rio subterrâneo, pode ser profundo, fluido, inacessível. Se alterarmos a frase para "Meu pensamento é como um rio subterrâneo.", não há metáfora, e sim comparação, pois o conectivo comparativo **como** está explícito.

Veja outros exemplos de metáfora:

"A fome é **má conselheira**." (Virgílio)

"A saudade é **arrumar o quarto** / **do filho que já morreu**." (Chico Buarque)

b. **metonímia**: como a metáfora, consiste numa transposição de significado, ou seja, uma palavra que usualmente significa uma coisa passa a ser usada com outro significado. Todavia, a transposição de significado não é mais feita com base em traços de semelhança, como na metáfora. A metonímia explora sempre alguma relação lógica entre os termos (parte pelo todo, autor pela obra, efeito pela causa, continente pelo conteúdo, o instrumento pela pessoa que o utiliza, concreto pelo abstrato etc.). Observe:

Anote meu **celular**. (**Celular** em lugar de **número de meu aparelho de telefone celular**.)

Pão para quem tem fome. (**Pão** em lugar de **alimento**.)

Não tinha **teto** em que se abrigasse. (**Teto** em lugar de **casa**.)

Nas horas de folga escutava **Mozart**. (**Mozart** no lugar de **a música de Mozart**.)

c. **catacrese**: ocorre quando, por falta de um termo específico para designar um conceito, toma-se outro por empréstimo. Entretanto, devido ao uso contínuo, não mais se percebe que ele está sendo empregado em sentido figurado.

O **pé da mesa** estava quebrado.

Não deixe de colocar dois **dentes de alho** na comida.

Quando **embarquei no avião**, fui dominado pelo medo.

Note que, por falta de uma palavra específica para designar o objeto que sustenta o tampo da mesa, tomamos por empréstimo a palavra **pé** e a usamos fora do seu sentido habitual. Verifique ainda que essa transposição tem por fundamento uma semelhança de função. No caso de **dentes de alho**, trata-se de uma semelhança de forma. O verbo **embarcar**, por sua vez, que originalmente designava o ingresso em barco, atualmente é empregado com referência a toda espécie de transporte (metrô, avião, ônibus).

d. **antonomásia** ou **perífrase**: consiste em substituir um nome por uma expressão que o identifique com facilidade.

O cavaleiro da triste figura (Em vez de **Dom Quixote**.)

A Cidade Eterna (Em vez de **Roma**.)

e. **sinestesia**: trata-se de mesclar, numa expressão, sensações percebidas por diferentes órgãos do sentido.

"E um vagabundo lanterneiro, que riscou um **psiu de luz**."
(Guimarães Rosa)

"E longe, na porteira, ainda espalmava a mão para a fazenda, num **gesto mudo** [...]" (Monteiro Lobato)

Neurônios trabalhando...

A preguiça

Estando a filha com dor de parir, saiu a Preguiça em busca da Parteira. Sete anos depois ainda se achava em viagem, quando deu uma topada. Gritou muito zangada:

– Está no que deu o diabo das pressas...

Afinal, quando chegou em casa com a Parteira, encontrou os netos da filha brincando no terreiro.

(CASCUDO, Luís da Câmara. *Os compadres corcundas e outros contos brasileiros*. Rio de Janeiro: Ediouro, 1997. p. 92.)

Quais figuras de linguagem podemos reconhecer no texto acima?

Ironia, em "– Está no que deu o diabo das pressas...". Hipérbole, no texto como um todo (o período de tempo que a Preguiça demorou para ir e voltar é exageradíssimo). Personificação, ao se dar características humanas à Preguiça, um substantivo abstrato.

VÍCIOS DE LINGUAGEM

A gramática normativa é um conjunto de regras que estabelecem um determinado uso da língua, denominado **nível formal de linguagem** ou **língua padrão**. Ocorre que as normas estabelecidas pela gramática normativa nem sempre são obedecidas pelo falante.

Quando o falante opta por uma construção que se desvia do padrão para alcançar uma maior expressividade, temos as figuras de linguagem, que acabamos de ver. Quando o desvio se dá pelo desconhecimento do léxico ou de uma norma, temos os chamados **vícios de linguagem**, como se observa a seguir.

a. barbarismo: consiste em grafar ou pronunciar uma palavra em desacordo com o léxico.

pesqui**za** (Em vez de pesqui**sa**.)

proto**ti**po (Em vez de pro**tó**tipo.)

rúbrica (Em vez de ru**bri**ca.)

exce**ss**ão (Em vez de exce**ç**ão.)

São também considerados barbarismos os desvios semânticos (uso de uma palavra semelhante à que deveria ser empregada).

O **iminente** deputado presidiu a **seção**. (**Iminente** em vez de **eminente** e **seção** em vez de **sessão**.)

Se eleito, prometo **apedrejar** todas as ruas da cidade. (**Apedrejar** no lugar de **calçar** ou **pavimentar**.)

b. solecismo: consiste em desviar-se do nível padrão na construção sintática.

Fazem dois meses que ele não aparece. (Em vez de **faz**: desvio na sintaxe de concordância.)

Jamais devolverão-**me** o que tomaram-**me**. (Em vez de jamais **me** devolverão o que **me** tomaram: desvio na sintaxe de colocação pronominal.)

Assisti o filme que você recomendou. (Em vez de **assisti ao filme**: desvio na sintaxe de regência.)

c. ambiguidade ou **anfibologia**: trata-se de construir a frase de um modo tal que ela apresente mais de um sentido.

O guarda deteve o suspeito em sua casa. (Na casa de quem: do guarda ou do suspeito?)

O menino viu o incêndio do prédio. (O menino estava no prédio e viu um incêndio ou viu um prédio que estava pegando fogo?)

d. **cacófato**: consiste no mau som produzido pela junção de palavras.

"Que sentes ao ouvir o **nosso hino**? **Nosso hino**? Cacófato! Serei eu um cacófato vicioso nesse concerto patriótico." (Érico Veríssimo)

e. **pleonasmo**: consiste na repetição desnecessária de uma ideia.

O **vereador municipal** disse que as contas apresentaram um **superávit positivo**.

O pleonasmo, assim como outras figuras, tanto pode ser um vício como uma figura de linguagem; isso dependerá, sobretudo, da eficácia e originalidade da mensagem.

f. **arcaísmo**: consiste na utilização de palavras que já caíram em desuso.

Pedi ao **chofer de praça** que me levasse até o centro. (Em vez de **motorista de táxi**.)

Qual é **a sua graça**? (Em vez de Qual é **seu nome** ou Como você **se chama**?)

g. **eco**: trata-se da repetição de palavras terminadas pelo mesmo som.

Vic**ente** s**ente** som**ente** uma leve dor de d**ente.**

A decis**ão** da elei**ção** **não** causou nenhuma rea**ção** de como**ção** ou indigna**ção** na popula**ção**.

Não fique aí parado!

1. O trecho a seguir foi retirado do livro *Laila & Majnun*, uma clássica história de amor da literatura persa. Seu autor é Nizami. Leia-o:

"Mas, mesmo tarde demais, decidiu revelar seu segredo pela primeira e última vez. Tomou a mão de sua mãe e disse: Querida mãe, minha luz está enfraquecendo, e logo a vela de meu ser se apagará. Antes que se faça a escuridão e que minha alma seja levada, eu tenho de dar voz ao que está no meu coração." (NIZAMI. *Laila & Majnun*. Rio de Janeiro: Zahar, 2002. p. 176.)

a) Qual é o segredo que a personagem decidiu revelar a sua mãe?

b) Ela usa uma figura de linguagem para revelar seu segredo. Qual? Dê exemplos dessa figura que aparecem no texto.

2. O trecho a seguir foi extraído da obra *Lavoura arcaica*, de Raduan Nassar.

"[...] e num domingo de repouso, depois do almoço, quando o vinho já estiver dizendo coisas mornas em nossa cabeça, e o sol lá fora já estiver tombando para o outro lado, eu e você sairemos de casa para fruir a plenitude de um passeio [...]" (NASSAR, Raduan. *Lavoura arcaica*. São Paulo: Companhia das Letras, 2005. p. 127-8.)

Nesse trecho, ocorre uma figura de linguagem. Identifique-a e comente seu sentido.

3. Leia:

> "Há palavras que ninguém emprega. Apenas se encontram nos dicionários como velhas caducas num asilo. Às vezes uma que outra se escapa e vem luzir-se desdentadamente, em público, nalguma oração de parar info. Pobres velhinhas... Pobre velhinho!"
>
> (QUINTANA, Mário *Triste História, em porta giratória*. São Paulo: Globo, 1988. p. 20.)

a) A que tipo de palavras Mário Quintana se refere?

b) Mário Quintana se vale de metáforas para designar esse tipo de palavras. Aponte-as.

4. Identifique as figuras de linguagem que ocorrem nas frases a seguir.

a) "Eu, que antes vivera de palavras de caridade ou orgulho ou de qualquer outra coisa." (Clarice Lispector)

b) "E o resto do povo tinham feito o pelo-sinal e virado as costas..." (Guimarães Rosa)

c) "Os filhos de Emilie éramos proibidos de participar destas reuniões que varavam a noite." (Milton Hatoum)

d) "A vigília da barata era vida vivendo, a minha própria vida vigilante se vivendo." (Clarice Lispector)

e) O jardim olhava as crianças sem dizer nada.

f) "A igreja era grande e pobre. Os altares, humildes." (Carlos Drummond de Andrade)

g) "Quando o tempo está seco, os sapatos ficam tão contentes que se põem a cantar." (Mário Quintana)

h) "Eu era pobre. Era subalterno. Era nada." (Monteiro Lobato)

i) "De tudo ao meu amor serei atento antes" (Vinicius de Moraes)

j) "O meu nome é Severino / Não tenho outro de pia" (João Cabral de Melo Neto)

k) "O esforço é grande e o homem é pequeno." (Fernando Pessoa)

l) "Será que a morena cochila escutando o cochicho do chocalho" (Chico Buarque)

m) "Vamos dormir dos astros sob o manto." (Olavo Bilac)

n) "O ritmo em que gemo / doçuras e mágoas / é um dourado remo / por douradas águas." (Cecília Meireles)

o) "Depois do areal extenso... / Depois o oceano de pó... / Depois no horizonte imenso / Desertos... desertos só... / [...]" (Castro Alves)

p) "Sou um mulato nato no sentido lato mulato democrático do litoral." (Caetano Veloso)

q) "Eu que passo, penso e peço." (Sidney Miller)

r) "Minha vida é uma colcha de retalhos, todos da mesma cor." (Mário Quintana)

s) Ouviu-se o som agudo e claro de uma trombeta. (Miguel de Cervantes)

5. Alterando o sentido original da palavra, construa uma expressão pelo processo da catacrese.

a) asa
b) barriga
c) bico
d) boca
e) braço
f) folha
g) menina
h) olho
i) orelha

6. A quem se referem as seguintes antonomásias?

a) o homem do baú
b) a rainha dos baixinhos
c) o homem morcego
d) a cidade luz
e) o poeta dos escravos
f) a cidade maravilhosa
g) a Veneza brasileira
h) a dádiva do Nilo
i) a pequena notável
j) o maior estádio do mundo
k) o mártir da Inconfidência
l) o cavaleiro da triste figura

7. Identifique o vício de linguagem que ocorre nas frases seguintes:

a) "O acaso, tal como o concebo aqui, inclui os erros ocasionais de jogadores que não costumam errar." (José Geraldo Couto)
b) Cortou o bolo em duas metades iguais.
c) Haviam vários livros sobre a mesa.
d) Aspiro um cargo melhor.
e) Não assistimos o último jogo do torneio.
f) A presença do jogador foi uma surpresa inesperada.
g) Ele era um homem ávaro.
h) Não se deve dirigir com apenas uma mão.
i) As exportações para fora do país aumentaram.

Veja na página 543 questões de exames sobre o assunto abordado neste capítulo.

QUESTÕES DE EXAMES

PARTE

1 FONOLOGIA E ORTOGRAFIA

Capítulo 1 – FONOLOGIA

1. (Cesgranrio-RJ) Atualmente a produção de petroquímicos é feita através do processamento de nafta.

Na frase acima, quantas palavras são classificadas como polissílabas?

a) 1
b) 2
c) 3
d) 4
e) 5

2. (Cesgranrio-RJ) A separação das sílabas está correta na palavra

a) ha-bi-tu-an-do.
b) in-fe-cto-lo-gis-ta.
c) be-ne-fi-cia-das.
d) res-fria-do.
e) gue-rra.

3. (Cesgranrio-RJ) A relação que apresenta as sílabas corretamente separadas é

a) di-gni-da-de, pa-péis, a-não.
b) dis-cus-são, im-pac-to, nu-vem.
c) co-pe-i-ro, pre-ssão, fi-el.
d) na-sci-men-to, res-pei-to, pa-ssei-o.
e) a-ssa-do, co-chi-cho, pa-jé.

4. (PUC-SP) Indique a alternativa em que constatamos, em todas as palavras, a semivogal i:

a) cativos, minada, livros, tiragem
b) oiro, queimar, capoeiras, cheiroso
c) virgens, decidir, brilharem, servir
d) esmeril, fértil, cinza, ainda
e) livros, brilharem, oiro, capoeiras

5. (UnB-DF) Marque a opção em que todas as palavras apresentam dígrafo:

a) fixo, auxílio, tóxico, enxame
b) enxergar, luxo, bucho, olho
c) bicho, passo, carro, banho
d) choque, sintaxe, unha, coxa
e) exceto, carroça, quase, assado

6. (PUC-PR) Observe as palavras que seguem:

1. choque
2. hotel
3. varre
4. desce
5. passa
6. molha

Das palavras acima, são pronunciadas com 4 fonemas:

a) todas elas
b) todas, menos a primeira
c) todas, menos a segunda
d) a segunda, a quarta e a quinta
e) somente a quarta e a quinta

7. (PUC-SP) Indique a alternativa em que todas as palavras têm, em sua sílaba tônica, uma vogal nasal.

a) cartomante, diferença, rindo, algum
b) consulta, andado, continuou, interrompeu
c) criança, andar, andado, antes
d) mesma, moço, como, medo
e) tinha, motivo, rindo, acreditam

8. (UEM-PR) Sobre os fonemas vocálicos da língua portuguesa, expressos por letras na grafia da norma padrão culta, assinale a(s) alternativa(s) adequada(s).

01. Em **biotecnologia**, a letra destacada corresponde ao fonema /e/, assim como a letra destacada em **genéticos**.
02. Em **contrário**, **próprio**, **Índia** e **ciência**, as vogais finais dos vocábulos representam, na escrita, os ditongos crescentes /jo/, nos dois primeiros, e /ja/, nos dois últimos.
04. Em **doutor**, **lavoura**, **paulatinamente** e **aumento**, as letras destacadas nos dois primeiros vocábulos correspondem aos fonemas /ow/ e, nas duas últimas, aos fonemas /aw/, que, segundo a regra da gramática da língua, denominam-se ditongos decrescentes.
08. Encontram-se fonemas vocálicos nasais em **simples**, **medo**, **têm**, **fazendo**, **noturna**, **humanidade**.
16. Em **cegueira**, **pequenos** e **questão**, as letras destacadas correspondem ao fonema /u/.

9. (FGV-SP) Observe as palavras das três séries a seguir. Formule a regra que explica o som do **s** em cada uma dessas séries.

a) Casa, mesa, pisa, dengosa, usa, franceses, preciso, sisudo.
b) Cansado, perseguir, absoluto, pulso, pseudônimo, corsário.
c) Transamazônica, transeunte, trânsito, transoceânico, transumano.

10. (Vunesp-SP) "Dizer, bendizer, maldizer, confundem-se na massa dos sons. Tudo escapando da mesma boca, mas vozes diferentes atropelam-se nesse anunciar-se de juízos, interesses, paixões e estados de espírito que se desmentem uns aos outros. Contradizer-se é ainda uma solução para o conflito que nossos impulsos sucessivos travam por meio e à custa de palavras."

(Carlos Drummond de Andrade)

No fragmento dado, há alguns encontros vocálicos. Identifique um hiato, um ditongo nasal e um ditongo oral decrescente, transcrevendo os vocábulos e assinalando esses encontros.

11. (ESPM-SP) Qual o nome do som capaz de estabelecer distinção de significado entre duas palavras de uma língua?

12. (UPM-SP) As palavras **demarcação**, **juízo**, **interpenetram** e **iguais** apresentam diferentes encontros vocálicos. Reescreva os vocábulos e dê a classificação de cada encontro vocálico.

13. (Uepa) "[...] Conto a vocês uma conversa que tive com um índio muito inteligente – o cacique Juruna. Ele me perguntou um dia quem inventou o 'papé'. Eu quis explicar como é que se fabrica papel com madeira esmagada. Juruna reclamou que queria saber é do 'papé' verdadeiro. Esse que levado na mão de um homem o torna dono de terras que nunca viu e onde um povo viveu há séculos."

(Darcy Ribeiro)

Comparando a pronúncia predominante da palavra **papel** com a do cacique Juruna, [papéw] e [papé] respectivamente, observa-se que a variante fonológica caracteriza-se pela:

a) substituição de um fonema sonoro final por um fonema surdo.
b) supressão de uma vogal final.
c) supressão de uma consoante final.
d) redução de um ditongo aberto a uma vogal aberta.
e) redução de um ditongo aberto a uma vogal fechada.

14. (Unifenas-MG) Assinale a alternativa que identifica os encontros vocálicos e consonantais presentes nos três grupos de palavras abaixo, na mesma ordem de ocorrência de cada um deles. Os três grupos apresentam os mesmos encontros vocálicos e consonantais, pela ordem:

I. poema, reino, pobre, não, chave
II. realize, perdeu, escrevê-lo, estão, que
III. dia, mais, contempla, então, lhe

a) ditongo crescente, ditongo crescente, encontro consonantal, ditongo decrescente, dígrafo
b) ditongo crescente, ditongo decrescente, encontro consonantal, dígrafo, encontro consonantal
c) ditongo decrescente, hiato, dígrafo, ditongo decrescente, encontro consonantal
d) hiato, ditongo crescente, encontro consonantal, ditongo decrescente, dígrafo
e) hiato, ditongo decrescente, encontro consonantal, ditongo decrescente, dígrafo

15. (PUC-RS) Assinale a alternativa em que o **x** nunca é pronunciado como /ks/.

a) atóxico, máximo, prolixo
b) êxtase, exímio, léxico
c) máximo, êxodo, exportar
d) exportar, nexo, tóxico
e) exímio, prolixo, êxodo

16. (PUC-SP) Nas palavras **enquanto**, **queimar**, **folhas**, **hábil** e **grossa**, constatamos a seguinte sequência de letras e fonemas:

a) 8-7, 7-6, 6-5, 5-4, 6-5
b) 7-6, 6-6, 5-5, 5-5, 5-5
c) 8-5, 7-5, 6-4, 5-4, 5-4
d) 8-6, 7-6, 6-5, 5-4, 6-5
e) 8-5, 7-6, 6-5, 5-5, 5-5

17. (PUC-SP) Nas palavras **nesta**, **manhã**, **lisonjeada**, **rompe** e **arrasta**, temos a seguinte sequência de letras e fonemas:

a) 5-5, 6-5, 9-10, 5-5, 6-7
b) 5-5, 5-4, 10-9, 5-4, 7-7
c) 4-4, 4-2, 10-8, 4-3, 7-5
d) 5-5, 5-4, 10-9, 5-4, 7-6
e) 4-5, 5-2, 10-9, 4-5, 7-7

18. (UFC) Apresentam o mesmo fonema inicial os vocábulos:

a) cravei, quem, cultivar
b) cheguei, certos, cima
c) ciência, sossego, canção
d) gene, grandeza, geologia

19. (PUC-SP) Nas palavras **anjinho**, **carrocinhas**, **nossa** e **recolhendo**, podemos detectar oralmente a seguinte quantidade de fonemas:

a) três, quatro, dois, quatro
b) cinco, nove, quatro, oito
c) seis, dez, cinco, nove
d) três, seis, dois, cinco
e) sete, onze, cinco, dez

20. (Unimep-SP) Assinale o vocábulo que contém **cinco** letras e **quatro** fonemas.

a) estou
b) adeus
c) livro
d) volto
e) daqui

21. (UFPR) Assinale a(s) alternativa(s) na(s) qual(is) em todas as palavras se destacou corretamente a sílaba tônica. (Atenção: quando a palavra comporta acento gráfico, ele foi propositalmente omitido.) Some o valor das respostas corretas.

01. pe**ga**da, inau**di**to, azi**a**go, pu**di**co
02. peri**fra**se, estereo**ti**po, **bra**mane, ce**re**belo
04. a**cro**pole, re**fre**ga, misan**tro**po, no**ti**vago
08. sans**cri**to, obso**le**to, au**toc**tone, **sin**drome
16. a**mi**do, fe**bril**, han**gar**, **gra**cil
32. pa**pi**ro, apote**o**se, simu**la**cro, de**no**do

22. (UFC) Em relação à fonética, estão corretas as alternativas (some os pontos das alternativas corretas):

01. Em **cantei** há um ditongo.
02. O vocábulo **dístico** é proparoxítono.
04. Há só um fonema consonantal em **cheio**.
08. A palavra **beco** é paroxítona.
16. Há tritongo em **paixões**.

23. (PUCCamp-SP) Assinale a alternativa que apresenta tritongo, hiato, ditongo crescente e dígrafo.

a) quais, saúde, perdoe, álcool
b) cruéis, mauzinho, quais, psique
c) quão, mais, mandiú, quieto
d) aguei, caos, mágoa, chato
e) n.d.a.

24. (UFSC) A única alternativa que apresenta palavra com encontro consonantal e dígrafo é:

a) graciosa
b) prognosticava
c) carrinhos
d) cadeirinha
e) trabalhava

25. (PUC-SP) Nas palavras **que**, **tranquilidade**, **concluía** e **muito** ocorrem os seguintes encontros:

a) dígrafo, dígrafo, tritongo, ditongo.
b) dígrafo, ditongo, tritongo, dígrafo.
c) ditongo, dígrafo, hiato, ditongo.
d) ditongo, ditongo, tritongo, ditongo.
e) dígrafo, ditongo, hiato, ditongo.

26. (Febasp) Considere a palavra **Piauí**; podemos afirmar que ela tem:

a) um hiato
b) um ditongo crescente
c) dois hiatos e um ditongo
d) dois ditongos e um hiato

27. (Unisa-SP) Assinale a alternativa em que ocorre um ditongo decrescente em todas as palavras.

a) traidor, país, água
b) baú, quatro, oblíqua
c) quase, canavial, beato
d) seixo, crueldade, igual
e) ideia, cauteloso, pai

28. (Fasp-SP) Assinale a alternativa que apresenta os elementos que compõem o tritongo.

a) vogal + semivogal + vogal
b) vogal + vogal + vogal
c) semivogal + vogal + vogal
d) semivogal + vogal + semivogal

29. (Furg-RS) A sequência de palavras cujas sílabas estão separadas corretamente é:

a) a-dje-ti-va-ção / im-per-do-á-veis / bo-ia-dei-ro
b) in-ter-ve-io / tec-no-lo-gi-a / sub--li-nhar
c) in-tu-i-to / co-ro-i-nha / pers-pec--ti-va
d) co-ro-lá-rio / subs-tan-ti-vo / bis-a-vó
e) flui-do / at-mos-fe-ra / in-ter-vei-o

30. (UFV-MG) As sílabas das palavras **psicossocial** e **traído** estão corretamente separadas em ... e ... :

a) psi-cos-so-ci-al / tra-í-do
b) p-si-cos-so-cial / tra-í-do
c) psi-co-sso-ci-al / traí-do
d) p-si-co-sso-cial / tra-í-do
e) psi-co-sso-ci-al / traí-do

31. (FAU-Santos-SP) Assinale a alternativa em que todos os vocábulos apresentam dígrafo.

a) queijo, perto, guerra
b) nascer, tecer, descer
c) mexer, manchar, florescer
d) cachorro, baralho, passo
e) velho, novo, lixo

32. (Acafe-SC) Na frase "No restaurante, onde entrei arrastando os cascos como um dromedário, resolvi-me ver livre das galochas", existem:

a) 2 ditongos, sendo 1 crescente e 1 decrescente.
b) 3 ditongos, sendo 2 crescentes e 1 decrescente.
c) 3 ditongos, sendo 1 crescente e 2 decrescentes.
d) 4 ditongos, sendo 2 crescentes e 2 decrescentes.
e) 4 ditongos, sendo 3 crescentes e 1 decrescente.

33. (Unirio-RJ) Assinale a melhor resposta. Em **papagaio** temos:

a) um ditongo
b) um trissílabo
c) um proparoxítono
d) um tritongo
e) um dígrafo

34. (Uece) Têm a mesma classificação quanto ao acento tônico as palavras:

a) alivia, vizinho, insônia, chão
b) risquei, fósforo, tijolo, porque
c) zombaria, devagarinho, companhia
d) fôlego, estrela, tamborete

35. (Furg-RS) Assinale a sequência em que todas as palavras estão partidas corretamente.

a) trans-a-tlân-ti-co / fi-el / sub-ro-gar
b) bis-a-vô / du-e-lo / fo-ga-réu
c) sub-lin-gual / bis-ne-to / de-ses--pe-rar
d) des-li-gar / sub-jul-gar / sub-scre-ver
e) cis-an-di-no / es-pé-cie / a-teu

36. (UEM-PR) Assinale a alternativa em que a sílaba tônica está destacada corretamente.

a) mis**ter**, de**ca**no, a**va**ro, cir**cui**to

b) **ru**brica, azi**ago**, i**be**ro, **mis**ter

c) **No**bel, **lá**tex, **a**varo, re**cém**-nas**ci**do

d) ru**bri**ca, lá**tex**, **i**bero, filan**tro**po

e) **de**cano, **ê**xodo, e**di**to, ure**ter**

37. (UnB-DF) Marque a opção em que todas as palavras apresentam um dígrafo.

a) fixo, auxílio, tóxico, exame

b) enxergar, luxo, bucho, olho

c) bicho, passo, carro, banho

d) choque, sintaxe, unha, coxa

e) n.d.a.

Capítulo 2 – ORTOGRAFIA

(PUC-PR) Texto para as questões **1** e **2**.

Leia o texto a seguir.

S.O.S. PORTUGUÊS

Qual a diferença entre "acerca de", "a cerca de" e "há cerca de" ? J. A. B., Recife, PE.

Inicialmente, deve-se lembrar que existe a expressão "cerca de", que pode vir precedida da preposição "a" ("a cerca de"). O sentido de ambas é "aproximadamente" ou "mais ou menos", como se pode observar nas frases "cerca de 70 mil veículos deixaram a capital no feriado prolongado" ou "estávamos a cerca de 2 quilômetros da cidade". Na expressão "há cerca de", temos a referida expressão "cerca de" precedida do verbo haver, o que indica tempo transcorrido e equivale a "faz". Portanto, deve-se empregá-la quando o sentido for algo como "faz aproximadamente", como se nota nas frases "Há cerca de um mês uma reunião decidiu a escolha do candidato" e "definimos o cronograma de reuniões há cerca de um mês". Já a expressão "acerca de" é uma locução prepositiva, ou seja, um conjunto de palavras que funciona como preposição, relacionando dois termos em uma oração. Essa expressão é empregada com o sentido de "a respeito de", "relativamente a", "quanto a", "sobre", como se pode observar nas frases "discutimos acerca de uma boa saída para o caso". e "conversamos acerca da herança". Portanto, para o correto emprego dessas expressões, é preciso estar atento ao sentido delas no texto.

Consultoria ERNANI TERRA, autor de livros didáticos e paradidáticos e doutorando em Língua Portuguesa pela Pontifícia Universidade Católica de São Paulo (PUC-SP).

Fonte: *Nova Escola*, n.º 234, agosto de 2010.

1. A seção S.O.S. PORTUGUÊS, como o próprio título designa, tem o objetivo de esclarecer dúvidas pontuais dos leitores da revista em que é veiculada.

Assinale a alternativa que NÃO apresenta uma declaração adequada em relação ao gênero do texto e suas informações.

a) O texto acima se estrutura no formato pergunta-resposta, muito comum nesse tipo de seção. O leitor da revista faz o questionamento, e o consultor Ernani Terra soluciona a dúvida.

b) Por se tratar de uma revista da área educativa, é pertinente a existência de uma seção como a S.O.S. PORTUGUÊS em sua composição.

c) Para empregarmos adequadamente as expressões em análise na seção, é fundamental conhecer o significado de cada uma, o que fica claro na explicação do consultor.

d) O consultor que responde à pergunta é doutorando em Língua Portuguesa e autor de obras na área. Essa informação é irrelevante para dar respaldo e confiabilidade à resposta apresentada na seção.

e) Como as expressões "acerca de", "a cerca de" e "há cerca de" são homófonas (apresentam a pronúncia equivalente), o falante não sente dúvidas no seu emprego oral. Para os textos escritos, no entanto, a explicação sobre a diferença de sentido das expressões e as respectivas grafias é fundamental.

2. Após a leitura e interpretação do texto da seção S.O.S. PORTUGUÊS sobre o emprego das expressões "acerca de", "a cerca de" e "há cerca de", analise as sentenças a seguir e assinale a alternativa que exemplifica o emprego ADEQUADO.

a) A cerca do desenvolvimento sustentável palestrou a candidata ao governo federal.
b) Ontem o turista mencionou que esteve no Brasil há cerca de nove anos.
c) O novo museu fica acerca de 300 metros daqui.
d) O engenheiro está formado a cerca de cinco anos.
e) O professor falou a cerca das novas metodologias de ensino.

3. (ESPM-SP) Assinale o único item em que todas as palavras estão com a **grafia correta**:

a) sub-humanas, obsessão, excesso.
b) catequese, cuscuz, richa.
c) extravazar, assessor, cafajeste.
d) subumanas, co-seno, abscissa.
e) catequizar, pichar, pretencioso.

4. (Ufal) Assinale a opção em que a sequência de palavras obedece às regras da ortografia vigente.

a) Exceder, ascender e intercesão.
b) Intenção, intensão e paço.
c) Passo, lizura, tesoura.
d) Enxada, encher, inesistente.
e) Cozer, ojeriza, cangica.

5. (Cesgranrio-RJ) Indique a única palavra que apresenta **ERRO** de grafia.

a) Cozimento.
b) Impermeabilização.
c) Vazilha.
d) Azeitona.
e) Autorizar.

6. (Fepese-SC) Leia as frases abaixo.

1. Não entendo ★★★★ razão você não lê Mario Vargas Llosa.
2. O aluno faltoso foi apanhado em ★★★★.
3. Ele está feliz: ganhou ★★★★ quantia na loteria.

Assinale a alternativa que preenche corretamente os espaços.

a) porquê ; flagrante ; vultosa
b) porquê ; fragrante ; vultosa
c) porque ; fragrante ; vultuosa
d) por que ; flagrante ; vultuosa
e) por que ; flagrante ; vultosa

7. (PUC-PR) Leia as frases e assinale a alternativa que contém erro de grafia.

a) Por que a matriz energética brasileira é a mais renovável do mundo?
b) A ANEEL possui uma equipe de assessores competentes.
c) Os processos de Audiências e Consultas Públicas, ao longo de sua condução, contam com a realização de seções públicas.
d) O Brasil utiliza 45% de fontes renováveis em suas matrizes.
e) Conforme previsão do Plano Nacional, o Brasil chegará a 47% de fontes renováveis em suas matrizes.

8. (PUC-RJ) Assinale a opção em que todas as palavras se completam adequadamente com a letras entre parênteses:

a) mi_to; ve_ame; e_emplar (x)

b) empeci_o; famí_a; estarda_aço (lh)
c) _unidade; _umidade; _ombridade (h)
d) cabel_reiro; estrang_ro; praz_roso (ei)
e) di_ernir; di_ente; côn_io (sc)

9. (Fuvest-SP) – A frase em que a grafia está inteiramente correta é:

a) A rescessão asiática, o colapso russo e a perda de vultuosas quantias roubaram a expontaneidade do mercado de investidores.
b) Nessas inserções, todas as disfunções familiares, sem exceção, vêm à tona, sempre acompanhadas de forte descarga emocional.
c) Sua Magestade não admitiu a indiscreção do ministro, expulsando-o, imediatamente, da Corte.
d) As medidas tomadas pelo Governo contra a inflação não atendem às expectativas da população e, certamente, não sortirão os resultados esperados.
e) Estudiosos mostram-se apreensivos diante da eminência do recrudecimento das superstições nas sociedades capitalistas.

10. (FCL-SP) Assinale a opção que completa corretamente as respectivas lacunas.

No meio do discurso, um indivíduo bêbado resolveu fazer um .... , ... de tumultuar a cerimônia ...., mas rapidamente a plateia reprovou a falta de bom .... , e a .... recomeçou.

a) à parte, afim – beneficiente – censo – seção
b) à parte – a fim – beneficente – senso – sessão
c) aparte – a fim – beneficente – senso – sessão
d) àparte – à fim – beneficiente – censo – cessão
e) aparte – afim – beneficente – senso – seção

11. (UFV-MG) "Tratava-se de opinião sempre relevantíssima, que nos engrandecia no concerto das nações."
É frequente, na língua escrita, a confusão entre homônimos.

Concerto, na frase acima, tem significado diferente de seu homônimo *conserto*, usado em **conserto de automóvel**, por exemplo. Das sentenças abaixo, aquela em que se usou erradamente um dos homônimos entre parênteses é:

a) Após o **censo** de 2000, o IBGE publicou *Brasil em Números*, que contém informações muito úteis aos pesquisadores. (censo / senso)
b) O complexo de inferioridade não diz respeito apenas ao **estrato** mais pobre da população brasileira. (estrato / extrato)
c) Foi necessária a **interseção** do embaixador para que o palestrante parasse de falar asneiras sobre o Brasil. (interseção / intercessão)
d) O embaixador **tachou** o comentarista internacional de ignorante. (tachar / taxar)
e) Ninguém gosta de ver o nome de seu país **inserto** no rol das nações subdesenvolvidas. (inserto / incerto)

12. (PUC-RS)

Texto 1

A vida em Barretos nunca mais foi a mesma depois que peão de boiadeiro virou caubói e música caipira passou a ser chamada de *country*. Integrada ao calendário das maiores comemorações nacionais, a 44.ª Festa do Peão de Boiadeiro de Barretos está para abrir as porteiras, estilizando a rotina do campo para o fascínio de legiões urbanas.

[...] É uma multidão de turistas vestidos a caráter e apelidados de "peões de butique". Chegam de todos os cantos do país, enfiados em calças *jeans*, imaculadas botas de couro, cintos e chapéus vistosos. Os boiadeiros urbanos capricham na indumentária (chegam a importá-la) e vivem uma fantasia que só fica a dever ao Carnaval carioca em termos de público e opulência. No Carnaval, reis e princesas sonham até a Quarta-Feira de Cinzas. Em Barretos, imagina-se domar perigosos touros e potros ariscos.

(Adaptado de: *Época – Especial "Nós, brasileiros"*, 24 maio 1999, p. 102.)

Texto 2

(Charge de Iotti. *Zero Hora*, Porto Alegre, 24 jan. 1999.)

I. As palavras **caubói** (texto 1) e **butique** (texto 1) apresentam-se de acordo com os padrões fonéticos e gráficos da língua portuguesa.

II. Se a palavra ***jeans*** (texto 1) fosse adaptada ao português, possivelmente seria grafada **jins**.

III. Se comparadas às palavras que lhes deram origem, **cê** (texto 2) sofreu um processo de redução semelhante ao ocorrido com a expressão de assentimento **tá**.

IV. Se a palavra ***chantilly*** (texto 2) fosse corretamente aportuguesada, seria grafada **chantilí**.

A alternativa que contém apenas afirmativas corretas é:

a) I e II
b) I e III
c) II e IV
d) I, II e III
e) I, II, III e IV

13. (UAM-SP) Observe atentamente as frases abaixo:

I. "Aonde você mora / Aonde você foi morar?" (Cidade Negra)

II. "Moro aonde não mora ninguém." (Agepê)

III. Da onde eu vim, a vida era de uma monotonia ímpar. Não havia televisão.

IV. Aonde eu for não importa, desde que seja onde estiveres.

Assinale a alternativa em que o emprego de **onde**, **aonde** ou **donde** esteja de acordo com a variante culta da linguagem:

a) Somente a I é correta.
b) A I e a IV são corretas.
c) Somente a IV é correta.
d) A II e a III são corretas.
e) Somente a III é correta.

14. (UCSal-BA) Assinale a letra correspondente à alternativa que substitui corretamente os asteriscos da frase apresentada.

"* das vidraças de seu apartamento, acompanhou o desenvolvimento * do bairro, cujo crescimento * o assustou."

a) Atravez – vertiginosos – derrepente
b) Atravez – vertijinosos – de repente
c) Através – vertijinoso – derrepente
d) Atravez – vertiginoso – de repente
e) Através – vertiginoso – de repente

15. (PUCCamp-SP) Escolha, entre as alternativas, a que propõe a substituição dos termos ou expressões em destaque, sem que haja alteração do sentido da sentença apresentada abaixo.

"Parecia **estar prestes a acontecer** a desclassificação, pois os jogadores demonstraram usar métodos **pouco sábios** na **realização** dos preparativos finais para a partida decisiva."

a) eminente – incípios – concecussão

b) eminente – insipientes – consequencia

c) iminente – insipientes – consecução

d) eminente – insípidos – concecussão

e) iminente – incipientes – consequencia

16. (UFV-MG) Observando a grafia das palavras nas frases abaixo, assinale a alternativa que apresenta erro.

a) Aquele hereje sempre põe empecilho porque é muito pretencioso.

b) Uma falsa meiguice encobria-lhe a rigidez e a falta de compreensão.

c) A obsessão é prejudicial ao discernimento.

d) A hombridade de caráter eleva o homem.

e) Eles quiseram fazer concessão para não ridicularizar o estrangeiro.

17. (PUC-RS) A frase que apresenta grafia correta é:

a) O não cumprimento dos acordos firmados na conferência realizada na China seria frustante para alguns segmentos da sociedade.

b) O comportamento predatório do homem tem trazido prejuízos incalculáveis à natureza.

c) Os espectadores presentes à palestra sobre biotecnologia não poderiam advinhar o que os esperava.

d) Talvez os humanos no final do milênio se encoragem e lutem para solucionar seus problemas.

e) Os homens do futuro dispenderão quantias extraordinárias para consertar os estragos ecológicos feitos até hoje.

18. (Fuvest-SP)

a) Forme substantivos femininos a partir das palavras seguintes, empregando convenientemente **s** ou **z**: limpo, defender, barão, surdo, freguês.

b) Forme verbos a partir de: análise, síntese, paralisia, civil, liso.

19. (PUC-RJ) Substitua os asteriscos por **s**, **ss**, **ç**, **c**, **sc**, **sç**, **xc** ou **x**.

a) Exigiu ser re*arcido da quantia que havia pago.

b) O perfume da vela re*endia por toda a casa.

c) A e*entricidade era sua característica mais marcante.

20. (UFPR) Substitua os asteriscos, usando adequadamente **mas** / **mais** / **mal** / **mau**.

Pedro e João, * entraram em casa, perceberam que as coisas não estavam bem, pois sua irmã caçula escolhera um * momento para comunicar aos pais que iria viajar nas férias; * seus dois irmãos deixaram os pais * sossegados quando disseram que a jovem iria com as primas e a tia.

a) mau – mal – mais – mas

b) mal – mal – mais – mais

c) mal – mau – mas – mais

d) mal – mau – mas – mas

e) mau – mau – mas – mais

21. (Unirio-RJ) Assinale o par em que uma das palavras está incorretamente grafada:

a) expectador – expectativa

b) viagem – viajem

c) admirar – pajem

d) advinhar – espectro

e) secção – cessão

22. (UPM-SP) Em qual das alternativas há uma palavra incorretamente grafada?

a) A reincidência do crime na mesma semana constituiu-se num fato auspicioso na Justiça.

b) O atleta não conseguiu disfarçar a excitação ao perceber a quebra do recorde mundial.

c) Entramos numa fase de tensão fantástica, cheia de expectativas duvidosas, como não se via nos últimos doze meses.

d) A explosão do consumo e a decolagem da inflação mobilizaram a equipe econômica do país na semana passada.

e) O conflito defragrado entre os países do golfo Pérsico empurrou as exportações dos produtos petroquímicos.

23. (Cesesp-PE-adaptado) "[...] ensinando, nos bancos vadios, as aulas da sobrevivência órfã [...]"

Observe a forma correta de escrever a palavra **sobrevivência** e compare com **sobre-humano**. Nas alternativas dadas, qual a única correta?

a) sobre-estar; sobre-rondar

b) sobre-por; sobrenatural

c) sobre-humano; sobre-passo

d) sobre-sair; sobre-exaltar

e) sobressaia; sobreaviso

24. (Unimep-SP) Suponha que você tenha que agregar o prefixo **sub-** às palavras que aparecem nas alternativas a seguir. Assinale aquela que tem que ser escrita com hífen.

a) (sub) chefe

b) (sub) entender

c) (sub) desenvolvido

d) (sub) reptício

e) (sub) liminar

25. (UPM-SP) Nas frases que seguem, indique a única que apresente a expressão incorreta, levando em conta o emprego do hífen.

a) Aqueles frágeis recém-nascidos bebiam o ar com aflição.

b) Nunca mais hei-de dizer os meus segredos.

c) Era tão sem ternura aquele afago, que ele saiu mal-humorado.

d) Havia uma super-relação entre aquela região deserta e esta cidade enorme.

e) Este silêncio imperturbável, amá-lo-emos como uma alegria que não deixa de ser triste.

26. (UFSCar-SP) Fez um esforço ... para vencer o campeonato ... .

a) sobre-humano – inter-regional

b) sobrehumano – interregional

c) sobreumano – interregional

d) sobrehumano – inter-regional

e) sobre-humano – interregional

Capítulo 3 – ACENTUAÇÃO GRÁFICA

1. (UM-SP)

Breve história do tique

A palavra parece nascida da linguagem dos desenhos animados. Segundo alguns, sua clara origem onomatopaica derivaria do alemão *ticken*, que significa "tocar ligeiramente", ou de um termo da medicina veterinária que, já no século XVII, associava ticq e ticquet a um fenômeno no qual os cavalos sofrem uma súbita suspensão da respiração, seguido por um ruído: uma espécie de soluço que produz no animal comportamentos estranhos e sofrimento. Daí a extensão a várias manifestações que têm em comum a rapidez, o caráter repetitivo e pouco controlável e a piora em situação de *stress*.

Rosella Castelnuovo

A alternativa que associa corretamente a palavra à regra que justifica sua acentuação gráfica é:

a) veterinária: paroxítona terminada em "a".

b) século: paroxítona terminada em "o".

c) fenômeno: proparoxítona.

d) ruído: ditongo "uí".

e) têm: forma da 3.ª pessoa do singular de um verbo.

2. (UFSC) Assinale a(s) proposição(ões) CORRETA(S).

01. Os acentos gráficos em **corrupião**, **lá** e **baldeação** são justificados pela mesma regra.

02. São classificadas como oxítonas: **corrupião**, **poder** e **conduzi-lo**.

04. As palavras **beira**, **aérea** e **tédio** possuem a mesma classificação quanto à posição da sílaba tônica.

08. Os acentos gráficos dos vocábulos **você**, **protegê-los** e **contém** seguem as regras de acentuação das oxítonas.

16. Em **idade**, **ainda** e **fluido** temos três palavras com o mesmo número de sílabas.

32. As palavras **gratuito**, **debaixo** e **implicou** são trissílabas.

3. (UCS-RS) Considerando as regras de acentuação vigentes, assinale a única alternativa **INCORRETA**.

a) Os vocábulos **já** e **nós** recebem acento devido à mesma regra de acentuação.

b) O acento em **cenário** e em **história** é motivado pela regra de acentuação das paroxítonas terminadas em ditongo.

c) Acentua-se a palavra **períodos** devido à presença de um hiato, ou seja, o **o** aparece sozinho na sílaba.

d) O acento em **ideológicas** e em **máquina** é motivado pela mesma regra de acentuação.

e) O acento em **céu** e em **constrói** é motivado pela regra de acentuação dos ditongos tônicos abertos.

4. (ESPM-SP) A frase em que todas as palavras estão corretamente grafadas é:

a) O jovenzinho provinceano ficou extático quando se deparou com o homem-sanduíche.

b) A ingênuidade do rapazinho impediu momentâneamente que ele desse pela função do homem-sanduíche.

c) Quem tinha pretenções de emprego acercava-se das placas, buscando divizar o que informavam.

d) A existência mesma do homem-sanduíche constitui prova de que nossa sabedoria não exclui a impiedade.
e) Nas situações extremas, as pessoas desfazem-se de aneis ou correntes para cobrir despezas de emergência.

5. (FGV-SP) Assinale a alternativa em que a palavra deveria ter recebido acento gráfico.

a) paiçandu
b) taxi
c) gratuito
d) rubrica
e) entorno

6. (FGV-SP) Explique por que a forma verbal **pôde** traz acento circunflexo.

7. (PUC-PR) Observe as frases:

I. O casamento estava garantido, mas em data *. (inserta)
II. A discussão lhe fizera o sangue * quente nas veias. (fluir)
III. A * coberta do terreno era de mil metros. (ária)
IV. Candidatou-se e venceu o * com facilidade. (preito)
V. Antes de viajar * a casa com tudo o que era necessário. (sortira)

Se preenchermos os espaços com as palavras colocadas entre parênteses, ficam gramaticalmente corretas as frases de:

a) I e III.
b) II e IV.
c) III e V.
d) II e V.
e) I e IV.

8. (UEM-PR) Na língua portuguesa, há palavras que recebem acento gráfico, obedecendo a regras da variedade escrita padrão culta. Assinale a(s) alternativa(s) que adequadamente justifica(m) o acento gráfico das palavras destacadas.

01. **Contrário**, **vários**, **evidências** e **princípios**, assim como **Ciências** e **contínuos**, são algumas das palavras paroxítonas que levam acento gráfico por terminarem em ditongo crescente, seguido ou não de **s**.

02. **Hipóteses** e **ideológicos**, tal qual **países**, **emérito**, **benefícios** e **tecnológica**, são algumas das palavras que, por serem proparoxítonas, levam acento gráfico.

04. O acento gráfico em **saúde** e em **idéia** marca, em ambos os vocábulos, o hiato.

08. Em **aliás** e **está**, o acento gráfico justifica-se porque ambas as palavras são oxítonas terminadas em **a**, seguidas ou não de **s**.

16. **Possível** assim como **moratória** são palavras paroxítonas cujos acentos gráficos se justificam, respectivamente, por terminarem em **l** e em ditongo crescente.

32. **Têm** e **vêm** levam acento gráfico para marcarem a terceira pessoa do plural dos verbos **ter** e **vir**, respectivamente.

9. (Enem)

Diante da visão de um prédio com uma placa indicando **Sapataria Papalia**, um jovem deparou com a dúvida: como pronunciar a palavra **Papalia**?

Levado o problema à sala de aula, a discussão girou em torno da utilidade de conhecer as regras de acentuação e, especialmente, do auxílio que elas podem dar à correta pronúncia de palavras. Após discutirem pronúncia, regras de acentuação e escrita, três alunos apresentaram as seguintes conclusões a respeito da palavra **Papalia**:

I. Se a sílaba tônica for o segundo **pa**, a escrita deveria ser **Papália**, pois a palavra seria paroxítona terminada em ditongo crescente.

II. Se a sílaba tônica for **li**, a escrita deveria ser **Papalía**, pois **i** e **a** estariam formando hiato.

III. Se a sílaba tônica for **li**, a escrita deveria ser **Papalia**, pois não haveria razão para o uso de acento gráfico.

A conclusão está correta apenas em:

a) I.
b) II.
c) III.
d) I e II.
e) I e III.

10. (PUC-RS) A frase em que ocorre erro de acentuação é:

a) É inegável que a mulher pôde, nas últimas décadas, afirmar sua competência profissional.
b) Homens e mulheres têm, hipoteticamente, a mesma inteligência.
c) De um harmonioso relacionamento homem-mulher, advém vantagens para toda a sociedade.
d) Após inúmeras dificuldades, o homem finalmente pára e redefine alguns conceitos ultrapassados.
e) Todos concluíram que as conversações tinham fluído satisfatoriamente.

11. (Centec-BA) São acentuadas por razões diferentes:

a) caráter, lábia, provável
b) antipático, páginas, próximo
c) cópias, monetários, intransponíveis
d) acadêmica, antropólogo, sinônimo
e) há, é, dá

12. (Vunesp-SP) Justifique a acentuação nos seguintes vocábulos:

conveniência – também – matéria – espírito

13. (UPM-SP) Assinale a alternativa que completa corretamente as frases.

1. Normalmente ela não * em casa.
2. Não sabíamos onde * os discos.
3. De algum lugar * essas ideias.

a) pára – pôr – provém
b) para – pôr – provêm
c) pára – por – proveem
d) pára – pôr – provêm
e) para – por – provém

14. (Uece) São acentuadas graficamente pela mesma razão as palavras da opção:

a) há – até – atrás
b) história – ágeis – você
c) está – até – você
d) ordinário – apólogo – insuportável

15. (UEPG-PR) O item em que necessariamente o vocábulo deve receber acento gráfico é:

a) historia
b) ciume
c) amem
d) numero
e) ate

PARTE

2 MORFOLOGIA

Capítulo 4 – ESTRUTURA E FORMAÇÃO DAS PALAVRAS

1. (Enem) **Carnavália**

Repique tocou
O surdo escutou
E o meu corasamborim
Cuíca gemeu, será que era meu, quando ela passou por mim?
[...]

ANTUNES, A.; BROWN, C.; MONTE, M. *Tribalistas*, 2002 (fragmento).

No terceiro verso, o vocábulo "corasamborim", que é a junção coração + samba + tamborim, refere-se, ao mesmo tempo, a elementos que compõem uma escola de samba e à situação emocional em que se encontra o autor da mensagem, com o coração no ritmo da percussão.

Essa palavra corresponde a um(a)

a) estrangeirismo, uso de elementos linguísticos originados em outras línguas e representativos de outras culturas.
b) neologismo, criação de novos itens linguísticos, pelos mecanismos que o sistema da língua disponibiliza.
c) gíria, que compõe uma linguagem originada em determinado grupo social e que pode vir a se disseminar em uma comunidade mais ampla.
d) regionalismo, por ser palavra característica de determinada área geográfica.
e) termo técnico, dado que designa elemento de área específica de atividade.

2. (Fuvest-SP)

A questão racial parece um desafio do presente, mas trata-se de algo que existe desde há muito tempo.
Modifica-se ao acaso das situações, das formas de sociabilidade e dos jogos das forças sociais, mas reitera-se continuamente, modificada, mas persistente.
Esse é o enigma com o qual se defrontam uns e outros, intolerantes e tolerantes, discriminados e preconceituosos, segregados e arrogantes, subordinados e dominantes, em todo o mundo. Mais do que tudo isso, a questão racial revela, de forma particularmente evidente, nuançada e estridente, como funciona a fábrica da sociedade, compreendendo identidade e alteridade, diversidade e desigualdade, cooperação e hierarquização, dominação e alienação.

Octavio Ianni. Dialética das relações sociais. *Estudos avançados*, n. 50, 2004.

As palavras do texto cujos prefixos traduzem, respectivamente, ideia de anterioridade e contiguidade são

a) "persistente" e "alteridade".
b) "discriminados" e "hierarquização".
c) "preconceituosos" e "cooperação".
d) "subordinados" e "diversidade".
e) "identidade" e "segregados".

3. (PUC-RJ)

Considere as seguintes palavras: **indigno, inveja, infiel e injusta**. Todas possuem o mesmo tipo de estrutura morfológica, exceto uma. Diga qual, justificando sua resposta.

Texto para a questão **4**.

Eu amo a rua. Esse sentimento de natureza toda íntima não vos seria revelado por mim se não julgasse, e razões não tivesse para julgar, que este amor assim absoluto e assim exagerado é partilhado por todos vós. Nós somos irmãos, nós nos sentimos parecidos e iguais; nas cidades, nas aldeias, nos povoados, não porque soframos, com a dor e os desprazeres, a lei e a polícia, mas porque nos une, nivela e agremia o amor da rua. É este mesmo o sentimento ida, resiste às idades e às épocas. Tudo se transformimperturbável e indissolúvel, o único que, como a própria va, tudo varia – o amor, o ódio, o egoísmo. Hoje é mais amargo o riso, mais dolorosa a ironia. Os séculos passam, deslizam, levando as coisas fúteis e os acontecimentos notáveis. Só persiste e fica, legado das gerações cada vez maior, o amor da rua.

João do Rio. *A alma encantadora das ruas*.

4. (Fuvest-SP) Prefixos que têm o mesmo sentido ocorrem nas seguintes palavras do texto:

a) íntima / agremia.

b) resiste / deslizam.

c) desprazeres / indissolúvel.

d) imperturbável / transforma.

e) revelado / persiste.

5. (Unicamp-SP) Leia os seguintes artigos do Capítulo VIII do novo Código Civil (Lei n.º 10.406, de 10 de janeiro de 2002):

Art. 1.548. É nulo o casamento contraído:

I – pelo enfermo mental sem o necessário discernimento para os atos da vida civil;

II – por infringência de impedimento.

[...]

Art. 1.550. É anulável o casamento:

I – de quem não completou a idade mínima para casar;

[...]

VI – por incompetência da autoridade celebrante.

a) Os enunciados que introduzem os artigos 1.548 e 1.550 têm sentido diferente. Explique essa diferença, comparando, do ponto de vista morfológico, as palavras **nulo** e **anulável**.

b) Segundo o *Dicionário Houaiss da Língua Portuguesa* (2001), *infringência* vem de *infringir* (violar, transgredir, desrespeitar) + ência. Compare o processo de formação dessa palavra com o de *incompetência*, indicando eventuais diferenças e semelhanças.

6. (FCL-SP) Assinale a opção na qual em todas as palavras a partícula "**in**" tem o mesmo valor semântico apresentado em "insuspeito" e "inverossímil":

a) infeliz, inalienável, incandescente.

b) incapaz, inclinado, incaracterístico.

c) incensar, inchado, incinerado.

d) inconformado, inconfessável, íntegro.

e) inconstante, inconsciente, intemporal.

7. (FGV-SP) Assinale a palavra que apresente, em relação a afixos, a mesma estrutura que desigualdade.

a) distribuição
b) universidade
c) desenvolvimento
d) principalmente
e) harmoniosas

8. (ESPP-SP) Assinale a alternativa em que há uma palavra formada por derivação parassintética:

a) anoitecer
b) infelizmente
c) planalto
d) guarda-chuva

9. (FCC) Assinale a opção em que a consoante destacada faz parte do radical, não sendo consoante de ligação.

a) bambu**z**al
b) lapi**s**inho
c) cafe**t**eira
d) cha**l**eira
e) pau**l**ada

Texto para as questões **10** e **11**.

O autor do texto abaixo critica, ainda que em linguagem metafórica, a sociedade contemporânea em relação aos seus hábitos alimentares.

"Vocês que têm mais de 15 anos, se lembram quando a gente comprava leite em garrafa, na leiteria da esquina? [...] Mas vocês não se lembram de nada, pô! Vai ver nem sabem o que é vaca. Nem o que é leite. Estou falando isso porque agora mesmo peguei um pacote de leite – leite em pacote, imagina, Tereza! – na porta dos fundos e estava escrito que é pasterizado, ou pasteurizado, sei lá, tem vitamina, é garantido pela embromatologia, foi enriquecido e o escambau. Será que isso é mesmo leite? No dicionário diz que leite é outra coisa: 'Líquido branco, contendo água, proteína, açúcar e sais minerais'. Um alimento pra ninguém botar defeito. O ser humano o usa há mais de 5000 anos. É o único alimento só alimento. A carne serve pro animal andar, a fruta serve pra fazer outra fruta, o ovo serve pra fazer outra galinha. [...] O leite é só leite. Ou toma ou bota fora. Esse aqui, examinando bem, é só pra botar fora. Tem chumbo, tem benzina, tem mais água do que leite, tem serragem, sou capaz de jurar que nem vaca tem por trás desse negócio. Depois o pessoal ainda acha estranho que os meninos não gostem de leite. Mas, como não gostam? Não gostam como? Nunca tomaram! Múúúúúúú!"

(FERNANDES, Millôr. *O Estado de S. Paulo*, 22 ago. 1999.)

10. (Enem) A crítica do autor é dirigida:

a) ao desconhecimento, pelas novas gerações, da importância do gado leiteiro para a economia nacional;
b) à diminuição da produção de leite após o desenvolvimento de tecnologias que têm substituído os produtos naturais por produtos artificiais;
c) à artificialização abusiva de alimentos tradicionais, com perda de critério para julgar sua qualidade e sabor;
d) à permanência de hábitos alimentares a partir da revolução agrícola e da domesticação de animais iniciada há 5 000 anos;
e) à importância dada ao pacote de leite para a conservação de um produto perecível e que necessita de aperfeiçoamento tecnológico.

11. (Enem) A palavra **embromatologia** usada pelo autor é:

a) um termo científico que significa estudo dos bromatos;
b) uma composição do termo de gíria **embromação** (enganação) com **bromatologia**, que é o estudo dos alimentos;

c) uma junção do termo de gíria **embromação** (enganação) com **lactologia**, que é o estudo das embalagens para leite;

d) um neologismo da química orgânica que significa a técnica de retirar bromatos dos laticínios;

e) uma corruptela de termo da agropecuária que significa a ordenha mecânica.

12. (UFV-MG) As palavras cujos prefixos traduzem, respectivamente, as noções de **acima** e **em torno** são:

a) supracitado / perímetro

b) decapitar / circumpolar

c) hipertensão / perpassar

d) superposição / semicírculo

e) subaquático / circunavegar

13. (UEL-PR) Assinale a alternativa em que todas as palavras são formadas por prefixos com significação semelhante.

a) adjunto, antebraço, assobio

b) incômodo, ilegal, impróprio

c) ingerir, ilógico, imigrar

d) afônico, adestrar, amável

e) desfavorável, desabrochar, despedir

14. (UFC) Assinale a alternativa em que a forma **oni**- apresenta sentido diferente da que se encontra em **onipotente**.

a) onírico

b) onívoro

c) onicolor

d) onisciente

e) onipresente

15. (UFC) No final do século XIX e princípio do século XX, muitas palavras francesas foram incorporadas ao léxico português, dada a influência cultural exercida pela França em todo mundo civilizado da época. Assinale a alternativa que contém apenas palavras de extração francesa.

a) abajur – pôquer – gafe

b) bando – abajur – pôquer

c) gafe – abajur – cachecol

d) cachecol – chaleira – bando

e) organdi – cachecol – chaleira

16. (Cesgranrio-RJ) Assinale a opção em que o processo de formação de palavras está indevidamente caracterizado.

a) inesperado: derivação prefixal

b) inaudível: derivação parassintética

c) emudecer: derivação parassintética

d) encontrável: derivação sufixal

e) canto: derivação regressiva

17. (FOC-SP) Nos vocábulos **assindético** e **infeliz**, temos, respectivamente:

a) prefixo de origem grega e prefixo de origem latina

b) prefixo de origem latina e prefixo de origem grega

c) infixo de origem grega e prefixo de origem latina

d) prefixo de origem grega e prefixo de origem grega também

18. (Fesp-SP) Considerando o processo de formação de palavras, relacione a segunda coluna com a primeira:

1) derivação imprópria	(★) desencanto
2) prefixação	(★) narrador
3) prefixação e sufixação	(★) o andar
4) sufixação	(★) infinitamente
5) composição por justaposição	(★) pão de mel

Assinale a alternativa que contenha a numeração em sequência correta:

a) 2, 4, 3, 5, 1
b) 4, 1, 5, 2, 3
c) 3, 4, 2, 1, 5
d) 2, 4, 1, 3, 5
e) 4, 1, 5, 3, 2

19. (Fuvest-SP) Os verbos **envelhecer**, **enegrecer** e **apodrecer** são formados com prefixo e sufixo, tendo como base o radical de **velho**, **negro** e **podre**, respectivamente. Dê verbos formados pelo mesmo processo, com o radical das palavras **ferver**, **alto** e **voar**.

20. (Uece) Assinale a única opção constituída por palavras formadas apenas por sufixação:

a) agulha, diplomata, costureira
b) silencioso, insuportável, saleta
c) ordinário, orgulhoso, caminho
d) costureira, silencioso, saleta

21. (FCMSC-SP) As palavras **expatriar**, **amoral** e **aguardente** são formadas por:

a) derivação parassintética – prefixal – composição por aglutinação
b) derivação sufixal – prefixal – composição por aglutinação
c) derivação prefixal – prefixal – composição por justaposição
d) derivação parassintética – sufixal – composição por aglutinação
e) derivação prefixal – prefixal – composição por justaposição

22. (Uece) Pertence à área semântica de **chuva** a palavra:

a) pluvial
b) fulvo
c) cúpido
d) plúmbeo
e) fluvial

23. (Cesgranrio-RJ) Assinale o par de vocábulos cujos prefixos apresentam significação equivalente à dos elementos iniciais de **impessoal** e **predeterminado**:

a) amoral – epidérmico
b) antiaéreo – hipertenso
c) disforme – ultrapassado
d) contra-indicado – transatlântico
e) desumano – antediluviano

Capítulo 5 – SUBSTANTIVO

1. (Vunesp-SP) Assinale a frase correta quanto ao emprego do gênero dos substantivos.

a) A perda das esperanças provocou uma profunda dó na personagem.
b) O advogado não deu o ênfase necessário às milhares de solicitações.
c) Ele vestiu o pijama e sentou-se para beber uma champanha gelada.
d) O omelete e o couve foram acompanhados por doses do melhor aguardente.
e) O beliche não coube na quitinete recém-comprada pelos estudantes.

2. (Vunesp-SP) Considere as frases:

Esta escada tem degrau irregular.

O troféu vem adornado com ouro.

Elas estão corretamente escritas no plural na alternativa:

a) Estas escadas têm degraus irregulares. Os troféus vêm adornados com ouro.

b) Estas escadas têm degrais irregulares. Os troféis vêm adornados com ouro.

c) Estas escadas tem degraus irregulares. Os troféus vem adornados com ouro.

d) Estas escadas tem degrais irregulares. Os troféis vem adornados com ouro.

e) Estas escadas têm degrais irregulares. Os troféus vem adornados com ouro.

3. (Vunesp-SP) A alternativa em que o termo em destaque exerce a função de substantivo é:

a) Respondeu à pergunta com um sorriso *amarelo*.

b) Estava pálida, e seu rosto apresentava tons *amarelos*.

c) As cortinas *amarelas* combinavam com o ambiente.

d) Marque com um traço *amarelo* as ruas do mapa.

e) Os *amarelos* de Van Gogh tornaram suas telas famosas.

4. (Cesgranrio-RJ) Na frase "Uma **campanha** recém-nascida na Zona Sul avança pela cidade.", a palavra destacada em negrito é um

a) substantivo

b) pronome

c) adjetivo

d) artigo

e) verbo

5. (Cesgranrio-RJ) O principal objetivo do COMPERJ é refinar 150 mil __________ diários de petróleo. Para completar a frase, a forma correta é

a) barrizes.

b) barries.

c) barrils.

d) barris.

e) barriz.

6. (Cesgranrio-RJ) Qual vocábulo se flexiona em número pela mesma justificativa que "salva-vidas"?

a) guarda-municipal.

b) beija-flor.

c) salário-mínimo.

d) segunda-feira.

e) navio-escola.

7. (FGV-SP) Assinale a alternativa em que a flexão dos compostos esteja de acordo com a norma culta.

a) Leões de chácara, prontos-socorros, quartas-feiras, guardas-noturnos.

b) Leões de chácaras, pronto-socorros, quartas-feira, guarda-noturnos.

c) Leões de chácara, pronto-socorros, quartas-feiras, guardas-noturno.

d) Leões de chácaras, prontos-socorros, quartas-feiras, guardas-noturnos.

e) Leões de chácara, pronto-socorros, quarta-feiras, guardas-noturno.

8. (UFF-RJ) Assinale a única frase em que há erro no que diz respeito ao gênero das palavras.

a) O gerente deverá depor como testemunha única do crime.

b) A personagem principal do conto é o Seu Rodrigues.

c) Ele foi apontado como a cabeça do motim.

d) O telefonema deixou a anfitriã perplexa.

e) A parte superior da traqueia é o laringe.

9. (ESPM-SP) Dos diminutivos destacados a seguir, assinale a alternativa em que o uso traduza ideia pejorativa (ou depreciativa).

a) Procuram-se **cofrinhos**. Entregar na Caderneta de Poupança Banespa.

b) **Benzinho**, não gostaria de tocar mais nesse assunto.

c) A **folhinha** não indica o Dia do Professor.

d) Eu não quero ler esse **jornaleco**.

e) Vou passar uns **diazinhos** na praia.

10. (FGV-SP) Das alternativas abaixo, assinale aquela em que ao menos um plural não está correto.

a) mão, mãos; demão, demãos

b) capitão, capitães; ladrão, ladrões

c) pistão, pistões; encontrão, encontrões

d) portão, portões; cidadão, cidadães

e) capelão, capelães; escrivão, escrivães

11. (Cesgranrio-RJ) Assinale a opção em que todos os vocábulos formam o plural em -**ões**, tal como em **botão – botões**.

a) balão – irmão – tubarão

b) eleição – canção – opinião

c) confissão – nação – cristão

d) limão – cidadão – pagão

e) questão – alemão – operação

12. (FEI-SP) Siga o modelo:

difícil = dificuldade

a) magro

b) semelhante

c) autêntico

13. (Faap-SP) Substitua por substantivos as orações destacadas, fazendo as alterações necessárias:

Aguardo **que me telefones e me convides para sair**.

14. (Fuvest-SP) "O diminutivo é uma maneira afetuosa e ao mesmo tempo precavida de usar a linguagem. Afetuosa porque geralmente o usamos para designar o que é agradável, aquelas coisas tão afáveis que se deixam diminuir sem perder o sentido. E precavida porque também o usamos para desarmar certas palavras que, na sua forma original, são ameaçadoras demais."

(VERISSIMO, Luis Fernando, *Diminutivos*.)

A alternativa inteiramente de acordo com a definição do autor de diminutivo é:

a) O iogurtinho que vale por um bifinho

b) Ser brotinho é rir dos homens e rir interminavelmente das mulheres.

c) "Gosto muito de te ver, Leãozinho."

d) Essa menininha é terrível.

e) Vamos bater um papinho.

15. (UniFAI-SP) Observe as frases abaixo:

1. Que papelão você fez ontem no baile!
2. Vestia uma roupinha muito mixuruca.
3. Gostaria de lhe oferecer uns presentinhos bens mimosos.
4. Não precisa fazer dramalhão mexicano.
5. Eta rapazinho difícil!

Aponte a sequência que apresenta substantivos com mudança de grau usada em sentido pejorativo:

a) 1, 2, 3 e 4

b) 1, 2 e 4

c) 1, 2, 4 e 5

d) 1, 2, 3, 4 e 5

e) 3, 4 e 5

16. (UPM-SP) Aponte a frase que não contenha um substantivo empregado no grau diminutivo.

a) Coleciono corpúsculos significativos por princípios óbvios da minha natureza.

b) Faça questiúnculas somente se forem suficientes para a formação de ideias essenciais.

c) Os silvícolas optaram pelo uso da linguagem fundamentada em gestos e em expressões fisionômicas.

d) O chuvisco contínuo de gracejos sentimentais perturba-me a mente cansada.

e) Esses versículos poderão complicar sua relação com os visitantes de má política.

17. (Fesp-SP) Nesta relação de palavras: **cônjuge**, **criança**, **cobra** e **cliente**, temos:

a) dois substantivos sobrecomuns, dois epicenos e um comum de dois gêneros.

b) dois substantivos sobrecomuns, um epiceno e um comum de dois gêneros.

c) um substantivo sobrecomum, dois epicenos e um comum de dois gêneros.

d) dois substantivos comuns de dois gêneros e dois sobrecomuns.

e) três substantivos comuns de dois gêneros e um epiceno.

18. (UPM-SP) Em qual das alternativas todas as palavras pertencem ao gênero masculino?

a) dinamite, agiota, trema, cal

b) dilema, perdiz, tribo, axioma

c) eclipse, telefonema, dó, aroma

d) estratagema, bílis, omoplata, gengibre

e) sistema, guaraná, rês, anátema

19. (UPM-SP) Numa das seguintes frases, há uma flexão de plural errada.

a) Os escrivães serão beneficiados por lei.

b) O número mais importante é o dos anõezinhos.

c) Faltam os hifens nesta relação de palavras.

d) Fulano e Beltrano são dois grandes caráteres.

e) Os répteis são animais ovíparos.

20. (UniFMU-SP) O plural dos substantivos **couve-flor**, **pão de ló** e **amor-perfeito** é:

a) couves-flores, pães de ló, amores-perfeitos

b) couves-flor, pão de lós, amores-perfeitos

c) couves-flores, pão de lós, amores-perfeitos

d) couves-flores, pão de lós, amor-perfeitos

e) couves-flores, pães de lós, amor-perfeito

21. (UPM-SP) Os femininos de **monge**, **duque**, **papa** e **profeta** são:

a) monja, duqueza, papisa, profetisa

b) freira, duqueza, papiza, profetisa

c) freira, duquesa, papisa, profetisa
d) monja, duquesa, papiza, profetiza
e) monja, duquesa, papisa, profetisa

22. (ESPM-SP) Passe para o plural a frase seguinte, fazendo as devidas concordâncias:

O livre-docente, em seu abaixo-assinado, pediu demissão do cargo.

Capítulo 6 – ARTIGO

1. (Fatec-SP) Indique o erro quanto ao emprego do artigo.

a) Em certos momentos, as pessoas as mais corajosas se acovardam.
b) Em certos momentos, as pessoas mais corajosas se acovardam.
c) Em certos momentos, pessoas as mais corajosas se acovardam.
d) Em certos momentos, as mais corajosas pessoas se acovardam.
e) n.d.a.

2. (EEM-SP) Qual a diferença de sentido da palavra **homem** na frase a seguir?

"Suponho que nunca tenha visto um homem e não sabia, portanto, o que era o homem."

(Machado de Assis)

3. (Fatec-SP) Identifique em qual alternativa é errado colocar, após a palavra destacada, o artigo definido.

a) Afundou na lama **ambos** pés.
b) **Todos** dias passava por lá, sem vê-la.
c) **Toda** noite gotejou a torneira, não pude dormir.
d) A **todo** passante perguntei, nenhum me informou.
e) n.d.a.

4. (USU-RJ) Assinale a alternativa em que a palavra **a** tem valor gramatical diferente de todas as outras.

a) Eu sou **a** indiferença.
b) Sou eu quem te sepulta **a** ideia imensa.
c) Marquei-te **a** fronte, mísero profeta!
d) Hoje veio **a** falar comigo.
e) Beijara **a** fronte sonhadora do poeta.

5. (Fuvest-SP) "Ele é o homem [...] / eu sou apenas / uma mulher"

Nesses versos, reforça-se a oposição entre os termos homem e mulher.

a) Identifique os recursos linguísticos utilizados para provocar esse reforço.
b) Explique por que esses recursos causam tal efeito.

6. (UniFMU-SP) Observe as frases seguintes e depois escolha a única alternativa incorreta:

I. Com a Ana ele vai brigar.
II. Com Fred ele não vai discutir.

a) A frase I contém um artigo definido, no feminino e no singular, que semanticamente torna **Ana** mais próxima do emissor.
b) A frase I contém um artigo definido, no feminino e no singular, pois antecede um nome próprio de mesmas características morfológicas.
c) No confronto entre a frase I e a frase II pode-se notar a importância do uso estilístico do artigo.
d) A frase II, dispensando o artigo diante do nome próprio, marca o distanciamento entre o referente e o emissor.
e) A frase II, não contendo artigo definido diante do nome próprio, está errada.

7. (ITA-SP) Determine o caso em que o artigo tem valor de qualificativo:

a) Estes são os candidatos de que lhe falei.
b) Procure-o, ele é o médico! Ninguém o supera.
c) Certeza e exatidão, estas qualidades não as tenho.
d) Os problemas que o afligem não me deixam descuidado.
e) Muita é a procura; pouca a oferta.

8. (UFU-MG) Em uma das frases, o artigo definido está empregado erradamente. Em qual?

a) A velha Roma está sendo modernizada.
b) A "Paraíba" é uma bela fragata.
c) Não reconheço agora a Lisboa do meu tempo.
d) O gato escaldado tem medo de água fria.
e) O Havre é um porto de muito movimento.

Capítulo 7 – ADJETIVO

1. (Vunesp-SP) Em – ... um remédio aparentemente capaz de mascarar os efeitos *do álcool*... – os termos em destaque constituem uma locução adjetiva. Indique a alternativa cuja frase também apresenta uma locução desse tipo.

a) A família viajou *de avião* à Argentina.
b) A energia produzida pela força *dos ventos* é chamada de eólica.
c) Ele resolveu *de imediato* todas as questões pendentes.
d) A secretária gosta *de chantili* em seu café.
e) No fórum, as salas estavam cheias *de gente*.

Texto para a questão **2**.

Nova lei torna airbag frontal obrigatório

O projeto de lei que torna o airbag *frontal* para motorista e passageiro *item* de segurança obrigatório em carros, caminonetes e picapes, aprovado pela Câmara no mês *passado*, foi sancionado pelo presidente da República e publicado *ontem* no "Diário *Oficial*" da União.

A estimativa é que hoje de 15% a 25% dos veículos vendidos no país tenham o airbag, *índice* que é menor entre os populares (5%).

(*Folha de S.Paulo*, 20.3.2009)

2. (Vunesp-SP) Entre os termos em destaque no texto, os que exercem a função de adjetivo são

a) frontal, passado e Oficial.
b) frontal, item e passado.
c) Oficial, ontem e índice.
d) Oficial, item e passado.
e) item, ontem e índice.

3. (FGV-SP) Assinale a alternativa em que a palavra destacada **não** tem valor adjetivo.

a) A malha **azul** estava molhada.
b) O sol desbotou o **verde** da bandeira.
c) Tinha os cabelos **branco-amarelados**.
d) As nuvens tornavam-se **cinzentas**.
e) O mendigo carregava um fardo **amarelado**.

4. (UFPR) Em qual dos casos o primeiro elemento do adjetivo composto **não** corresponde ao substantivo entre parênteses?

a) indo-europeu (Índia)
b) ítalo-brasileiro (Itália)
c) luso-brasileiro (Portugal)

d) sino-árabe (Sião)

e) anglo-americano (Inglaterra)

5. (ITA-SP) Durante uma Copa do Mundo, foi veiculada, em programa esportivo de uma emissora de TV, a notícia de que um apostador inglês acertou o resultado de uma partida porque seguiu os prognósticos de seu burro de estimação. Um dos comentaristas fez, então, a seguinte observação: "Já vi muito comentarista burro, mas burro comentarista é a primeira vez.". Percebe-se que a classe gramatical das palavras se altera em função da ordem que elas assumem na expressão. Assinale a alternativa em que isso **não** ocorre.

a) obra grandiosa

b) jovem estudante

c) brasileiro trabalhador

d) velho chinês

e) fanático religioso

6. (PUC-PR) Assinale a alternativa em que a palavra colocada entre parênteses não substitui adequadamente o termo destacado da frase.

a) A **criação de coelhos** é uma das novas alternativas que se apresentam aos que têm pequenas propriedades. (cunicultura)

b) Sabíamos que o valor **de venda** dos imóveis leiloados era muito superior ao que tinha proposto inicialmente. (venal)

c) Embora não tivesse chegado aos cinquenta anos, apresentava feições **de velho**. (senis)

d) No verão, normalmente chove muito, e as águas **das chuvas** entopem os bueiros das estradas. (fluviais)

e) As inflamações **da pele**, mesmo que pequenas, devem ser tratadas. (cutâneas)

7. (FGV-SP) Aponte a alternativa em que corretamente se faz a concordância dos termos destacados.

a) disputas **sino-soviética**, informações **econômicas-financeiras**, camisas **azuis-piscinas**, camisas **pastéis**

b) disputas **sino-soviéticas**, informações **econômicas-financeiras**, camisas **azuis-piscinas**, camisas **pastéis**

c) disputas **sinas-soviéticas**, informações **econômicas-financeiras**, camisas **azul-piscina**, camisas **pastéis**

d) disputas **sino-soviéticas**, informações **econômicas-financeiras**, camisas **azul-piscinas**, camisas **pastéis**

e) disputas **sino-soviéticas**, informações **econômico-financeiras**, camisas **azul-piscina**, camisas **pastel**

8. (Fatec-SP) Assinale a alternativa incorreta.

a) Na oração "Eu [a agulha] é que vou entre os dedos dela, unidinha a eles, furando abaixo e acima", embora apresentando um sufixo próprio do grau do substantivo, o adjetivo **unida** possui valor superlativo.

b) A frase "Toda linguagem muito inteligível é mentirosa" poderia apresentar a forma **inteligibilíssima** em lugar de **muito inteligível**, sem alteração alguma no grau do adjetivo.

c) O uso popular estabelece várias formas "não gramaticais" para intensificar a qualidade expressa pelo adjetivo, como na expressão "podre de rico"; não se pode dizer o mesmo de "magro como um espeto", que é simplesmente uma comparação sem força expressiva.

d) Muitos aumentativos e diminutivos perderam a função, própria do grau do substantivo, de indicar a variação do tamanho do ser, passando a exprimir, conforme o contexto, desprezo ou afetividade como em "essa gentalha não vê o seu lugar".

e) **Cartão** e **caldeirão** são falsos aumentativos ou aumentativos fictícios, pois não possuem sentido de aumento, embora apresentem forma aumentativa.

9. (Fuvest-SP) Em "Consequentemente (os homens que trabalham com a máquina) devem estar muito mais contentes que os bisavós", indique o grau da palavra que é um adjetivo.

10. (UFU-MG) "Talvez seja bom que o proprietário do **imóvel** possa desconfiar de que ele não é tão **imóvel** assim." A palavra destacada é, respectivamente:

a) substantivo e substantivo
b) substantivo e adjetivo
c) adjetivo e verbo
d) advérbio e adjetivo
e) adjetivo e advérbio

11. (USJT-SP) Leia as orações abaixo:

I. Ele é grande e inteligente: mais grande do que inteligente.

II. Ele é bom e trabalhador: mais bom do que trabalhador.

III. As minhas lembranças são mais boas do que as suas.

a) nenhuma oração está correta;
b) apenas a oração I está correta;
c) apenas a oração II está correta;
d) apenas a oração III está correta;
e) as orações I e II estão corretas.

12. (Cesgranrio-RJ) Assinale a oração em que o termo **cego(s)** é um adjetivo.

a) "Os cegos, habitantes de um mundo do esquemático, sabem aonde ir [...]"

b) "O cego de Ipanema representava naquele momento todas as alegrias da noite escura da alma [...]"

c) "Todos os cálculos do cego se desfaziam na turbulência do álcool."

d) "Naquele instante era só um pobre cego."

e) "[...] da Terra que é um globo cego girando no caos."

13. (Fumec-MG) O termo em destaque é um adjetivo desempenhando a função de um substantivo em:

a) O **coitado** está se queixando dela com toda a razão.

b) É uma palavra **assustadora**.

c) Num joguinho aceita-se até o cheque **frio**.

d) Ele é meu braço **direito**, doutor.

e) Entre ter um caso e um casinho, diferença, às vezes, é a tragédia **passional**.

14. (UFJF-MG) Marque:

a) se I e II forem verdadeiras
b) se I e III forem verdadeiras
c) se II e III forem verdadeiras
d) se todas forem verdadeiras
e) se todas forem falsas

"[...] eu não sou propriamente um autor defunto, mas um defunto autor [...]"

I. No primeiro caso, **autor** é substantivo, **defunto** é adjetivo.

II. No segundo caso, **defunto** é substantivo; **autor**, adjetivo.

III. Em ambos os casos, tem-se um substantivo composto.

15. (Cesgranrio-RJ) Assinale a opção em que todos os adjetivos não se flexionam em gênero.

a) delgado, móbil, forte

b) oval, preto, simples

c) feroz, exterior, enorme

d) brilhante, agradável, esbelto

e) imóvel, curto, superior

16. (ESPM-SP) Substitua as palavras em destaque por um adjetivo, sem alterar o sentido da mensagem.

Aquilo foi para todos nós uma desilusão, um golpe, um desgosto **que não pode ser expresso.**

17. (UEPG-PR) A frase em que o adjetivo está no grau superlativo relativo de superioridade é:

a) Estes operários são capacíssimos.

b) O quarto estava escuro como a noite!

c) Não sou menos digno que meus pais.

d) Aquela mulher é podre de rica!

e) Você foi o amigo mais sincero que eu tive.

Capítulo 8 – NUMERAL

1. (Ufes) Milhão tem como ordinal correspondente milionésimo. A relação entre cardinais se apresenta inadequada na opção:

a) cinquenta – quinquagésimo / novecentos e um – nongentésimo primeiro

b) setenta – setuagésimo / quatrocentos e trinta – quadringentésimo trigésimo

c) oitenta – octingentésimo / trezentos e vinte – trecentésimo vigésimo

d) quarenta – quadragésimo / duzentos e quatro – ducentésimo quarto

e) noventa – nonagésimo / seiscentos e sessenta – sexcentésimo sexagésimo

2. (UFPR) Se a **cinco** vem a corresponder **quinto**, a **onze**, **quarenta**, **cinquenta**, **sessenta** e **setenta**, respectivamente, correspondem:

a) undécimo, quadragésimo, cinquentésimo, sexagésimo, septuagésimo

b) décimo primeiro, quaresma, quinquagésimo, sexagésimo, septuagésimo

c) undécimo, quadragésimo, quinquagésimo, sexagenário, septuagésimo

d) décimo primeiro, quadragésimo, quinquagésimo, sexagésimo, septuagenário

e) undécimo, quadragésimo, quinquagésimo, sexagésimo, septuagésimo

3. (Ufam) Assinale o item em que não é correto ler o numeral como está indicado entre parênteses.

a) Pode-se dizer que no século IX (nono) o português já existia como língua falada.

b) Pigmalião reside na Casa 22 (vinte e duas) do antigo Beco do Saco do Alferes, em Aparecida.

c) Abram o livro, por favor, na página 201 (duzentos e um).

d) O que procuras está no artigo 10 (dez) do código que tens aí à mão.

e) O Papa Pio X (décimo), cuja morte teria sido apressada com o advento da Primeira Guerra Mundial, foi canonizado em 1954.

4. (Fuvest-SP)

a) Dê os numerais correspondentes a **três vezes maior** e a **três vezes menor**.

b) A forma **primeiro** é um numeral ordinal. Dê o numeral ordinal correspondente a 1075.

5. (Cefet-MG) A alternativa em que o numeral está impropriamente empregado é:

a) O conteúdo do artigo onze não está claro.

b) Já lhe disseram, pela noningentésima vez, o que fazer.

c) Esses animais viveram, aproximadamente, na Era Terciária.

d) Consulte a Encíclica de Pio Décimo.

e) Essas afirmações encontram-se na página décima quinta.

6. (Vunesp-SP) Assinale o caso em que não haja expressão numérica de sentido indefinido:

a) Ele foi o duodécimo colocado.

b) Quer que veja este filme pela milésima vez?

c) Na guerra os meus dedos disparam mil mortes.

d) A vida tem uma só entrada; a saída é por cem portas.

e) n.d.a.

7. (FC-SP) O numeral ordinal de 80 é:

a) octagésimo

b) octogésimo

c) octingésimo

d) octogentésimo

8. (Fasp-SP) Ele obteve o (123.º) lugar.

a) centésimo vigésimo terceiro

b) centésimo trigésimo terceiro

c) cento e vinte trigésimo

d) cento e vigésimo terceiro

9. (Fasp-SP) **Oitavo** e **óctuplo**; **centésimo** e **cêntuplo** são respectivamente os ordinais e multiplicativos de:

a) oitenta e dez

b) oitenta e cem

c) oito e dez

d) oito e cem

10. (UniFMU-SP) **Triplo** e **tríplice** são numerais:

a) ordinal o primeiro e multiplicativo o segundo

b) ambos ordinais

c) ambos cardinais

d) ambos multiplicativos

e) multiplicativo o primeiro e ordinal o segundo

11. (PUCCamp-SP) Os ordinais referentes aos números 80, 300, 700 e 90 são respectivamente:

a) octogésimo, trecentésimo, septingentésimo, nonagentésimo

b) octogésimo, trecentésimo, septingentésimo, nonagésimo

c) octingentésimo, tricentésimo, septuagésimo, nonagésimo

d) octogésimo, tricentésimo, septuagésimo, nongentésimo

12. (UniFMU-SP) Sabendo-se que os numerais podem ser cardinais, ordinais, multiplicativos e fracionários, podemos dar os seguintes exemplos:

a) uma (cardinal), primeiro (ordinal), Leão onze (multiplicativo) e meio (fracionário)

b) um (cardinal), milésimo (ordinal), undécuplo (multiplicativo) e meio (fracionário)

c) um (ordinal), primeiro (cardinal), Leão onze (multiplicativo) e meio (fracionário)
d) um (ordinal), primeiro (cardinal), cêntuplo (multiplicativo) e centésimo (fracionário)
e) um (cardinal), primeiro (ordinal), duplo (multiplicativo), não existindo numeral denominado fracionário

13. (FIT-SP) "Diversas autoridades estiveram presentes ao (486.º) ... aniversário da cidade."

a) quadringentésimo octogésimo sexto
b) quadrigentésimo octogésimo sexto
c) quatrocentésimo octagésimo sexto
d) quadringentésimo octagésimo sexto

Capítulo 9 – PRONOME

1. (Fuvest-SP)

Uma nota diplomática* é semelhante a uma mulher da moda. Só depois de se despojar uma elegante de todas as fitas, rendas, joias, saias e corpetes, é que se encontra o exemplar não correto nem aumentado da edição da mulher, conforme saiu dos prelos da natureza. É preciso desataviar uma nota diplomática de todas as frases, circunlocuções, desvios, adjetivos e advérbios, para tocar a ideia capital e a intenção que lhe dá origem.

[Machado de Assis]

*Nota diplomática: comunicação escrita e oficial entre os governos de dois países, sobre assuntos do interesse de ambos.

Tendo em vista o trecho "para tocar a ideia capital e a intenção que lhe dá origem", indique um sinônimo da palavra "capital" que seja adequado ao contexto e identifique o referente do pronome "lhe".

2. (CPS)

Os alunos dessa sala, após os devidos esclarecimentos feitos pela professora, resolveram transformar o que estudaram em dicas ecopráticas e publicar **essas dicas ecopráticas** no portal da escola. Para isso, redigiram um manual explicativo e digitaram **esse manual explicativo**, acrescentando ilustrações dos próprios colegas.

A repetição dos termos que estão em destaque no texto pode ser evitada pelo emprego adequado dos pronomes.

Assinale a alternativa em que isso ocorre.

a) publicar-lhes ... o digitaram
b) publicar-lhes ... lhe digitaram
c) publicá-las ... o digitaram
d) publicar-las ... lhe digitaram
e) publicá-las ... digitaram-o

3. (ESPM-SP)

Leia o trecho:

Abane a cabeça, leitor; faça todos os gestos de incredulidade. Chegue a deitar fora este livro, se o tédio já não **o** obrigou a isso antes; tudo é possível. Mas, se **o** não fez antes e só agora, fio que torne a pegar o livro e que **o** abra na mesma página, sem crer por isso na veracidade do autor. Todavia não há nada mais exato. Foi assim mesmo que Capitu falou, com tais palavras e maneiras.

[Machado de Assis, *D. Casmurro*]

As ocorrências do vocábulo **o** em negrito referem-se respectivamente a:

a) você (leitor); deitar fora este livro; livro.
b) deitar fora este livro; gesto; livro.
c) você (leitor); gesto; livro.

d) deitar fora este livro; gesto; você (leitor).

e) você (leitor); deitar fora este livro; você (leitor).

4. (FGV-RJ)

Em cada frase a seguir, pode haver ou não um pronome relativo. Assinale a alternativa em que, respeitando a norma culta, ele está presente e vem antecedido de preposição.

a) A confiança em que Rosita pudesse tomar toda a bebida ficou abalada depois do segundo copo de cerveja.

b) Tinha necessidade de que o táxi subisse o morro, para levar a roupa do menino.

c) No momento em que o juiz ia pronunciar a sentença, a testemunha tossiu forte, como a querer chamar a atenção.

d) O conjunto de orações de que confiavam as senhoras do fundo da igreja era rezado às quartas-feiras.

e) Em seus sonhos, previra que Mané Araújo seria eleito o maior dos cantadores do gênero.

5. (Fuvest-SP)

Jornalistas não deveriam fazer previsões, mas as fazem o tempo todo. Raramente se dão ao trabalho de prestar contas quando erram. Quando o fazem não é decerto com a ênfase e o destaque conferidos às poucas previsões que acertam.

(Marcelo Leite, *Folha de S.Paulo.*)

a) Reescreva o trecho "Jornalistas não deveriam fazer previsões, mas as fazem o tempo todo", iniciando-o com "Embora os jornalistas..."

b) No trecho "Quando **o** fazem não é decerto com a ênfase (...)", a que ideia se refere o termo grifado?

6. (FGV-SP) Além de uma melhor infraestrutura para o turista, a reforma garante também mais leitos durante a Copa do Mundo da FIFA Brasil 2014.

As palavras **melhor** e **mais**, no trecho acima, classificam-se, respectivamente, como

a) advérbio e advérbio.

b) adjetivo e advérbio.

c) adjetivo e pronome.

d) advérbio e pronome.

e) advérbio e adjetivo.

7. (Udesc) Assinale a alternativa com um exemplo de colocação pronominal que deve ser evitada na linguagem culta.

a) Nunca te falaria tal assunto, pois sei que te magoaria.

b) "Não me olhem! Não me olhem!, só para chamar a atenção."

(Luis Fernando Verissimo)

c) O vício que lhe dá origem é a gutembergomania, uma dependência patológica na palavra imprensa.

d) Digam-lhe que as mulheres continuam passando no alto de seus saltos...

e) Quando sentiu-se abandonada, enlouqueceu.

8. (UEPB) "(...) Quero ver-te de novo, contemplar-te muito, muito; quero-te bem unido a mim para, abraçados fortemente, eu te contar um segredo que só teus ouvidos podem escutar. [...]"

(FARIA, Paula. *Correspondência amorosa de Maria Lina*. In: Calendário, São Paulo: USP, maio 2006. p. 3.)

Reescrevendo o enunciado acima e substituindo a 2.ª pessoa do discurso para a 3.ª pessoa, considerando a pessoa com quem se fala, a alternativa correta é:

a) Quero ver você de novo, contemplar-lhe muito, muito; quero-lhe bem unido a mim para, abraçados fortemente, eu contar a você um segredo que os ouvidos dele podem escutar.

b) Quero ver-lhe de novo, contemplar-lhe muito, muito; quero ele bem unido a mim para abraçados fortemente eu contá-lo um segredo que só os seus ouvidos podem escutar.

c) Quero vê-lo de novo, contemplá-lo muito, muito; quero você bem unido a mim para, abraçados fortemente, eu lhe contar um segredo que só seus ouvidos podem escutar.

d) Quero vê-lo de novo, contemplar ele muito, muito; quero-o bem unido a mim para, abraçados fortemente, eu contar-lhe um segredo que só seus ouvidos podem escutar.

e) Quero lhe ver de novo, contemplar você muito, muito; lhe quero bem unido a mim para, abraçados fortemente, eu contar a ele um segredo que só os ouvidos dele podem escutar.

9. (Cesgranrio-RJ) Assinale a frase que apresenta ERRO de uso de pronome.

a) Maria conversou com nós todos.

b) Vamos se encontrar depois do trabalho.

c) Ela se machucou descendo a escada.

d) A diretora pediu para eu comprar lápis.

e) Tu te lembras dos nomes de teus colegas?

10. (Cesgranrio-RJ) Assinale a frase em que se verifica uma transgressão ao registro culto e formal da língua no que se refere ao emprego do pronome relativo.

a) O resultado a que chegaram confirmou sua intuição.

b) Os colegas de trabalho com quem não simpatizava foram excluídos do processo.

c) Recebi o relatório de um gerente de cujo nome não me recordo.

d) São várias as reivindicações por que estão lutando os trabalhadores.

e) O funcionário o qual me referi não tem nenhuma dose de carisma.

11. (ESPP-SP) Indique a classe gramatical da palavra destacada no trecho abaixo:

"Apertei-**a** com força, sabendo que ela seria maior do que a saudade."

a) pronome demonstrativo

b) pronome pessoal do caso reto

c) pronome pessoal do caso oblíquo

d) pronome indefinido

12. (ESPP-SP) Assinale a alternativa que completa correta e respectivamente as lacunas:

I. Não há nenhum desentendimento entre ____ e Paulo.

II. Quero uma blusa dessas para ____ .

a) eu – mim

b) eu – eu

c) mim – mim

d) mim – eu

13. (PUC-PR) Quanto ao uso do pronome demonstrativo, há erro na alternativa ou nas alternativas:

I. Nesse dia, 15 de junho, estamos realizando o concurso da COPEL.

II. Aqui, nesta sala, há pessoas atentas às questões da prova.

III. Aquele fiscal, que está no corredor, desejou-nos boa sorte.

Está CORRETA ou estão CORRETAS:

a) Apenas I.
b) Apenas II.
c) Apenas III.
d) Apenas I e III.
e) Apenas I, II e III.

14. (UFPR) "A Universidade em que trabalho tem campi em cinco municípios." Em qual das alternativas abaixo a parte em negrito foi substituída de forma correta?

a) A Universidade **onde** trabalho tem campi em cinco municípios.
b) A Universidade **à qual** trabalho tem campi em cinco municípios.
c) A Universidade **que** trabalho tem campi em cinco municípios.
d) A Universidade **que** trabalho **nela** tem campi em cinco municípios.
e) A Universidade **em cuja** trabalho tem campi em cinco municípios.

15. (Vunesp-SP) Indique a alternativa em que o emprego do pronome está correto em consonância com a norma culta.

a) Explique a questão do paraíso terrestre para mim entendê-la.
b) É fácil para eu o entendimento dessa questão.
c) Muitas explicações serão necessárias para mim aceitar essa resposta.
d) Para mim, a questão é facilmente explicável.
e) Entre eu e você as explicações não são necessárias.

Considere o texto para responder à questão a seguir.

O antibafômetro

O Conselho Regional de Farmácia autuou uma drogaria da capital gaúcha que anunciava a venda de um remédio aparentemente capaz de mascarar os efeitos do álcool e enganar o bafômetro. Cartazes no interior da farmácia faziam a propaganda do medicamento. Originalmente destinado a pacientes de alcoolismo crônico, ele não produz os efeitos anunciados. O dono da farmácia deverá responder ainda a um processo por incitar os consumidores a beber e dirigir, crime previsto no Código Penal.

(Revista *Época*, 6.10.2008. Adaptado.)

16. (Vunesp-SP) Assinale a alternativa em que os termos em destaque, na frase a seguir, estão corretamente substituídos pelo pronome.

O dono da farmácia deverá sofrer **um processo** por incitar **os consumidores** a beber.

a) sofrê-lo ... incitá-los
b) sofrê-lo ... incitar-lhes
c) sofrer-lo ... incitar-los
d) sofrer-lhe ... incitá-los
e) sofrer-lhe ... incitar-lhes

17. (Ufam) Assinale a opção em que houve erro no emprego do pronome, consistente na troca de **o** e **lhe** ou de **eu** e **mim**.

a) Quantos livros você trouxe para eu ler?
b) Eu o respeito e muito o estimo, mas não lhe obedeço cegamente.
c) Essas dimensões eram sempre desgastantes para mim, que verdadeiramente o admirava.
d) Foi penoso, para mim, chegar.
e) Eu lhe convidei para a festa e não o perdoo por você ter faltado.

18. (FGV-SP) Considere o destaque nesta frase:

"Célia marcou um encontro entre **mim** e ele, pois a montagem dependia da aprovação do diretor."

a) Está correto o uso de **mim** neste trecho ou deveria ser utlizado **eu**?

b) Invertendo a ordem, como deveria ficar o trecho: "entre ele e **mim**" ou "entre ele e **eu**"? Justifique.

19. (Ufam) Assinale o item em que há erro no emprego do pronome pessoal.

a) Recebidas as mangas, os meninos as repartiam irmamente entre si.

b) Sempre me presenteava livros, dizendo-me que era para eu adquirir o hábito da leitura.

c) Estas deliciosas balas de mangarataia, eu as trouxe para ti levares ao Píndaro.

d) Os altruístas pensam menos em si e mais nos outros.

e) Leve o jornal consigo, Acácio. Já o li desde cedo.

20. (FEI-SP) Assinale a alternativa que completa, corretamente, a frase a seguir.

"Era para ... falar .. ontem, mas não ... localizei em parte alguma."

a) mim, comigo, o

b) eu, com ele, lhe

c) mim, consigo, lhe

d) mim, contigo, te

e) eu, com ele, o

21. (UFV-MG) Das alternativas a seguir, **apenas uma** preenche de modo **correto** as lacunas das frases. Assinale-a.

Quando saíres, avisa-nos, que iremos ... .

Meu pai deu um livro para ... ler.

Não se ponha entre ... e ela.

Mandou um recado para ... e você.

a) contigo, eu, eu, eu

b) com você, mim, mim, mim

c) consigo, mim, mim, eu

d) consigo, eu, eu, mim

e) contigo, eu, mim, mim

22. (UPF-RS) Os pronomes muitas vezes retomam palavras enunciadas no texto, constituindo uma opção para que se evitem repetições enfadonhas ao longo dele. Considere, em relação ao uso do pronome **isso**, neste anúncio publicitário, as afirmações que o seguem:

"Motoqueiro, o capacete é sua segurança: ponha isso na cabeça."

I. O pronome **isso** retoma "capacete", admoestando, assim, o leitor a que use esse protetor de cabeça.

II. O pronome **isso** retoma toda a ideia "o capacete é sua segurança", insistindo, dessa forma, em que o leitor adira a esse princípio de ação.

III. O anúncio perde em força apelativa, na medida em que o emprego de **isso** leva o destinatário da mensagem a uma leitura ambígua.

IV. O chamariz apelativo do anúncio encontra-se, precisamente, no fato de o uso de **isso** desencadear uma leitura ambígua.

Dessas afirmativas, são verdadeiras apenas:

a) I e II;

b) III e IV;

c) I, III e IV;

d) I, II e IV;

e) II, III e IV.

23. (FGV-SP) O emprego e a colocação do pronome estão de acordo com a norma culta na alternativa:

a) Trata-se, evidentemente, de material muito simples, mas muitos dos que são alfabetizados não conseguem lê-lo, nem compreendê-lo.

b) Pensemos na desobediência, na heresia e nas seitas e em como o conhecimento lhes introduziu no mundo.

c) Lembre-se das rodas dentadas da pobreza, da ignorância, da falta de esperança e da baixa autoestima e de como usam-as para criar um tipo de máquina do fracasso perpétuo.

d) Temos dilemas que nos perseguem e inteligências brilhantes, que poderiam ajudar a solucionar eles rapidamente.

e) Existe a ideia de que a capacidade de ler, o conhecimento, os livros e os jornais são potencialmente perigosos; os tiranos e os autocratas sempre compreenderam-na.

24. (UFC) Substitua os termos destacados por um pronome oblíquo enclítico.

A. Nunca mais há de ver **as terras**.

B. Deixaram **o homem** sonhar com suas estrelas.

C. Acompanhamos **sua agonia** até o fim.

D. Há muito aspirava **o ar da montanha**.

a) vê-las, deixaram-no, acompanhamo-la, aspirava-o

b) vê-las, deixaram-lhe, acompanhamos-lhes, aspirava-o

c) ver-lhes, deixaram-no, acompanhamos-la, aspirava-lhe

d) vê-lhes, deixaram-lhe, acompanhamos-lhe, aspirava a ele

25. (PUC-RJ) No período abaixo, a palavra **você** não está se referindo à pessoa com quem se fala. Ilustre, reescrevendo o período, como o efeito poderia ser atingido com outro recurso linguístico.

Dificilmente você encontra um ex-aluno que não tenha conseguido uma boa colocação.

26. (Faap-SP) "Lá vem o acendedor de lampiões da rua! / Este mesmo que vem infatigavelmente, / Parodiar o sol e associar-se à luz / Quando a sombra da noite enegrece o poente. / Um, dois, três lampiões, acende e continua / Outros mais a acender imperturbavelmente, / À medida que a noite aos poucos se acentua / E a palidez da lua apenas se pressente. / **Um, dois, três lampiões**, acende [...]"

Com pronome no lugar da expressão destacada, escreveríamos:

a) eles acendem

b) ele acende

c) acende-lhes

d) acende-os

e) acende-se

27. (FCC-BA) "O traço todo da vida é para muitos um desenho de criança esquecido pelo homem, e ao qual este terá sempre de se cingir sem o saber..." Qual palavra do texto a que se refere diretamente o pronome **este**?

28. (Unicamp-SP) Leia atentamente os textos abaixo:

a) "Estes são alguns dos equipamentos que a reserva de mercado não permitia a entrada no país sem a autorização do Depin."

(*Folha de S.Paulo*)

b) "Fazer pesquisa insinuando que 64% dos brasileiros acham que existe corrupção no governo Itamar não é um ato inteligente de um jornal que gostamos e que é dever de nós brasileiros lutar pela conservação de sua isenção."

(Adaptado de: Ewerton Almeida, vice-líder do PMDB da Bahia, Painel do Leitor, *Folha de S.Paulo*, 8 jun. 1993.)

Reescreva os trechos introduzindo as sequências **cuja entrada** e **cuja isenção** respectivamente (faça apenas as alterações necessárias decorrentes da nova estrutura das frases).

29. (Faap-SP) Examinando a estrofe de Zé Kety, analise o tipo de pronome predominante.

"Uns com tanto / Outros tantos com algum / Mas a maioria / Sem nenhum"

a) pronome pessoal de tratamento
b) pronome do caso oblíquo
c) pronome indefinido
d) pronome demonstrativo
e) n.d.a.

30. (Fuvest-SP) Na frase seguinte, o indefinido **alguma** tem valor positivo:

"Muitas vezes encontro sua lembranças em alguma esquina da cidade."

Construa uma frase em que **alguma** tenha valor negativo, correspondendo a nenhuma.

31. (FEI-SP) Reescreva a frase seguinte, confirmando ou corrigindo a colocação dos pronomes.

"Ana, amanhã farei-lhe uma visitinha e contarei-lhe tudo o que sei a respeito dele. Me espere às nove horas e não me faça esperar muito."

32. (Fuvest-SP) Suponha que, por qualquer motivo, você não queira empregar possessivos. Indique os demonstrativos a que recorreria para designar:

a) sua própria mão;
b) a mão de seu interlocutor.

33. (Fuvest-SP) Empregando exatamente as mesmas palavras, reescreva a frase seguinte, alterando-a de modo que adquira sentido negativo.

Algum amigo me ajudará.

34. (Faap-SP) Fazendo as alterações necessárias, encaixe a frase II na frase I, usando para isso um dos seguintes pronomes relativos: **que**, **quem**, **o qual**, **cujo**, **onde**.

I. Os candidatos à carreira diplomática apresentaram-se impecáveis no coquetel do embaixador.

II. Entre eles estava o seu noivo.

35. (Faap-SP) Como na questão anterior.

I. As tropas da Otan estavam confiantes.

II. Suas manobras vinham sendo preparadas por grandes estrategistas.

36. (FGV-SP) Leia atentamente as seguintes frases:

I. João deu o livro para mim ler.

II. João deu o livro para eu ler.

A respeito das frases anteriores assinale a afirmação correta.

a) A frase I está certa, pois a preposição **para** exige o pronome oblíquo **mim**.
b) A frase II está certa, pois o sujeito de **ler** deve ser o pronome do caso reto **eu**.
c) A frase I está certa, pois **mim** é objeto direto de **deu**.
d) A frase II está certa, pois **para** exige o pronome do caso reto **eu**.
e) Ambas as frases estão corretas, pois a preposição **para** pode exigir tanto a forma **mim** quanto a forma **eu**.

37. (Cesgranrio-RJ) Assinale a opção que completa as lacunas da seguinte frase: "Ao comparar os diversos rios do mundo com o Amazonas, defendia com azedume e paixão a proeminência ... sobre cada um ...".

a) desse – daquele
b) daquele – destes
c) deste – daqueles
d) deste – desse
e) deste – desses

38. (UEPG-PR) Na frase "**Certos** amigos não chegaram jamais a ser amigos **certos**". O termo destacado é sucessivamente:

a) adjetivo e pronome
b) pronome adjetivo e adjetivo
c) pronome substantivo e pronome adjetivo
d) pronome adjetivo e pronome indefinido
e) adjetivo anteposto e posposto

39. (Uniube-MG) Assinale o item em que não aparece pronome relativo.

a) O que queres não está aqui.
b) Temos que estudar mais.
c) A estrada por que passei é estreita.
d) A prova que faço não é difícil.
e) A festa a que assisti foi ótima.

40. (Unirio-RJ) Assinale o item que completa convenientemente as lacunas do texto:

"A maxila e os dentes denotavam a decrepitude do burrinho; ..., porém estavam mais gastos que ... ."

a) esses, aquela
b) estes, aquela
c) estes, essa
d) aqueles, esta
e) estes, esses

41. (Unimep-SP) "Visitei o sítio da amiga de Paula, o qual muito me encantou."

Usou-se **o qual** em vez de **que**:

a) por uma questão de estilo.
b) pois só **o qual** é conectivo.
c) pois a segunda oração é adjetiva.
d) pois ali só caberia um pronome relativo.
e) para evitar ambiguidade.

42. (Unisinos-RS) O período em que o pronome possessivo está mal empregado é:

a) Dirijo-me a ele, a fim de solicitar **seu** apoio.
b) Dirijo-me a ti, a fim de solicitar o **teu** apoio.
c) Dirijo-me a vós, a fim de solicitar **vosso** apoio.
d) Dirijo-me a Vossa Senhoria, a fim de solicitar **seu** apoio.
e) Dirijo-me a Vossa Senhoria, a fim de solicitar **vosso** apoio.

43. (Fuvest-SP) Indique a frase em que o pronome relativo está empregado corretamente.

a) É um cidadão em cuja honestidade se pode confiar.
b) Feliz é o pai, cujo os filhos são ajuizados.
c) Comprou uma casa maravilhosa, cuja casa lhe custou uma fortuna.
d) Preciso de um pincel, sem o cujo não poderei terminar o quadro.
e) Os jovens, cujos pais conversei com eles, prometeram mudar de atitude.

44. (UPM-SP) "**Ninguém** atinge a perfeição alicerçando a busca de valores materiais, nem mesmo **os que** consideram **tal** atitude um privilégio dado pela existência."

Os pronomes destacados no período acima classificam-se, respectivamente, como:

a) indefinido, demonstrativo, relativo, demonstrativo
b) indefinido, pessoal oblíquo, relativo, indefinido
c) de tratamento, demonstrativo, indefinido, demonstrativo
d) de tratamento, pessoal oblíquo, indefinido, demonstrativo
e) demonstrativo, demonstrativo, relativo, demonstrativo

Capítulo 10 – VERBO

1. (Fuvest-SP)

Leia o seguinte texto:

Um músico ambulante toca sua sanfoninha no viaduto do Chá, em São Paulo. Chega o "rapa" e o interrompe:*
– Você tem licença?
– Não, senhor.
– Então me acompanhe.
– Sim, senhor. E que música o senhor vai cantar?

* rapa: carro de prefeitura municipal que conduz fiscais e policiais para apreender mercadorias de vendedores ambulantes não licenciados. Por extensão, o fiscal ou o policial do rapa.

Para o efeito de humor dessa anedota, contribui, de maneira decisiva, um dos verbos do texto. De que verbo se trata? Justifique sua resposta.

2. (CPS) Assinale a alternativa cujos verbos completam, correta e respectivamente, o texto a seguir.

Ontem, um dos capitães dos times de basquete não ★★★★ comparecer à reunião, por isso decidimos adiá-la para o próximo domingo.

★★★★ na sede do clube, às 10 horas e, quem se ★★★★ a chegar mais cedo, poderá assistir a uma palestra sobre as regras do rúgbi.

a) pôde ... Estejem ... dispor
b) pôde ... Estejem ... dispuser
c) pôde ... Estejam ... dispuser
d) pode ... Estejam ... dispor
e) pode ... Estejem ... dispuser

3. (ETEC) Os **verbos de elocução** são aqueles que introduzem as falas das personagens, como aparece em: *Por isso eu **digo**: devemos amar os animais e não maltratá-los de jeito nenhum.*

Sabendo disso, assinale a alternativa em que os verbos de elocução completam, correta e respectivamente, as situações apresentadas.

- O técnico, nervoso e descontrolado, ★★★★ para o time:

  – Joguem com mais garra, seus preguiçosos!

- Para não perturbar o bebê que dormia, a mãe ★★★★ à filha maior:

  – Vamos sair do quarto sem fazer barulho...

- Desesperado pelo medo de perder o emprego, o rapaz ★★★★ ao chefe:

– Por favor, reconsidere sua decisão.

a) vociferou – sussurrou – implorou
b) vociferou – sussurrou – interrogou
c) ponderou – explicou – interrogou
d) ponderou – respondeu – inquiriu
e) inquiriu – respondeu – implorou

4. (ESPM-SP)

Frequentemente nos deparamos com frases como "quando eu ***rever*** a matéria, entenderei melhor o assunto" (em vez de "revir"), "se você ***decompor*** essa equação, chegará ao resultado esperado" (em vez de "decompuser").

Linguisticamente ocorrências dessa natureza podem ser explicadas:

a) pelo baixo nível de ensino no país e pela dificuldade de seus falantes em relação à Língua Portuguesa.

b) pela dificuldade que estudantes brasileiros possuem para ter acesso a ensino de qualidade.

c) pela falta do devido conhecimento das regras de conjugação de verbos, principalmente do futuro do subjuntivo.

d) pela normal confusão que se faz entre o futuro do subjuntivo e o presente do indicativo.

e) pela semelhança nos verbos regulares entre o futuro do subjuntivo e o infinitivo flexionado, fato que não ocorre em muitos verbos irregulares.

5. (ESPM-SP)

A ex-secretária da Receita Federal Lina Vieira **reafirmou** à CCJ (Comissão de Constituição e Justiça) do Senado, nesta terça-feira (18), que teve um encontro particular com a ministra Dilma Rousseff (Casa Civil) e que a ministra pediu para que a fiscalização feita em empresas da família Sarney fosse acelerada. Questionada se a solicitação **teria sido interpretada** pela ex-secretária como uma forma de "deixar pra lá" a fiscalização, Lina negou.

(www.uol.com.br, 18/08/2009)

As formas verbais em negrito indicam respectivamente:

a) Uma ação única e concluída no passado e outra cujo autor não quis responsabilizar-se pela informação do enunciado.

b) Uma ação durativa no passado e outra cujo autor quis situar o fato no futuro em relação a um momento passado.

c) Uma ação anterior a um outro fato no passado e outra cujo emissor não quis comprometer-se com a informação.

d) Uma ação hipotética e outra cujo emissor não assume a responsabilidade por provável falta de comprovação.

e) Uma ação única e acabada no passado e outra cujo autor quis apenas situar o fato no futuro em relação a um momento passado.

6. (Unifei-MG) Assinale a alternativa em que o verbo "ir" é empregado na formação de uma locução verbal.

a) "Gastei trinta dias para ir do Rossio Grande ao coração de Marcela, não já cavalgando o corcel do cego desejo, mas o asno da paciência, a um tempo manhoso e teimoso."

(*Memórias Póstumas de Brás Cubas*)

b) "Meu pai montava a cavalo, ia para o campo."

(*Infância*)

c) "Vai, Carlos! ser gauche na vida."

(*Poema de sete faces*)

d) "No entanto, você sabe, você lê os jornais, vai ao cinema,"

(*Prece do brasileiro*)

7. (FGV-SP)

Assinale a alternativa em que os verbos **prever**, **intervir**, **propor** e **manter** estão corretamente conjugados.

a) Previu / interviu / propuser / mantesse.

b) Prevesse / intervisse / proposse / mantesse.

c) Previu / interveio / propusesse / mantera.

d) Preveu / intervir / propuser / mantivesse.

e) Previsse / intervier / propusesse / mantinha.

8. (Vunesp-SP) Assinale a alternativa cujos verbos preenchem, correta e respectivamente, as frases a seguir.

Se o motor do veículo ★★★★ a temperatura alta, leve-o à oficina mecânica.

Quando você ★★★★ o motorista, informe-lhe os novos endereços do Tribunal de Justiça.

a) manter ... ver

b) manter ... vir

c) manter ... viu

d) mantiver ... ver

e) mantiver ... vir

9. (FGV-SP) *Dai-nos a Graça Divina.*

Assinale a alternativa em que se fez corretamente a passagem do verso acima para a forma negativa.

a) Não nos deis a Graça Divina

b) Não nos dês a Graça Divina

c) Não nos dai a Graça Divina

d) Não nos dê a Graça Divina

e) Não nos dais a Graça Divina

10. (Cesgranrio-RJ) Complete a sentença com a forma verbal correta. *O governo pede que a população...*

a) economiza água todos os dias.

b) esteje atenta ao desperdício.

c) propõe modos de poupar água.

d) não despeje dejetos em rios.

e) não consome água em excesso.

11. (Cesgranrio-RJ) "Isso não quer dizer que seus funcionários **sejam** preguiçosos,".

Assinale a opção em que o verbo está flexionado no mesmo tempo e modo que o destacado na passagem acima.

a) **Estejam** atentos na hora da reunião.

b) Os ventos **sopram** em direção ao mar.

c) Gostaria de que ele **fosse** mais educado.

d) Se **reouver** os documentos perdidos, ficarei aliviado.

e) Espero que você **cumpra** o horário do trabalho.

12. (ESPP-SP) Assinale a alternativa que completa correta e respectivamente as lacunas:

I. O tribunal ★★★★ na decisão do juiz.

II. A vítima ★★★★ seus bens.

a) interveio – reouve

b) interveio – reaveu

c) interviu- reouve

d) interviu – reaveu

13. (Vunesp-SP) Assinale a alternativa em que a flexão verbal está corretamente empregada, de acordo com a norma culta.

a) Quando muitas entidades filantrópicas transporem a barreira da falta de doações, a ajuda chegará mais rapidamente.

b) O Governo interviu na administração daquela instituição.

c) Se as empresas socialmente responsáveis manterem seus programas de ajuda, aquelas famílias ficarão assistidas.

d) Quando você vir uma pessoa necessitada de ajuda, não lhe negue o pedido.

e) Muitas famílias carentes se precavêm em tempo: antes de a enchente chegar.

14. (Vunesp-SP) Na frase – O Diário Oficial **sofreu** três reformas, inclusive a que o **transformou** em Jornal do Estado. – passando os verbos destacados para o tempo futuro, tem-se:

a) sofre e transformaria.

b) sofrerá e transforma.

c) sofrera e transformara.

d) sofre e transformará.

e) sofrerá e transformará.

15. (UFPI)

O medo social

No Rio de Janeiro, uma senhora dirigia seu automóvel com o filho ao lado. De repente foi assaltada por um adolescente que a roubou, ameaçando cortar a garganta do garoto. Dias depois, a mesma senhora reconhece o assaltante na rua.

(*Veja*)

Na forma verbal **reconhece**:

a) a vogal temática **e** aparece em todas as pessoas gramaticais;

b) a desinência número-pessoal da primeira pessoa do singular é idêntica à terceira;

c) a desinência número-pessoal da segunda pessoa do plural é **s**;

d) a vogal temática e a desinência modo-temporal são ausentes em todas as pessoas gramaticais;

e) a desinência modo-temporal é ausente em todas as pessoas gramaticais.

16. (Fuvest-SP) Dos verbos assinalados, só está corretamente empregado o que aparece na frase:

a) A atual administração quer **crescer** a arrecadação do IPTU em 40%.

b) A economia latino-americana se modernizou sem que a estrutura de renda da região **acompanhou** as transformações.

c) Se **fazer** previsões sobre a situação econômica já era difícil antes das eleições, agora ficou ainda mais complicado.

d) A indústria ficará satisfeita só quando vender metade do estoque e **transpor** o obstáculo dos juros.

e) Por mais que os leitores se **apropriam** de um livro, no final, livro e leitor tornam-se uma só coisa.

17. (UFPR) Em que alternativa a forma passiva apresentada em **2** conserva as mesmas relações de sentido da forma ativa apresentada em **1**?

a) 1 – O diretor custou a demitir o funcionário suspeito de fraude.
   2 – O funcionário suspeito de fraude custou a ser demitido pelo diretor.

b) 1 – O diretor pretende demitir o funcionário suspeito de fraude.
   2 – O funcionário suspeito de fraude pretende ser demitido pelo diretor.

c) 1 – O diretor gostaria de demitir o funcionário suspeito de fraude.
   2 – O funcionário suspeito de fraude gostaria de ser demitido pelo diretor.

d) 1 – O diretor tentou demitir o funcionário suspeito de fraude.
   2 – O funcionário suspeito de fraude tentou ser demitido pelo diretor.

e) 1 – O diretor quer demitir o funcionário suspeito de fraude.

   2 – O funcionário suspeito de fraude quer ser demitido pelo diretor.

18. (ESPM-SP) Em meio a um dos depoimentos nas Comissões Parlamentares de Inquérito em Brasília, o então ministro e deputado federal José Dirceu, ante as acusações, soltou um "eu repilo", forma verbal da 1.ª pessoa do singular do presente do indicativo do verbo **repelir**. Dos verbos abaixo, pertencentes ao grupo do verbo **repelir**, um apresenta conjugação **errônea**. Assinale-a:

a) **cerzir**: Eu cerzo meu paletó.

b) **aderir**: Eu adiro às suas ideias.

c) **competir**: Eu compito com você nessa carreira.

d) **despir**: Eu dispo a roupa rapidamente.

e) **discernir**: Eu discirno um fato do outro.

19. (Ufam) Assinale o item em que há erro na forma verbal.

a) O grande líder reouve a tempo o prestígio abalado.

b) Bem que ele se precaviu, mas o colega foi mais esperto.

c) Abstende-vos de julgar o próximo.

d) Eles se têm desavindo frequentemente.

e) São os filhos que proveem as necessidades da casa.

20. (Fuvest-SP) Entre as mensagens abaixo, a única que está de acordo com a norma escrita culta é

a) Confira as receitas incríveis preparadas para você. Clica aqui!

b) Mostra que você tem bom coração. Contribua para a campanha do agasalho!

c) Cura-te a ti mesmo e seja feliz!

d) Não subestime o consumidor. Venda produtos de boa procedência.

e) Em caso de acidente, não siga viagem. Pede o apoio de um policial.

21. (FGV-SP) Examine o termo destacado nos períodos abaixo.

O frasco maior **contém** mais líquido, é evidente.

O relato da testemunha não **condiz** com os fatos apontados pelos peritos.

Ele não **intervirá** na questão entre o árbitro e o atleta.

Assinale a alternativa correta a respeito desses verbos, colocados no pretérito perfeito, mas mantida a pessoa gramatical.

a) conteve, condiria, interveio

b) conteu, condizia, interveio

c) conteve, condisse, interveio

d) conteu, condisse, interviu

e) continha, condizeu, interviu

22. (Ufac) Considere as oposições entre os seguintes pares:

I. brigar andando × andar brigando

II. sorrir correndo × correr sorrindo

III. trabalhar fumando × fumar trabalhando

IV. dormir roncando × roncar dormindo

V. escrever chorando × chorar escrevendo

Embora pareça pequena, a diferença de sentido entre os pares existe. Em um deles, porém, esta diferença será bem mais acentuada, se um dos verbos for considerado auxiliar do outro. Em que par existe esta possibilidade?

a) par I
b) par II
c) par III
d) par IV
e) par V

23. (Unifesp) A correlação entre os tempos verbais está correta em:

a) Se Pedro Segundo viesse aqui com história eu botaria ele na cadeia.
b) Se Pedro Segundo vem aqui com história eu botava ele na cadeia.
c) Se Pedro Segundo viesse aqui com história eu boto ele na cadeia.
d) Se Pedro Segundo vinha aqui com história eu botara ele na cadeia.
e) Se Pedro Segundo vier aqui com história eu terei botado ele na cadeia.

24. (UFV-MG) Quase todos os verbos derivados conjugam-se por seus primitivos. Assim, **expor** e **obter**, por exemplo, conjugam-se pelos verbos **pôr** e **ter**, respectivamente. Assinale a alternativa em que há erro na conjugação do verbo derivado em destaque:

a) Devemos agir com rigor sempre que **prevermos** a má intenção do palestrante.
b) Não aceitarei as críticas, provenham elas de onde **provierem**.
c) O diplomata brasileiro **interveio** na palestra do economista americano.
d) Creio que os brasileiros já **reouveram** o tempo perdido.
e) Se o palestrante **mantivesse** a necessária prudência, não ouviria os protestos que ouviu.

25. (Unicamp-SP) As gramáticas costumam definir os tempos verbais de forma simplificada. C. Cunha e L. Cintra, por exemplo, em sua *Nova gramática do português contemporâneo*, dizem que o futuro designa um fato ocorrido após o momento em que se fala. Observe como Bastos Tigre joga com essa noção de futuro para dar uma interpretação engraçada do sétimo mandamento: "Não furtarás – prega o *Decálogo* e cada homem deixa para amanhã a observância do sétimo mandamento".

(Citado por Mendes Fradique em sua *Grammatica portugueza pelo methodo confuso*, 1928.)

a) Qual a interpretação usual (feita, por exemplo, por um rabino, um pastor ou um padre) desse mandamento?
b) Qual a interpretação feita por Bastos Tigre?

26. (PUC-RJ) Substitua cada verbo destacado no período abaixo por uma estrutura composta por um outro verbo e um substantivo derivado do verbo destacado. Utilize dois verbos diferentes.

"Com o objetivo de **esclarecer** e **informar** sobre as atuais tendências do mercado, o *Jornal da PUC* inicia, neste número, uma série de reportagens sobre o tema."

a) esclarecer
b) informar

27. (ESPM-SP) Passe a oração abaixo da voz passiva analítica para a sintética:

Sejam feitas as apostas, enquanto são elaborados os novos planos.

28. (Fuvest-SP) Assinale a alternativa em que o verbo **reaver** está correto.

a) É necessário que você reavenha aquele dinheiro.
b) É necessário que você reaveja aquele dinheiro.
c) É necessário que você reaja aquele dinheiro.
d) É necessário que você reava aquele dinheiro.
e) n.d.a.

29. (Esan-SP) Assinale a alternativa em que há um verbo defectivo.

a) Demoliram vários prédios naquele local.
b) Eles se correspondem frequentemente.
c) Estampava no rosto um sorriso, um sorriso de criança.
d) Compramos muitas mercadorias remarcadas.
e) Coube ao juiz julgar o réu.

30. (Fuvest-SP) Em: "Queria **que me ajudasses**", o trecho destacado pode ser substituído por:

a) a sua ajuda
b) a vossa ajuda
c) a ajuda de você
d) a ajuda deles
e) a tua ajuda

31. (Unip-SP) Dos verbos seguintes, assinale o único que não apresenta duplo particípio.

a) abrir
b) imprimir
c) eleger
d) morrer
e) enxugar

32. (Fuvest-SP) "Se ele (ver) o nosso trabalho, (fazer) um elogio." Assinale a alternativa em que as formas dos verbos **ver** e **fazer** preenchem corretamente as lacunas da frase acima.

a) ver, fará
b) visse, fará
c) ver, fazerá
d) vir, fará
e) vir, faria

33. (Fesp-SP) Assinale a alternativa em que todas as formas estejam na segunda pessoa do plural do imperativo afirmativo.

a) ouvi, vinde, ide, traze
b) ouvi, vinde, ide, trazei
c) ouvi, venhas, ide, trazei
d) ouça, vinde, vá, tragais
e) ouça, venhas, vás, tragais

34. (Unimep-SP) "Não fales! Não bebas! Não fujas!" Passando tudo para a forma afirmativa, teremos:

a) Fala! Bebe! Foge!
b) Fala! Bebe! Fuja!
c) Fala! Beba! Fuja!
d) Fale! Beba! Fuja!
e) Fale! Bebe! Foge!

35. (UEL-PR) Pode ser que eu ... levar as provas, se você ... tudo para que eu ... onde estão.

a) consiga, fará, descobriria
b) consiga, fizer, descubra
c) consigo, fizer, descobrir
d) consigo, fizer, descubro
e) consigo, fará, descobrirei

36. (UFSCar-SP) Assinale a opção que preenche as lacunas corretamente.

I. Ficareis maravilhados, se ... o resultado. (ver)
II. Sereis perdoados, se ... o que tirastes. (repor)
III. Não dê atenção a quem lhe ... negócios ilícitos. (propor)
IV. Nós lhe daremos o recado assim que o ... . (ver)

a) virdes, repuserdes, propuser, virmos
b) vires, repordes, propor, vermos
c) veres, repuserdes, propuserdes, virmos

d) vês, repordes, propordes, vermos

e) ver, repuseres, propor, vemos

37. (Fuvest-SP) Assinale a alternativa em que uma forma verbal foi empregada incorretamente.

a) O superior interveio na discussão, evitando a briga.

b) Se a testemunha depor favoravelmente, o réu será absolvido.

c) Quando eu reouver o dinheiro, pagarei a dívida.

d) Quando você vir Campinas, ficará extasiado.

e) Ele trará o filho, se vier a São Paulo.

38. (UEL-PR) Ele ... com muita prudência, na esperança de que se ... o tempo perdido.

a) interviu, reavesse

b) interveio, reavesse

c) interviu, rehouvesse

d) interveio, reouvesse

e) interviu, rehavesse

39. (FCC-BA) Não te ... com essas mentiras que ... da ignorância.

a) aborreces, proveem

b) aborreça, provém

c) aborreças, provêm

d) aborreça, proveem

e) aborreças, provém

40. (Cesgranrio-RJ) A frase negativa que corresponde a "Põe nela todo o incêndio das auroras" é:

a) Não põe nela todo o incêndio das auroras.

b) Não ponhas nela todo o incêndio das auroras.

c) Não põem nela todo o incêndio das auroras.

d) Não ponha nela todo o incêndio das auroras.

e) Não pondes nela todo o incêndio das auroras.

41. (Fuvest-SP) Coloque na forma adequada os verbos entre parênteses.

a) Ficarei feliz se você ... a calma. (manter)

b) Quando ele ... na disputa, foi inábil. (intervir)

42. (Fuvest-SP) ... em ti, mas nem sempre ... dos outros.

a) Creias, duvides

b) Crê, duvidas

c) Creias, duvidas

d) Creia, duvide

e) Crê, duvides

43. (Fuvest-SP) Passe o texto para a forma negativa: "Sai daqui! Foge! Abandona o que é teu e esquece-me.".

44. (Fuvest-SP) Escreva as formas dos verbos indicados que preenchem corretamente as lacunas.

a) Quando eu ... os livros, nunca mais os emprestarei. (reaver)

b) Quando ele ... uma canção de paz, poderá descansar. (compor)

45. (UPM-SP) Qual o valor do futuro do pretérito na frase seguinte?

"Quando chegamos ao colégio em 1916, a cidade teria apenas uns cinquenta mil habitantes."

a) fato futuro, anterior a outro fato futuro

b) fato futuro, relacionado com o passado

c) suposição, relativamente a um momento futuro

d) suposição, relativamente a um momento passado
e) configuração de um fato já passado

46. (PUC-SP) Uma das alternativas abaixo está errada quanto à correspondência no emprego dos tempos verbais. Assinale qual é essa alternativa.

a) Porque arrumara carona, chegou cedo à cidade.
b) Se tivesse arrumado carona, chegaria cedo à cidade.
c) Embora arrume carona, chegará tarde.
d) Embora tenha arrumado carona, chegou tarde.
e) Se arrumar carona, chegaria cedo à cidade.

47. (UEL-PR) Transpondo para a voz ativa a frase "Os livros seriam postos em um líquido desinfetante", obtém-se a forma verbal:

a) vão pôr
b) íamos pôr
c) põem-se
d) vão ser postos
e) poriam

48. (Fuvest-SP) Assinale a frase que não tem sentido passivo.

a) O atleta foi estrondosamente aclamado.
b) Que exercício tão fácil de resolver!
c) Fizeram-se apenas os reparos mais urgentes.
d) Escolheu-se, infelizmente, o homem errado.
e) Entreolharam-se agressivamente os dois competidores.

49. (FCC-BA) Transpondo para a voz passiva a oração "Os colegas o estimavam por suas boas qualidades", obtém-se a forma verbal:

a) eram estimadas
b) tinham estimado
c) fora estimado
d) era estimado
e) foram estimadas

50. (UPM-SP) Assinale a alternativa em que o emprego do infinitivo está incorreto.

a) Todos acreditam sermos os causadores da desordem.
b) Cometeres tamanha injustiça, tu não o farias.
c) Amar é viver.
d) Não podeis fazerdes a prova com tanta pressa.
e) Não estacionar na pista.

51. (FCC-PR) Se você ... chegado a tempo, ... visto o que ... .

a) tem, tenha, acontece
b) tiver, terá, acontecesse
c) teria, tinha, aconteça
d) tivesse, teria, aconteceu
e) tinha, tem, acontecia

52. (Unesp-SP) Explicou **que aprendera aquilo de ouvido**. Transpondo a oração em destaque para a voz passiva, temos a seguinte forma verbal:

a) tinha sido aprendido
b) era aprendido
c) fora aprendido
d) tinha aprendido
e) aprenderia

Capítulo 11 – ADVÉRBIO

1. (Udesc) A palavra **só** pode ser advérbio com a acepção de **somente**, ou adjetivo, equivalendo a **sozinho**.

Observe o emprego dessa palavra, nas frases abaixo.

(I) Marcolina ficou **só**, ao pé do pinheiro carregado.

(II) **Só** Mané Juca para sofrer tanto!

(III) Mané Juca fez **só** o que a mulher lhe pediu.

(IV) Ao entardecer, o homem, **só**, escalou o pinheiro.

Assinale a alternativa que contém a classificação correta, de cima para baixo.

a) (I) adjetivo; (II) adjetivo; (III) advérbio; (IV) adjetivo
b) (I) advérbio; (II) adjetivo; (III) adjetivo; (IV) advérbio
c) (I) adjetivo; (II) advérbio; (III) advérbio; (IV) adjetivo
d) (I) advérbio; (II) adjetivo; (III) advérbio; (IV) adjetivo
e) (I) adjetivo; (II) adjetivo; (III) advérbio; (IV) advérbio

2. (Vunesp-SP) Assinale a frase em que a expressão destacada expressa intensidade.

a) Ela estava baseada *principalmente* na observação cotidiana.
b) *À noite* a maioria se dedicava a ver televisão.
c) Elas desapareciam *rapidamente* das máquinas.
d) A estimativa é ainda *mais* preocupante.
e) Os trabalhadores disseram *não* ter tempo.

3. (Uerj) "No meio-dia branco de luz uma voz que aprendeu

a ninar nos **longes** da senzala – e nunca se esqueceu...

Lá **longe** meu pai campeava no mato sem fim da fazenda."

Classifique gramaticalmente as palavras sublinhadas e aponte a diferença de sentido entre elas.

4. (Vunesp-SP) Indique a alternativa que completa a frase a seguir, respectivamente, com as circunstâncias de intensidade e de modo.

Após o telefonema, o motorista partiu...

a) às 18h com o veículo.
b) rapidamente ao meio-dia.
c) bastante alerta.
d) apressadamente com o caminhão.
e) agora calmamente.

5. (FGV-SP) Assinale a alternativa em que a palavra **pior** assume significado diferente do dos demais casos.

a) Ela agiu da pior forma possível.
b) Quem fica com a pior parte é sempre quem carrega o piano; quem leva as coisas na flauta acaba sendo beneficiado.
c) Ele se comportou pior do que seu filho, que já não era lá muito das gentilezas.
d) O pior livro do autor é, sem dúvida, o editado em 2003.
e) O rapaz tinha sempre o pior desempenho entre os alunos da terceira série.

6. (FGV-SP) Observe a palavra destacada no seguinte período: "A implicação é que esses países talvez se saíssem **melhores** economicamente se fossem mais parecidos entre si". Essa palavra está sendo usada de acordo com a norma culta? Explique.

7. (UFC) Empregando o sufixo **-mente**, substitua as expressões destacadas por uma só palavra, cujo sentido seja equivalente ao da expressão substituída.

a) **Pouco a pouco**, o poeta aprenderia a partir sem medo.
b) **Sem dúvida alguma**, a lua nova é mais alegre que a cheia.
c) Ele ganhou um novo quarto e a aurora, **ao mesmo tempo**.
d) Passou dez anos, **sem interrupção**, com a janela virada para o pátio.
e) O poeta, **por exceção**, prefere a lua nova.

8. (FCC-SP) Assinale a alternativa em que o termo destacado tem valor de advérbio.

a) Achei-o **meio** triste, com ar abatido.
b) Não há **meio** mais fácil de estudar.
c) Só preciso de **meio** metro dessa renda.
d) Encarou-nos, esboçando um **meio** sorriso.
e) Ela caiu bem no **meio** do jardim.

9. (Fameca-SP) Em todas as frases, destacou-se um substantivo, um adjetivo e um advérbio. Exceto em:

a) **Que bela** é a **vida** da criança!
b) **Atualmente**, os bons **livros** são **poucos**.
c) As **obras** estão **bastante adiantadas**.
d) **Que** coisa **horrível** essa **questão**!
e) Estudava **pouco** aquela **garota mimada**.

10. (UEPG-PR) Marque a alternativa que contém advérbio de intensidade.

a) Se eu tiver que ajudar-te, alegrar-me-ei.
b) Que importa a opinião deles?
c) O professor resolveu o que pediram.
d) Que feliz serei eu, se vieres.
e) Esperamos que os dias melhorem.

11. (UEPG-PR) Assinale a alternativa que contém uma frase em que o advérbio expressa simultaneamente ideias de tempo e negação.

a) Falei ontem com os embaixadores.
b) Não me pergunte as razões da minha atitude.
c) Eles sempre chegam atrasados.
d) Jamais acreditei que você viesse.
e) Agora seremos felizes.

12. (UFC) A opção em que há um advérbio exprimindo circunstância de tempo é:

a) Possivelmente viajarei para São Paulo.
b) Maria tinha aproximadamente 15 anos.
c) As tarefas foram executadas concomitantemente.
d) Os resultados chegaram demasiadamente atrasados.

13. (PUC-SP) Assinale a alternativa que possa substituir, pela ordem, as partículas de transição dos períodos abaixo, sem alterar o significado delas:

"**Em primeiro lugar**, observemos o avô. **Igualmente**, lancemos um olhar para a avó. **Também** o pai deve ser observado. Todos são altos e morenos. **Consequentemente**, a filha também será morena e alta."

a) primeiramente, ademais, além disso, em suma
b) acima de tudo, também, analogamente, finalmente
c) primordialmente, similarmente, segundo, portanto
d) antes de mais nada, da mesma forma, por outro lado, por conseguinte
e) sem dúvida, intencionalmente, pelo contrário, com efeito

14. (Fuvest-SP) Na frase "Homem não chora", o advérbio expressa negação. Escreva uma frase empregando esse advérbio sem ideia de negação.

15. (FEI-SP) Substitua a expressão destacada por um advérbio de significação equivalente.

a) Recebeu a repreensão **sem dizer palavras**.
b) Falava sempre **no mesmo tom**.
c) Aceitou tudo **sem se revoltar**.
d) Trataram-me **como irmão**.

16. (Fuvest-SP) Reescreva a passagem "Humildemente pensando na vida...", substituindo o advérbio por uma locução adverbial correspondente.

Capítulo 12 – PREPOSIÇÃO

1. (FGV-SP) *O treinamento com armas será realizado nos estandes de tiro da Cactos, empresa vencedora da licitação.*

No período acima há

a) 1 artigo e 3 preposições.
b) 4 artigos e 3 preposições.
c) 3 artigos e 4 preposições.
d) 3 artigos e 4 preposições.
e) 4 artigos e 5 preposições.

2. (Vunesp-SP) "Por mais de uma década recaiu sobre o estresse a suspeita de influenciar diretamente o ganho de peso."

A preposição **por** estabelece entre os termos uma relação de

a) causa.
b) lugar.
c) meio.
d) tempo.
e) modo.

3. (Vunesp-SP) "Mas as complicações causadas pelo estresse foram além."

Nesse trecho, a contração **pelo** estabelece entre os termos uma relação de

a) lugar.
b) tempo.
c) modo.
d) causa.
e) distância.

4. (FGV-SP) Observe o fragmento: "Era no tempo que ainda os portugueses não haviam sido por uma tempestade empurrados para a terra de Santa Cruz". É possível acrescentar aí uma preposição. Transcreva o fragmento, mas inclua essa preposição.

5. (ITA-SP) "O projeto Montanha Limpa, desenvolvido desde 1992, por meio da parceria entre o Parque Nacional de Itatiaia e a DuPont, visa amenizar os problemas causados pela poluição em forma de lixo deixado por visitantes desatentos." (Folheto do Projeto Montanha Limpa do Parque Nacional de Itatiaia)

A preposição que indica que o Projeto Montanha Limpa continua até a publicação do folheto é:

a) entre
b) por (por visitantes)
c) em
d) por (pela poluição)
e) desde

6. (ESPM-SP) Leia as frases:

I. A secretária falou DO gerente.
II. A secretária falou PELO gerente.
III. A secretária falou PARA o gerente.
IV. A secretária falou JUNTO COM o gerente.

As preposições **maiúsculas** traduzem respectivamente ideias de:

a) companhia, direção, substituição, simultaneidade
b) assunto, direção, substituição, companhia
c) assunto, substituição, direção, simultaneidade
d) assunto, substituição, companhia, direção
e) modo, causa, direção, companhia

7. (Unimep-SP) "De todas as garotas da classe, Paula foi **a** que mais me impressionou. Gostaria de ter ido **a** sua festa com ela. Eu **a** convidei, mas ela não aceitou." As palavras destacadas são, respectivamente:

a) pronome oblíquo, artigo, preposição
b) pronome demonstrativo, preposição, pronome oblíquo
c) pronome oblíquo, preposição, pronome oblíquo
d) pronome demonstrativo, preposição, artigo
e) preposição, artigo, pronome demonstrativo

8. (UEPG-PR) "A cigarra começa a cantar assim que a primavera a desperta."

Nas suas quatro ocorrências do período acima, a palavra **a** classifica-se, respectivamente, como:

a) artigo, preposição, artigo, pronome
b) artigo, pronome, preposição, pronome
c) pronome, artigo pronome, artigo
d) artigo, pronome preposição, artigo
e) artigo, preposição, pronome, artigo

9. (Fameca-SP) As relações expressas pelas preposições estão **corretas** na sequência:

I. Saí com ela.
II. Ficaram sem um tostão.
III. Esconderam o lápis de Maria.
IV. Ela prefere viajar de navio.
V. Estudou para passar.

a) companhia; falta; posse; meio; fim
b) falta; companhia; posse; meio; fim
c) companhia; falta; posse; fim; meio
d) companhia; posse; falta; meio; fim
e) companhia; falta; meio; posse; fim

10. (Fuvest-SP) "No final da Guerra Civil americana, o ex-coronel ianque [...] sai à caça do soldado desertor que realizou assalto a trem com confederados."

(*O Estado de S. Paulo*, 15 set. 1995.)

O uso da preposição **com** permite diferentes interpretações da frase acima.

a) Reescreva-a de duas maneiras diversas, de modo que haja um sentido diferente em cada uma.
b) Indique, para cada uma das redações, a noção expressa pela preposição **com**.

11. (Fuvest-SP) Na frase "Estamos a bordo", a preposição indica relação de influência de lugar. Escreva duas frases em que o emprego dessa preposição indique, respectivamente:

a) relação de tempo habitual
b) relação de instrumento

12. (Fuvest-SP) Em "óculos sem aro", a preposição **sem** indica ausência, falta. Explique o sentido expresso pelas preposições destacadas em:

a) Cale-se ou expulso a senhora **da** sala.
b) Interrompia a lição **com** piadinhas.

13. (UPM-SP) Indique a oração que apresenta locução prepositiva.

a) Havia objetos valiosos sobre a pequena mesa de mármore.

b) À medida que os inimigos se aproximavam, as tropas inglesas recuavam.

c) Seguiam a carreira militar devido à influência do pai.

d) Agiu de caso pensado, quando se afastou de você.

e) De repente, riscou e reescreveu o texto.

Capítulo 13 – CONJUNÇÃO

1. (Fuvest-SP) Leia estas duas estrofes da conhecida canção "Asa-Branca", de Luís Gonzaga e Humberto Teixeira.

Quando olhei a terra ardendo
Qual fogueira de São João,
Eu perguntei a Deus do céu, ai
Por que tamanha judiação.

....

Quando o verde dos teus olhos
se espalhar na plantação,
eu te asseguro, não chores não, viu,
eu voltarei, viu, meu coração.

Indique uma palavra ou expressão que possa substituir "Qual" (primeira estrofe), sem alterar o sentido do texto.

2. (Fuvest-SP)

Belo Horizonte, 28 de julho de 1942.

Meu caro Mário,

Estou te escrevendo rapidamente, se bem que haja muitíssima coisa que eu quero te falar (a respeito da Conferência, que acabei de ler agora). Vem-me uma vontade imensa de desabafar com você tudo o que ela me fez sentir. Mas é longo, não tenho o direito de tomar seu tempo e te chatear.

(Fernando Sabino)

No texto, o conectivo "se bem que" estabelece relação de

a) conformidade.

b) condição.

c) concessão.

d) alternância.

e) consequência.

3. (Vunesp-SP) Assinale a alternativa que apresenta erro quanto às relações de sentido, evidenciadas pelas conjunções empregadas.

a) O livro que a professora mandou comprar está esgotado, já que foi publicado há três semanas.

b) O livro é interessante embora tenha 570 páginas.

c) Mesmo morando no Rio há cinco anos, Lucas ainda não visitou o Corcovado.

d) João, o pintor, foi despedido porque se negou a pintar a casa, uma vez que estava chovendo.

e) Acordei às 7 horas apesar de ter ido deitar às 2 horas. Dormi, portanto, pouco menos de 5 horas.

4. (Ufal) Em: "Acredito ser o espírito da profissão: a busca pelo conhecimento infindável da língua, **para que** a pessoa possa se expressar de todas as formas possíveis e atingir as improváveis.", a expressão destacada tem a função de introduzir:

a) uma conclusão.

b) uma consequência.

c) um propósito.

d) uma causa.

e) uma justificativa.

5. (FEI-SP) Em "**Como** o conselheiro é idoso, pensei vê-lo atacar os costumes e o carnaval", a conjunção em destaque estabelece valor similar à conjunção:

a) embora
b) porque
c) conforme
d) se
e) contudo

6. (FGV-SP) No período: *"Demorará, mas não importa o quanto demore para termos um final feliz,"* "mas" e "para" estabelecem relações de sentido que indicam, respectivamente:

a) Conclusão, explicação.
b) Explicação, consequência.
c) Oposição, finalidade.
d) Causa, consequência.
e) Causa, explicação.

7. (Cesgranrio-RJ) Em "Conclui-se, **então**, que o gerenciamento do estresse passa pelo desenvolvimento pessoal", o conectivo destacado **NÃO** pode ser substituído, sem alteração de sentido, por:

a) pois.
b) por conseguinte.
c) assim.
d) entretanto.
e) portanto.

8. (Vunesp-SP) A filantropia foi o passo inicial em direção à responsabilidade social, não sendo esta, *portanto*, sinônimo daquela.

A expressão *portanto*, em destaque, expressa o sentido de

a) concessão.
b) condição.
c) conclusão.
d) contrariedade.
e) consequência.

9. (Udesc) Assinale a alternativa em que a classificação da relação de sentido entre as ideias está **correta**.

a) Talvez **porque** nenhuma tivesse os olhos de ressaca, ele permaneceu solteiro. – temporalidade
b) Falo daquelas coisas que deixamos de fazer **porque** não temos mais condições físicas e a coragem de antigamente – causal.
c) Você me perguntou **se** poderia fazer uma pergunta? – explicativa.
d) **Quando** ele acordava todo mundo com gritos, Halim se assustava [...] – condicional.
e) Drummond tem escrito ótimos poemas, **mas** eu larguei o Suplemento – adição.

10. (Enem) "O mundo é grande / O mundo é grande e cabe / Nesta janela sobre o mar. / O mar é grande e cabe / Na cama e no colchão de amar. / O amor é grande e cabe / No breve espaço de beijar."

(ANDRADE, Carlos Drummond de. *Poesia e prosa*. Rio de Janeiro: Nova Aguilar, 1983.)

Nesse poema, o poeta realizou uma opção estilística: a reiteração de determinadas construções e expressões linguísticas, como o uso da mesma conjunção para estabelecer a relação entre as frases. Essa conjunção estabelece, entre as ideias relacionadas, um sentido de:

a) oposição
b) comparação
c) conclusão
d) alternância
e) finalidade

11. (Enem)

Cidade grande

Que beleza, Montes Claros. / Como cresceu Montes Claros. / Quanta indústria em Montes Claros. / Montes Claros cresceu tanto, / ficou urbe tão notória, / prima-rica do Rio de Janeiro, / que já tem cinco favelas / por enquanto, e mais promete.

(Carlos Drummond de Andrade)

No trecho "Montes Claros cresceu tanto, / [...], / que já tem cinco favelas", a palavra **que** contribui para estabelecer uma relação de consequência. Dos seguintes versos, todos de Carlos Drummond de Andrade, apresentam esse mesmo tipo de relação:

a) "Meu Deus, por que me abandonaste / se sabias que eu não era Deus / se sabias que eu era fraco."

b) "No meio-dia branco de luz uma voz que aprendeu / a ninar nos longes da senzala – e nunca se esqueceu / chamava para o café."

c) "Teus ombros suportam o mundo / e ele não pesa mais que a mão de uma criança."

d) "A ausência é um estar em mim. / E sinto-a, branca, tão pegada, aconchegada nos meus braços, / que rio e danço e invento exclamações alegres."

e) "Penetra surdamente no reino das palavras. / Lá estão os poemas que esperam ser escritos."

12. (Fuvest-SP) "Foi um técnico de sucesso, mas nunca conseguiu uma reputação no campo à altura da sua reputação de vestiário." Começando a frase por "Nunca conseguiu uma reputação no campo à altura da sua reputação de vestiário", para manter a mesma relação lógica expressa na frase dada inicialmente deve-se continuar com:

a) enquanto foi...

b) na medida em que era...

c) ainda que tenha sido...

d) desde que fosse...

e) porquanto era...

13. (PUCCamp-SP) Assinale a alternativa correspondente à frase em que ocorre uso incorreto de conjunção.

a) O homem criou a máquina para facilitar sua vida, e contudo ela correspondeu a essa expectativa.

b) Diga-lhe que abra logo a porta, que eu estou com pressa.

c) Ele tinha todas as condições para representar bem os colegas; nem todos lhe reconheciam os méritos, porém.

d) O problema é que ainda não se sabe se ele agiu conforme as normas da empresa.

e) Ao perceber o que tinham feito com seus livros, gritou que parecia louco.

14. (Fecap-SP) Classifique a palavra **como** nas construções abaixo. A seguir, a alternativa correta.

1. preposição
2. conjunção subordinativa causal
3. conjunção subordinativa conformativa
4. conjunção coordenativa aditiva
5. advérbio interrogativo de modo

Perguntamos como chegaste aqui.

Percorrera as salas como eu mandara.

Tinha-o como amigo.

Como estivesse muito frio, fiquei em casa.

Tanto ele como o irmão são meus amigos.

a) 2, 4, 5, 3, 1

b) 4, 5, 3, 1, 2

c) 5, 3, 1, 2, 4

d) 3, 1, 2, 4, 5

e) 1, 2, 4, 5, 3

15. (UPM-SP) Embora todas as conjunções sejam aditivas, uma oração apresenta ideia de adversidade:

a) Não achou os documentos nem as fotocópias.

b) Queria estar atento à palestra e o sono chegou.

c) Não só aprecio a medicina como também a odontologia.

d) Escutei o réu e lhe dei razão.

e) Não só escutei o réu mas também lhe dei razão.

16. (Ufac) Em "Como as espumas que nascem do mar e do céu, da vaga e do vento, eles são filhos da musa...", as palavras **como** e **que** são, respectivamente:

a) preposição – conjunção integrante

b) conjunção causal – pronome relativo

c) advérbio de modo – conjunção integrante

d) conjunção comparativa – pronome

e) conjunção conformativa – palavra expletiva.

17. (Cesgranrio-RJ) Assinale a opção em que a substituição efetuada não altera o sentido fundamental do enunciado: "Não obstante essa propaganda, as dificuldades surgiram".

a) Através dessa propaganda, as dificuldades surgiram.

b) Em razão dessa propaganda, as dificuldades surgiram.

c) A despeito dessa propaganda, as dificuldades surgiram.

d) Diante dessa propaganda, as dificuldades surgiram.

e) Depois dessa propaganda, as dificuldades surgiram.

18. (UPM-SP) Assinale a alternativa em que a palavra **como** assume valor de conjunção subordinativa conformativa.

a) Como ele mesmo afirmou, viveu sempre tropeçando nos embrulhos da vida.

b) Como não tivesse condições necessárias para competir, participou, com muita insegurança, das atividades esportivas.

c) As frustrações caminham rápidas como as tempestades das matas devastadoras.

d) Indaguei-lhe apreensiva como papai tinha assumido aquela contínua postura de contemplação.

e) Como as leis eram tentativas naquele vilarejo, todos os moradores tentavam um meio de obediência às normas morais.

Capítulo 14 – INTERJEIÇÃO

1. (UEPG-PR) As formas que traduzem vivamente os sentimentos súbitos, espontâneos e instintivos dos falantes são denominadas:

a) conjunções

b) interjeições

c) preposições

d) locuções

e) coordenações

2. (ESPM-SP) Substituindo as expressões em destaque nas frases abaixo, o que se pode obter?

I – **Levei um grande susto!** Quase fui atropelado!

II – **Que desagradável!** Lá vem ele de novo.

III – **Preste atenção!** O guarda pode multar.

a) Opa – Puxa – Oh

b) Opa – Xi – Céus

c) Caramba – Xi – Alerta

d) Quê – Xi – Cuidado

e) n.d.a.

PARTE

3 SINTAXE

Capítulo 15 – TERMOS ESSENCIAIS DA ORAÇÃO

1. (Uerj) *Realmente as rosas de suas faces viçavam; era cintilante o brilho que desferia a sua pupila negra.*

No trecho acima há um período constituído de três orações. Os termos essenciais da segunda e terceira orações estão colocados na ordem inversa.

Transcreva separadamente estas duas orações. Em seguida, forme com elas um novo período composto, de modo que o sujeito de cada uma seja colocado antes do respectivo predicado.

2. (UFSCar-SP) A frase **desceu um enxame de almas**, tem o sujeito posposto. Assinale a alternativa em que o sujeito também aparece posposto.

a) De um atentado, um soldado consegue salvar seu companheiro.

b) Segunda-feira faltou, de novo, um pouco de tinta de impressão.

c) No salão de Paris, há um Audi com motor de 4,2 litros.

d) Ler biografia de homens célebres é bastante útil.

e) O mercado financeiro recebeu bem a inclusão das ações do Bradesco.

3. (ESPP-SP) Assinale a alternativa em que o sujeito é indeterminado:

a) Fizemos uma boa apresentação ontem.

b) Comentou-se muito aquele crime.

c) Assaltaram novamente o museu.

d) Foi divulgada a lista dos aprovados.

4. (UFPI) Assinale a alternativa que contém as informações corretas quanto ao sujeito das orações 1 e 2.

1. Existem homens loucos nas ruas.
2. Há homens sadios nos hospícios.

a) oração sem sujeito – indeterminado

b) oração sem sujeito – homens sadios

c) homens loucos – homens sadios

d) homens loucos – oração sem sujeito

e) indeterminado – oração sem sujeito

5. (ESPP-SP) Assinale a alternativa em que o predicado é verbo-nominal:

a) Ela está no escritório.

b) Trouxemos o relatório para você.

c) O rapaz sofreu um sério acidente.

d) Considero aquele texto um pouco cansativo.

6. (ESPP-SP) Assinale a alternativa em que o predicado é nominal:

a) Ele está em casa agora.

b) A aluna parece nervosa.

c) Achamos o filme monótono.

d) Aguardo sua resposta ansiosamente.

7. (UEL-PR) O período em que há uma oração sem sujeito é:

a) Embarcaríamos, ainda que a ventania aumentasse.

b) Caso ocorram ventos fortes, suspenderemos o embarque.

c) Se ventar, não teremos como embarcar.

d) Chegam do sul com a chuva, os ventos que impedem o embarque.

e) A ventania ameaçava o nosso embarque, mas, enfim, moderou.

8. (ESPP-SP) Assinale a alternativa em que o predicado é verbo-nominal:

a) Considerei injusta a sua afirmação.

b) Ela parece doente.

c) Falaremos com o rapaz acidentado.

d) Trouxe a encomenda para você.

9. (UPM-SP) Leia o seguinte texto:

DESTINO ATROZ

Um poeta sofre três vezes: primeiro quando ele os sente, depois quando os escreve e, por fim quando declamam seus versos.

(Mário Quintana)

No texto, o sujeito do verbo **declamam** é:

a) os (elíptico)

b) indeterminado

c) eles (oculto)

d) os seus versos (composto)

e) três vezes (simples)

10. (ESPP-SP) Assinale a alternativa em que o sujeito é indeterminado:

a) Vende-se casa.

b) Necessita-se de doação de sangue.

c) Houve briga entre as torcidas.

d) Foi divulgado o gabarito da prova.

11. (UEPG-PR) Assinale a opção cuja frase possui predicado verbo-nominal.

a) O professor entrou na sala pensativo.

b) Ele andava a passos largos.

c) Ninguém lhe era agradável.

d) Em qualquer situação, continuará sorrindo.

e) Foi sofrível sua participação.

12. (PUC-PR) Assinale a alternativa que contém uma oração sem sujeito.

a) No momento, doem-me muito os dentes.

b) Para alguns, ainda havia esperança.

c) Lentamente chegava a noite.

d) Na repartição, existiam muitos documentos secretos.

e) Nada se fazia de proveitoso.

13. (UFC) No trecho "Eu não creio, não posso mais acreditar na bondade ou na virtude de homem **algum**; todos são mais ou menos ruins, falsos e indignos; há porém **alguns** que sem dúvida com o fim de ser mais nocivos aos outros, e para produzir maior dano, têm o merecimento de dizer a verdade nua e crua.":

I. **algum** e **alguns** são pronomes indefinidos;

II. **alguns** é sujeito do verbo **haver**;

III. **algum** equivale a **nenhum**.

Assinale a alternativa correta sobre as assertivas acima.

a) Apenas I é verdadeira.

b) Apenas II é verdadeira.

c) Apenas I e II são verdadeiras.

d) Apenas I e III são verdadeiras.

e) I, II e III são verdadeiras.

14. (FGV-SP) Assinale a alternativa em que o pronome **você** exerça a função de sujeito do verbo destacado.

a) **Cabe** a você alcançar aquela peça do maleiro.

b) Não **enchas** o balão de ar, pois ele pode ser levado pelo vento.

c) Ao **chegar**, vi você perambulando pelo *shopping center* da Mooca.

d) Ei, você, posso **entrar** por esta rua?

e) Na Estação Trianon-Masp desceu a Angelina; na Consolação, **desceu** você.

15. (Ufam) Assinale o item em que o substantivo destacado **não** exerce a função de sujeito.

a) Não se pode derrubar esta **palmeira**.

b) Havia um **mistério** no ar.

c) Sua **salvação** foram os desvelos da mulher.

d) Será que não existia outra **solução**?

e) Na discussão, o **parlamentar** houve-se com perfeito equilíbrio.

16. (PUC-RJ) Sem alterar substancialmente o sentido do período abaixo, reescreva-o de modo que a expressão **os criminosos** passe a funcionar como sujeito da oração destacada. Faça as adaptações necessárias:

"**Quando você não diferencia os criminosos dos tiras**, tudo pode acontecer."

17. (Ufac) Considere estas orações:

1. "E havia muitas vozes de homens e de outras mulheres..."

2. "Eleitorado mais esclarecido não poderia haver."

3. "Afinal chovia uma alegre chuva de esperança."

4. "Não havia existido ninguém com tantas qualidades."

Agora, assinale a afirmação correta:

a) todas são sem sujeito;

b) somente a 3 não tem sujeito;

c) somente a 1 e a 3 não têm sujeito;

d) somente a 2 tem sujeito;

e) somente a 3 e a 4 têm sujeito.

18. (FEI-SP) Assinale a alternativa em que o termo destacado tenha a função de predicativo do sujeito.

a) Eu sob a copa da mangueira **altiva**...

b) Não sentiram meus lábios **outros lábios**.

c) Do tamarindo a flor jaz **entreaberta**.

d) Já solta o bogari mais **doce** aroma.

e) **Melhor** perfume ao pé da noite exala...

19. (PUC-PR) Sobre o exemplo "A lua brilhou alegre no céu", afirmamos:

I. O verbo **brilhar** é intransitivo.

II. O verbo **brilhar** é transitivo direto.

III. O verbo **brilhar** é transitivo indireto.

IV. O predicado é nominal.

V. O predicado é verbal.

VI. O predicado é verbo-nominal.

a) Estão corretas I e VI.

b) Estão corretas I e V.

c) Estão corretas II e IV.

d) Está correta apenas a IV.

e) Estão corretas III e VI.

20. (UPM-SP) No período "O homem andava triste porque não conseguiu que seu irmão lhe desse apoio naquela difícil empresa", os verbos **andar** (andava), **conseguir** (conseguiu) e **dar** (desse), quanto à predicação, classificam-se em:

a) intransitivo, transitivo direto, transitivo indireto

b) de ligação, transitivo direto, transitivo direto e indireto

c) de ligação, transitivo direto e indireto, transitivo direto e indireto

d) intransitivo, transitivo direto, transitivo direto e indireto

e) intransitivo, transitivo direto, transitivo direto

21. (UFPR)

1. Durante o carnaval, **fico agitadíssimo**. (predicado verbal)
2. Durante o carnaval, **fico em casa**. (predicado nominal)
3. Durante o carnaval, **fico vendo o movimento das ruas**. (predicado nominal)

Assinale a certa.

a) 1 e 2

b) 2 e 3

c) 1 e 3

d) todas as alternativas estão certas.

e) todas as alternativas estão erradas.

22. (UFU-MG) "O sol entra cada dia mais tarde, pálido, fraco, oblíquo", "O sol brilhou um pouquinho pela manhã". Pela ordem, os predicados das orações acima classificam-se como:

a) nominal e verbo-nominal

b) verbal e nominal

c) verbal e verbo-nominal

d) verbo-nominal e nominal

e) verbo-nominal e verbal

23. (Unip-SP) Em "Se descobrisse a desmoralização que reina dentro de mim", temos, respectivamente, os verbos:

a) transitivo direto e transitivo indireto

b) transitivo indireto e intransitivo

c) transitivo indireto e intransitivo

d) transitivo direto e intransitivo

e) intransitivo e intransitivo

24. (UPM-SP) "Na manhã seguinte, desci um pouco amargurado, outro pouco satisfeito."

Indique a alternativa que contém o predicado do mesmo tipo que o do período acima.

a) Esta injúria merecia ser lavada com sangue dos inimigos.

b) Na tarde de uma segunda-feira, anunciei-lhe um pouco de minha tristeza, outro pouco de minha satisfação.

c) Recebeu convicto e com certa afeição as verdades do filósofo.

d) Mas eu era moço à semelhança de tio Neves.

e) Naquele dia, eram tantos os castelos e tantos os sonhos esboroados...

25. (Ueba) Assinale a alternativa correspondente ao período no qual há predicativo do sujeito:

a) Como o povo anda tristonho!

b) Agradou ao chefe o novo funcionário.

c) Ele nos garantiu que viria.

d) No Rio não faltam diversões.

e) O aluno ficou sabendo hoje cedo de sua aprovação.

26. (Unirio-RJ) Em "Na mocidade, muitas coisas lhe haviam acontecido", temos oração:

a) sem sujeito;

b) com sujeito simples e claro;

c) com sujeito oculto;

d) com sujeito composto;

e) com sujeito indeterminado.

27. (UFPR) Qual a oração sem sujeito?

a) Falaram mal de você.
b) Ninguém se apresentou.
c) Precisa-se de professores.
d) A noite estava agradável.
e) Vai haver um campeonato.

28. (Faenquil-SP) No período "Ser que amável e ser egoísta são coisas distintas", o sujeito é:

a) indeterminado
b) ser amável
c) coisas distintas
d) ser amável e ser egoísta
e) n.d.a.

29. (Unimep-SP) Quando a oração não tem sujeito, o verbo fica na terceira pessoa do singular. Esta afirmação pode ser comprovada em:

a) Chegou o pacote de livros.
b) Existe muita gente amedrontada.
c) Ainda há criança sem escola.
d) Não procede a acusação contra ele.
e) É proibida a entrada.

30. (PUC-SP) "Em 1949 reuniram-se em Perúgia, Itália, a convite da quase totalidade dos cineastas italianos, seus colegas de diversas partes do mundo."

O núcleo do sujeito de reuniram-se é:

a) cineastas
b) convite
c) colegas
d) totalidade
e) se

31. (UPM-SP) O sujeito é simples e determinado em:

a) Há somente um candidato ao novo cargo, doutor?
b) Vive-se bem ao ar livre.
c) Na reunião de alunos, só havia pais.
d) Que calor, filho!
e) Viam-se eleitores indecisos durante a pesquisa.

32. (Omec-SP) Assinale a frase em que há sujeito indeterminado.

a) Compram-se jornais velhos.
b) Confia-se em suas palavras.
c) Chama-se José o sacerdote.
d) Choveu muito.
e) É noite.

Capítulo 16 – TERMOS INTEGRANTES DA ORAÇÃO

1. (UFMS) Leia o fragmento do poema *Canção do vento e da minha vida*, de Manuel Bandeira, e responda à questão a seguir.

O vento varria as folhas,
O vento varria os frutos,
O vento varria as flores...
E a minha vida ficava
Cada vez mais cheia
De frutos, de flores, de folhas.

Tanto o verbo *varrer* quanto o adjetivo *cheia* regem complementos. Observe a presença ou a ausência de preposição nesses dois casos e responda.

01) *Varrer* é um verbo transitivo indireto, o que pressupõe uma ação indireta do eu lírico sobre as coisas que o circundam.

02) O termo *vento* é sujeito do verbo *varrer*, que se liga diretamente aos seus complementos.

04) O valor semântico da preposição *de* em "cheia de..." é o de qualidade, caráter.

08) Os complementos do adjetivo *cheia* – frutos, flores, folhas – ligados a ele com o auxílio da preposição *de* exercem a função sintática de complemento nominal.

16) A função sintática dos complementos do verbo *varrer* é a de objeto indireto.

2. (Unesp-SP) O esporte é bom pra gente, fortalece o corpo e emburrece A MENTE. – Antes que o primeiro corredor indignado atire UM TÊNIS em minha direção (...) – Quando estamos correndo, não há PREVISÃO DE PAGAMENTO.

Os termos grafados com letras maiúsculas nas passagens acima identificam-se pelo fato de exercerem a mesma função sintática nas orações de que fazem parte. Indique essa função:

a) Sujeito.
b) Predicativo do sujeito.
c) Predicativo do objeto.
d) Objeto direto.
e) Complemento nominal.

3. (Cesgranrio-RJ) Reescrevendo-se a passagem "Para chegar a esta conclusão foram analisados três fatores:" (l. 28-29) na voz ativa, o correto, segundo o registro culto e formal da língua, é:

a) para chegar a esta conclusão analisou-se três fatores.
b) para chegar a esta conclusão analisaram-se três fatores.
c) para chegar a esta conclusão analisaram três fatores.
d) eram analisados três fatores para chegar a esta conclusão.
e) foram sendo analisados três fatores para chegar a esta conclusão.

4. (ESPP-SP) Assinale a alternativa que contém o pronome que substitui corretamente o termo grifado.

Os técnicos resolveram **o problema**.

a) o
b) no
c) lhe
d) ele

5. (ESPP-SP) Considere a oração:

"Então a donzela lhe oferecera o anel."

O pronome exerce função de:

a) sujeito
b) objeto direto
c) objeto indireto
d) adjunto adnominal

6. (Vunesp-SP) Assinale a alternativa que apresenta a voz passiva da frase: *viagens e comunicações marcaram os primórdios da civilização...*

a) ... os primórdios da civilização eram marcados por viagens e comunicações...
b) ... os primórdios da civilização são marcados por viagens e comunicações...
c) ... os primórdios da civilização seriam marcados por viagens e comunicações...
d) ... os primórdios da civilização vêm sendo marcados por viagens e comunicações...
e) ... os primórdios da civilização foram marcados por viagens e comunicações...

7. (UPM-SP)

"... E surgia na Bahia o **anacoreta sombrio**, cabelos crescidos até aos ombros, barba inculta e longa; face escaveirada; olhar fulgurante; monstruoso, dentro de um hábito azul de brim americano; abordoado ao clássico bastão em que se apoia o passo tardo dos peregrinos. É desconhecida **a sua existência** durante tão longo período. Um velho caboclo, preso em Canudos nos últimos dias da campanha, disse-**me** algo a respeito, **mas** vagamente, sem precisar datas, sem pormenores característicos. Conhecera-o nos sertões de Pernambuco, um ou dous anos depois da partida do Crato."

Considere as afirmações.

I. O **anacoreta sombrio** e **a sua existência** desempenham função sintática de sujeito.

II. Os pronomes oblíquos assinalados desempenham funções sintáticas diferentes.

III. Depois da conjunção **mas** há elipse de um verbo.

Assinale:

a) se apenas I e II estiverem corretas;

b) se apenas II e III estiverem corretas;

c) se apenas II estiver correta;

d) se todas estiverem corretas;

e) se apenas I e III estiverem corretas.

8. (ESPM-SP)

"Quando percebi que o doente expirava, recuei aterrado, e dei um grito, mas ninguém me ouviu."

(Machado de Assis)

A função sintática das palavras **doente**, **grito**, **ninguém** e **me** é, respectivamente:

a) sujeito, objeto direto, objeto direto, objeto indireto.

b) objeto direto, sujeito, objeto direto, sujeito.

c) sujeito, objeto indireto, sujeito, objeto direto.

d) objeto indireto, objeto direto, sujeito, objeto direto.

e) sujeito, objeto direto, sujeito, objeto direto.

9. (FGV-SP) Em cada uma das alternativas abaixo, está destacado um termo iniciado por preposição. Assinale a alternativa em que esse termo **não é objeto indireto**.

a) O rapaz aludiu **às histórias passadas**, quando a nossa bela Eugênia ainda era praticamente uma criança.

b) Quando voltei da Romênia, o Brasil todo assistia **à novela da Globo** todos os dias.

c) Quem disse **a Joaquina** que as batatas deveriam cozer-se devagar?

d) Com a aterrissagem, o aviador logo transmitiu **ao público** a melhor das impressões.

e) Foi fiel **à lei** durante todos os anos que passou nos Açores.

10. (UFSCar-SP) A oração "Vasculhou os bolsos o loiro sueco", extraída de *Gabriela, cravo e canela*, obra de Jorge Amado, com a substituição do complemento verbal por um pronome oblíquo, equivale a:

a) Vasculhou-o os bolsos.

b) Vasculhou-se o loiro sueco.

c) Vasculhou-lhe os bolsos.

d) Vasculhou-lhes o loiro sueco.

e) Vasculhou-os o loiro sueco.

11. (UFPI) "(...) / De tudo quanto foi meu passo caprichoso / na vida, restará, pois o resto se esfuma, / uma pedra que havia em meio do caminho."

(ANDRADE, Carlos Drummond de. *Legado*.)

Marque a opção que analisa corretamente a função sintática de **uma pedra**.

a) aposto
b) sujeito
c) objeto direto
d) objeto indireto
e) predicativo do sujeito

12. (Vunesp-SP) "Vi ontem **um bicho** / Na imundície do pátio / Catando **comida** entre os detritos."

Faça o que é pedido:

a) Reescreva a estrofe acima, substituindo os termos destacados pelo pronome pessoal correspondente e elimine as expressões adverbiais.
b) Classifique os verbos do período reescrito quanto à predicação.

13. (Efei-MG) Transforme segundo o modelo.

Foi socorrido por amigos. = Amigos o socorreram.

a) Foste ajudado por muitos.
b) Fomos aconselhados pelos mestres.

14. (Fuvest-SP) Reescreva as duas frases seguintes, de acordo com o modelo:

Os preços irreais afetaram a previsão orçamentária. = A previsão orçamentária foi afetada pela irrealidade dos preços.

a) Os rostos impassíveis disfarçavam a emoção do povo.
b) A noite negra assustava os viajantes.

15. (Fefasp-SP) Em que alternativa há objeto direto preposicionado?

a) Passou aos filhos a herança recebida dos pais.
b) Amou a seu pai com a mais plena grandeza da alma.
c) Naquele tempo era muito fácil viajar para os infernos.
d) Em dias ensolarados, gosto de ver nuvens flutuarem nos céus de agosto.

16. (ESPM-SP) Consideradas as frases:

I. Os meninos de rua que procuram trabalho são repelidos pela população.

II. Os meninos de rua, a população rechaça-os, relega-os à lata de lixo da história.

Podemos analisar alguns termos da seguinte forma:

a) Em I e II, meninos de rua é sujeito, trabalho é objeto direto e os pronomes "os" também o são.
b) Em I, meninos de rua é sujeito; em II é objeto direto.
c) Em I e II, meninos de rua é objeto direto; em II, os "os" são objetos pleonásticos.
d) Em I e II, meninos de rua é sujeito; em II, os vários "os" são objetos pleonásticos.
e) n.d.a.

17. (UFU-MG) No período "Quando enxotada por mim foi pousar na vidraça", qual a função sintática de **por mim**?

a) objeto direto
b) sujeito
c) objeto indireto
d) complemento nominal
e) agente da passiva

18. (UEL-PR) Assinale a alternativa correspondente ao período no qual há agente da passiva.

a) O rapaz foi preso por um investigador, compadre do Bertolão.
b) O coração não resistiu à prova.

c) Não o sabíamos doente.
d) Tão grande e forte, não era resistente à bebida.
e) Seu apartamento fora interditado poucas horas depois do crime.

19. (UEPG-PR) A oração que apresenta complemento nominal é:

a) Os pobres necessitam de ajuda.
b) Sejamos úteis à sociedade.
c) Os homens aspiram à paz.
d) Os pedidos foram feitos por nós.
e) A leitura amplia nossos conhecimentos.

20. (FEI-SP) Assinalar a alternativa que indica a função sintática exercida pelas orações destacadas, nos seguintes períodos:

I. Insistiu **em que permanecesse no clube**.
II. Não há dúvida **de que disse a verdade**.
III. É preciso **que aprendas a ser independente**.
IV. A verdade é **que não saberia viver sem ela**.

a) sujeito – objeto direto – complemento nominal – predicativo do sujeito
b) predicativo do sujeito – complemento nominal – objeto direto – sujeito
c) sujeito – predicativo do sujeito – objeto indireto – complemento nominal
d) objeto indireto – complemento nominal – sujeito – predicativo do sujeito
e) complemento nominal – sujeito – predicativo do sujeito – objeto indireto

21. (ESPM-SP) "Surgiram **fotógrafos** e **repórteres**." Indique a alternativa que classifica corretamente a função sintática e a classe gramatical dos termos destacados.

a) objeto indireto – substantivo
b) objeto direto – substantivo
c) objeto direto – adjetivo
d) sujeito – adjetivo
e) sujeito – substantivo

22. (ESPM-SP) Não **me** preocupa **o futuro**. Julgo-me **capaz** de enfrentar qualquer **dificuldade**.

Os termos destacados são, respectivamente:

a) sujeito, objeto direto, objeto direto, objeto indireto
b) objeto indireto, objeto direto, objeto indireto, complemento nominal
c) objeto direto, objeto direto, predicativo do objeto, adjunto adnominal
d) objeto indireto, sujeito, sujeito, objeto direto
e) objeto direto, sujeito, predicativo do objeto, objeto direto

23. (UFMG) Assinale o item em que a função não corresponde ao termo em destaque.

a) Comer demais é prejudicial **à saúde**. – (complemento nominal)
b) Jamais me esquecerei **de ti**. – (objeto indireto)
c) Ele foi cercado **de amigos sinceros**. – (agente da passiva)
d) Não tens interesse **pelos estudos**. – (complemento nominal)
e) Tinha grande amor **à humanidade**. – (objeto indireto)

Capítulo 17 – TERMOS ACESSÓRIOS DA ORAÇÃO E VOCATIVO

1. (Unicamp-SP)

Editora Positivo

Explique como o uso da expressão "bom pra burro" produz humor nessa propaganda.

2. (UFMS) Faça uma análise sintática da oração abaixo e, a seguir, assinale a(s) proposição(ões) correta(s).

"A ordem, meus amigos, é a base do governo."

(001) **A ordem** é sujeito simples; **é a base do governo** é predicado nominal.

(002) A expressão **meus amigos** é aposto.

(004) **A, meus, a, do governo** são adjuntos adnominais.

(008) **é** – verbo transitivo direto.

(016) **a base do governo** é predicativo do objeto.

3. (PUC-RJ)

Levei vários anos até conquistar o ócio, isso é importante para o poeta, ele não pode ter a cabeça virada só para coisas a resolver. Fiquei muitos anos arrumando minha vida, saldando dívidas, atendendo papagaio. Há oito anos, cheguei aqui pra Mato Grosso, tomei pé aqui. Agora estou vagabundo, tenho direito a isso. Herdei uma fazenda, em campo aberto, terra nua, sou fazendeiro de gado, vaca, não sou "o rei do boi, do gado" mas vivo bem. Este é o meu caso: enquanto estava tomando pé da fazenda não escrevi uma linha. Mas sabemos de outros casos, como o Dostoiévski, que escreveu perseguido por dívidas, ou o Graciliano Ramos, que além das dívidas ainda tinha família pra criar.

BARROS, Manoel de. Entrevista a André Luís Barros. *Jornal do Brasil – Caderno Ideias*, 24 ago. 1996. p. 8.

Com relação ao enunciado "**Agora estou vagabundo, tenho direito a isso.**", encontrado no texto, indique que palavra reforça a semântica do verbo **estar**, justificando sua resposta.

4. (Enem)

1 Torno a ver-vos, ó montes; o destino
2 Aqui me torna a pôr nestes outeiros,
3 Onde um tempo os gabões deixei grosseiros
4 Pelo traje da Corte, rico e fino.
5 Aqui estou entre Almendro, entre Corino,
6 Os meus fiéis, meus doces companheiros,
7 Vendo correr os míseros vaqueiros
8 Atrás de seu cansado desatino.
9 Se o bem desta choupana pode tanto,
10 Que chega a ter mais preço, e mais valia
11 Que, da Cidade, o lisonjeiro encanto,
12 Aqui descanse a louca fantasia,
13 E o que até agora se tornava em pranto
14 Se converta em afetos de alegria.

Cláudio Manoel da Costa. In: Domício Proença Filho. *A poesia dos inconfidentes*. Rio de Janeiro: Nova Aguilar, 2002. p. 78-9.

Assinale a opção que apresenta um verso do soneto de Cláudio Manoel da Costa em que o poeta se dirige ao seu interlocutor.

a) "Torno a ver-vos, ó montes; o destino" (v.1)
b) "Aqui estou entre Almendro, entre Corino," (v.5)
c) "Os meus fiéis, meus doces companheiros," (v.6)
d) "Vendo correr os míseros vaqueiros" (v.7)
e) "Que, da Cidade, o lisonjeiro encanto," (v.11)

5. (UFRRJ) Leia o texto e responda à questão.

Velha Roupa Colorida

Você não sente e não vê
Mas eu não posso deixar de dizer, meu amigo
Que uma nova mudança, em breve, vai acontecer
O que há algum tempo era novo, jovem
Hoje é antigo
E precisamos todos rejuvenescer
Nunca mais teu pai falou: "she's leaving home"
E meteu o pé na estrada like a Rolling Stone
Nunca mais você buscou sua menina
Para correr no seu carro, loucuras, chiclete e som

Nunca mais você saiu à rua em grupo ou reunido
O dedo em V, cabelo ao vento
Amor e flor que é do cartaz

No presente a mente, o corpo é diferente
E o passado é uma roupa que não nos serve mais

Como Poe, poeta louco, americano
Eu pergunto ao passarinho blackbird o que se faz
E raven, raven, raven, raven, raven
Blackbird me responde
Tudo já ficou pra trás

BELCHIOR, Antônio Carlos. Velha roupa colorida. In: Elis Regina. *Falso brilhante* (CD). Polygram, 1976.

Das sentenças retiradas do texto, é correto afirmar que em

a) "Mas eu não posso deixar de dizer, **meu amigo**", o termo destacado é o sujeito da declaração.
b) "**No presente**, a mente, o corpo, é diferente", o termo destacado é adjunto adverbial de modo antecipado.
c) "O que há algum tempo era novo, **jovem**", o termo destacado é um vocativo.
d) "Como Poe, **poeta louco**, americano", o termo destacado é um aposto.
e) "E **o passado** é uma roupa que não nos serve mais", o termo destacado é um adjunto adverbial de tempo antecipado.

6. (UEL-PR)

A questão a seguir refere-se a uma estrofe, transcrita abaixo, de um poema de Fernando Pessoa.

MAR PORTUGUÊS

Ó mar salgado, quanto do teu sal
São lágrimas de Portugal!
Por te cruzarmos, quantas mães choraram,
Quantos filhos em vão rezaram!
Quantas noivas ficaram por casar
Para que fosses nosso, ó mar!
Valeu a pena? Tudo vale a pena
Se a alma não é pequena.
Quem quer passar além do Bojador
Tem que passar além da dor.
Deus ao mar o perigo e o abismo deu,
Mas nele é que espelhou o céu.

Em "Ó mar salgado, quanto do teu sal / São lágrimas de Portugal". A expressão **Ó mar salgado** classifica-se, sintaticamente, como:

a) Sujeito, pois expressa o ser de quem se diz algo.
b) Objeto, pois completa o sentido do verbo transitivo direto.
c) Vocativo, pois expressa o ser a quem se dirige a mensagem do narrador.
d) Complemento nominal, pois completa a ideia expressa por um nome.
e) Aposto, pois explica e identifica o termo a que se refere o narrador.

7. (Enem) No ano passado, o governo promoveu uma campanha a fim de reduzir os índices de violência. Noticiando o fato, um jornal publicou a seguinte manchete: "Campanha contra a violência do governo do Estado entra em nova fase". A manchete tem um duplo sentido, e isso dificulta o entendimento. Considerando o objetivo da notícia, esse problema poderia ter sido evitado com a seguinte redação:

a) Campanha contra o governo do Estado e a violência entram em nova fase.
b) A violência do governo do Estado entra em nova fase de campanha.
c) Campanha contra o governo do Estado entra em nova fase de violência.
d) A violência da campanha do governo do Estado entra em nova fase.
e) Campanha do governo do Estado contra a violência entra em nova fase.

8. (FGV-SP) Observe as frases a seguir. Entre elas há diferença na função sintática das palavras **Fabrício** e **pedreiro**. Explique essa diferença.

Quando Fabrício, o pedreiro, voltou de um serviço...

Quando o pedreiro Fabrício voltou de um serviço...

9. (PUC-RJ) O enunciado a seguir é ambíguo por apresentar mais de uma possibilidade de leitura: "A indicação do neurocientista trouxe benefícios para a pesquisa".

a) Explique quais são as leituras possíveis.
b) Desfaça a ambiguidade, deixando clara uma dessas leituras.

10. (Ufal) A infidelidade **às promessas feitas** tornou-o desacreditado perante os amigos.

Assinale a alternativa em que o termo destacado exerce a mesma função do termo destacado na frase acima.

a) Convém convidá-lo **à participação** nos festejos.
b) Os professores entregaram, **satisfeitos**, os prêmios aos alunos.
c) Todos se admiraram **da coragem** do menino.
d) Ele sentiu necessidade **de apoio** do grupo.
e) A felicidade **dos colegas** contagiava o ambiente escolar.

11. (PUC-SP) "Só pessoas **sem visão** não admitem que, neste setor, existe **oferta** considerada condizente **com a procura**." Assinale a alternativa em que se apresenta corretamente a função sintática dos termos em destaque, respeitando-se a ordem em que elas ocorrem no período.

a) adjunto adnominal, objeto direto, complemento nominal
b) adjunto adverbial, objeto direto, adjunto adnominal

c) adjunto adnominal, sujeito, complemento nominal

d) adjunto adverbial, sujeito, complemento nominal

e) adjunto adnominal, objeto direto, adjunto adnominal

12. (FCMSC-SP) Examine as três frases a seguir:

I. Comumente a ira se acende em sentimentos desumanos.

II. No campo reina a paz.

III. Ao sétimo dia, quando bateu, por volta da meia-noite, à porta da residência, ouviu um rebuliço extraordinário.

Assinale a alternativa **correta** quanto à existência de **adjunto adverbial**.

a) Não existe em nenhuma.

b) Existe nas três.

c) Existe apenas na I.

d) Existe na II e na III.

e) Existe apenas na III.

13. (Unic-MT)

"Dois pais conversam sobre o futuro dos filhos:

– O que seu filho vai ser quando terminar o primeiro grau? – pergunta **um** deles.

– Pelo jeito, acho que vai ser **um** velho de barbas brancas... – responde o outro."

Um, analisando-se morfológica e sintaticamente, é, respectivamente:

a) artigo indefinido e adjunto adnominal / artigo indefinido e adjunto adnominal

b) pronome adjetivo e objeto direto / artigo indefinido e objeto direto

c) pronome substantivo indefinido e sujeito / artigo indefinido e adjunto adnominal

d) pronome adjetivo definido e adjunto adnominal / numeral cardinal e sujeito

e) pronome adjetivo definido e adjunto adnominal / numeral cardinal e objeto direto

14. (Unimep-SP)

I. Ele é **muito** simpático.

II. Ele trabalha **muito** pouco.

III. Há **muito** livro interessante.

Muito é:

a) adjunto adverbial em I e II e adjunto adnominal em III;

b) adjunto adverbial em I e adjunto adnominal em II e III;

c) adjunto adverbial em II e adjunto adnominal em I e III;

d) adjunto adverbial em I, II e III;

e) adjunto adnominal em I, II e III.

15. (FMIt-MG) Em todas as orações o termo em destaque está corretamente analisado, exceto em:

a) Existe, nesta cidade, **um carpinteiro**. (objeto direto)

b) É importante **o apoio dos operários**. (sujeito)

c) Já tínhamos certeza **da derrota**. (complemento nominal)

d) O estudante permaneceu **inalterável**. (predicativo)

e) Renato, **o engenheiro**, logo protestou. (aposto)

16. (FEI-SP) Resolva as questões a seguir de acordo com o código que segue:

A = adjunto adverbial de lugar

B = adjunto adverbial de tempo

C = adjunto adverbial de modo

D = adjunto adverbial de causa

a) **Segunda-feira** haverá um jogo importante.
b) **Com mau tempo** não podemos trabalhar ao relento.
c) O livro foi acolhido **com entusiasmo** pelos leitores.
d) O automóvel parou **perto do rio**.

17. (Unimep-SP) Em "[...] as empregadas das casas saem **apressadas**, de latas e garrafas na mão, para a pequena fila **do leite**", os termos destacados são, respectivamente:

a) adjunto adverbial de modo e adjunto adverbial de matéria
b) predicativo do sujeito e adjunto adnominal
c) adjunto adnominal e complemento nominal
d) adjunto adverbial de modo e adjunto adnominal
e) predicativo do objeto e complemento nominal

18. (UFPA) Os termos destacados no trecho "**O pobre índio**, tímido, não se animava a chegar-se a casa, senão quando via de longe a **D. Antônio de Mariz** passeando **sobre a esplanada**", desempenham, respectivamente, as funções de:

a) objeto direto, sujeito e adjunto adverbial
b) sujeito, objeto direto preposicionado e objeto indireto
c) sujeito, objeto direto preposicionado e adjunto adverbial
d) sujeito, objeto indireto e adjunto adverbial
e) sujeito, objeto indireto e objeto indireto

19. (Fuvest-SP) Na frase "Ele chegou de mansinho", a preposição indica modo. Escreva frases em que a mesma preposição indique:

a) causa
b) lugar

20. (FCMSC-SP) Observe as duas frases seguintes:

I. O proprietário da farmácia saiu.
II. O proprietário saiu da farmácia.

Sobre elas são feitas as seguintes considerações:

Na I, **da farmácia** é adjunto adnominal.

Na II, **da farmácia** é adjunto adverbial.

Ambas as frases têm exatamente o mesmo significado.

Tanto em I como em II, **da farmácia** tem a mesma função sintática.

Dessas quatro considerações:

a) apenas uma é verdadeira;
b) apenas duas são verdadeiras;
c) apenas três são verdadeiras;
d) as quatro são verdadeiras;
e) nenhuma é verdadeira.

21. (UPM-SP) "Apesar de vistosa, a construção acelerada **daquele edifício** deixou-**nos insatisfeitos** novamente." Os termos em destaque no período são, respectivamente:

a) adjunto adnominal, objeto indireto, adjunto adverbial
b) complemento nominal, objeto direto, adjunto adverbial
c) adjunto adnominal, objeto direto, predicativo do objeto
d) complemento nominal, objeto direto, predicativo do objeto
e) adjunto adnominal, objeto indireto, adjunto adnominal

22. (Fuvest-SP) Explique por que há ambiguidade na frase "Ficamos escandalizados com a matança dos animais".

23. (Unesp-SP) "De resto não é bem uma greve, é um *lock-out*, **greve dos patrões**, que suspenderam o trabalho noturno."; "Muitas vezes lhe acontecera bater à campainha de uma casa e ser atendido **por uma empregada ou por uma outra pessoa qualquer**."; "E, às vezes, me julgava **importante**."

Assinalar a alternativa em que os termos em destaque aparecem **corretamente** analisados quanto à função sintática.

a) predicativo, sujeito, objeto direto
b) aposto, agente da passiva, predicativo
c) objeto direto, objeto indireto, adjunto adverbial
d) complemento nominal, adjunto adverbial, aposto
e) vocativo, adjunto adnominal, predicativo

24. (Uece) Ocorre vocativo em:

a) Então, senhora linha, ainda teima...
b) Entre os dedos dela, unidinha a eles, furando abaixo e acima.
c) A senhora não é alfinete, é agulha.
d) Mas você é orgulhosa.

25. (UniFMU-SP) Em "Eu era **enfim, senhores, uma graça de alienado**", os termos em destaque são, respectivamente:

a) adjunto adnominal, vocativo, predicativo do sujeito
b) adjunto adverbial, aposto, predicativo do sujeito
c) adjunto adverbial, vocativo, predicativo do sujeito
d) adjunto adverbial, vocativo, objeto direto
e) adjunto adnominal, aposto, predicativo do sujeito

Capítulo 18 – TIPOS DE PERÍODO

1. (UPM-SP) Em relação a "Eles venceram e o sinal está fechado para nós, que somos jovens.". (Belchior), é correto afirmar:

a) é um período composto só por coordenação, em que a terceira oração é sindética.
b) é um período composto só por coordenação.
c) é um período composto somente por orações coordenadas assindéticas.
d) é um período composto por coordenação e subordinação em que a terceira oração é subordinada.
e) a segunda oração é subordinada à primeira.

2. (UEPG-PR) Quanto às funções sintáticas no período "Uma mancha negra gigantesca escureceu e apavorou Nova York", estão corretas as afirmações:

01. Trata-se de um período composto por orações independentes, por isso ditas coordenadas.
02. O termo **Nova York** complementa o sentido de ambos os verbos.
04. O verbo **escureceu** é intransitivo.
08. O sujeito é simples na primeira oração (**uma mancha negra gigantesca**) e indeterminado na segunda.

16. No sintagma **uma mancha negra gigantesca**, observa-se um núcleo nominal, **mancha**, cujo significado se modifica por força dos atributos **negra** e **gigantesca**.

3. (Faap-SP) Reescreva os períodos que seguem, de modo a transformá-los em um único período composto por coordenação:

"Não só as condecorações gritavam--lhe do peito como uma couraça de gritos: Ateneu! Ateneu! Aristarco todo era um anúncio".

4. (PUC-RS) "Todos os dias esvaziava uma garrafa, colocava dentro sua mensagem, e a entregava ao mar. Nunca recebeu resposta. Mas tornou-se alcoólatra."

(Marina Colasanti)

O conectivo **mas**, que introduz a conclusão do conto – tornou-se alcoólatra –, permite a seguinte interpretação:

I. A personagem tornou-se alcoólatra porque nunca recebeu uma resposta.

II. O fato aconteceu porque a personagem escreveu muitas mensagens.

III. A solidão sem remédio tem sempre como consequência o vício.

IV. Esvaziou muitas garrafas. Enviou muitas mensagens. Não recebeu resposta. Mas, como tinha bebido todos os dias, tornou-se alcoólatra.

Analise as afirmações e, a seguir, assinale a alternativa correta.

a) Somente a afirmação IV está correta.

b) Somente a afirmação I está correta.

c) Somente as afirmações I e II estão corretas.

d) Somente a afirmação III está correta.

e) Somente as afirmações II e III estão corretas.

5. (Efoa-MG) Há período composto em:

a) "Ao lado da dissertação, deveria restaurar-se também o prestígio da tabuada".

b) "[...] o mesmo não se pode dizer de outros engenhos".

c) "Temos aí, reproduzido, com a máxima fidelidade, o diálogo".

d) "Aí, então, podem contar comigo para aplaudir a máquina".

e) "A ojeriza pelo idioma nacional já estava ultrapassando os limites toleráveis".

Capítulo 19 – ORAÇÕES COORDENADAS E ORAÇÕES INTERCALADAS

1. (ESPP-SP) Considere o período e as afirmações que se seguem:

O juiz decretou a prisão preventiva do rapaz acusado de matar um morador de rua no último sábado.

I. O período é composto por coordenação.

II. Há três orações no período.

Está correto o que se afirma em:

a) somente I

b) somente II

c) I e II

d) Nenhuma

2. (ESPP-SP) Considere o período e as afirmações que se seguem:

O governo decidiu que será investigado o caso.

I. O período é composto apenas por subordinação.

II. O sujeito da segunda oração é simples.

Está correto o que se afirma em:

a) somente I
b) somente II
c) I e II
d) nenhuma

3. (Unimep-SP) No período: "No dia em que eu partir, eu me sentirei mais livre do que todos, **e gozarei de um infantil sentimento de superioridade...**", a oração destacada é:

a) coordenada sindética conclusiva
b) coordenada sindética adversativa
c) coordenada sindética aditiva
d) coordenada assindética
e) coordenada sindética explicativa

4. (UCDB-MT) "Podemos falar qualquer coisa: estou absolutamente calmo."

Os dois-pontos do período acima poderiam ser substituídos pela conjunção:

a) e
b) portanto
c) logo
d) pois
e) mas

5. (PUC-PR) Observe as frases:

I. "Eu não me preparei bem para o vestibular. Tenho muita esperança de ser aprovado."

II. "Eu não me preparei bem para o vestibular, ... tenho muita esperança de ser aprovado."

As duas frases de I ficam coerentemente unidas, formando um único período em II, se o espaço for preenchido por:

a) pois
b) contudo
c) desde que
d) uma vez que
e) por conseguinte

6. (Cesgranrio-RJ) Assinale a opção em que a conjunção **e** está empregada com valor adversativo.

a) "Deixou viúva e órfãos mudos."
b) "Para diminuir a mortalidade e aumentar a produção proibi a aguardente."
c) "Tenho visto criaturas que trabalham demais e não progridem."
d) "Iniciei a pomicultura e a avicultura."
e) "Perdi dois caboclos e levei um tiro de emboscada."

7. (UEPB) Veja estas duas frases: "A diferença não é onde você navega. É com quem você navega.". O termo que as uniria em um único período, dando-lhe sentido adversativo, é:

a) portanto
b) quando
c) todavia
d) comumente
e) especificamente

8. (Fuvest-SP) Considere as frases abaixo:

1. Ao chegar a partilha, estava encalacrado, e na hora das contas davam-lhe uma ninharia.
2. Pouco a pouco o ferro do proprietário queimava os bichos de Fabiano.
3. Não se descobriu o erro, e Fabiano perdeu os estribos.
4. Passar a vida inteira assim no toco, entregando o que era dele de mão beijada!
5. O amo abrandou, e Fabiano saiu de costas, o chapéu varrendo o tijolo.

Pode-se afirmar que temos orações coordenadas sindéticas aditivas em:

a) 1, 2 e 3
b) 1, 3 e 4
c) 1, 3 e 5
d) 2, 4 e 5
e) n.d.a.

9. (UniFMU-SP) O conectivo **e** normalmente é usado como conjunção coordenativa aditiva. No entanto, em uma das alternativas abaixo, isso não ocorre.

a) Entrou, comprou ingressos e saiu logo.
b) Maria das Dores é amiga de César e Maria do Céu, de Mário.
c) Nem um nem outro conseguiu pagar a conta e, assim, ficaram devendo.
d) Não se preparou para o concurso e conseguiu passar!
e) Saia daí e não volte mais!

10. (Unimep-SP)

I. Mário estudou muito **e** foi reprovado!

II. Mário estudou muito **e** foi aprovado.

Em I e II, a conjunção **e** tem, respectivamente, valor:

a) aditivo e conclusivo;
b) adversativo e aditivo;
c) aditivo e aditivo;
d) adversativo e conclusivo;
e) concessivo e causal.

11. (Fuvest-SP) Dentre os períodos a seguir transcritos, um é composto por coordenação e contém uma oração coordenada sindética adversativa. Assinale a alternativa que corresponde a esse período.

a) A frustração cresce e a desesperança não cede.
b) O que dizer sem resvalar para o pessimismo, a crítica pungente ou a autoabsolvição?
c) É também ocioso pensar que nós, da tal elite, temos riqueza suficiente para distribuir.
d) Sejamos francos.
e) Em termos mundiais somos irrelevantes como potência econômica, mas ao mesmo tempo extremamente representativos como população.

12. (FCMSC-SP) Por definição, oração coordenada que seja desprovida de conectivo é denominada **assindética**. Observando os períodos seguintes:

I. Não caía um galho, não balançava uma folha.

II. O filho chegou, a filha saiu, mas a mãe nem notou.

III. O fiscal deu o sinal, os candidatos entregaram a prova. Acabara o exame.

Nota-se que existe coordenação assindética em:

a) I apenas;
b) II apenas;
c) III apenas;
d) I, II e III;
e) nenhum deles.

Capítulo 20 – ORAÇÕES SUBORDINADAS

1. (UEPG-MT) Sobre o período "A comprovação e o aumento da idade desses artefatos são um trunfo que Niéde pretende utilizar para que cientistas do mundo todo debatam uma nova hipótese para a ocupação das Américas", assinale o que for correto.

01) Contém três orações em sua estrutura.
02) É composto por subordinação.

04) A segunda oração tem valor adjetivo.

08) A última oração expressa circunstância de fim.

16) Não contém orações coordenadas.

2. (Uerj) **Com a inacreditável capacidade humana de ter ideias, sonhar, imaginar, observar, descobrir, constatar, enfim, refletir sobre o mundo e com isso ir crescendo,** a produção textual vem se ampliando ao longo da história.

O trecho destacado acima estabelece uma relação de sentido com o restante da frase. Essa relação de sentido pode ser definida como:

a) simultaneidade

b) consequência

c) oposição

d) causa

3. (FCL-SP) Assinale a alternativa em que o período formado com as frases I, II, III estabeleça relação de condição entre I e II e de adição entre II e III.

I. A ginástica artística continua evoluindo.

II. As ginastas brasileiras disputam pódio com as atletas de potência do esporte.

III. As atletas brasileiras são cada vez mais respeitadas.

a) Como a ginástica artística continua evoluindo, as ginastas brasileiras disputarão pódio com as atletas de potências do esporte, sendo cada vez mais respeitadas.

b) Se a ginástica artística continuar evoluindo, as ginastas brasileiras disputarão pódio com as atletas de potências do esporte e serão cada vez mais respeitadas.

c) A ginástica artística continua evoluindo e as ginastas brasileiras disputam pódio com as atletas de potências do esporte, razão pela qual serão cada vez mais respeitadas.

d) Uma vez que a ginástica artística continua evoluindo, as ginastas brasileiras disputarão pódio com as atletas de potência do esporte, além disso serão cada vez mais respeitadas.

e) A ginástica artística continuará evoluindo, mas as ginastas brasileiras disputarão pódio com as atletas de potências do esporte e serão cada vez mais respeitadas.

4. (ESPM-SP) A frase: "**A tecnologia ligou os jovens de uma forma tão intensa que os relacionamentos com adultos estão diminuindo**" estabelece uma relação de:

a) ordem e explicação.

b) causa e consequência.

c) consequência e causa.

d) modo e quantidade.

e) intensidade e proporção.

5. (UFScar-SP) Assinale a alternativa em que o trecho — **Eu não era mais criança, porém minha alma ficava completamente feliz.** — está parafraseado por meio de uma subordinação.

a) Eu não era mais criança, mas minha alma ficava completamente feliz.

b) Eu não era mais criança, todavia minha alma ficava completamente feliz.

c) Embora eu não fosse mais criança, minha alma ficava completamente feliz.

d) Eu não era mais criança; minha alma ficava, entretanto, completamente feliz.

e) Eu não era mais criança; minha alma, contudo, ficava completamente feliz.

6. (PUC-SP) Em uma peça publicitária recentemente veiculada em jornais impressos, pode-se ler o seguinte: "**Se a prática leva à perfeição, então imagine o sabor de pratos elaborados bilhões e bilhões de vezes**".

Acerca da primeira oração desse trecho, é linguisticamente adequado afirmar que, em relação à segunda oração, ela expressa uma circunstância de

a) comparação.
b) condição.
c) conformidade.
d) consequência.
e) proporção.

7. (UFMT) "Eis aí em que vai consistir o máximo da minha ação parlamentar, **caso o preclaro eleitorado sufrague o meu nome nas urnas**."

A oração em destaque tem equivalente sintático e expressa igual circunstância na oração grifada em

a) Um deputado **que quisesse fazer qualquer coisa dessas** ver-se-ia bambo.
b) **Desde que minha mulher e os meus filhos passem melhor de cama, mesa e roupas**, a humanidade ganha.
c) De resto, acresce **que nada sei da história social, política e intelectual do país**.
d) Assim, **para poder fazer alguma coisa útil**, não farei coisa alguma.
e) Ganha **porque [...] essa melhoria reflete sobre o todo** de que fazem parte.

8. (ESPP-SP) Assinale a alternativa em que a conjunção estabelece ideia de conformidade:

a) Ele se comporta como se estivesse em casa.
b) Como não sabia nadar, não entrou no mar.
c) Tudo deve ser feito como ele solicitou.
d) Não sabemos como a tragédia aconteceu.

9. (ESPP-SP) Considere o trecho:

"Temendo o castigo do pai, a donzela contou em casa que fora assaltada por um homem no bosque e que ele arrancara o anel de diamante do seu dedo e a deixara desfalecida sobre um canteiro de margarida".

A primeira oração do período, reduzida de gerúndio, é classificada como:

a) subordinada adverbial consecutiva
b) subordinada adverbial concessiva
c) subordinada adverbial condicional
d) subordinada adverbial causal

10. (PUC-PR) Cada uma das opções a seguir apresenta uma oração, seguida de uma justificativa sobre seus aspectos sintáticos. Assinale a alternativa em que a justificativa apresentada seja **improcedente** quanto a esses aspectos sintáticos.

a) Seria importante <u>que os meios de transporte fossem mais eficientes</u>. **Justificativa**: O trecho destacado atua como complemento nominal da oração principal.
b) Os políticos dizem <u>que as promessas e propostas são para as ocasiões</u>. **Justificativa**: O trecho destacado atua como complemento do verbo da oração principal, ou seja, funciona como objeto direto da oração principal.

c) Os congestionamentos e afins devem ser logo combatidos, porque se não forem será impossível locomover-se no futuro. **Justificativa**: A oração sublinhada funciona como condição da ação contida no verbo da oração principal.

d) O carro tornou-se um bem cultural, pois insere determinado indivíduo em uma classe social. **Justificativa**: A conjunção sublinhada relaciona-se à oração anterior, introduzindo uma justificativa, uma explicação para o fato já mencionado.

e) Os congestionamentos e afins devem ser logo combatidos, porque se não forem será impossível locomover-se no futuro. **Justificativa**: A oração sublinhada funciona como causa da ação expressa pelo verbo da oração principal.

11. (UEL-PR) Sua displicência era tanta que não comunicou o horário de partida do trem.

A oração grifada exprime:

a) tempo
b) consequência
c) causa
d) explicação
e) concessão

12. (UFG) No período "Digo-**vos** que as lágrimas eram **verdadeiras**":

a) indique a função sintática das palavras destacadas.
b) transcreva a oração subordinada e indique a função sintática em relação à principal.

13. (ESPM-SP) Classifique sintaticamente a oração destacada: "Pergunta-se **qual seria o destino do povo**".

14. (FCL-SP) "É evidente **que ele não sabe**." Qual a classificação sintática da oração destacada?

15. (FCL-SP) Classifique a oração destacada: "Não julgo **que eles saibam**".

16. (Fumec-MG) Classifique a oração destacada: "No Brasil, temos a impressão **de que só existem diminutivos**.".

17. (FEI-SP) Classifique a oração destacada: "Todos perceberam **que João Fanhoso dera rebate falso**.".

18. (Fuvest-SP) Indique o objeto direto do verbo destacado: "[...] fui **dizer** à minha mãe que a escrava é que estragara o doce.".

19. (UFC) Identifique o período em que a oração destacada exerce a função de sujeito.

a) **É possível** que a prova seja adiada.
b) Consta **que a prova foi adiada**.
c) Não acredito **que haja adiamento da prova**.
d) **Se a prova for adiada**, ficaremos decepcionados.
e) Só irei embora **quando se confirmar o adiamento da prova.**

20. (UFMA) A oração é adjetiva na opção:

a) Cão que late não morde.
b) Espere, que já estou cansado.
c) O pescador disse que voltaria logo.
d) É bom que saibas essas coisas.

21. (UPM-SP) Assinale o período que contenha uma oração reduzida com valor de adjetivo.

a) O ônibus parou na rua transversal para assustar passageiros.

b) Correndo assustado, o menino foi chamar o guarda.

c) Os garotos vestindo camisetas velhas reclamavam apenas uma penca de bananas meio amassadas.

d) Faça das entranhas coração para obter, um dia, a rara felicidade dos humanos.

e) Moleques de carrinho dirigiam-se a várias direções, atropelando-se uns aos outros.

22. (UFV-MG) As orações subordinadas substantivas que aparecem no período abaixo são todas subjetivas, exceto:

a) Decidiu-se que o petróleo subiria de preço.

b) É muito bom que o homem, vez por outra, reflita sobre sua vida.

c) Ignoras quanto custou meu relógio.

d) Perguntou-se ao diretor quando seríamos recebidos.

e) Convinha-nos que você estivesse presente à reunião.

23. (UFU-MG) Na frase "Argumentei **que não é justo que o padeiro ganhe festas**", as orações destacadas, introduzidas por **que**, são, respectivamente:

a) ambas subordinadas substantivas objetivas diretas;

b) ambas subordinadas subjetivas;

c) subordinada substantiva objetiva direta e subordinada substantiva subjetiva;

d) subordinada objetiva direta e coordenada assindética;

e) subordinada substantiva objetiva direta e subordinada substantiva predicativa.

24. (Ufac) No período "Enfim resolveu o Leão sair para fazer sua pesquisa, verificar **se ainda era o Rei dos Animais**", a oração em destaque é:

a) subordinada adverbial condicional

b) subordinada substantiva objetiva indireta

c) subordinada adverbial concessiva

d) subordinada substantiva objetiva direta

e) subordinada substantiva predicativa

25. (UEPG-PR) Em "É possível que comunicassem sobre política", a segunda oração é:

a) subordinada substantiva subjetiva

b) subordinada adverbial predicativa

c) subordinada substantiva predicativa

d) principal

e) subordinada substantiva objetiva direta

26. (PUCCamp-SP) A alternativa em que se encontra uma oração subordinada substantiva subjetiva iniciada por conjunção é:

a) Os repórteres que o procuraram já saíram.

b) Reafirmo meu desejo: que todos fiquem à vontade.

c) Vai ser difícil que ele atenda nosso pedido.

d) Foi tão incisivo em suas declarações que convenceu a todos.

e) Pretendemos que todos tenham acesso às facilidades propostas.

27. (Cefet-MG) "Já era noite. Parecia viável **que todos entendessem** que, naquele momento, deviam-se lembrar **de que nada é eternamente assim**. Mas nada acontecia. A verdade é **que todos estavam extasiados** e certos **de que não há prazeres no mundo**."

As orações destacadas são, respectivamente, subordinadas substantivas:

a) subjetiva, subjetiva, subjetiva e completiva nominal
b) subjetiva, objetiva direta, subjetiva e completiva nominal
c) objetiva direta, subjetiva, predicativa e objetiva indireta
d) subjetiva, objetiva indireta, predicativa e completiva nominal
e) objetiva direta, objetiva indireta, predicativa e objetiva indireta.

28. (FEI-SP) "Estou seguro de que a sabedoria dos legisladores saberá encontrar meios para realizar semelhante medida." A oração em destaque é:

a) objetiva indireta
b) completiva nominal
c) objetiva direta
d) subjetiva
e) apositiva

29. (UFMG) Na frase "Maria do Carmo tinha a certeza **de que estava para ser mãe**", a oração em destaque é:

a) subordinada substantiva objetiva indireta
b) subordinada substantiva completiva nominal
c) subordinada substantiva predicativa
d) coordenada sindética conclusiva
e) coordenada sindética explicativa

30. (UFPA) Qual o período em que há oração subordinada substantiva predicativa?

a) Meu desejo é que você passe nos exames vestibulares.
b) Sou favorável a que o aprovem.
c) Desejo-te isto: que sejas feliz.
d) O aluno que estuda consegue superar as dificuldades do vestibular.
e) Lembre-se de que tudo passa neste mundo.

31. (FIT-SP) No período "Todos tinham certeza **de que seriam aprovados**", a oração destacada é:

a) substantiva objetiva indireta
b) substantiva completiva nominal
c) substantiva apositiva
d) substantiva subjetiva
e) n.d.a.

32. (UFSCar-SP) Marque a opção que contém oração subordinada substantiva completiva nominal.

a) "Tanto eu como Pascoal tínhamos medo de que o patrão topasse Pedro Barqueiro nas ruas da cidade."
b) "Era preciso que ninguém desconfiasse do nosso conluio para prendermos o Pedro Barqueiro."
c) "Para encurtar a história, patrãozinho, achamos Pedro Barqueiro no rancho, que só tinha três divisões: a sala, o quarto dele e a cozinha."
d) "Quando chegamos, Pedro estava no terreiro debulhando milho, que havia colhido em sua rocinha, ali perto."
e) "Pascoal me fez um sinalzinho, eu dei a volta e entrei pela porta do fundo para agarrar o Barqueiro pelas costas."

33. (Unip-SP) "A verdade é **que a gente não sabia nada**..." Classifica-se a segunda oração como:

a) subordinada substantiva objetiva direta;
b) subordinada adverbial conformativa;
c) subordinada substantiva objetiva indireta;

d) subordinada substantiva predicativa;

e) subordinada substantiva apositiva.

34. (UFSCar-SP) Assinale a alternativa em que não há correspondência adequada entre a oração reduzida e a desenvolvida de cada par.

a) **Contendo as despesas**, o governo reduzirá a inflação.

Desde que contenha as despesas, o governo reduzirá a inflação.

b) "Abomina o espírito da fantasia, **sendo dos que mais o possuem**."

(Carlos Drummond de Andrade)

Abomina o espírito da fantasia, **embora seja um dos que mais o possuem**.

c) **Equacionado o problema**, a solução será mais fácil.

Depois que se equacionou o problema, a solução é mais fácil.

d) "**Julgando inúteis as cautelas**, curvei-me à fatalidade."

(Graciliano Ramos)

Como julguei inúteis as cautelas, curvei-me à fatalidade.

e) **Tendo tantos amigos**, não achou quem o apoiasse.

Quando tinha tantos amigos, não achou quem o apoiasse.

35. (Fuvest-SP) "Os meninos de rua que procuram trabalho são repelidos pela população."

a) Reescreva a frase, alterando-lhe o sentido apenas com o emprego de vírgulas.

b) Explique a alteração de sentido ocorrida.

36. (Fuvest-SP) Leia com atenção as seguintes frases, extraídas do termo de garantia de um produto para emagrecimento:

I. Esta garantia ficará automaticamente cancelada **se o produto não for corretamente utilizado**.

II. Não se aceitará a devolução do produto **caso ele contenha menos de 60% de seu conteúdo**.

III. As despesas de transporte ou quaisquer ônus decorrente do envio do produto para troca correm por conta do usuário.

a) Reescreva os trechos destacados nas frases I e II, substituindo as conjunções que os iniciam por outras equivalentes e fazendo as alterações necessárias.

b) Reescreva a frase III, fazendo as correções necessárias.

37. (UFV-MG) Reescreva cada uma das passagens abaixo, unindo os períodos por meio do conectivo apropriado: conjunção, pronome relativo, preposição ou locução prepositiva. (Não use a conjunção **e**.)

a) O preço do ingresso para o jogo era bastante módico. Havia pouquíssimos torcedores no estádio.

b) Chovia copiosamente em toda a cidade. O concerto teve de ser adiado.

c) Os funcionários relacionavam-se bem com o diretor. Não teriam conseguido levar adiante o projeto sem o apoio dele.

38. (UFPA) A oração assinalada tem valor de adjetivo em:

a) Não sei **por que há de a gente desenhar objetivamente as coisas**.

b) **Para isso, já existe a fotografia**, com a qual jamais poderemos competir.

c) **Se tivesse o dom da pintura**, eu seria um pintor lírico.

d) E se me dispusesse a pintar Eurídice, **talvez viesse a surgir na tela um hastil, o arco tendido da lua**...

e) É tudo isso e outras coisas **que só os anjos e os demônios saberão**.

39. (PUC-RS) O período em que se encontra uma circunstância diferente das demais é:

a) Uma viagem constitui, sobretudo, uma forma de autodescobrimento, caso possa trazer outros benefícios.

b) Embora viagem possa trazer outros benefícios, constitui, sobretudo, uma forma de autodescobrimento.

c) Conquanto uma viagem possa trazer outros benefícios, constitui, sobretudo, uma forma de autodescobrimento.

d) Se bem que uma viagem possa trazer outros benefícios, constitui, sobretudo, uma forma de autodescobrimento.

e) Uma viagem constitui, sobretudo, uma forma de autodescobrimento, ainda que possa trazer outros benefícios.

40. (UFJF-MG) "[...] Toda pessoa tem capacidade para gozar os direitos e as liberdades estabelecidas nesta Declaração, sem distinção de qualquer espécie, **seja** de raça, cor, sexo, língua, religião, opinião política **ou** de outra natureza, origem nacional **ou** social, riqueza, nascimento, **ou** qualquer outra condição."

Os termos destacados, no fragmento acima retirado da *Declaração Universal dos Direitos Humanos*, adotada e proclamada pela Assembleia Geral das Nações Unidas, em 10 de dezembro de 1948, expressam o sentido de:

a) alternância e comparação;

b) adição e simultaneidade;

c) comparação e exclusão;

d) alternância e inclusão;

e) adição e comparação.

41. (UFJF-MG) "Considerando essencial que os direitos humanos sejam protegidos pelo Estado de Direito, **para** que o homem não seja compelido, como último recurso, à rebelião contra a tirania e a opressão, [...]" (**Parte I**)

O conector **para**, destacado no fragmento acima retirado da *Declaração Universal dos Direitos Humanos*, adotada e proclamada pela Assembleia Geral das Nações Unidas, em 10 de dezembro de 1948, estabelece, com a sentença anterior, uma relação semântica de:

a) causa;

b) consequência;

c) oposição;

d) finalidade;

e) adição.

42. (Fesp-SP) Observe:

I. Convém que todos participem.

II. Fique quieto, pois está incomodando.

III. Amou daquela vez como se fosse a última.

IV. Machado de Assis, que escreveu *Dom Casmurro*, fundou a Academia Brasileira de Letras.

Assinale a alternativa que não corresponde à classificação das orações sublinhadas.

a) No item I, oração subordinada substantiva subjetiva.
b) No item II, oração subordinada sindética explicativa.
c) No item III, oração subordinada adverbial comparativa.
d) No item IV, oração subordinada adjetiva explicativa.
e) No item II, a primeira oração é coordenada assindética.

43. (UFPA) Há no período uma oração subordinada adjetiva:

a) Ele falou que compraria a casa.
b) Não fale alto, que ela pode ouvir.
c) Vamos embora, que o dia está amanhecendo.
d) Em time que ganha não se mexe.
e) Parece que a prova não está difícil.

44. (Ueba) "Meu pai, **que havia arrancado três dentes**, não pôde viajar naquele dia."

A oração destacada classifica-se como:

a) adverbial temporal;
b) substantiva predicativa;
c) adjetiva restritiva;
d) substantiva apositiva;
e) adjetiva explicativa.

45. (Fuvest-SP) Modelo: *Observou que a lenha verde agonizava.* = *Observou a agonia da lenha verde.*

Seguindo o modelo acima, reescreva a seguinte frase: "Ele se arrogava o direito de inventar leis **que determinavam o comportamento do povo**".

46. (Faap-SP) "Não compreendíamos a razão **por que o ladrão não montava a cavalo**." A oração em destaque é:

a) subordinada adjetiva restritiva
b) subordinada adjetiva explicativa
c) subordinada adverbial causal
d) substantiva objetiva indireta
e) substantiva completiva nominal

47. (Fuvest-SP) No período "É possível **discernir no seu percurso momentos de rebeldia contra a estandardização e o consumo**", a oração destacada é:

a) subordinada adverbial causal reduzida de particípio
b) subordinada objetiva direta reduzida de infinitivo
c) subordinada objetiva direta reduzida de particípio
d) subordinada substantiva subjetiva reduzida de infinitivo
e) subordinada substantiva predicativa reduzida de infinitivo

48. (Unicamp-SP) No texto a seguir, substitua **embora** por outra palavra ou expressão, de forma que o texto resultante dessa substituição, com as mínimas alterações necessárias, mantenha o sentido original.

"[...] ergueu-se rapidamente, passou para o outro lado da sala e deu alguns passos, entre a janela da rua e a porta do gabinete do marido. Assim, com o desalinho honesto que trazia, dava-me uma impressão singular. Magra **embora**, tinha não sei que balanço no andar, como quem lhe custa levar o corpo; essa feição nunca me pareceu tão distinta como naquela noite."

(Machado de Assis, *Missa do galo*.)

49. (Fuvest-SP) "Uma forte massa de ar polar veio junto com a frente fria e causou acentuada queda da temperatura. As lavouras de trigo da Região Sul foram danificadas. Isso, associado ao longo período com registro de pouca chuva, deve reduzir o potencial produtivo da cultura."

(Adaptado de: *O Estado de S. Paulo*, Suplemento Agrícola.)

Reescreva o texto anterior, reunindo em um só, composto por subordinação, os três períodos que o compõem, mantendo as relações lógicas existentes entre eles e fazendo as adaptações necessárias.

50. (Unicamp-SP) A história transcrita a seguir contrasta dois mundos, dois estados de coisas: o dia a dia cansativo do carregador e a situação imaginária em que ele se torna presidente da República: "Dois carregadores estão conversando e um diz: 'Se eu fosse presidente da República, eu só acordava lá pelo meio-dia, depois ia almoçar lá pelas três, quatro horas. Só então é que eu ia fazer o primeiro carreto.'". O carregador não consegue passar para o mundo imaginário, e acaba misturando-o de maneira surpreendente com o mundo real. Qual é a construção gramatical usada nessa história para dar acesso ao mundo das fantasias do carregador?

51. (Efoa-MG) Assinale a alternativa cujo período tem uma oração subordinada adverbial consecutiva.

a) À medida que subimos, a ilha esplende, verde, aos nossos olhos.

b) Comer pombas é, como diria Saint-Exupéry, a verdade do gavião, mas matar um gavião no ar com um belo tiro pode ser a verdade do caçador.

c) Minha medíocre história anda escrita em tuas ruas e nenhuma entre as cidades é mais formosa do que tu, nem sabe mais coisas de mim.

d) O amor é como a lua, resiste a todos os sonetos e abençoa todos os pântanos.

e) Parece tão lenta a descida desses aviões, tão suaves as nuvens brancas espalhadas pelo céu de um azul estranhamente delicado que dá vontade de viajar para qualquer cidade.

52. (Fesp-SP) "[...] **Quando vinha para casa de táxi**, encontrei **um amigo** e o trouxe até Copacabana [...]" Na frase, os termos destacados exercem, respectivamente, as funções sintáticas de:

a) oração subordinada adverbial temporal e objeto direto;

b) oração subordinada adverbial final e objeto direto;

c) oração subordinada substantiva subjetiva e objeto direto;

d) oração subordinada adjetiva e adjunto adnominal;

e) oração subordinada adverbial final e adjunto adnominal.

53. (UPM-SP)

Dois versos para Greta Garbo

"O teu sorriso é imemorial como as Pirâmides

E puro como a flor que abriu na manhã de hoje."

(Mário Quintana)

Assinale a alternativa correta sobre o texto.

a) O poeta descreveu o sorriso por meio de duas orações subordinadas adverbiais comparativas e uma oração subordinada adjetiva restritiva.

b) A flor com a qual se compara o sorriso da mulher é toda flor de toda manhã da vida do poeta.

c) O poeta fala da mulher, musa inspiradora, mas não a posiciona como sua interlocutora.

d) Os termos que têm a função sintática de predicativo do sujeito insinuam figuras de um leve erotismo na descrição do sorriso da mulher.

e) A oração subordinada adjetiva explicativa, que abriu na manhã de hoje, expande o conceito de flor, a que é comparado o sorriso.

54. (Unifor-CE) Escolha nas alternativas a análise correta das orações destacadas no período abaixo.

"**Enquanto vagas assim à distância do vento**, airoso barco, volta às brancas areias a saudade **que te acompanha**."

(José de Alencar)

a) oração principal e oração subordinada adjetiva

b) oração subordinada adverbial temporal e oração subordinada substantiva objetiva direta

c) oração subordinada adverbial proporcional e oração subordinada substantiva adjetiva

d) oração subordinada adverbial temporal e oração subordinada adjetiva

e) n.d.a.

55. (Cesgranrio-RJ) Classifique a oração iniciada pela conjunção **que** no período abaixo.

"Era uma fada tão suave e pura que ao vê-la o coração me estremecia."

(Francisco Otaviano)

a) oração subordinada adverbial temporal

b) oração subordinada adverbial consecutiva

c) oração coordenada sindética explicativa

d) oração independente

e) n.d.a.

56. (UPM-SP) "Este apartamento é o sítio em **que** as potências da fé e da vontade marcaram um encontro profundo."

"Não peço à vida **que** me dê fortuna, ganância, nem valores superficiais."

Com relação às palavras em destaque nos dois períodos acima, pode-se afirmar que:

a) a primeira dá origem a uma oração subordinada adjetiva e a segunda, a uma adverbial;

b) a primeira marca o início de uma oração subordinada adjetiva e a segunda, de uma substantiva;

c) a primeira principia uma oração subordinada substantiva e a segunda, uma adjetiva;

d) ambas iniciam orações subordinadas adjetivas;

e) ambas introduzem orações subordinadas substantivas.

57. (Fuvest-SP) No período "**Ainda que fosse bom jogador**, não ganharia a partida", a oração destacada encerra ideia de:

a) causa

b) concessão

c) fim

d) condição

e) proporção

58. (UPM-SP) Qual das orações subordinadas pode ser considerada adverbial causal?

a) Mesmo que parta antes, precisarei do resultado das provas.

b) Chegamos tão cedo, que o portão da faculdade ainda estava fechado.

c) Já que possuo pouco dinheiro tomarei apenas um lanche.

d) O público aplaudia euforicamente para que o circense bisasse o número.

e) Realizou os exercícios de acordo com as instruções do mestre.

59. (FMPA-MG) Nos períodos a seguir aparece, entre as orações, uma relação de concessão. Assinale a letra correspondente ao período em que a relação é outra.

a) Embora estivesse doente, fiz tudo o que me era possível.

b) Fiz tudo o que me era possível, apesar de estar doente.

c) Mesmo estando doente, fiz tudo o que me era possível.

d) Fiz tudo o que me era possível, conquanto estivesse doente.

e) Fiz tudo o que me era possível, mas estava doente.

60. (Cesgranrio-RJ) Assinale o período em que ocorre a mesma relação significativa indicada pelos termos destacados em "A atividade científica é tão natural **quanto qualquer outra atividade econômica**".

a) Ele era tão aplicado, que em pouco tempo foi promovido.

b) Quanto mais estuda, menos aprende.

c) Tenho tudo quanto quero.

d) Sabia a lição tão bem como eu.

e) Todos estavam exaustos, tanto que se recolheram logo.

61. (UFMG) Sem alterar o sentido do período, reescreva-o, eliminando as palavras destacadas e fazendo as adaptações necessárias.

"O **que** é indispensável é **que** se conheça o princípio **que** se adotou para **que** se avaliasse a experiência **que** se realizou ontem, a fim de **que** se compreenda a atitude **que** tomou o grupo **que** foi encarregado do trabalho."

62. (Ufac) Em "Estava tão habituada a se esquecer de si mesma", a segunda oração é subordinada:

a) substantiva objetiva indireta;

b) substantiva completiva nominal;

c) substantiva objetiva direta;

d) substantiva predicativa;

e) substantiva subjetiva.

63. (Fuvest-SP) Classifique as orações em destaque do período abaixo.

"**Ao analisar o desempenho da economia brasileira**, os empresários afirmaram **que os resultados eram bastante razoáveis**, uma vez que a produção não aumentou, mas também não caiu."

a) principal, subordinada adverbial final

b) subordinada adverbial temporal, subordinada adjetiva restritiva

c) subordinada adverbial temporal, subordinada substantiva objetiva direta

d) subordinada adverbial temporal, subordinada substantiva subjetiva

e) principal, subordinada substantiva objetiva direta

64. (UFC) "Sempre que chovia à tarde, vinha-nos a todos uma vontade irresistível de tomar café com sonhos fritos." É **correto** afirmar que no período há:

a) três orações subordinadas além da principal;
b) apenas duas orações, incluindo a principal;
c) uma oração subordinada adverbial causal;
d) uma oração subordinada reduzida de infinitivo completiva nominal;
e) uma só oração, tratando-se, portanto, de um período simples.

65. (USJT-SP) Leia os períodos abaixo:

I. **Estando em boa fase**, não fez grande partida.
II. Não veio **por estar muito ocupado**.
III. **Feitas as ressalvas**, encerramos a reunião.

As orações em destaque apresentam, respectivamente, as seguintes circunstâncias:

a) condição, consequência, finalidade;
b) concessão, explicação, proporcionalidade;
c) proporcionalidade, causa, concessão;
d) condição, consequência, tempo;
e) concessão, causa, tempo.

66. (UEPG-PR) Marque a alternativa em que se encontra a oração reduzida de infinitivo, substantiva objetiva direta.

a) Tenho esperança de seres aprovado.
b) Ao chegar, o candidato foi ovacionado.
c) Nada me impede de ir agora.
d) Recomendo-te seres paciente.
e) n.d.a.

67. (Fuvest-SP) Dos termos destacados nas orações que seguem, diga qual deles tem função sintática idêntica a "ser objeto do ódio" em "Tornara-se doloroso para mim ser objeto do ódio daquele homem".

a) Não seria conveniente **tramar toda aquela história**.
b) Dizia **ser ele homem de moral forte**.
c) O pretexto era **sair daquele lugar incômodo**.

68. (UPM-SP)

A. Sua palavra foi a primeira **a perder o significado naquele agitado contexto**.
B. Tenho necessidade **de me apoiares nesta complicada situação**.
C. **Antes de repelir seus mestres**, procure compreendê-los.

Analisando os períodos A, B e C, concluímos que as frases neles destacadas são três orações reduzidas. Desdobrando-as, obteremos, respectivamente:

a) uma adjetiva, uma substantiva, uma adverbial;
b) uma adjetiva, uma adverbial, uma substantiva;
c) três adverbiais;
d) uma adjetiva, duas adverbiais;
e) uma adverbial, duas adjetivas.

69. (UniFMU-SP) No texto "Um se encarrega **de comprar camarões**", a oração destacada é uma:

a) subordinada substantiva completiva nominal reduzida de gerúndio
b) subordinada substantiva objetiva direta reduzida de infinitivo
c) subordinada substantiva subjetiva reduzida de gerúndio

d) subordinada substantiva objetiva indireta reduzida de infinitivo

e) subordinada substantiva apositiva reduzida de infinitivo

Capítulo 21 – CONCORDÂNCIA

1. (ESPM-SP) Assinale a opção em que a concordância do verbo **não é aceita** pela norma culta ou padrão:

a) Barganhas e favorecimentos é sinal de corrupção.

b) Já são meia-noite e a Câmara dos Deputados ainda não votou o projeto.

c) Suas noites de insônia era Marina Silva.

d) Dois bilhões de reais para a área da Saúde é pouco.

e) Hoje são 15 de novembro. Amanhã serão 16.

2. (FGV-RJ) A única frase que está redigida de acordo com a norma escrita padrão é:

a) Os resultados da tendência de redução do índice de natalidade só poderá ser sentido dentro de aproximadamente vinte anos.

b) Com o aumento das pessoas com mais de 60 anos aumentou consideravelmente as despesas de nosso sistema previdenciário.

c) A queda nas taxas de fecundidade de vários países costuma ser reflexo de seu desenvolvimento econômico e social.

d) Inúmeros fatores modificaram a pirâmide etária brasileira e pode causarem uma séria consequência, caso seja mantido.

e) Em países onde os problemas do controle da natalidade já se tornou realidade, propõe-se incentivos econômicos para o aumento de filhos.

3. (FGV-SP) Assinale a alternativa adequada para preencher as lacunas do texto abaixo, de acordo com o padrão culto da língua.

O intendente não havia previsto a possibilidade _***_ tropa permanecer tanto tempo no local. Como informa a correspondência, os soldados não recebiam _***_ quase seis meses.

Em virtude da falta de pagamento dos salários, _***_ à míngua as pessoas da cidade.

Foi necessário que o general _***_ para dar solução ao caso.

a) de a – havia – andavam – interviesse.

b) da – haviam – andavam – intervisse.

c) de a – há – andava – interviesse.

d) de a – havia – andavam – intervisse.

e) da – há – andava – interviesse.

4. (FGV-SP) Assinale a alternativa em que a concordância verbal **NÃO ESTÁ DE ACORDO** com o padrão culto da língua portuguesa.

a) A maioria dos litigantes não conhecia bem seus direitos.

b) Os táxis azuis é que deveriam ter sido vistoriados com mais cuidado.

c) Não tinham chegado ainda, mesmo decorridos dois meses, as cartas do viajante.

d) O golpe dos soldados mais antigos das duas tropas atingiram os adversários.

e) Não se conheciam as razões da contenda entre os dois grupos religiosos.

5. (PUC-PR) Assinale a alternativa em que a concordância verbal está correta.

a) Um estudo inglês mostrou que os júris populares tende a condenar mais os réus feios do que os bonitos.
b) A inseminação artificial de animais esbarram em dificuldades inerentes à natureza dos bichos.
c) Os cientistas não haviam descoberto nenhum método para eliminar a temida velhice.
d) A sonhada fórmula do prolongamento da vida e da juventude não estão dentro de nenhuma cápsula de vitamina.
e) Os avanços nas pesquisas com células-tronco e clonagem terá um impacto positivo no tratamento de doenças relacionadas à velhice.

6. (Unifesp) "Quem advoga a liberdade da educação não quer dizer que as crianças devam fazer, o dia todo, o que lhes der na veneta."

Substituindo-se **Quem** por **As pessoas que**, obtém-se:

a) As pessoas que advoga a liberdade da educação não querem dizer que as crianças devam fazer, o dia todo, o que lhes der na veneta.
b) As pessoas que advogam a liberdade da educação não quer dizerem que as crianças devam fazer, o dia todo, o que lhes derem na veneta.
c) As pessoas que advogam a liberdade da educação não quer dizer que as crianças devam fazer, o dia todo, o que lhes der na veneta.
d) As pessoas que advogam a liberdade da educação não querem dizer que as crianças devam fazer, o dia todo, o que lhes der na veneta.
e) As pessoas que advogam a liberdade da educação não querem dizerem que as crianças devam fazer, o dia todo, o que lhes derem na veneta.

7. (FGV-SP) Assinale a alternativa correta quanto à concordância verbal.

a) Agora, trata-se de casos mais sérios, mais difíceis de resolver.
b) Vão haver tumultos na praça.
c) Não se discute mais as causas da erosão dessas terras.
d) À falta de medicamentos modernos, tratara-se com remédios caseiros os ferimentos provocados pelo mato.
e) Devem fazer dois anos que eles se mudaram daqui.

8. (Fuvest-SP) Quanto à concordância verbal, a frase inteiramente correta é:

a) Cada um dos participantes, ao inscrever-se, deverão receber as orientações necessárias.
b) Os que prometem ser justos, em geral, não conseguem sê-lo sem que se prejudiquem.
c) Já deu dez horas e a entrega das medalhas ainda não foram feitas.
d) O que se viam era apenas destroços, cadáveres e ruas completamente destruídas.
e) Devem ter havido acordos espúrios entre prefeitos e vereadores daqueles municípios.

9. (Cesgranrio-RJ) Assinale a opção que apresenta **ERRO** de concordância verbal, segundo o registro culto e formal da língua.

a) Necessita-se de novos programas de qualidade de vida.
b) A pressão, a ansiedade e a tensão muscular, tudo prejudicava a saúde do trabalhador.

c) Os Estados Unidos contrataram profissionais especializados em comunicação.

d) Já fazem três meses que ele se adaptou a uma nova realidade profissional.

e) Cada um dos profissionais do RH deve saber administrar o seu estresse.

10. (ESPP-SP) Considere as orações:

I. Podem haver problemas no final do jogo.

II. A maioria dos estudiosos concorda com esse ponto de vista.

De acordo com a norma culta:

a) somente I está correta

b) somente II está correta

c) I e II estão corretas

d) Nenhuma está correta

11. (ESPP-SP) Considere os períodos:

I. Devem haver muitos interessados na vaga.

II. Quando chegamos, já haviam partido os voos.

De acordo com a norma culta:

a) apenas I está correto

b) apenas II está correto

c) I e II estão corretos

d) Nenhum está correto

12. (ESPP-SP) Assinale a alternativa que completa correta e respectivamente as lacunas:

I. ★★★★ fogões.

II. ★★★★ de estagiários.

a) Consertam-se; Precisa-se

b) Consertam-se; Precisam-se

c) Conserta-se; Precisa-se

d) Conserta-se; Precisam-se

13. (UFPR) Assinale a alternativa que está de acordo com a norma padrão da língua.

a) O prazo de carência para consultas e exames são negociáveis.

b) Leia com atenção o contrato e exija que as promessas do vendedor esteje impressa no documento.

c) Planos de saúde não existe para substituir a medicina pública.

d) A grande maioria dos planos não cobre transplantes de coração.

e) Nem todos os postos de saúde é ruim e ineficiente.

14. (UFPR) "Há vagas para todos esses formados?" Qual das frases abaixo também está de acordo com a norma padrão do português escrito?

a) Haverão vagas para todos esses formados?

b) Existe vagas para todos esses formados?

c) Conseguirá vagas todos esses formados?

d) Tem vagas todos esses formados?

e) Existirão vagas para todos esses formados?

15. (Vunesp-SP) Assinale a alternativa em que as frases estão escritas corretamente, de acordo com as regras de concordância.

a) É necessário separar o que é justo, para que se combatam preconceitos de largas raízes históricas.

b) Hoje não me parecem haver preconceito nas expressões denegrir, judiar, humor negro.

c) Piadas de loira, de português, de papagaio e do Juquinha também não aparenta ter problema.

d) Existe brincadeiras preconceituosas em nossos costumes.

e) Tendem-se a rotular negativamente grupos discriminados.

16. (ETEC) Assinale a alternativa em que a frase obedece às regras da norma padrão.

a) Fazem vários anos que tentamos erradicar doenças, como o Amarelão, neste município.

b) Aqui em casa, todos mantêm práticas ecológicas como fechar a torneira enquanto escovam os dentes.

c) As aulas de reposição do curso de Meio Ambiente terminarão ao meio-dia e meio.

d) As pessoas continuam alheias aos problemas do planeta, por pior que sejam as perspectivas.

e) Quando discutimos o que é ser eco-prático, os alunos demonstraram interesse e curiosidade aguçadas.

17. (FCL-SP) O anúncio publicitário que segue apresenta uma ocorrência singular ligada à concordância verbal. Assinale a opção que justifica o uso da forma adotada:

"A gente já sabia. Por isso convocamos primeiro. Dunga: o comentarista do BandSports e da Band é o novo técnico da Seleção Brasileira. Parabéns!"

a) Trata-se de um caso de concordância pelo sentido. O conteúdo semântico de pluralidade do sujeito "a gente" (que equivale a "nós") levou ao plural o verbo "convocamos", na oração seguinte.

b) Trata-se simplesmente de um erro de concordância. As únicas formas aceitáveis seriam: "Nós já sabíamos. Por isso convocamos primeiro." ou "A gente já sabia. Por isso convocou primeiro.".

c) Trata-se de um erro de concordância legitimado pelo tipo de público a quem o texto publicitário se refere. No caso, torcedores de futebol de baixa escolaridade. A publicidade está repleta de exemplos desse tipo.

d) Trata-se de um desvio cometido muito comumente na língua oral, na qual grande parte dos textos publicitários se baseia. O falante costuma enunciar o sujeito no singular, porque ainda não pensou na forma como irá dar continuidade à frase.

e) Trata-se de um caso de concordância de palavra para palavra, de natureza parcial (também chamada atrativa). O verbo "convocamos" concordou, atrativamente, com o sujeito mais próximo da série coordenada "a gente/nós".

18. (Cesgranrio-RJ) Segundo a norma culta, há ERRO de concordância na opção

a) A revista custa caro.

b) Os funcionários estão meio descrentes.

c) As equipes devem estar sempre alerta.

d) Às faturas estão anexo as listas de preço.

e) Todos chegaram ao continente salvo ele.

19. (Cesgranrio-RJ) A concordância nominal está correta somente em

a) É necessário muita dedicação para vencer os obstáculos.

b) É proibido a entrada de animais na copa.

c) Cuidado com os documentos que seguem anexo aos registros postais.

d) Muito obrigado, disse a mocinha da loja.

e) A reunião começou cedo e terminou ao meio-dia e meia.

20. (ESPP-SP) Considere as orações:

I. É proibido entrada.

II. Estou quite com vocês.

De acordo com a norma culta:

a) somente I está correta

b) somente II está correta

c) I e II estão corretas

d) Nenhuma está correta

21. (ESPP-SP) Considere os períodos:

I. Segue anexos os documentos solicitados.

II. Não sou um daqueles que desistem facilmente.

De acordo com a norma culta:

a) somente I está correto

b) somente II está correto

c) I e II estão corretos

d) Nenhum está correto

22. (ESPP-SP) Assinale a alternativa que completa correta e respectivamente as lacunas:

I. Sairemos ao meio-dia e ★★★.

II. Segue ★★★ a cópia do documento.

a) meio – anexo

b) meio – anexa

c) meia – anexo

d) meia – anexa

23. (PUC-PR) Assinale a alternativa que NÃO corresponde à concordância nominal.

a) A entrada de funcionários em usinas desativadas é proibida.

b) Ao criar o Banco de Informações de Geração (BIG), os responsáveis foram bastantes inteligentes.

c) É necessária a alteração nos valores das tarifas de energia elétrica.

d) Os agentes que cuidam da segurança da energia fornecida estão alerta.

e) O diretor-geral mandou uma carta aos consumidores e em anexo informações muito importantes.

24. (PUC-PR) Observe as seguintes sentenças da fala informal:

1. Chegou os livros de história infantil na biblioteca da escola.

2. Surgiu muitas ideias na reunião dos professores.

3. Duas obras foi inaugurada no nosso bairro.

4. Desde aquela data, começou a ocorrer muitas coisas estranhas naquela escola.

Na fala ou escrita formal, essas sentenças deveriam ser revistas segundo a norma padrão, uma vez que não estão adequadas à regra de:

a) Concordância nominal.

b) Concordância verbal.

c) Regência verbal.

d) Colocação do verbo, núcleo do predicado frasal.

e) Colocação do sujeito da frase, que deve vir sempre antes do verbo.

25. (UFPR) Assinale a alternativa que está de acordo com a norma culta da língua.

a) Promotor e advogado de defesa saíram junto do tribunal.
b) Houveram muitas mudanças no município desde que mudei para cá.
c) Fazem vinte anos que mudei para o litoral do estado.
d) Raí é um dos poucos atletas famosos que resistiram à pressão da fama.
e) O time não precisa de muitos jogadores para a mesma posição, mas para posições diferentes, ou sejam, zagueiros, laterais e atacantes.

26. (Vunesp-SP) Assinale a alternativa correta, quanto à concordância, conforme a norma padrão culta.

a) Com a nova legislação, institui-se multas mais severas aos infratores.
b) Foi destacado a importância de parcerias com estados e municípios.
c) Deu-se atenção especial a pessoas que tentarem impedir a fiscalização.
d) Foi encurtado, com a nova lei, os prazos para aplicação de multas.
e) Com o novo decreto, previu-se novas infrações ambientais.

Considere o texto seguinte para responder às questões 27 a 29.

"Não existe liberdade sem independência financeira. Ter um currículo turbinado ou uma rede de relacionamentos em dia pode perder o valor se você não tiver também uma reserva financeira para sobreviver num momento de transição de emprego."

(*Você S/A*, set. 2005.)

27. (FGV-SP) Reescreva a primeira oração do texto, substituindo **liberdade** por **perspectivas de futuro** e o verbo **existir** pela locução **poder haver**.

28. (FGV-SP) Reescreva o trecho "se você não tiver também uma reserva financeira para sobreviver", substituindo

a) o conectivo **se** por:
a.1. **caso**;
a.2. **a menos que**.

29. (FGV-SP) Reescreva o trecho "se você não tiver também uma reserva financeira para sobreviver", substituindo o verbo **ter** pelo verbo **dispor**.

30. (FGV-SP) Assinale a alternativa em que o uso dos verbos **fazer**, **haver** e **ser** está de acordo com a norma culta.

a) Ele não se olhava no espelho **haviam** três dias. A esposa se queixava muito daquela situação.
b) **Faziam** dias alegres naquele verão. Muito calor e muita mulher bonita.
c) Não **houveram** mais casos de dengue nas redondezas, desde a intervenção do médico.
d) Meu maior incômodo **são** as aves noturnas que vêm **fazer** ninho no forro da casa.
e) Agora **são** meio-dia. As pessoas que **fazem** a sesta se dirigem a casa.

31. (Unifesp) Assinale a alternativa correta. A expressão "Vende-se três lojas bem montadas":

a) apresenta problema de concordância verbal. Deveria ocorrer na forma **Vendem-se** porque **se** é índice de indeterminação do sujeito, e **lojas** é o sujeito paciente;
b) não apresenta problema de concordância verbal porque **se** é índice de indeterminação do sujeito, e **lojas** é o objeto direto;
c) apresenta problema de concordância verbal. Deveria ocorrer na forma **Vendem-se** porque **se** é partícula apassivadora, e **lojas** é o sujeito paciente;
d) não apresenta problema de concordância verbal, porque **se** é par-

tícula apassivadora, e **lojas** é o sujeito paciente;

e) apresenta problema de concordância verbal. Deveria ocorrer na forma **Vendem-se** porque **se** é pronome reflexivo com função sintática de objeto indireto, e **lojas** é o objeto direto.

32. (UFPE) Em português, há casos em que as normas gramaticais permitem flexibilidade no que se refere à concordância verbal. Indique qual dos enunciados permite flexibilidade quanto ao uso singular ou plural da forma verbal.

a) A maior parte das notícias são veiculadas de maneira responsável e inteligente.

b) Cada uma das notícias divulgadas precisam ser profundamente investigadas.

c) Na imprensa nacional e internacional, devem haver informações manipuladas e falseadas.

d) Nenhuma das agências publicitárias estão isentas da responsabilidade social e ética.

e) O resultado das últimas pesquisas mostraram que o jornalismo é bastante respeitado pela sociedade.

33. (FGV-SP) Caetano Veloso acaba de gravar uma canção, do filme *Lisbela e o prisioneiro*. Trata-se de *Você não me ensinou a te esquecer*. A propósito do título da canção, pode-se dizer que:

a) A regra da uniformidade do tratamento é respeitada, e o estilo da frase revela a linguagem regional do autor.

b) O desrespeito à norma sempre revela falta de conhecimento do idioma; nesse caso não é diferente.

c) O correto seria dizer **Você não me ensinou a lhe esquecer**.

d) Não deveria ocorrer a preposição **a** nessa frase, já que o verbo **ensinar** é transitivo direto.

e) Desrespeita-se a regra da uniformidade de tratamento. Com isso, o estilo da frase acaba por aproximar-se do da fala.

34. (PUC-SP) A sintaxe de concordância é determinada por regras presentes na Gramática Normativa da Língua Portuguesa. Uma delas refere-se ao sujeito constituído por palavras que têm forma plural precedidos ou não de artigo. Identifique o caso em que o sujeito é um plural aparente:

a) "Comparados os países com veículos, veremos que os Estados Unidos são uma locomotiva elétrica; a Argentina um automóvel; o México uma carroça; e o Brasil um carro de boi."

b) "A colossal produção agrícola e industrial dos americanos voa para os mercados com a velocidade média de 100 km por hora."

c) "Os trigos e carnes argentinas afluem para os portos em autos e locomotivas que uns 50 km por hora, na certa, desenvolvem."

d) "As fibras do México saem por carroças e se um general revolucionário não as pilha em caminho, chegam a salvo com relativa presteza."

e) "E lá seguem bois, homens, o diabo para desatolar o carro."

35. (FGV-SP) "Gotas inúmeras se espargiam nas mãos e no rosto do carroceiro agachado junto do poço. Bênção, água benta, ou coisa parecida: uma impressão de doloroso triunfo, de sofredora vitória sobre a desgraça inexplicável, injustificável, na carícia dos pingos de água, que não enxugava e lhe secavam lentamente na pele. Impressão, aliás, algo confusa, sem requintes psicológicos e sem literatura."

(ALPHONSUS, João. Galinha cega. In: MORICONI, Italo. *Os cem melhores contos brasileiros do século*. São Paulo: Objetiva, 2000.)

Por que **enxugava** está no singular e **secavam** está no plural?

36. (FGV-SP) Leia atentamente o fragmento de texto abaixo, de *O Cortiço*, de Aluísio Azevedo.

"E depois da meia-noite dada, ela e Piedade ficaram sozinhas, velando o enfermo. Deliberou-se que este iria pela manhã para a Ordem de Santo Antônio, de que era irmão.

E, com efeito, no dia imediato, enquanto o vendeiro e seu bando andavam lá às voltas com a polícia, e o resto do cortiço formigava, tagarelando em volta do conserto das tinas e jiraus, Jerônimo, ao lado da mulher e da Rita, seguia dentro de um carro para o hospital."

Na primeira frase do texto, se substituirmos **sozinhas** por **só**, deverá esta última palavra flexionar-se em número? Explique.

Instrução: As questões 37 e 38 estão relacionadas ao anúncio de jornal a seguir.

> LOJA DE CALÇADOS FEMININO
>
> Vende-se três lojas bem montadas, tradicionais, nos melhores pontos da cidade.
>
> Ótima oportunidade!
>
> F: (__) xxxx-xxxx

(*O Estado de S. Paulo*, 15 ago. 2002.)

37. (Unifesp) De acordo com as normas gramaticais, particularmente no que se refere às regras de concordância, o título deste anúncio deveria ser:

a) LOJAS DE CALÇADOS FEMININO, porque, na sequência, o texto fala em "três lojas".
b) LOJAS DE CALÇADOS FEMININOS, porque, na sequência, o texto fala em "três lojas".
c) LOJA DE CALÇADOS FEMININOS, porque o título não especifica as outras duas lojas "bem montadas" de calçados, implicitamente, masculinos.
d) LOJA FEMININA DE CALÇADOS, porque o título não se relaciona com o restante do anúncio.
e) LOJA DE CALÇADOS FEMININO, tal como aparece no anúncio, porque o vocábulo "FEMININO" apenas especifica o tipo de calçado comercializado pelas lojas à venda.

38. (Unifesp) No corpo do anúncio, a expressão **Vende-se 3 lojas bem montadas**:

a) apresenta problema de concordância verbal. Deveria ocorrer na forma **Vendem-se** porque **se** é índice de indeterminação do sujeito, e **lojas** é o sujeito paciente.
b) não apresenta problema de concordância verbal porque **se** é índice de indeterminação do sujeito, e **lojas** é o objeto direto.
c) apresenta problema de concordância verbal. Deveria ocorrer na forma **Vendem-se** porque **se** é partícula apassivadora, e **lojas** é o sujeito paciente.
d) não apresenta problema de concordância verbal, porque **se** é partícula apassivadora, e **lojas** é o sujeito paciente.
e) apresenta problema de concordância verbal. Deveria ocorrer na

forma **Vendem-se** porque **se** é pronome reflexivo com função sintática de objeto indireto, e **lojas** é o objeto direto.

39. (UEL-PR) Indique a alternativa em que a concordância foi feita segundo as normas do português escrito.

a) Não existe, na conjuntura atual, soluções perfeitas para o problema da energia no Brasil.

b) As sondas da Nasa usam um sistema chamado redes neurais, que procura imitar o funcionamento do sistema nervoso de animais.

c) A história das civilizações pode ser contada como a busca por combustíveis capaz de gerar a energia necessária para nos aquecer no inverno e cozinhar alimentos.

d) Os críticos da globalização, ao alegar que os ricos estão ficando mais ricos e os pobres mais pobres, escolhe, com frequência, o campo de batalha errado.

e) Nas obras literárias marcantes está refletido, de algum modo, as tendências dominantes da cultura de cada época.

40. (Fuvest-SP) Responda ao que se pede. Noticiando o lançamento de um dicionário de filmes brasileiros, um jornal fez o seguinte comentário a propósito do filme *Aluga-se moças*, de 1981: "O título traz um dos maiores erros ortográficos já vistos no cinema brasileiro. O título correto do longa seria *Alugam-se moças*.". O comentário e a correção feitos pelo jornal são justificáveis do ponto de vista gramatical? Por quê?

41. (Uerj) Do que eu poderia dizer, resta sempre um *déficit* de oitenta por cento. E os vinte por cento que consigo falar não correspondem senão ao que eu não gostaria de ter dito – o que me deixa um saldo mortal de angústia.

No trecho acima há dois verbos cujos sujeitos exprimem quantidade. Transcreva esses verbos e, com base nas regras de concordância gramatical, indique por que um está no singular e o outro no plural.

42. (Ibmec) Entre as frases abaixo, a única que está de acordo com a concordância estabelecida pela norma culta escrita é:

a) Volta mais vezes, você sempre será muitíssimo bem recebido.

b) Fala mais alto, não estamos lhe ouvindo.

c) Você fez tudo errado, foge daqui!!!

d) Ouça atentamente, minhas palavras servir-te-ão como bálsamo.

e) Fale pausadamente, quero absorver toda sua sabedoria.

43. (Ufes) Nas frases abaixo, o pronome oblíquo destacado se refere a dois ou mais núcleos nominais; a única opção em que a concordância do pronome se faz inadequadamente é:

a) Os grandes escritores e famosos oradores, conhecemo-**los** pelo domínio que têm do idioma.

b) A agilidade mental e a facilidade de expressão, como poderemos consegui-**las**?

c) A inteligência, o amadurecimento mental, a expressão do pensamento, **as** conseguiremos desse modo.

d) Aquele escritor e dicionarista, eu **o** conheço através de suas obras.

e) O quociente de inteligência ou nível mental, não **o** avaliamos apenas através desses conhecimentos.

44. (Ufal) Aponte a alternativa que preenche corretamente as lacunas da frase.

... motivos ... para que não ... ao serviço os demais funcionários.

a) Haverá – suficiente – faltem
b) Haverão – suficientes – falte
c) Haverá – suficientes – falte
d) Haverão – suficiente – faltem
e) Haverá – suficientes – faltem

45. (Ibmec) Assinale a alternativa que preenche de forma adequada e correta as lacunas nas frases abaixo, respectivamente.

I. Seguem ... às cartas minhas poesias para você.
II. Polvo e lula ... serão servidos no jantar.
III. Para a matrícula, é ... a documentação pedida.

a) anexa – frescos – necessária
b) anexas – fresca – necessária
c) anexos – frescos – necessários
d) anexas – frescas – necessária
e) anexas – fresco – necessária

46. (Fuvest-SP) "A Polícia Federal investiga os suspeitos de terem ajudado na fuga para o Paraguai e a Argentina. A polícia desses países não puderam prendê-los porque o governo brasileiro não fez o pedido formal de captura."

(Adaptado de: *O Estado de S. Paulo*.)

a) No 2.º período, há uma infração às normas de concordância. Reescreva-o de maneira correta.
b) Indique a causa provável dessa infração.

47. (FGV-SP) Com a migração dos investimentos surgem novos desafios, onde o tempo de retorno do capital investido tem que ser o menor possível.

Explique por que a forma verbal **surgem** foi empregada no plural.

48. (ESPM-SP) Em uma das opções abaixo, o verbo **haver** é impessoal e, por isso, **não** deveria estar no plural. Assinale-a:

a) Os sonegadores de imposto de renda se **haverão** com a Receita Federal.
b) No mês de abril, conhecido como "abril vermelho", **houveram** muitas invasões de terra empreendidas pelo MST, em todo o país.
c) Por **haverem** muitas propriedades rurais, vários deputados e senadores sempre se colocaram contra a reforma agrária.
d) Traficantes da Favela da Rocinha **haviam** ordenado o fechamento do comércio local, como represália à morte de um deles.
e) Times paulistas não se **houveram** bem nos jogos da última rodada.

49. (UPM-SP) Reescreva as orações que apresentam concordância nominal inconveniente, flexionando as palavras de acordo com o gênero e o número do substantivo a que se referem.

a) Já estão **incluso** no processo as investigações a respeito das manifestações linguísticas das abelhas.
b) Não há **nenhuma** probabilidades de aprofundar as pesquisas sobre a comunicação dos chimpanzés.
c) Foi **desnecessário** a discussão sobre a possibilidade da existência de uma comunicação linguística animal.
d) É **perigoso** a afirmação a respeito da emissão fônica dos vertebrados como um conjunto de símbolos linguísticos.

50. (UFJF-MG) "Minhas mãos, escolhendo um livro que quero levar para a cama ou para a mesa de leitura, para o trem ou para dar de presente, examinam a forma [...]" A forma verbal **examinam** está subordinada a **minhas mãos** por um princípio de:

a) regência verbal
b) concordância nominal
c) concordância em número e gênero
d) colocação pronominal
e) concordância em número e pessoa

51. (Unicamp-SP) No dia 19 de novembro passado, a *Folha de S.Paulo* publicou a seguinte nota na seção Painel:

> **Pane gramatical**
> Os computadores do TSE emitiam o aviso, ontem, no intervalo dos boletins: "Dentro de instantes será divulgado novos (*sic*) resultados."

Nesse mesmo dia e no mesmo jornal, lê-se o seguinte: "É exatamente essa grande maioria que chamamos, abstratamente, de povo. São os cidadãos humildes, que vivem de pequenos serviços na periferia das grandes cidades [...] São para esses cidadãos anônimos, que ganharam personalidade dia 15 de novembro, que o novo governo deverá estar voltado."

(COCHRANE JÚNIOR, Leo Wallace, "O recado do povo".)

a) Que trecho do segundo exemplo poderia também ser considerado um caso de "pane gramatical"?
b) Reescreva corretamente os dois trechos problemáticos.

52. (Faap-SP) Observando as regras de concordância nominal e verbal, reescreva a frase que segue: "Ao meio-dia e meio, depois de penosa escalada, durante a qual houveram perigos o mais surpreendentes possíveis, o grupo de alpinistas franceses atingiu o ponto mais elevado da cordilheira."

53. (UFV-MG) Todas as alternativas abaixo estão corretas quanto à concordância nominal, exceto:

a) Foi acusado de crime de lesa-justiça.
b) As declarações devem seguir anexo ao processo.
c) Eram rapazes o mais elegantes possível.
d) É necessário cautela com os pseudolíderes.
e) Seguiram automóveis, cereais e geladeiras exportados.

54. (Ufac) Assinalar a alternativa em que a concordância nominal está correta.

a) Os fatos falam por si só.
b) Seus apartes eram sempre o mais pertinentes possíveis.
c) O relógio bateu meio-dia e meio.
d) Todos se moviam cautelosamente, preocupado com o perigo.
e) Chegada a sua hora e a sua vez, intimidou-se.

55. (UEL-PR) "Ao esforço e à seriedade ... ao estudo é que ... os louvores que ele tem recebido ultimamente."

a) consagrado, devem ser atribuídos
b) consagrada, deve ser atribuído
c) consagrados, devem ser atribuídos
d) consagradas, deve ser atribuído
e) consagrados, deve ser atribuído

56. (Ufac) Reescreva as frases a seguir, substituindo os termos destacados conforme se pede, atentando-se para o que prescreve a norma culta da língua.

a) És **tu** que deves pensar e querer por mim.

Substitua **tu** por **vós**.

b) **Luís** e **Cláudio** vão pescar no lago.

Substitua **Luís** e **Cláudio** por **tu** e **ele**.

c) Já deve fazer **um mês** que ela partiu.

Substitua **um mês** por **dois meses**.

57. (Fatec-SP) Assinale a alternativa correta quanto à concordância verbal.

a) Devem haver outras razões para ele ter desistido.
b) Foi então que começou a chegar um pessoal estranho.
c) Queria voltar a estudar, mas faltava-lhe recursos.
d) Não se admitirá exceções.
e) Basta-lhe dois ou três dias para resolver isso.

58. (Unibero-SP) Em todas as alternativas, exceto em uma, o verbo pode ir para o plural ou ficar no singular:

a) Mais de uma pessoa (atingir) a meta.
b) Um bando de andorinhas (pousar) no varal.
c) Pequena parte dos cantores (dar) um agudo.
d) Um grande número de maritacas (grasnar).

59. (ESPM-SP) Assinale a alternativa que contenha erro de concordância.

a) Os resultados pareciam depender da vontade do diretor.
b) A medicina tem avançado pouco, hajam vistas as pesquisas sobre a Aids.
c) Os diagnósticos parecia dependerem do resultado dos exames de laboratório.
d) O poder da propaganda é discutível, haja vista a acentuada queda de consumo.
e) Se houvesse melhores condições de ensino, existiriam melhores resultados.

60. (PUCCamp-SP) A única frase em que há erro de concordância verbal é:

a) Na comemoração certamente havia muitas pessoas que não trabalharam no projeto.
b) Se todos houvessem seguido as normas, não teria havido centenas de reclamações.
c) O descuido é tal que, naquela imensa área, já não existem várias espécies de vegetais típicos da região.
d) Eles têm trazido muitas informações sobre os cuidados no cultivo de orquídeas.
e) Se surgir mais fatos duvidosos, não haverão mais dúvidas sobre o comportamento desleal de alguém da equipe.

61. (PUC-SP) Assinale a alternativa correspondente à frase em que a concordância verbal esteja correta.

a) Discutiu-se a semana toda os acordos que têm de ser assinados nos próximos dias.
b) Poderá haver novas reuniões, mas eles discutem agora sobre que produtos recairão, a partir de janeiro, a taxa de exportação.
c) Entre os dois diretores deveria existir sérias divergências, pois a maior parte dos funcionários nunca os tinha visto juntos.
d) Faltava ainda dez votos, e já se comemoravam os resultados.
e) Eles hão de decidir ainda hoje, pois faz mais de dez horas que estão reunidos naquela sala.

62. (FEI-SP) Em qual declaração proibitória ocorre incorreção gramatical?

a) É proibida a entrada.
b) Proíbe-se a entrada de estranhos.
c) É proibido entrar.
d) A eles, foi-lhes proibida a entrada.
e) Proibir-se-á, fora do expediente, as entradas de todos os funcionários.

63. (Unisinos-RS) O caso de concordância nominal inaceitável aparece em:

a) Nunca houve divergências entre mim e ti.
b) Ela tinha o corpo e o rosto arranhados.
c) Recebeu o cravo e a rosa perfumado.
d) Tinha vãs esperanças e temores.
e) É necessário certeza.

64. (FCC) Assinale a alternativa em que a concordância verbal e nominal está correta.

a) Já é meio-dia e meia; faltam poucos minutos para começar a reunião.
b) Comprei um óculos escuro nesta loja. Consegue-se bons descontos aqui.
c) Vão fazer dez anos que trabalho aqui e ainda é proibido a minha entrada na sala da Diretoria!
d) Duzentas gramas de queijo são demais para fazer torta.
e) A gente fomos ao cinema no domingo, e lá haviam amigos nossos na fila.

65. (FFCLBH-MG) Em todas as alternativas há problemas de concordância segundo a norma culta da linguagem, exceto:

a) "O embarque de June surpreendeu a maioria das pessoas (aproximadamente 100) que foram ao Aeroporto Internacional do Rio, para a despedida do presidente."

(*Folha de S.Paulo*)

b) Compra-se lotes e casas.
c) "[...] mesmo assim, ali está a vergonha escancarada da guerra, no quintal de todos que fazem questão de virar o rosto para o outro lado. O problema é este: não há o outro lado quando se domina as novas tecnologias."

(*Folha de S.Paulo*)

d) É proibido a entrada de menores de 18 anos em motéis.

66. (Fuvest-SP) Reescreva as frases abaixo, substituindo **existir** por **haver** e vice-versa.

a) **Existiam** jardins e manhãs naquele tempo: **havia** paz em toda a parte.
b) Se **existissem** mais homens honestos, não **haveria** tantas brigas por justiça.

67. (FEI-SP) Assinale a alternativa que apresenta concordância verbal incorreta.

a) Crianças, jovens, adultos, ninguém ficou imune a seus encantos.
b) Mais de mil pessoas compareceram ao comício.
c) Não só a educação mas também a saúde precisa de muita atenção do governo.
d) Bastam dois toques para sabermos que você chegou.
e) Boa parte das pessoas está preocupada com o futuro.

68. (Fesp-SP) Assinale o item correto quanto à concordância verbal.

a) Fazem quatro anos que não viajo.
b) Batem quatro horas o relógio da matriz.

c) Existem fatos que ainda não foram revelados.

d) Sobra-lhe motivos para poder considerar-se uma pessoa feliz.

e) Partirá amanhã tu, Ramiro e as crianças.

69. (UCS-RS) Assinale a alternativa correta.

a) Já **fazem** tantos anos assim?

b) Acho que **devem fazer** uns dez anos.

c) Vossas Excelências já **podeis** considerar o projeto aprovado.

d) Escolhe tu mesmo o que julgas ser melhor para **teu** futuro.

e) Escolhe você mesmo o que julgas ser melhor para o **teu** futuro.

70. (UPM-SP)

I. Os brasileiros somos todos eternos sonhadores.

II. Muito obrigadas! Disseram as moças.

III. Sr. Deputado, V. Ex.ª está enganado.

IV. A pobre senhora ficou meia confusa.

V. São muito estudiosos os alunos e as alunas deste curso.

Há uma concordância inaceitável, de acordo com a gramática normativa:

a) em I e II;

b) em II, III e V;

c) apenas em II;

d) apenas em III;

e) apenas em IV.

71. (UFPel-RS) A alternativa em que são atendidas as normas de concordância da língua culta é:

a) Precisamos ser benevolentes para com nós mesmos.

b) Já tinham bastante motivos para voltar para casa.

c) Que houvesse ou não existido opiniões contraditórias não nos interessava naquele momento.

d) Sr. Ministro, V. Ex.ª sereis recebido com grande entusiasmo pela população.

e) Surgiu, na escuridão da noite, dois vultos enormes.

72. (FCC) Assinale a alternativa que completa corretamente o período: "... de exigências! Ou será que não ... os sacrifícios que ... por sua causa?"

a) Chega – bastam – foram feitos

b) Chega – bastam – foi feito

c) Chegam – basta – foi feito

d) Chegam – basta – foram feitos

e) Chegam – bastam – foi feito

73. (UniFMU-SP) Assinale a alternativa que apresenta a mesma estrutura que:

"A causa eram provavelmente os seus poucos projetos eclesiásticos".

(Machado de Assis)

a) *Os lusíadas* são o poema onde mais aparece a heroicidade do povo português.

b) Tito eram as delícias de Roma.

c) Mais de um de nós outros poderíamos dizer com sinceridade tal coisa.

d) O que nos falta é exemplos de bons costumes.

e) O ordenado eram dez mil-réis.

74. (PUCCamp-SP) "O trabalho da Funai desenvolve-se em nove frentes, que **permitiram**, até agora, a aproximação com cinco novos grupos indígenas."

A concordância do verbo com o sujeito na frase acima justifica-se pela mesma razão que determina a concordância verbal em:

a) A área que concentra o maior número de tribos isoladas é o Vale do Javari, na fronteira entre o Amazonas e o Peru.
b) Espero que considerem o problema da demarcação das terras indígenas com a devida severidade.
c) Discutem-se diariamente questões acerca da posse da terra.
d) Fala-se muito sobre os conflitos entre fazendeiros e índios.
e) Alguns fazendeiros chegaram ao local com um grupo de índios cintas-largas.

75. (UFPB) Em relação à concordância verbal, as lacunas dos textos

"Um ofício ou telegrama ... arrancar Batista à comissão política reservada."

(Machado de Assis)

"Os ferreiros ... o sustentáculo da Nação."

(Carlos Drummond de Andrade)

"... nove horas e os operários das fábricas chegavam para o almoço."

(Aluísio Azevedo)

"Algum de vocês ... ir comigo à missa amanhã?"

(Machado de Assis)

"Do cortiço, onde esta novidade causou sensação, ...-se nas janelas do sobrado, surgir de vez em quando Leonor ou Isaura, a sacudirem tapetes e capachos."

(Aluísio Azevedo)

são preenchidas com as formas:

a) vieram – é – dava – querem – viam
b) veio – é – davam – quer – viam
c) veio – são – dava – querem – viam
d) veio – são – davam – quer – via
e) vieram – são – davam – quer – via

76. (UFSCar-SP) Aponte a alternativa em que a concordância nominal não é adequada.

a) Obrigava sua corpulência a exercício e evolução forçada.
b) Obrigava sua corpulência a exercício e evolução forçados.
c) Obrigava sua corpulência a exercício e evolução forçadas.
d) Obrigava sua corpulência a forçado exercício e evolução.
e) Obrigava sua corpulência a forçada evolução e exercício.

77. (FMPA-MG) Todas as concordâncias nominais estão corretas, exceto em:

a) Seguem anexo as notas promissórias.
b) Escolhemos má hora e lugar para a festa.
c) A justiça declarou culpados o réu e a ré.
d) A moça usava uma blusa verde-clara.
e) Estou quite com meus compromissos.

78. (UFSCar-SP) Reescreva o período abaixo. Corrija-o, se necessário, quanto à concordância. Justifique, porém, sempre sua resposta.

"É proibido a entrada de pessoas estranhas no recinto."

79. (PUC-SP) Apenas uma alternativa preenche corretamente os espaços existentes na sentença abaixo.

"Não foi ... a pesada suspensão que lhe deram, porque você foi o que ... falhas apresentou; podiam ter pensado em outras penalidades mais ... ."

a) justo, menas, cabível
b) justa, menos, cabível
c) justa, menos, cabíveis
d) justo, menos, cabível
e) justo, menas, cabíveis

80. (FMIt-MG) Em todas as frases a concordância se fez corretamente, exceto em:

a) Os soldados, agora, estão todos atentos.
b) Ela possuía bastante recursos para viajar.
c) As roupas das moças eram o mais belas possível.
d) Rosa recebeu o livro e disse: "Muito obrigada".
e) Sairei de São Paulo hoje, ao meio-dia e meia.

81. (Fuvest-SP) Indique a alternativa correta.

a) Filmes, novelas, boas conversas, nada o tiravam da apatia.
b) A pátria não é ninguém: são todos.
c) Se não vier, as chuvas, como faremos?
d) É precaríssima as condições do prédio.
e) Vossa Senhoria vos preocupais demasiadamente com a vossa imagem.

82. (FCC) "Ainda ... furiosa, mas com ... violência, proferia injúrias ... para escandalizar os mais arrojados."

a) meia – menas – bastantes
b) meia – menos – bastante
c) meio – menos – bastante
d) meio – menos – bastantes
e) meio – menas – bastantes

83. (FCC) "Elas ... providenciaram os atestados, que enviaram ... às procurações, como instrumentos ... para os fins colimados."

a) mesmas – anexos – bastantes
b) mesmo – anexo – bastante
c) mesmas – anexo – bastante
d) mesmo – anexos – bastante
e) mesmas – anexos – bastante

84. (Fecap-SP) A concordância verbal **incorreta** é:

a) *Os lusíadas* imortalizaram Camões.
b) Quais de vós ireis à escola?
c) Outrora poderia existir opiniões diferentes sobre o assunto.
d) Quem de nós pagará as despesas?

85. (Fuvest-SP) Qual a frase com erro de concordância?

a) Para o grego antigo a origem de tudo se deu com o caos.
b) Do caos, massa informe, nasceu a terra, ordenadora e mãe de todos os seres.
c) Com a terra tem-se assim o chão, a firmeza de que o homem precisava para o seu equilíbrio.
d) Ela mesma cria um ser semelhante que a protege: o céu.
e) Do céu estrelado, em amplexo com a terra, é que nascerá todos os seres.

86. (FCC) "Ela ... não sabia se as declarações deviam ou não ... ao processo."

a) mesma – ir anexas
b) mesmo – ir anexo
c) mesma – irem anexas
d) mesmo – ir anexos
e) mesma – ir anexa

87. (Fuvest-SP) Assinale a frase gramaticalmente correta.

a) Há menas pessoas hoje.
b) Ele comportou-se muito mau durante a entrevista.
c) Esperava-se menos perguntas na prova.
d) Os atletas apresentavam-se afim de iniciarem a corrida.
e) Cristina viajou há três semanas.

88. (UFF-RJ) Quanto à concordância verbal, é inaceitável, segundo a norma culta contemporânea, a seguinte frase:

a) Não só o encontro de duas expansões, mas também a expansão de duas formas podem resultar na supressão de uma delas.

b) A guerra é um dos eventos que mais caracterizam a história das civilizações.

c) Havia apenas um campo de batatas para as duas tribos, mas outros poderiam haver na vertente posterior da montanha.

d) A vida ou a morte restará depois da batalha.

e) Cabe às tribos, pela força, definir quem tem direito às batatas.

89. (FEI-SP) Assinale a alternativa que apresenta lapso de concordância verbal.

a) Do alto, observavam-se as ruas e as casas; via-se também, nas praças, frondosas árvores.

b) Encontrar-nos-emos amanhã à noite.

c) Ouvia-se o farfalhar das folhas das palmeiras e o marulhar das ondas.

d) Para desenvolver este projeto, precisa-se de engenheiros capazes.

e) Restabelecer-se-iam, de imediato, as ligações, se houvesse técnicos de plantão.

Capítulo 22 – REGÊNCIA

1. (PUC-PR) Leia o texto a seguir para responder à questão:

Há uma estrutura especial de sentença que exige uma atenção maior quanto à regência.

Observe esses dois exemplos:

1. Sempre gostei desse tipo de festa.
2. Esse tipo de festa que sempre gostei (não aceito pela gramática normativa).

Eis aí duas estruturas muito comuns na linguagem oral: em 1, a ordem direta conserva a regência natural do verbo gostar: gostei de...; em 2, o **de** desaparece.

Apesar de seu uso, o exemplo 2 não é aceito pela gramática normativa, que exige a presença da preposição, mesmo quando distante do verbo. Assim devemos escrever: Esse tipo de festa de que sempre gostei (gostar de).

(FARACO, Carlos Alberto; TEZZA, Cristóvão. *Oficina de texto*. Petrópolis: Vozes, 2003, p. 175. Texto adaptado.)

A regência verbal está de acordo com a gramática normativa na alternativa:

a) Gostei do filme que ele fez referência.

b) Esse é o argumento com o qual concordei.

c) A rua que moro é escura.

d) A empresa de que eu trabalhava foi fechada.

e) O bolo a que comi estava muito bom.

2. (Fuvest-SP) A única frase que segue as normas da língua escrita padrão é:

a) A janela propiciava uma vista para cuja beleza muito contribuía a mata no alto do morro.

b) Em pouco tempo e gratuitamente, prepare-se para a universidade que você se inscreveu.

c) Apesar do rigor da disciplina, militares se mobilizam no sentido de voltar a cujos postos estavam antes de se licenciarem.

d) Sem pretender passar por herói, aproveito para contar coisas as quais fui testemunha nos idos de 1968 e que hoje tanto se fala.

e) Sem muito sacrifício, adotou um modo de vida a qual o permitia fazer o regime recomendado pelo médico.

3. (FGV-RJ) A frase que está correta, tendo em vista a sintaxe de regência, é:

a) Os jovens não veem a hora de inserir-se ao mercado de trabalho.

b) A falta de informações econômicas seguras nos induz a que planejemos nosso futuro.

c) Lia, com frequência, textos barrocos, estilo que ele era um fervoroso adepto.

d) Há políticos que têm tendência por aderir sempre pelos partidos que estão no poder.

e) Nota-se uma melhoria nos serviços de saúde pelos quais a população carente não tinha.

4. (FGV-SP) Assinale a alternativa em que, **INCORRETAMENTE**, usou-se ou deixou-se de usar uma preposição antes do pronome relativo.

a) A rua que eu moro não é asfaltada.

b) Ernesto, de cujos olhos parecia saírem raios de fogo, manifestou-se violentamente.

c) Soçobrou o navio que se dirigia a Barcelona.

d) O cachorro a que você deveria dar isso pertence ao vizinho do 43.

e) Era o repouso por que esperávamos quando regressamos de Roma.

5. (Udesc) Assinale a alternativa em que a regência da forma verbal apresentada **não** atende à norma padrão da língua.

a) Esqueci o livro em casa.

b) Esqueci-me do livro em casa.

c) Preferimos as histórias bruxólicas às novelas.

d) O motorista consciente obedece os sinais de trânsito.

e) Ontem pagamos o 13º. salário à secretária.

6. (Cesgranrio-RJ) Assinale a opção cuja regência do verbo apresentado é a mesma do verbo destacado na passagem "Ser aceito implica mecanismos mais sutis e de maior alcance..." (l. 28-29).

a) Lembrar-se.

b) Obedecer.

c) Visar (no sentido de almejar).

d) Respeitar.

e) Chegar.

7. (Cesgranrio-RJ) Assinale a opção em que a preposição destacada constitui caso de regência nominal.

a) "se adaptar rapidamente **a** uma nova situação,"

b) "saber se comunicar **com** a equipe..."

c) "ter capacidade **de** negociação são características extras..."

d) "Para chegar **a** esta conclusão foram analisados três fatores:"

e) "e para aqueles **com** quem se relaciona."

8. (Cesgranrio-RJ) Analise as frases abaixo considerando a regência verbal de acordo com o registro formal culto.

I. Esta é a cidade em que todos gostam de morar.

II. Ele estava satisfeito com tudo que aconteceu.

III. Não se esqueça de suas tarefas.

IV. O assunto que o texto trata é muito atual.

Estão corretas **APENAS** as frases

a) I e II.

b) I e III.

c) I e IV.

d) I, II e III.

e) I, II e IV.

9. (ESPP-SP) Considere as orações:

I. Ele estava ansioso por este dia.

II. O rapaz mostrou-se apto ao trabalho.

De acordo com a norma culta:

a) somente I está correta

b) somente II está correta

c) I e II estão corretas

d) Nenhuma está correta

10. (ESPP-SP) Assinale a alternativa que completa corretamente a lacuna:

Não conhecemos o autor ________ obra o professor fez referência.

a) cuja

b) a cuja

c) a qual

d) que

11. (ESPP-SP) Assinale a alternativa que completa corretamente a lacuna:

Não encontrei o remédio ________ ela precisa.

a) de que

b) que

c) o qual

d) cujo

12. (ESPP-SP) Assinale a alternativa que completa corretamente a lacuna:

Existem normas ________ todos devem obedecer.

a) que

b) as quais

c) a que

d) onde

13. (ESPP-SP) Considere os períodos:

I. Informamos aos funcionários do reajuste salarial.

II. Lembrou-se da infância ao ver as fotos.

De acordo com a norma culta:

a) somente I está correto

b) somente II está correto

c) I e II estão corretos

d) Nenhum está correto

14. (Vunesp-SP) De acordo com a norma culta, a regência verbal está correta na alternativa:

a) Há muitas ONGs que assistem às pessoas com síndrome de Down.

b) Muitas empresas preferem oferecer um curso do que doar uma cadeira de rodas.

c) Muitas pessoas não recebem a ajuda que necessitam.

d) As empresas pagam caro os professores que dão cursos de geração de renda.

e) Empresas socialmente responsáveis visam a uma posição de destaque no mercado.

15. (Vunesp-SP) Assinale a frase correta quanto às regras de regência nominal/verbal.

a) Não podemos negar que, no tocante da nova lei, nossas opiniões são divergentes.

b) A pressão exercida pela mídia acarretou no pedido de demissão do secretário.

c) A nova proposta mostrou-se aceitável de todas as partes interessadas.

d) O jornalista se predispôs em trabalhar em conjunto com seus colegas.

e) O homem não parecia hesitante em falar do assunto diante das câmeras.

16. (Vunesp-SP) Assinale a alternativa em que a regência da forma verbal destacada está correta.

a) Vi sua propaganda na TV, com uma norte-americana que teve um vídeo pornô de que **atribui** sua fama.

b) Psicólogos **protestaram** com o modo pelo qual sua profissão era ridicularizada.

c) A questão do humor ou do preconceito é ponto para o qual **convergem** a publicidade e uma preferência dos jornalistas que tratam de entretenimento.

d) Na televisão brasileira, a publicidade de cerveja a alia a mulheres gostosas, sobre como nós **faz recordar** a propaganda da Devassa.

e) Se as mulheres não se **prestam** no papel de objeto, a decisão do Conar pode ser uma conquista delas.

17. (UFV-MG) Assinale a alternativa que preenche corretamente as lacunas abaixo:

A enfermeira procede ... exame no paciente.

O gerente visa ... cheque do cliente.

A equipe visa ... primeiro lugar no campeonato.

O conferencista aludiu ... fato.

Não podendo lutar, preferiu morrer ... viver.

a) ao, o, ao, ao, a

b) ao, ao, o, a , do que

c) ao, a , o, o, que

d) o, a, ao, ao, à

e) a, ao, o, ao, que

18. (Fuvest-SP)

"I – O que mudou na legislação eleitoral

Como era em 89

[...] Apenas pessoas físicas podiam fazer doações

[...] Entidades de classe ou sindicais não podiam contribuir com os partidos. [...]" (*Folha de S.Paulo*)

"II – Contribuir 1. [...] Tomar parte em despesa comum; pagar contribuição; dar dinheiro, com outros, para determinado fim [...]. 'Você não contribuiu para as obras da igreja?.' 'Contribuí com cem cruzados. Poucos paroquianos deixaram de contribuir [...]'."

(LUFT, Celso Pedro. *Dicionário de regência verbal*.)

a) O período enquadrado em I apresenta uma incorreção na regência verbal. Redija-o corretamente, com base na informação de II.

b) Ainda com base em II, formule uma explicação adequada para o uso da preposição no período enquadrado em I.

19. (Fuvest-SP) "Não tenho dúvidas de que a reportagem esteja à procura da verdade, mas é preciso ressalvar de que a história não pode ser escrita com base exclusivamente em documentos de polícia política."

(*O Estado de S. Paulo*)

Das duas ocorrências de **de que**, no excerto acima, uma está correta e a outra não.

a) Justifique a correta.

b) Corrija a incorreta, dizendo por quê.

20. (FGV-SP) Observe o seguinte texto, para responder à questão: "Estamos comemorando a entrega de mais de mil imóveis. São mais de 1000 sonhos realizados. Mais de oito imóveis são entregues todo dia. Quer ser o próximo? Então vem para a X Consórcios. Entre você também para o consórcio que o Brasil inteiro confia." (Texto de anúncio publicitário, editado.)

Na passagem "o consórcio que o Brasil inteiro confia" deve ser acrescentada uma preposição. Reescreva a passagem acrescentando essa preposição.

21. (FGV-SP) Assinale a alternativa que não é abonada pela norma culta, quanto à regência.

a) Tratou-o com fidalguia, como a um padre.
b) Não lhe perguntou nada, apenas concordou com o que ele dizia.
c) É claro que Jesus a ama!
d) José agradeceu o homem que lhe trouxera o presente e retirou-se.
e) O chefe não lhe permitiu atender o cliente.

22. (Unimep-SP) Considerando as frases:

I. O menino quer **a bola**.
II. A mãe quer muito **à filha**.

Podemos dizer que:

a) a frase I está errada, pois o verbo **querer** é sempre transitivo indireto;
b) a frase II está errada, pois o verbo **querer** é sempre transitivo direto;
c) ambas estão corretas, pois o verbo **querer** admite as duas regências;
d) em ambas, podemos substituir as palavras destacadas pelo pronome oblíquo **a**;
e) em ambas, podemos substituir as palavras destacadas pelo pronome oblíquo **lhe**.

23. (FGV-SP) Assinale a alternativa em que a ausência da preposição, antes do pronome relativo **que**, está de acordo com a norma culta.

a) É uma quantia vultosa, **que** o Estado não dispõe: falta-lhe numerário.
b) Vi claramente o bolso **que** você pôs o dinheiro nele.
c) Não interessava perguntar qual a agência **que** o remetente enviou a carta.
d) A garota **que** eu gosto não está namorando mais. Chegou a minha oportunidade.
e) Essa era a declaração **que** o alcaide insistia em fazer.

24. (UFPE) No trecho "Ao considerar que a energia é um dos bens mais valiosos que a Nação dispõe [...]", o *Diário de Pernambuco* registra um tipo de regência comum na linguagem coloquial. De acordo com a norma padrão, a regência seria:

a) a que a Nação dispõe
b) por que a Nação dispõe
c) de que a Nação dispõe
d) contra que a Nação dispõe
e) em que a Nação dispõe

25. (Ufam) Assinale o item em que há erro quanto à regência:

a) São essas as atitudes de que discordo.
b) Há muito já lhe perdoei.
c) Informo-lhe de que paguei o colégio.
d) Costumo obedecer a parceiros éticos.
e) A enfermeira assistiu irrepreensivelmente ao doente.

26. (Unicamp-SP) Os trechos a seguir mostram que certas construções típicas do português falado, consideradas incorretas pela gramática normativa da língua, já estão sendo utilizadas na modalidade escrita.

1. "Concentre sua atenção nas matérias que você tem maior dificuldade."

(*Folha de S.Paulo*)

2. "Uma casa, onde na frente funcionava um bar, foi totalmente destruída por um incêndio."

(*O Liberal*)

a) Transcreva as marcas típicas da linguagem ora presentes nos trechos acima.

b) Reescreva-as de modo a adequá-las às exigências da gramática normativa.

27. (PUC-RJ) Frequentemente, frases como as apresentadas abaixo são proferidas em conversas informais. Num texto formal escrito, porém, são inadequadas. Reescreva-as, sem modificar seu sentido e pontuação, mas adequando-as ao padrão da língua escrita.

a) A menina que eu gosto dos olhos dela ainda não chegou.

b) O homem que eu telefonei para ele ontem não estava em casa.

c) A rua que eu gosto de correr é toda arborizada

28. (ITA-SP) Leia com atenção a seguinte frase de um texto publicitário: "Esta é a escola que os pais confiam".

a) Identifique a preposição exigida pelo verbo e refaça a construção, obedecendo à norma gramatical.

b) Justifique a correção.

29. (Faap-SP) Observando a norma culta da regência verbal, reconstitua as frases que seguem com as preposições adequadas.

a) O povo tem ido nos bares das ruas para aliviar as constantes decepções diárias.

b) A esperança chegou paulatinamente nos já fatigados corações brasileiros.

c) Muda de vida implica sempre em difíceis e embaraçosas acomodações.

d) É preferível combater os males do que intimidar as próprias emoções.

30. (PUCCamp-SP) As sentenças abaixo, exceto uma, apresentam desvios relativos à regência verbal vigente na língua culta. Assinale a que não apresenta esses desvios.

a) Vi e gostei muito do filme apresentado na Sessão de Gala de ontem.

b) Eu me proponho a dar uma nova chance, se for o caso.

c) Deve haver professores que preferem negociar do que trabalhar, devido os vencimentos serem irrisórios.

d) Com o empréstimo compulsório, não se pode dar o luxo de ficar trocando de carro.

e) A importância que eu preciso é vultuosa.

31. (FGV-SP) Assinale a alternativa que não obedece à norma culta em relação à regência.

a) Constava que o maestro, nos momentos em que mais dependia dos violinos, tinha um tique nervoso que denunciava sua preocupação.

b) As normas a que todos obedeciam chamavam-se Gerais. As Especiais eram aquelas a que poucos obedeciam.

c) Na história da cantora, desde criança, várias vezes apareciam referências a ela ser a menina que ninguém na escola gostava.

d) O salário que eles recebiam num mês mal dava para cobrir as despesas básicas da família. Costumava-se dizer que sobrava mês no final do salário.

e) Tinha esperanças de que o mensageiro trouxesse brevemente as notícias de que mais precisava.

32. (ESPM-SP) Assinale a única frase cuja regência verbal esteja correta segundo a norma culta:

a) Não somos candidatos mas sabemos como agradar nosso eleitorado. Sky, TV sem limites.

b) A perda do cartão de consumo implica numa multa de R$ 500,00.

c) A diretoria custou a perceber os verdadeiros problemas da equipe.

d) Novo Mercedes-Benz Classe C. A sinalização vai obedecer você.

e) Segundo pesquisas, as brasileiras preferem os morenos aos loiros.

33. (Faap-SP) "Triste ironia atroz que o senso humano irrita: Ele que doira a noite e ilumina a cidade, Talvez não tenha luz na choupana em que habita."

A preposição **em** logo após **choupana** é regida (exigida):

a) pelo substantivo **choupana**;

b) pelo verbo **habitar**;

c) pela mesma palavra que rege a preposição **em** (**em + a**) antes de **choupana**;

d) pelo substantivo **luz**;

e) pelo verbo **ter**.

34. (PUCCamp-SP) A frase que mantém o padrão culto da linguagem é:

a) O projeto que ele se referiu foi analisado ontem e o texto definitivo que se chegou após as discussões será encaminhado a vocês amanhã mesmo.

b) Aquele assalto a que ele foi vítima só lhe trouxe tristezas, mas as pessoas cujo testemunho ele dependeu são suas amigas até hoje.

c) O grupo de amigos, cujo padrão ele quer pertencer, é o maior responsável por seus problemas, principalmente pelo tipo de lazer que eles estão acostumados.

d) Afirmou, com maior segurança, de que havia posto o assunto em debate na sessão anterior, a qual acabamos de receber a ata.

e) O carinho com que ele sempre se dispõe a atender os mais necessitados faz dele uma pessoa da qual devemos orgulhar-nos muito.

35. (UFPE) Assinale a alternativa em que as normas de regência, nominal e verbal, não foram inteiramente cumpridas.

a) O vocabulário e a sintaxe de que se utilizam muitos autores modernistas constituem, muitas vezes, uma linguagem mais difícil do que a linguagem culta.

b) Alguns dos modernistas não repudiavam aos clássicos, nem lhes imitavam, mas conseguiam renovar o idioma sob a influência da língua falada.

c) No Brasil há muitas literaturas regionais que exibem as características da fala local a que procuram ser fiéis.

d) Os defensores de uma literatura regional procuram sempre apresentar explicações e evidências que lhes apoiem os argumentos.

e) A aprendizagem de uma língua se faz, também, lendo-se autores com que se possa aprimorar e fortalecer a experiência pessoal.

36. (UFPB) Quanto à regência, conforme a norma da língua escrita, as lacunas do trecho: "Meu filho foi embora e eu não ... conheci. Acostumei-me ... ele em casa e me esqueci ... conhecê-lo."

(Osvaldo França Jr.)

São preenchidas, respectivamente, por:

a) lhe – a – de

b) lhe – a – por

c) o – com – de

d) o – a – por

e) lhe – com – de

37. (ESPM-SP) A expressão **com que** preenche corretamente a lacuna da seguinte frase:

a) O rapazinho se deteve diante da figura ... jamais se esqueceria.

b) A figura ... o rapazinho deparou pareceu-lhe, a princípio, exótica.

c) O rapazinho não contava se deparar com a figura ... o estarreceu.

d) A função ... o homem-sanduíche é investido é a de portar anúncios.

e) As coisas ... mais estarrecem as pessoas tornam-se, com o tempo, banais.

38. (UFV-MG) "Não nos expomos mais a espetáculos ridículos, tais como o deslocamento maciço de torcedores fanáticos para concursos de misses **aos quais ninguém, a não ser nós, dava importância**."

Das alterações processadas na passagem em destaque, aquela em que há erro de regência é:

a) [...] pelos quais ninguém, a não ser nós, se interessava tanto.

b) [...] aos quais ninguém, a não ser nós, se referia tanto.

c) [...] dos quais ninguém, a não ser nós, simpatizava tanto.

d) [...] com os quais ninguém, a não ser nós, se distraía tanto.

e) [...] sobre os quais ninguém, a não ser nós, conversava tanto.

39. (ESPM-SP) Assinale o período cuja redação está inteiramente correta quanto à norma culta.

a) Esse esquema que regula os meios de comunicação de massa é peculiar ao meio receptor.

b) A propaganda que tanto falamos é menos poderosa do que se pensa.

c) O Corinthians, que o texto se refere, leva seus torcedores a acenderem velas.

d) O povo, de cujo se espera tanto, traduz a seu modo algumas imagens da televisão.

e) Algumas entidades de macumba que o povo pede socorro estão no imaginário popular.

40. (UFPR) Assinale a alternativa que substitui corretamente as palavras destacadas.

1. Assistimos **à inauguração da piscina**.
2. O governo assiste **os flagelados**.
3. Ele aspirava **a uma posição de maior destaque**.
4. Ele aspira o **aroma das flores**.
5. O aluno obedece **aos mestres**.

a) lhe, os, a ela, a ele, lhes

b) a ela, os, a ela, o, lhes

c) a ela, os, a, a ele, os

d) a ela, a eles, lhe, lhe, lhes

e) lhe, a eles, a ela, o, lhes

41. (Cesgranrio-RJ) Assinale a alternativa em que a preposição aparece empregada indevidamente.

a) De que alternativa discordamos?

b) Em que alternativa confiamos?

c) Para que alternativa caminhamos?

d) Sobre que alternativa optamos?

e) A que alternativa aludimos?

42. (UFMG) Em todas as alternativas, a regência verbal está correta, exceto em:

a) Preferia-me às outras sobrinhas, pelo menos nessa época.

b) Você chama isso de molecagem, Zé Luís?

c) Eu lhe acordo antes que meu marido se levante.

d) De Barbacena, lembro-me do frio e da praça.

e) Um implica o outro que, por sua vez, implica um terceiro.

43. (FEI-SP) Assinale a alternativa em que a regência do verbo contraria a norma culta da língua.

a) Ele **queria** aos pais, contudo não **queria** os livros.

b) A vida a que **aspirava** era uma ilusão.

c) Peri ficou imobilizado por centenas de lanças que **visavam** o seu peito.

d) Jamais me **esquecerei** daquele fato marcante em minha vida.

e) **Avisaram**-no que a reunião começaria no horário marcado?

44. (PUC-PR). Observe as frases incompletas:

1. Os elementos ... se dispõe não permitem tirar grandes conclusões.
2. Com certeza existem pessoas ... poucas vezes nos lembramos.
3. Há provocações ... não é possível resistir.
4. Essa foi uma das perguntas ... não consegui responder.

Assinale a alternativa que preenche corretamente os espaços, completando as frases.

a) a que, que, a que, a que

b) de que, de quem, a que, a que

c) de que, das quais, que, de que

d) a que, de que, das quais, que

e) com que, que, que, a qual

45. (Cesgranrio-RJ) Entre os exemplos a seguir, frequentemente empregados na linguagem informal, apenas um está de acordo com a norma culta. Assinale-o.

a) Com quem você está namorando agora?

b) Lá em casa somos em quatro filhos.

c) Tudo que o pai diz, a mãe acredita.

d) Meu amigo, isto implicará em sua suspensão.

e) O candidato residente na Rua Cosme Velho não compareceu.

46. (PUCCamp-SP) A única frase em que a regência verbal, tendendo para a oralidade, afasta-se da norma culta escrita é:

a) A descoberta da tribo perdida colocou mais lenha na fogueira da disputa pela terra na região.

b) Estranhamente, na semana passada alguns fazendeiros levaram no local um ex-funcionário da Funai e um grupo de índios cintas-largas.

c) Os fazendeiros contestam a presença histórica dos índios.

d) Apenas na Amazônia, os sertanistas estão no encalço de 22 tribos.

e) Ali, os sertanistas dão como certa a presença de pelo menos cinco novos grupos.

47. (Ufac) Assinale a alternativa em que a regência verbal está correta.

a) Dona Maria não pagou o verdureiro nem o açougueiro.

b) Prefiro brincar do que trabalhar.

c) Este é o aluno que o professor deu nota baixa.

d) O romance cujas características não me lembro agora foi lido há três anos.

e) Pagaremos pela casa o preço justo.

PARTE

4 APÊNDICE

Capítulo 23 – CRASE

1. (PUC-SP)

Em: Se **a prática leva à perfeição...”**, acerca da crase (no caso, a junção da preposição **“a”** com o artigo feminino **“a”**), é linguisticamente adequado afirmar que sua ocorrência é

a) inadequada, pois, além de não haver junção de preposição com artigo, não altera o sentido do que é dito.

b) facultativa, porque, mesmo havendo a junção de preposição com artigo, não altera o sentido do que é dito.

c) necessária, pois, além de haver a junção de preposição com artigo, sugere que a prática seja resultante da perfeição.

d) necessária, pois, além de haver a junção de preposição com artigo, sugere que a perfeição seja resultante da prática.

e) facultativa, porque, indiferentemente de haver ou não junção de preposição com artigo, crase é uma questão estilística.

2. (UFABC) Assinale a alternativa em que se observa a norma padrão de concordância e regência e de emprego do sinal indicativo de crase.

a) Proibição é a coisa à que menos se aprecia, apesar de haverem benefícios dela decorrente.

b) Não se pode restringir às liberdades dos indivíduos, sem os afrontarem e à seus valores.

c) A população só sentiu pleno alívio quando se removeram, das ruas, placas às quais já se havia acostumado.

d) Aprovou-se várias leis, entre elas as que proibiu à poluição visual e à ingestão de bebida alcoólica na direção de veículos.

e) Muitas coisas atualmente dificultam à vida nas cidades, razão pela qual ainda falta leis limitando direitos individuais.

3. (UFC) Assinale a alternativa em que a expressão **a noite** deve receber o acento grave indicador de crase pela mesma razão que a expressão **à toa** em **para não morrer por aí à toa como as outras mulheres dessa espécie**.

a) Inspirava-os **a noite**, musa de todo poeta.

b) **A noite** parecia-lhes uma criança, amavam-na.

c) **A noite** parecia não terminar naqueles dias gélidos.

d) Elas passaram **a noite** juntas, conversando sem parar.

e) É aconselhável agasalhar-se **a noite** para evitar resfriado.

4. (ESPM-SP) Entre os usos devidos e indevidos, marque a opção em que o acento grave, indicador da ***crase***, é de uso **facultativo**:

a) EUA, Europa e Canadá levam China **à** OMC (Organização Mundial do Comércio).

b) Disputa sobre tarifas de peças para automóveis leva países **à** pedir abertura de 1.º painel no órgão contra o país asiático.

c) A China e o Ocidente estão **à** beira de uma guerra comercial, depois de levarem o tigre asiático a um tribunal internacional.

d) Regras chinesas impõem taxa de "veículos completos" **à** certas combinações de peças, aumentando as tarifas.

e) A China afirma que as medidas se destinam **à** sua proteção, tanto do aspecto do consumidor quanto do das taxas alfandegárias.

5. (ETEC) Assinale a alternativa em que se emprega corretamente o sinal indicativo de crase.

a) À partir de dezembro, o lixo cresce nas rodovias Anchieta e Imigrantes.

b) Os motoristas seguem com destino à praias do Litoral Sul.

c) A Ecovias coleta à quantidade de 110 toneladas de lixo por mês.

d) A quantidade de lixo recolhida é igual à quantidade produzida em Holambra.

e) Encontram-se, nessas rodovias, de restos de alimentos à fraldas descartáveis.

6. (FGV-SP) Assinale a alternativa em que o uso do sinal de crase está correto.

a) A professora estava **à** beira de um colapso nervoso, tanta foi a pressão que recebeu do diretor.

b) O mosqueteiro estava **à** serviço do rei, por isso não achou necessário apresentar-se ao estalajadeiro.

c) Distribuiu socos **à** torto e **à** direito, enquanto suas forças o ajudaram. Depois, acabou caindo de cansaço.

d) O espetáculo era apresentado de segunda **à** quinta-feira.

e) O texto referia-se **à** outras atividades. Dizia que tínhamos de ir **à** uma reunião no edifício da Federação das Indústrias.

7. (PUC-RJ) Há na passagem abaixo DOIS erros gramaticais. Reescreva o período corrigindo-os.

Em celebração a passagem do cinquentenário da morte de José Lins do Rego, aconteceu, há pouco mais de um mês, na capital paraibana, várias atividades culturais promovidas pelo Governo do Estado: concurso de redação, espetáculo teatral, exibição de filme e concerto.

8. (UFABC) Assinale a alternativa em que a regência e o emprego do sinal indicativo de crase estão de acordo com a norma culta.

a) Não intenta apenas à relatar acontecimentos de cada expedição militar.

b) Refere-se à aldeia que ousou enfrentar a República.

c) Examinou à ecologia muito bem.

d) Não conheço livro idêntico à esse, feito na América.

e) Descreve o tempo seco e quente à que denomina "verão".

9. (Ufal) Observe o uso do sinal indicativo de crase no trecho:

"Há também os escritores cinematográficos. E não me refiro **àqueles** que escrevem imaginando que seus livros serão adaptados ao cinema.". Para seguir as regras da regência verbal, esse sinal também deve ser utilizado na alternativa:

a) Há também os escritores cinematográficos. E não desejo aludir **àqueles** que escrevem imaginando que seus livros serão adaptados ao cinema.

b) Há também os escritores cinematográficos. E não quero mencionar **àqueles** que escrevem imaginando que seus livros serão adaptados ao cinema.

c) Há também os escritores cinematográficos. E não tenciono citar **àqueles** que escrevem imaginando que seus livros serão adaptados ao cinema.

d) Há também os escritores cinematográficos. E não objetivo apontar **àqueles** que escrevem imaginando que seus livros serão adaptados ao cinema.

e) Há também os escritores cinematográficos. E não pretendo incluir **àqueles** que escrevem imaginando que seus livros serão adaptados ao cinema.

10. (FGV-SP) Assinale a alternativa em que **a (as)**, com ou sem o sinal de crase, está utilizado corretamente.

a) Chegou ao trabalho **a** tempo, **às** 8 horas da noite.

b) Teve ímpetos de atirar-se **à** ele, para afogá-lo.

c) Devido **a** morte do tio, foi obrigado **a** vestir-se de preto durante um longo tempo.

d) Faremos homenagem **à** pessoas dignas da nossa sociedade.

e) O curso será ministrado no período de 11 **à** 30 de janeiro.

11. (Unifesp) Considerando os aspectos de concordância e de crase, assinale a alternativa correta.

a) Os jovens, da adolescência à vida adulta, muitas vezes se depara com conflitos referente à sua sexualidade.

b) O mundo atual oferece muitas informações à seus jovens que, para falar em sexo, encontram bastante dúvidas.

c) Dúvidas frequentes e conflito pode fazer com que o jovem não chegue à uma exata dimensão da sua sexualidade.

d) Com informações à disposição, ainda existe dúvidas sobre sexo para o jovem moderno.

e) Hoje, assiste-se a uma transformação dos valores relativos à sexualidade do jovem.

12. (FGV-SP) Com a palavra **casa**, no sentido de **lar**, ocorre um fato curioso na língua portuguesa: quando utilizada nesse sentido, sem qualquer modificador, não é acompanhada por artigo definido feminino. Por exemplo, diz-se **estou em casa** e não **estou na casa**. Contudo, quando é seguida por algum modificador, vem o artigo a acompanhá-la: **venho da casa** (de + a) **de José**. Por outro lado, na linguagem familiar, costuma-se dizer **vou na escola** em vez de **vou à escola**, contrariando a norma culta que manda usar a preposição **a** com verbos que indicam movimento.

Pergunta-se: no exemplo abaixo deve ou não ocorrer o acento indicador da crase? Explique.

Vou à casa do novo habitante da cidade.

13. (PUC-PR) Observe este comentário de jornal, do qual se omitiu uma palavra:

Sem perdão

"Os cartazes que anunciam a temporada de Caetano Veloso no Canecão cometem uma falha que o cantor não perdoaria: Ao divulgar as datas, colocaram uma ... indevida em **de 7 à 24 de junho**."

(*Gazeta do povo*. Curitiba, 9 jun. 2001. p. 19.)

Foi retirada do texto a palavra:

a) data
b) crase
c) preposição
d) pontuação
e) grafia

14. (PUC-PR) Assinale a alternativa em que o elemento colocado entre parênteses não preenche corretamente os pontilhados.

a) Por favor, entrem e fiquem ... vontade. (à)

b) Ele voltará daqui ... meia hora. (a)

c) Sentou-se ... mesa, mas não comeu nada. (à)

d) Dirigiu-se ao quadro negro e começou ... escrever. (a)

e) O velho matou o gato ... pauladas. (à)

15. (FGV-SP) Assinale a alternativa em que o sinal indicativo de crase foi empregado de acordo com a norma culta.

a) Graças à essa nova visão de ensino, o professor desenvolve atividades inovadoras.

b) De aluno dedicado à profissional reconhecido: eis aí um homem de sucesso.

c) Ele se dedica à várias espécies de pesquisa experimental.

d) É sempre à partir da experiência que se aprende?

e) O curso se destina àqueles que valorizam o saber que advém da experiência.

16. (ESPM-SP) Assinale a frase em que o acento grave, indicador da crase, seja facultativo (ou optativo):

a) As barbáries cometidas contra os moradores de rua são semelhantes às que são praticadas contra o cidadão comum.

b) Muitos não querem sair da rua, seja por doença mental, seja pela deterioração e perda de autoestima que os estimula à autodestruição.

c) Muitos não querem sair da rua, seja pela ilusão de maior liberdade, menos compromissos, fuga de situações às quais não querem voltar.

d) Urge debater a real situação do povo de rua, visando à sua reinclusão social.

e) Os programas de reinclusão social devem dar prioridade à cidadania.

17. (Ufam) Assinale a frase em que o **a** deveria levar acento grave (à), em face da ocorrência de crase.

a) Pede a Nossa Senhora que te proteja e que dê vida a teus pais.

b) Sabe-se que a cidade do Rio de Janeiro está ligada a de Niterói por uma majestosa ponte de quatorze quilômetros.

c) Embora sejamos livres, nossa liberdade não é absoluta: está sempre sujeita a restrições.

d) Costuma-se dizer que quem tem boca vai a Roma.

e) Exaustos, os viajantes chegaram a uma árvore frondosa, a cuja sombra descansaram.

18. (UFS) Aponte a alternativa que completa corretamente as lacunas da frase.

Comunique ... professora que a reunião terá início ... oito horas. Peça-lhe que chegue ... tempo.

a) à – às – à

b) à – às – a

c) à – as – à

d) a – às – a

e) a – as – a

19. (UFMS) Aponte a alternativa que completa corretamente as lacunas da frase.

Dirigi-me ... essa professora a fim de colocar-me ... disposição para o trabalho planejado ... tanto tempo.

a) à – à – há

b) a – a – a

c) a – à – há

d) à – a – a

e) a – a – há

20. (Ufac) Assinale a alternativa que só pode ser completada com **à**.

a) Daqui ... duas horas, estarei em Porto Velho.

b) Infelizmente não escreveram ... ninguém.

c) O barco estava agora ... mercê da correnteza.

d) Não poderão ir ... festa alguma nesta semana.

e) O prêmio foi dado ... quem não merecia.

21. (Ufes) A opção em que o **a** deve receber acento de crase é:

a) Levarei um pedaço das pessoas e dos objetos **a** que eu possa me segurar.

b) Esta é uma forma de autossuficiência **a** que não aspirarei tão cedo.

c) Prefiro as vantagens de estar viva **as** que a morte me ofereceria.

d) Esta forma definitiva de autossuficiência **a** que se referem não me interessa.

e) As vantagens de estar viva suplantam **as** que a morte me ofereceria.

22. (UEL-PR) Foi ... Brasília aprender ... artes políticas, mas retornou ... terra natal sem grandes conhecimentos.

a) a – as – à

b) à – as – a

c) a – às – à

d) a – as – a

e) à – às – à

23. (UFPI) Assinale a alternativa em que haveria acento grave, indicador de crase.

a) Simão Bacamarte preferiu a ciência ao conforto dos amigos.

b) Os amigos pediram a ele que reconsiderasse.

c) Simão Bacamarte obedeceu a voz da razão.

d) Ele respondeu a tudo com muita convicção.

e) Dirigiu-se logo para a Casa Verde.

24. (UFPE) O sinal indicativo de crase é obrigatório na alternativa:

a) Ficava horas a ouvir música.

b) Abraço a causa até as últimas consequências.

c) Convidou-me para uma visita a sua casa.

d) A partir do momento em que resolveu, ficou decididamente exigente.

e) A noite, no largo do Bonsucesso, haverá mais dois comícios.

25. (UFMA) Marque a alternativa correta quanto ao emprego da crase.

a) É árdua a tarefa à que te dedicas.

b) Ofereceu prêmios à todos os concorrentes.

c) Quando chegou a casa, atirou-se à chorar.

d) Não respondeu a todas as questões, somente às que sabia.

e) Seja útil a sociedade e à pátria.

26. (PUCCamp-SP) Assinale a alternativa em que há uso incorreto do sinal da crase.

a) Toda essa situação se deve à instabilidade da taxa de inflação.

b) Referindo-se à salários do último mês, comentou a inviabilidade de se manter aquele número de funcionários na empresa.

c) Não é à toa que amealhou o dinheiro que tem.

d) Em clima de grande emoção, chegou a tecer elogios inclusive àqueles que sempre o criticaram.

e) Devemos incentivá-los a dar continuidade à sua tarefa de informar a verdade sobre a situação do país.

27. (Fesb-SP) Não me refiro ... essa peça, mas ... a que assistimos sábado ... noite.

a) a – àquela – à
b) a – aquela – a
c) à – aquela – à
d) à – àquela – a
e) à – àquela – à

28. (Unaerp-SP) Levando em conta que alguns nomes de lugar admitem a anteposição do artigo, assinale a alternativa em que a crase foi empregada corretamente.

a) Ele nunca foi à Berlim.
b) Ele nunca foi à Paris.
c) Ele nunca foi à Portugal.
d) Ele nunca foi à Roma.
e) Ele nunca foi à China.

29. (PUC-SP) Assinale a alternativa que preencha, pela ordem, corretamente as lacunas: "... seis horas da manhã, já estávamos ... esperar o trem que nos levaria ... cidadezinha, de onde iríamos, ... cavalo, ... fazenda do Sr. Juca".

a) As – à – a – à – à
b) Às – a – à – à – a
c) As – a – à – a – à
d) Às – a – à – a – à
e) As – à – à – a – a

30. (PUC-RS) Em todas as frases deve ser utilizado o acento indicativo da crase, exceto na:

a) É preciso resistir a violência.
b) Nem sempre se sobrevive a violência.
c) A dor do agredido sucede a violência.
d) É necessário desaprovar a violência.
e) Não se pode ceder a violência.

31. (Efoa-MG) Assinale a alternativa em que o acento indicativo de crase está corretamente empregado em todos os casos.

a) Foram feitas referências elogiosas à família e à pessoa do desembargador na reunião.
b) À todas as pessoas de bem, é garantido o direito à regalias no clube.
c) Daqui à uma semana, irei à Campinas atender à algumas pessoas.
d) Quando menos se esperam apelos à favor de mudanças, eles acontecem a beça.
e) Às duas horas, sairemos à procura de alguém que possa ficar frente à frente com o preso.

32. (Efoa-MG) O acento gráfico indicativo da ocorrência da crase está corretamente empregado em:

a) À família compete obedecer às leis que garantem à criança o direito à vida.
b) À justiça compete garantir à todas as crianças o cumprimento das leis que as protegem.
c) Daqui à algumas semanas, iremos às urnas à fim de elegermos nossos representantes.
d) À noitinha, todos se reúnem à beira da fogueira alimentada à fogo brando.
e) Todo o mundo vive à reclamar mudanças, pois o país está às portas do caos.

33. (PUCCamp-SP) A frase em que o acento grave indica corretamente a ocorrência de crase é:

a) Eles pareciam aborrecidos, pois chegaram à recusar até mesmo um cafezinho.

b) Todos fizeram severas críticas à redação do texto; quanto à mim, quero ressaltar seus méritos.

c) Em seu discurso, o homenageado dirigiu-se especialmente àqueles que, em passado recente, o haviam censurado.

d) Sugeri que recorrêssemos à pessoas mais preparadas para tratar do assunto.

e) Este documento deve ser encaminhado à seu chefe, para que ele o assine o mais rápido possível.

34. (Unifor-CE) O aluno fará ... tempo as correções relativas ... respostas dadas ao examinador.

a) há – as
b) à – às
c) a – às
d) há – às
e) a – as

35. (Fafeod-MG) Indique a alternativa que permite preencher corretamente os vazios do texto abaixo.

Aguardava ... carta ... muito tempo e, como não chegasse, ele referia-se ... todo instante ... consequências desastrosas que ... demora tenderia ... provocar.

a) a – a – a – às – a – a
b) a – há – a – às – a – a
c) a – há – a – as – a – a
d) a – à – a – as – a – a

36. (UFV-MG) Indique a alternativa em que o sinal indicativo de crase é facultativo.

a) Voltou à casa do juiz.
b) Chegou às três horas.
c) Voltou à minha casa.
d) Devolveu as provas àquela aluna.
e) Voltou às pressas.

37. (UPM-SP) Assinale a alternativa que preencha corretamente as lacunas.

Julgo que ... dez anos a situação era diferente.

Daqui ... pouco não poderemos mais ir ... cidade sem receio.

a) há – à – a
b) à – há – a
c) a – a – à
d) a – há – à
e) há – a – à

38. (UCDB-MS) Assinale a opção que completa corretamente as lacunas: ... dois dias, ele pegou ... sacola, disse adeus ... filha e saiu ... cavalo.

a) A – a – à – à
b) A – à – a – a
c) Há – a – a – à
d) Há – a – à – a
e) Há – a – à – à

39. (Unifor-CE) Nas compras ... vista ou ... prazo, o desconto oferecido ... clientela é praticamente o mesmo.

a) à – à – a
b) à – a – à
c) a – a – à
d) à – à – à
e) a – a – a

40. (Unifor-CE) Senti, ... partir daquele instante, que ... empresa pouco importara minha dedicação ... campanha de vendas.

a) à – a – a
b) a – à – à
c) a – à – a
d) à – à – a
e) a – a – à

41. (UFSM-RS) Assinale a alternativa que completa, corretamente, as lacunas da frase: Nesta oportunidade, volto ... referir-me ... problemas já expostos ... V. S.ª ... alguns dias.

a) à, àqueles, a, há
b) a, àqueles, a, há
c) a, aqueles, à, a
d) à, àqueles, a, a
e) a, aqueles, à, há

42. (FSA-SP) A alternativa que preenche corretamente as lacunas da frase "... muito tempo, devido ... condições político-econômicas do país, não é dado ... população o direito de viver ... salvo de sobressaltos financeiros" é:

a) A – as – à – à
b) À – às – à – a
c) Há – às – à – a
d) Há – às – à – à
e) À – as – à – a

43. (Fafeod-MG) Assinale a opção que completa corretamente as lacunas da frase: Saiu de casa ... oito horas da manhã, ... escondidas, só retornando ... noite, dirigindo-se ... aposento suspeito.

a) às – as – a – aquele
b) as – às – à – àquele
c) às – às – à – aquele
d) às – às – a – aquele
e) às – às – à – àquele

44. (Efoa-MG) Solicito ... V. S.ª que compareça ... qualquer hora ... uma de nossas agências e traga ... filha.

a) à – em – em – vossa
b) a – a – a – sua
c) a – a – à – vossa
d) à – em – a – sua
e) a – a – a – vossa

45. (Unifor-CE) Discordâncias ... parte, dedico meu trabalho ... ela, com quem aprendi ... ler a linguagem da natureza.

a) à – à – à
b) a – a – a
c) a – a – à
d) a – à – a
e) à – a – a

46. (UCDB-MS) Ele falou ... respeito de seus planos. Pode ser que ... partir da próxima semana já haja muitas coisas ... fazer.

a) à – a – a
b) a – a – a
c) à – à – à
d) à – à – a
e) a – a – à

47. (UniFMU-SP) Assinale a alternativa que preencha corretamente e respectivamente os espaços da oração.

"Fui ... casa de meu pai ... procura de um livro que ... tempos eu não via."

a) a – a – a
b) a – à – há
c) à – à – há
d) à – a – a
e) à – a – há

48. (Cefet-PR) O pobre homem fica ... meditar, ... tarde, indiferente ... que acontece ao seu redor.

a) à – a – aquilo
b) a – a – àquilo
c) a – à – àquilo
d) à – à – aquilo
e) à – à – àquilo

49. (Furg-RS) Joana foi ... bela Campinas, dirigiu-se ... referida pensão e aí, pondo-se ... vontade, solicitou ... criadas um prato ... portuguesa.

a) a – à – à – as – a
b) a – à – à – às – à
c) à – à – a – às – à
d) à – a – à – as – a
e) à – à – à – às – à

50. (Unirio-RJ) Assinale o item que completa as lacunas: "... uma semana, ... composição de Bandeira, uma ... uma, era enviada ... gráfica".

a) Há – à – a – a
b) A – a – à – a
c) A – à – à – a
d) Há – a – a – à
e) Há – a – à – a

51. (Acafe-SC) Assinale a alternativa que completa **corretamente** as frases.

I. De ponta ... ponta da rua, viam-se cartazes.

II. Estamos ... procura de melhores oportunidades.

III. Agradeço ... você pelas sugestões que me deu.

IV. A promoção será realizada de 27 ... 29 de julho do corrente ano.

a) a, à, a, a
b) a, à, à, à
c) à, à, a, à
d) à, a, a, à
e) à, a, à, a

52. (FCC) A casa fica ... direita de quem sobe a rua, ... duas quadras da avenida do Contorno.

a) à – há
b) a – à
c) a – há
d) à – a
e) à – à

53. (FMABC-SP) A alternativa que preenche corretamente as lacunas da frase "Ele já saiu ... muito tempo; deverá chegar ... terra de seus pais daqui ... alguns dias, se não tiver deixado o carro ... gasolina, com que viajaria, ... espera de revisão" é:

a) a – à – a – à – a
b) há – à – a – a – à
c) à – a – à – a – a
d) há – a – a – a – a
e) à – à – a – à – a

54. (ITA-SP) Assinale a alternativa que corretamente preenche as lacunas.

Quando ... dois dias disse ... ela que ia ... Itália para concluir meus estudos, pôs-se ... chorar.

a) a – a – a – a
b) há – à – à – a
c) a – à – a – à
d) há – a – à – a
e) há – a – a – à

55. (ITA-SP) Dadas as sentenças:

1. Lançaram-se a novas conquistas.
2. Não sei a quem puxastes.
3. Procurei você de ponta a ponta.

constatamos que o acento indicador de crase no **a** deve ocorrer:

a) apenas na sentença 1;
b) apenas na sentença 2;
c) apenas na sentença 3;
d) em todas as sentenças;
e) n.d.a.

56. (ITA-SP) Dadas as sentenças:

1. Meu irmão dedicou-se à áreas literárias.
2. Estamos à espera de socorro.
3. Transmita esta informação à Sua Excelência.

Deduzimos que:

a) apenas a sentença n. 1 está correta;
b) apenas a sentença n. 2 está correta;
c) apenas a sentença n. 3 está correta;
d) todas estão corretas;
e) n.d.a.

57. (Fuvest-SP) De ... muito, ele se desinteressou em chegar a ocupar cargo tão importante, ... coisas mais simples na vida e que valem mais que a posse momentânea de certos postos de relevo ... que tantos ambicionam por amor ... ostentação.

a) a – há – à – à
b) há – as – a – a
c) há – há – a – à
d) a – hão – a – à
e) há – a – a – a

58. (FCC) Os que assistiram ... peça chegaram ... aplaudi-la de pé, postando-se ... poucos metros do palco.

a) à – à – há
b) à – a – a
c) a – a – à
d) à – a – há
e) a – à – a

59. (FCMSC-SP) Assinale a sentença em que a crase foi empregada corretamente.

a) Não se esqueça de chegar à casa cedo.

b) Prefira isto aquilo, já que ao se fazer o bem não se olha à quem.

c) Já que pagaste àquelas dívidas, à que situação aspiras?

d) Chegaram até à região marcada e daí avançaram até à praia.

e) Suas previsões não deixaram de ter razão, pois à uma hora da madrugada é um perigo andar à pé, sozinho.

60. (PUC-RS) Foi ... mais de um século que, numa reunião de escritores, se propôs a maldição do cientista que reduzira o arco-íris ... simples matéria: era uma ameaça ... poesia.

a) a – a – à
b) há – à – a
c) há – à – à
d) a – a – a
e) há – a – à

61. (UFPR) Quais as formas que completam, pela ordem, as lacunas das frases seguintes?

Daqui ... pouco vai começar o exame.

Compareci ... cerimônia de posse do novo governador.

Não tendo podido ir ... faculdade hoje, prometo assistir ... todas as aulas amanhã.

a) à – a – a – à
b) há – na – à – a
c) a – há – na – à
d) há – na – à – à
e) a – à – à – a

62. (Fuvest-SP) ... noite, todos os operários voltaram ... fábrica e só deixaram o serviço ... uma hora da manhã.

a) Há – à – à
b) A – a – a
c) À – à – à
d) À – a – há
e) A – à – a

63. (UEL-PR) ... cerimônias, ... início finalmente se procedeu, compareceram muitos curiosos.

a) Às – cujo
b) Às – a cujo
c) As – à cujo
d) As – a cujo
e) Às – à cujo

64. (Fuvest-SP) Diga ... elas que estejam daqui ... pouco ... porta da biblioteca.

a) à – há – a
b) a – há – à
c) a – a – a
d) à – a – a
e) a – a – à

65. (UEL-PR) No território nacional – ... estatísticas o demonstram – ... cada trinta minutos uma pessoa sucumbe ... tuberculose.

a) as – à – a
b) às – à – à
c) às – à – a
d) as – a – à
e) às – a – a

66. (UEL-PR) Fique ... vontade e confie ... mim tudo que tem ... dizer.

a) a – a – à
b) à – a – a
c) à – a – à
d) à – à – à
e) a – à – a

Capítulo 24 – MORFOSSINTAXE DAS PALAVRAS *QUE* E *SE*

1. (Udesc) Assinale a alternativa que contém a **correta** classificação do **se.**

a) **Se** Deus quisesse que todos os homens fossem iguais, teria feito todos americanos. – partícula apassivadora.

b) Trata-**se** de papéis nada importantes. – conectivo integrante.

c) Veremos **se** haverá trégua nesse longo combate. – índice de indeterminação do sujeito.

d) Quando ele entrou, ela nem **se** dignou a olhá-lo. – pronome reflexivo.
e) A criança sorria-**se** feliz. – partícula de realce.

2. (PUC-SP) A partir dos seguintes trechos "...e nunca mais **se** soube o que era blasfêmia..." e "Dentro dos sons movem-**se** cores...", assinale a alternativa correta.

a) O pronome átono **se** exerce a função de partícula apassivadora na voz passiva analítica.
b) O pronome átono **se** exerce a função de partícula apassivadora na voz passiva pronominal.
c) O pronome átono **se** exerce a função de partícula apassivadora na voz ativa.
d) O pronome átono **se** é parte integrante do verbo.
e) O pronome átono **se** exerce a função de pronome reflexivo.

3. (Fesp-SP) Aponte a alternativa que corresponde à seguinte descrição: **se – partícula apassivadora**.

a) O carro sumiu-**se** na poeira da estrada ao longe.
b) O operário **se** mutilara durante à realização de sua atividade diária.
c) Mulheres **se** odeiam subjetivamente.
d) Lavam-**se** cortinas e tapetes por preços módicos e facilitados.
e) Alunos queixavam-**se**, professores queixavam-se, só havia queixas...

4. (Faap-SP) No trecho:

"Ouves acaso quando entardece
Vago murmúrio **que** vem do mar."

A palavra **que** pode ser classificada como:

a) pronome interrogativo
b) pronome exclamativo
c) pronome integrante
d) pronome indefinido
e) pronome relativo

5. (Cefet-MG) Identifique a alternativa que classifica corretamente a função do **que** nas frases a seguir:

I. Espero **que** os homens pensem, com amor, em seu velho planeta.
II. A criança doente **que** chorava era a felicidade e a esperança da família.

a) pronome substantivo indefinido – preposição
b) conjunção integrante – pronome relativo
c) pronome relativo – substantivo
d) advérbio – pronome adjetivo indefinido
e) conjunção subordinativa causal – partícula expletiva

6. (Ufam) Nos versos de Vinicius de Moraes:

"a beleza **que** não é só minha
que também passa sozinha"

os conectivos destacados classificam-se como:

a) pronome substantivado
b) conjunção integrante
c) conjunção causal
d) conjunção explicativa
e) pronome relativo

7. (Faap-SP) Assinale a alternativa cuja relação é **incorreta**.

a) Sorria às crianças **que** passam. – pronome relativo
b) Declaram **que** nada sabem. – conjunção integrante

c) **Que** alegre manifestação a sua. – advérbio de intensidade

d) **Que** enigmas há nessa vida! – pronome adjetivo indefinido

e) Uma ilha **que** não consta do mapa. – conjunção coordenativa explicativa

8. (UFMT) Leia o texto abaixo e assinale corretamente a função sintática do pronome relativo **que**.

Menino **que** mora num planeta
azul feito a cauda de um cometa
quer se corresponder com alguém
de outra galáxia.

a) sujeito

b) objeto direto

c) adjunto adverbial

d) predicativo

e) n.d.a.

9. (Acafe-SC) "Há um **se** empregado incorretamente nesse texto."

A alternativa em que a palavra **se** tem classificação idêntica à da frase acima é:

a) Ela **se** afastou pensativa.

b) Não **se** queixaram de nada.

c) Quando **se** precisa, ninguém aparece.

d) Algum **se** ficou sem explicação?

e) Verei **se** posso ajudar.

10. (Ufes) O período é simples, por ser o **é que** expletivo em:

a) "A verdade é que não quero ir."

b) "O importante é saber que estou viva."

c) "É neste amanhã que os mortos são sempre esquecidos."

d) É preciso que não seja agora.

e) É certo que não quero ir agora.

11. (Ufam) Assinale o item em que a palavra **que** desempenha função de advérbio:

a) Que fizeste de meus livros?

b) Que bonitos olhos tens!

c) Que troféu ainda te falta?

d) Que és muito feliz, eu bem o sei.

e) Quase que você acerta tudo.

12. (UFMA) Na canção de Caetano Veloso "Mas acontece **que** eu não posso me deixar levar por um papo **que** já não deu", a palavra **que** é, respectivamente:

a) conjunção integrante e pronome relativo

b) palavra de realce e conjunção integrante

c) pronome indefinido e pronome relativo

d) pronome relativo e conjunção integrante

e) pronome relativo e pronome indefinido

13. (UEPG-PR) Marque a alternativa do advérbio de intensidade.

a) Se eu tiver que ajudar-te, alegrar-me-ei.

b) Que importa a opinião deles?

c) O professor resolveu o que pediram.

d) Que feliz serei eu, se vieres.

e) Esperamos que os dias melhorem.

14. (Ufac) Em "Como as espumas que nascem do mar e do céu, da vaga e do vento, eles são filhos da musa [...]", as palavras **como** e **que** são, respectivamente:

a) preposição – conjunção integrante.

b) conjunção causal – pronome relativo.

c) advérbio de modo – conjunção integrante.

d) conjunção comparativa – pronome relativo.

e) conjunção conformativa – palavra expletiva.

15. (Fesp-SP) A classificação entre parênteses da palavra **que** está errada em:

a) Tenho que comprar sapatos novos (preposição)

b) Quê! Você não quer sair daqui?! (interjeição)

c) Que bela apresentação, meu filho! (advérbio)

d) Vamos para casa, que está chovendo. (preposição)

e) Vou descobrir o quê da questão. (substantivo)

16. (UFPI) Em que alternativa a expressão destacada é um complemento nominal?

a) O livro **de que** tínhamos necessidade foi extraviado.

b) A cadeira **em que** sentamos era velha demais.

c) Era grande a alegria **de que** estávamos possuídos.

d) A pessoa **a quem** me refiro é teu amigo.

e) A rua **em que** estivemos está desobstruída agora.

17. (Fuvest-SP) "A cláusula mostra **que** tu não queres enganar."

A classe gramatical da palavra **que**, no trecho, é a mesma da palavra **que** em:

a) Ficam desde já excluídos os sonhadores, os **que** amam o mistério.

b) Não foi a religião **que** te inspirou este anúncio.

c) **Que** não pedes um diálogo de amor, é claro.

d) **Que** foi então, senão a triste, longa e aborrecida experiência?

e) Quem és tu **que** sabes tanto?

18. (Fuvest-SP) "É da história do mundo **que** as elites nunca introduziram mudanças **que** favorecessem a sociedade como um todo. Estaríamos nos enganando se achássemos **que** estas lideranças empresariais teriam motivação para fazer a distribuição de rendas **que** uma nação equilibrada precisa ter."

(Ricardo Semler)

No trecho acima, o vocábulo **que** classifica-se pela ordem como:

a) pronome relativo, conjunção integrante, pronome relativo, conjunção integrante

b) conjunção integrante, pronome relativo, pronome relativo, conjunção integrante

c) pronome relativo, pronome relativo, conjunção integrante, conjunção integrante

d) conjunção integrante, pronome relativo, conjunção integrante, pronome relativo

e) pronome relativo, conjunção integrante, conjunção integrante, pronome relativo

19. (Fuvest-SP) "**Se** você sair agora, nunca saberá **se** dissemos a verdade a eles e qual foi sua reação ao **se** verem diante daquela descoberta."

No texto acima, a partícula **se** é, respectivamente:

a) conjunção condicional – conjunção condicional – partícula apassivadora

b) conjunção integrante – partícula expletiva – partícula apassivadora

c) conjunção integrante – pronome reflexivo – pronome reflexivo

d) conjunção condicional – conjunção integrante – pronome reflexivo

e) conjunção condicional – conjunção integrante – partícula apassivadora

20. (Fafeod-MG) O pronome relativo **que** exerce a função de sujeito em:

a) "Além, muito além daquela serra que ainda azula no horizonte, nasceu Iracema."

b) "Sofreu mais d'alma que da ferida."

c) "O sentimento que ele pôs no rosto, não o sei eu."

d) "Venho das terras que teus irmãos já possuíram e hoje têm os meus."

e) "A alva rede que Iracema perfumara com a resina de Benjoim, guardava-lhe um sonho calmo e doce."

21. (UFMA) Ocorre voz passiva com o pronome **se** na opção:

a) O orador referiu-se a fatos recentes.

b) As pessoas presentes cumprimentaram-se rapidamente.

c) Levantem-se, meninos!

d) Vendem-se livros a preço de custo.

e) Ninguém se livra da ação do tempo.

22. (UPM-SP) A questão seguinte refere-se ao texto "Um epitáfio para Catulo da Paixão Cearense", de Mário Quintana. Leia-o atentamente, antes de respondê-la.

"Catulo não morreu: luarizou-se..."

Em "luarizou-se", o **se** indica:

a) reciprocidade

b) reflexividade

c) passividade

d) indeterminação

e) condição

23. (UPM-SP) No trecho "Quando se desenhou a perspectiva da seca [...]", a partícula **se** é:

a) índice de indeterminação do sujeito

b) pronome apassivador

c) objeto direto

d) objeto indireto

e) pronome integrante ao verbo

24. (Ufac) Nos delicados versos de Casimiro de Abreu "Ai **que** saudades **que** eu tenho da aurora da minha vida [...]", a palavra **que** é, respectivamente:

a) pronome relativo e conjunção integrante.

b) pronome indefinido e partícula de realce.

c) partícula de realce e pronome relativo.

d) interjeição e pronome indefinido.

e) pronome indefinido e pronome relativo.

25. (Aman-RJ) "Mas não precisa correr, **que** não é sangria desatada [...]"

Classifica-se a palavra destacada como:

a) pronome relativo, sujeito de **é**.

b) conjunção integrante, conectivo.

c) conjunção concessiva, conectivo.

d) pronome indefinido, sujeito de **é**.

e) conjunção explicativa, conectivo.

26. (PUCCamp-SP) Assinale a alternativa em que aparece a conjunção final **que**.

a) Não sei que digo a você.

b) Cinco dias são passados que dali saímos.

c) Peço a Deus que te faça venturoso.

d) Crio estas crianças, que vês, que refrigério sejam de minha velhice.

e) n.d.a.

27. (Fasp-SP) "Uma lagartixa passou correndo à sua frente e sumiu-**se** por entre as macegas."

A palavra **se** é:

a) pronome reflexivo e objeto direto
b) pronome reflexivo recíproco e objeto direto
c) partícula de realce (sem função sintática)
d) pronome pessoal oblíquo e objeto direto

28. (Esan-SP) Na frase: "Trabalhou-se com prazer", a palavra **se** é:

a) partícula de realce
b) partícula expletiva
c) pronome reflexivo
d) índice de indeterminação do sujeito
e) Nenhuma das alternativas.

29. (Faap-SP) Assinale a frase na qual o **se** não é pronome apassivador nem índice de indeterminação do sujeito.

a) Estudou-se este assunto.
b) Ele se suicidou ontem.
c) Falou-se muito sobre aquela festa.
d) Aos inimigos não se estima.
e) Fizeram-se reformas na casa.

30. (Fuvest-SP) "Na reunião do Colegiado, não faltou, no momento **em que** as discussões se tornaram mais violentas, argumentos e opiniões veementes e contraditórias."

O pronome relativo tem a função sintática de:

a) objeto indireto.
b) complemento nominal.
c) adjunto adverbial.
d) predicativo do sujeito.
e) n.d.a.

31. (Efoa-MG) Assinale a alternativa em que o pronome **que** desempenha a função de objeto indireto na frase.

a) Falo a amigos que envelheceram.
b) A vida separa os amigos que a morte vem juntar bruscamente.
c) Gosto desses fotógrafos silenciosos diante da alameda em que a areia estala sob o passo lépido das crianças.
d) Quero desejar a leitores e amigos as alegrias e suavidades a que o tempo convida.
e) Meu pobre livro inútil, que sempre sonhei escrever e ainda não me deste a honra de te deixares escrever, por onde andas tu?

32. (UPM-SP) Aponte o período em que a palavra **se** seja uma conjunção subordinativa integrante.

a) A tristeza daquela jovem se funda em problemas sociais.
b) Em suas palavras, não se separam mentiras e verdades.
c) Se essa obra fosse impressa no Brasil, teria o valor de oitenta reais.
d) Os dirigentes indagaram se seriam ordens adequadas a seus subalternos.
e) Os chefes administrativos mantêm-se atualizados quanto a questões existenciais das mais complexas.

33. (UPM-SP) Assinale a alternativa em que o pronome **se** está apassivando o verbo.

a) Tempo não se mede pelos ponteiros do relógio, mas pelo vácuo da comunicação entre dois amigos.
b) Ao entrar no recinto novo da confeitaria, muitos clientes se sentiam enleados com o local de conhecida modéstia.

c) Vão-se embora os mais coloridos sonhos com a chegada de um só momento de maturidade.

d) Esqueceu-se dos fardos diários, enquanto olhava para a inexpressiva lista dos pratos do dia.

e) Precisa-se de muita calma e jeito para o consolo de um singular amigo.

34. (UPM-SP) Uma das alternativas apresenta o pronome reflexivo **se**:

a) "Capitu deixou-se fitar e examinar."

(Machado de Assis)

b) Voltarei cedo se quiseres.

c) Queixou-se das questões do concurso.

d) Alugam-se apartamentos.

e) Precisa-se de pedreiros.

35. (Unimep-SP) Quanto ao uso do **se**, a gramática tradicional não admite a construção:

a) Vendem-se casas.

b) Aluga-se apartamento.

c) Não se vá tão cedo!

d) Trabalhou-se muito hoje.

e) Conserta-se sapatos.

36. (PUCCamp-SP) Assinale a alternativa em que a palavra em destaque é pronome.

a) O homem **que** chegou é meu amigo.

b) Notei um **quê** de tristeza em seu rosto.

c) Importa **que** compareçamos.

d) Ele é **que** disse isso!

e) Vão ter **que** dizer a verdade.

37. (UPM-SP) Na frase "Você é **que** pensa **que** a vida flui segundo as leis do poder!", a palavra **que** classifica-se, respectivamente, como:

a) palavra de realce – pronome relativo

b) advérbio de intensidade – conjunção integrante

c) advérbio de intensidade – pronome relativo

d) conjunção integrante – pronome relativo

e) palavra de realce – conjunção integrante

38. (Fasp-SP) Na oração "Há pouco tempo me disse **que** quisera ter nascido princesa", a palavra destacada é:

a) conjunção subordinativa final

b) conjunção subordinativa consecutiva

c) conjunção subordinativa integrante

d) conjunção subordinativa concessiva

39. (Fatec-SP) Considerando como conjunção integrante aquela que indica uma oração subordinada substantiva, indique em qual das opções nenhum **se** tem esta função.

a) "Se subiu, ninguém sabe, ninguém viu."

b) Comenta-se que ele se feria de propósito.

c) Se vai ou fica é o que eu gostaria de saber.

d) Saberia me dizer se ele já foi?

40. (FCMSC-SP) O **que** está com função de preposição na alternativa:

a) Veja que lindo está o cabelo da nossa amiga!

b) Dize-me com quem andas, que eu te direi quem és.

c) João não estudou mais que José, mas entrou na faculdade.

d) O fiscal teve que acompanhar o candidato ao banheiro.

e) Não chore, que eu já volto.

41. (FGV-SP) No período "Não se fazem automóveis como antigamente", a palavra **se** é:

a) partícula apassivadora
b) índice de indeterminação do sujeito
c) pronome interrogativo
d) conjunção integrante

42. (UFSCar-SP) No período "Avisou o pai, **que** caminhava para a lavoura", a palavra **que** classifica-se morfologicamente como:

a) conjunção subordinativa integrante
b) pronome relativo
c) conjunção subordinativa final
d) partícula expletiva
e) conjunção subordinativa causal

Capítulo 25 – PONTUAÇÃO

1. (Fuvest-SP) Em qual destas frases a vírgula foi empregada para marcar a omissão do verbo?

a) Ter um apartamento no térreo é ter as vantagens de uma casa, além de poder desfrutar de um jardim.
b) Compre sem susto: a loja é virtual; os direitos, reais.
c) Para quem não conhece o mercado financeiro, procuramos usar uma linguagem livre do economês.
d) A sensação é de estar perdido: você não vai encontrar ninguém no Jalapão, mas vai ver a natureza intocada.
e) Esta é a informação mais importante para a preservação da água: sabendo usar, não vai faltar.

2. (UFMS) Leia os provérbios a seguir e assinale a(s) proposição(ões) correta(s).

I. Quem casa muito prontamente, arrepende-se...

II. Quem casa, muito prontamente arrepende-se...

01) Em I e II, a palavra "quem" pode ser substituída por "aquele que".
02) Tanto em I como em II a interpretação dos provérbios é a mesma.
04) A posição da vírgula provoca mudança de sentido entre os provérbios I e II.
08) "Quem" é um pronome demonstrativo em I e II.
16) Em I, está subentendida a palavra "para".

3. (ESPM-SP) Assinale a alternativa cuja **pontuação** esteja correta:

a) Mas, o fim da prisão dos consumidores com programas de tratamento para viciados, repercutiu pouco sobre problemas graves associados ao mercado de drogas ilegais: a violência, o contrabando de armas e a corrupção dos agentes do Estado.
b) Mas o fim da prisão dos consumidores, com programas de tratamento para viciados repercutiu pouco sobre problemas graves associados ao mercado de drogas ilegais; a violência, o contrabando de armas e a corrupção dos agentes do Estado.
c) Mas o fim da prisão dos consumidores, com programas de tratamento para viciados, repercutiu pouco sobre problemas graves associados ao mercado de drogas ilegais; a violência, o contrabando de armas e a corrupção, dos agentes do Estado.
d) Mas o fim da prisão dos consumidores, com programas de tratamento para viciados, repercutiu pouco sobre problemas graves associados ao

mercado de drogas ilegais: a violência, o contrabando de armas e a corrupção dos agentes do Estado.

e) Mas o fim da prisão dos consumidores com programas de tratamento para viciados repercutiu pouco, sobre problemas graves associados ao mercado de drogas ilegais: a violência, o contrabando de armas, e a corrupção dos agentes do Estado.

4. (PUC-RJ)

Que é, pois, o tempo? Quem poderá explicá-lo clara e brevemente? Quem o poderá apreender, mesmo só com o pensamento, para depois nos traduzir por palavras o seu conceito? E que assunto mais familiar e mais batido nas nossas conversas do que o tempo? Quando dele falamos, compreendemos o que dizemos. Compreendemos também o que nos dizem quando dele nos falam. O que é, por conseguinte, o tempo? Se ninguém me perguntar, eu sei; se o quiser explicar a quem me fizer a pergunta, já não sei.

Santo Agostinho, *Confissões* I, XI, cap. XIV.

O trecho abaixo versa sobre essa famosa passagem de Santo Agostinho. Reescreva-o, pontuando-o de acordo com as regras da norma culta.

Muitos séculos atrás refletindo sobre a temporalidade Santo Agostinho confessou que embora tivesse uma noção tácita de tempo aparentemente não problemática não seria capaz de fornecer uma definição explícita desse conceito.

5. (Ufal) No enunciado: "A filosofia não é ciência: é uma reflexão crítica sobre os procedimentos e conceitos científicos.", o uso dos dois-pontos evidencia uma relação de

a) enumeração.
b) explicação.
c) causa e efeito.
d) equivalência.
e) reiteração.

6. (Ufal) Qual o sinal de pontuação mais adequado para substituir os parênteses no período abaixo?

"Há conhecimento de dois tipos ( ) sabemos sobre um assunto ou sabemos onde podemos buscar informação sobre ele."

a) ponto-final
b) reticências
c) ponto e vírgula
d) travessão
e) dois-pontos

7. (Unifesp) Em:

"– Ficou talvez mais disponível, e o amor por Doroteia de Seixas o iniciou em ordem nova de sentimentos: o clássico florescimento da primavera no outono. – a vírgula separa orações coordenadas com sujeitos gramaticais ....; os dois pontos introduzem uma ...."

Os espaços devem ser preenchidos, respectivamente, com

a) indeterminados ... síntese das informações precedentes
b) idênticos ... ratificação das informações precedentes
c) inexistentes ... retificação de informação mal definida anteriormente
d) distintos ... explicação de informação anterior
e) ocultos ... citação

8. (FGV-SP) Assinale a alternativa corretamente pontuada.

a) Quando as mensagens são frias, tornam-se mais acessíveis, pois são mais facilmente interpretadas, esse tipo de mensagem por ser facilmente compreendido, facilita a tomada de decisão.

b) O boiadeiro virou-se para o lado da casa e perguntou: "E daí, companheiro, essa gororoba sai ou não sai?".

c) Diariamente um diretor de empresa recebe mensagens eletrônicas, relatórios, e cartas com muitos dados por exemplo, a respeito dos recursos humanos.

d) Mas, não conseguiu chegar ao poço, antes disso, tropeçou em algo que não parecera estar ali.

e) Era o pé de Antônio, atravessado à sua frente. O que não deveria ser motivo, de surpresa, já que ele havia prometido vingar-se a todo custo.

9. (PUC-RJ) Reescreva o período abaixo pontuando-o corretamente.

"É fato conhecido por muitos que Paulo Lins escritor carioca viveu na Cidade de Deus onde se desenrola a trama de seu famoso livro."

10. (PUC-RJ) Pontue o período a seguir, empregando apenas um sinal de vírgula e um de dois-pontos.

"É aquela velha história se você coloca coisas caras em casa vai precisar pôr trancas nas portas e grades nas janelas."

11. (FGV-SP) *"A participação da renda pessoal na distribuição da renda nacional deve ser aumentada, e a participação da remuneração do trabalho na distribuição primária também deve ser elevada"*, diz o comunicado de ontem. (L.7-11)

Em relação à vírgula antes da palavra E no período acima, é correto afirmar que está

a) incorreta, pois não pode haver vírgula se houver a palavra E.

b) correta, uma vez que o E tem valor não aditivo.

c) incorreta, pois só estaria correta se houvesse uma vírgula após a palavra *primária*.

d) correta, por se tratar de caso de polissíndeto.

e) correta, pois o E inicia oração com sujeito diferente do da anterior.

12. (FGV-SP) No trecho: *"É que tudo se acha fora de um livro falho, leitor amigo."* a utilização da vírgula se justifica por:

a) Isolar um termo circunstancial de modo.

b) Isolar um termo explicativo.

c) Separar termos enumerativos.

d) Separar um vocativo.

e) Isolar um termo circunstancial deslocado.

13. (ESPP-SP) Considere as duas orações:

I. O sistema educacional no Brasil, necessita de reformas.

II. Maria traga os papéis, por favor.

A pontuação está correta em:

a) somente I

b) somente II

c) I e II

d) Nenhuma

14. (UFPR) Assinale a alternativa em que o texto está de acordo com as normas de pontuação.

a) Omitir informações de doenças preexistentes, mesmo que acidentalmente pode deixá-lo sem cobertura e acarretar: a rescisão do contrato.

b) Omitir: informações de doenças preexistentes mesmo que acidentalmente; pode deixá-lo sem cobertura; e acarretar a rescisão do contrato.

c) Omitir informações de doenças preexistentes, mesmo que acidentalmente, pode deixá-lo sem cobertura e acarretar a rescisão do contrato.

d) Omitir informações, de doenças preexistentes mesmo, que, acidentalmente, pode deixá-lo sem cobertura e acarretar a rescisão do contrato.

e) Omitir informações de doenças preexistentes mesmo que acidentalmente, pode deixá-lo sem cobertura, e acarretar a rescisão do contrato.

15. (Vunesp-SP) Leia a frase do terceiro parágrafo:

Para ele, ao contrário do que dizem os fabricantes, o secador gasta alta quantidade de eletricidade, de 1700 a 2000 watts.

Considerando as regras de pontuação, assinale a alternativa em que a frase está reescrita corretamente e sem alteração de sentido a partir do deslocamento da expressão destacada.

a) Ao contrário do que dizem os fabricantes *para ele*, o secador gasta alta quantidade de eletricidade, de 1 700 a 2 000 watts.

b) Ao contrário do que dizem os fabricantes, o secador gasta alta quantidade de eletricidade, *para ele* de 1 700 a 2 000 watts.

c) Ao contrário do que dizem os fabricantes, o secador gasta *para ele*, alta quantidade de eletricidade, de 1 700 a 2 000 watts.

d) Ao contrário *para ele*, do que dizem os fabricantes, o secador gasta alta quantidade de eletricidade, de 1 700 a 2 000 watts.

e) Ao contrário do que dizem os fabricantes, o secador, *para ele*, gasta alta quantidade de eletricidade, de 1 700 a 2 000 watts.

16. (Vunesp-SP) Assinale a alternativa cuja frase possui pontuação correta.

a) A Imprensa Oficial, no decorrer, da história, passou por várias transformações.

b) A Imprensa Oficial no decorrer da história, passou, por várias transformações.

c) A Imprensa Oficial no decorrer, da história, passou por várias transformações.

d) A Imprensa Oficial, no decorrer da história, passou por várias transformações.

e) A Imprensa Oficial, no decorrer da história, passou, por várias transformações.

17. (FGV-SP) Observe a seguinte passagem: "O Brasil para ser feliz não tem necessidade de tratados com nação alguma, pois basta somente proteger a agricultura, animar a indústria manufatureira, libertar o comércio, e franquear seus portos ao mundo inteiro. O Brasil não precisa dos favores da Inglaterra". Em qual das alternativas esse trecho está pontuado de acordo com a norma culta?

a) O Brasil, para ser feliz, não tem necessidade de tratados com nação alguma, pois basta somente proteger a agricultura, animar a indústria manufatureira, libertar o comércio e franquear seus portos ao mundo inteiro. O Brasil não precisa dos favores da Inglaterra.

b) O Brasil, para ser feliz não tem necessidade de tratados com nação alguma; pois basta, somente, proteger a agricultura, animar a indústria manufatureira, libertar o comércio, e franquear seus portos ao mundo inteiro. O Brasil não precisa dos favores da Inglaterra.

c) O Brasil para ser feliz, não tem necessidade de tratados com nação alguma, pois basta somente proteger a agricultura, animar a indústria manufatureira, libertar o comércio, e franquear seus portos ao mundo inteiro. O Brasil não precisa dos favores da Inglaterra.

d) O Brasil, para ser feliz não tem necessidade, de tratados com nação alguma. Pois basta somente proteger a agricultura, animar a indústria manufatureira, libertar o comércio e franquear seus portos ao mundo inteiro. O Brasil, não precisa dos favores da Inglaterra.

e) O Brasil, para ser feliz não tem necessidade de tratados com nação alguma, pois basta somente proteger a agricultura, animar a indústria manufatureira, libertar o comércio, e franquear seus portos ao mundo inteiro, o Brasil não precisa dos favores da Inglaterra.

18. (ESPM-SP) Do trecho extraído do jornal *Folha de S.Paulo*, assinale a alternativa que possui a melhor pontuação.

a) Nos últimos quatro anos assisti nos EUA, a dois acontecimentos gravíssimos, causadores de muita morte e destruição, um deles provocado por mão humana, o ataque às Torres Gêmeas —; o outro, natural — o furacão Katrina, que acaba de destruir Nova Orleans.

b) Nos últimos quatro anos, assisti nos EUA a dois acontecimentos gravíssimos, causadores de muita morte e destruição: um deles provocado, por mão humana — o ataque às Torres Gêmeas —; o outro, natural — o furacão Katrina que acaba de destruir Nova Orleans.

c) Nos últimos quatro anos, assisti nos EUA a dois acontecimentos gravíssimos, causadores de muita morte e destruição: um deles provocado por mão humana — o ataque às Torres Gêmeas —; o outro, natural — o furacão Katrina, que acaba de destruir Nova Orleans.

d) Nos últimos quatro anos, assisti nos EUA a dois acontecimentos, gravíssimos, causadores de muita morte, e destruição, um deles provocado por mão humana — o ataque às Torres Gêmeas —; o outro natural — o furacão Katrina, que acaba de destruir, Nova Orleans.

e) Nos últimos quatro anos, assisti, nos EUA a dois acontecimentos gravíssimos, causadores de muita morte e destruição, um deles, provocado por mão humana (o ataque às Torres Gêmeas); o outro, natural, o furacão Katrina, que acaba de destruir Nova Orleans.

19. (PUC-PR)

Estímulo elétrico contra a depressão

Um estímulo elétrico numa área precisa do cérebro de quem sofre de obsessões compulsivas e depressões pode ajudar a conseguir a cura, segundo testes feitos por neurocirurgiões franceses. Uma equipe do Centro Nacional de Pesquisas Científicas da França acaba de aplicar com sucesso a técnica, que consiste em instalar eletrodos ao nível "da cabeça do núcleo caudado, situado na metade do cérebro". A operação, que dura 12 horas é relatada na edição de outubro da revista *Journal of Neurosurgery*. O estímulo elétrico, já usado para aliviar pacientes que sofrem de mal de Parkinson, ajuda a reduzir a ansiedade de quem sofre de transtornos neurológicos.

(*Folha de S.Paulo*, 30 out. 2004.)

Marque a alternativa correta:

a) A palavra **precisa** (1.ª linha) pode ser substituída por **necessitada**.
b) Na terceira frase, após a palavra **horas**, deveria ter sido usada uma vírgula.
c) Em lugar de **Uma equipe** pode-se colocar **A equipe**.
d) O artigo definido em **acabar de aplicar com sucesso a técnica** pode ser substituído pelo indefinido **uma**.
e) A primeira vírgula da última frase poderia ser excluída.

20. (ESPM-SP) Marque a única opção correta no que se refere ao emprego das vírgulas:

a) Além disso a Rússia, tem poder de veto no Conselho de Segurança da ONU, o que na prática, torna inviável uma condenação formal, à ação russa no órgão.
b) Além disso, a Rússia tem poder de veto no Conselho de Segurança da ONU, o que, na prática, torna inviável uma condenação formal à ação russa no órgão.
c) Além disso, a Rússia tem poder, de veto no Conselho de Segurança da ONU o que, na prática torna inviável, uma condenação formal à ação russa, no órgão.
d) Além disso, a Rússia tem poder de veto, no Conselho de Segurança da ONU, o que, na prática torna inviável uma condenação formal à ação russa no órgão.
e) Além disso a Rússia tem poder de veto, no Conselho de Segurança da ONU o que na prática, torna inviável uma condenação formal à ação russa, no órgão.

21. (UFPE) Os enunciados a seguir são fragmentos do livro *A língua portuguesa e a unidade do Brasil*, de Barbosa Lima Sobrinho (Nova Fronteira, 2000). Em uma das alternativas, a pontuação foi modificada, tornando-se **incorreta**. Assinale-a.

a) A língua literária, quando se torna excessivamente livresca, ou aristocrática, perde sua função natural.
b) Nenhum povo cometeria, hoje, o erro de restringir ainda mais o campo de ação de um determinado idioma, quando a tendência é para alargar as fronteiras.
c) De qualquer modo, porém, o que convém é não perder terreno, isto é, não reduzir o número de pessoas que o utilizam como idioma comum.
d) A conclusão, pois, é de que, se temos o privilégio de nos entendermos facilmente de extremo a extremo do Brasil, devemo-lo à língua portuguesa.
e) A língua portuguesa é, que nos prendeu, através dos séculos da formação; ela é que assiste, ao nosso desenvolvimento e à nossa expansão.

22. (PUC-PR) A língua é bastante flexível, o que permite escolhas no modo de dizer. Indique a alternativa com a alteração inadequada:

"Segundo números do Ibope e Ratings, o país tem 20 milhões de internautas que utilizam em média 10 horas mensais de acesso. Entre as páginas mais procuradas estão finanças, comércio eletrônico, notícias e serviços de governo.

(*Resol*, set/out. 2004. p. 12.)

a) Inverter a ordem da última frase: "Finanças, comércio eletrônico, notícias e serviços de governo estão entre as páginas mais procuradas".

b) Substituir "o país tem" por "no país há".

c) Substituir "em média" por "cerca de".

d) Substituir "Segundo" por "Conforme".

e) Substituir as vírgulas da última frase por ponto e vírgula.

23. (UFPI) No trecho "Bem sei que só matarei alguém um dia (que Deus me livre e guarde) se for obrigado.", extraído do romance *Palha de Arroz*, de Fontes Ibiapina (p. 75), os parênteses servem para:

a) isolar a voz interior;

b) mudar o interlocutor;

c) introduzir uma explicação;

d) assinalar mudança de registro;

e) destacar expressão de outro texto.

24. (UFF-RJ) A pontuação pode ser substituída, muitas vezes, por conectivos, para estabelecer variados tipos de relações sintático-semânticas. Na frase extraída do capítulo 1 de *Esaú e Jacó* "A noite é clara e quente; podia ser escura e fria, e o efeito seria o mesmo.", o conectivo que pode ser usado em substituição ao ponto e vírgula tem valor:

a) explicativo;

b) conclusivo;

c) proporcional;

d) final;

e) adversativo.

25. (Fuvest-SP) As aspas marcam o uso de uma palavra ou expressão de variedade linguística diversa da que foi usada no restante da frase em:

a) Essa visão desemboca na busca ilimitada do lucro, da apologia do empresário privado como o "grande herói" contemporâneo.

b) Pude ver a obra de Machado de Assis de vários ângulos, sem participar de nenhuma visão "oficialesca".

c) Nas recentes discussões sobre os "fundamentos" da economia brasileira, o governo deu ênfase ao equilíbrio fiscal.

d) O prêmio Darwin, que "homenageia" mortes estúpidas, foi instituído em 1993.

e) Em fazendas de Minas e Santa Catarina, quem aprecia o campo pode curtir o frio, ouvindo "causos" à beira da fogueira.

26. (UFV-MG) Os sinais de pontuação que preenchem de maneira correta as lacunas da sentença abaixo são:

No que tange ao complexo de inferioridade ... podemos encará-lo sob dois aspectos interessantes ... é real, acostumados que estamos à submissão aos países desenvolvidos ... é falso, indicativo apenas de uma humildade brasileira não percebida pelo autor.

a) ponto e vírgula, vírgula, ponto e vírgula

b) ponto e vírgula, dois-pontos, vírgula

c) vírgula, ponto e vírgula, dois-pontos

d) vírgula, dois-pontos, ponto e vírgula

e) vírgula, vírgula, vírgula

27. (UEL-PR) Considere os períodos I, II e III, pontuados de duas maneiras diferentes.

I. Pedro, o gerente do banco ligou e deixou um recado.

Pedro, o gerente do banco, ligou e deixou um recado.

II. De repente, perceberam que estavam brigando à toa.

De repente perceberam que estavam brigando à toa.

III. Os doces visivelmente deteriorados foram postos na lixeira.

Os doces, visivelmente deteriorados, foram postos na lixeira.

Com a alteração da pontuação, houve mudança de sentido somente em:

a) I
b) II
c) I e II
d) I e III
e) II e III

28. (PUC-SP) O uso das vírgulas de intercalação está registrado adequadamente em uma das alternativas abaixo. Assinale-a.

a) E então chegava o Carnaval, registrando-se grandes comemorações ao Festival de Besteira.

b) Um padre local, por volta da meia-noite, recebeu uma denúncia e foi para o baile, exigindo da polícia que o Papa de araque fosse preso.

c) E enquanto todos pulavam no salão, o dólar pulava no câmbio. Há coisas inexplicáveis!

d) [...] e foi para o baile, exigindo da polícia que o Papa de araque fosse preso. Em seguida, declarou: "Brincar o Carnaval já é um pecado grave. Brincar fantasiado de Papa é uma blasfêmia terrível".

e) Até hoje não se sabe por que foi durante o Carnaval que o governo aumentou o dólar, fazendo muito rico ficar mais rico.

29. (UFPR) Assinale a alternativa em que a oração entre colchetes deve ser necessariamente separada por vírgulas.

a) O presidente da República [que parte para mais uma viagem ao exterior na próxima semana] reuniu os ministros para definir estratégias a fim de combater a fome no Brasil.

b) Os integrantes da comissão [que se mostrarem contrários ao que foi decidido] devem ser substituídos.

c) O candidato [que não concordar com a divulgação das pesquisas de opinião] poderá entrar com processo na justiça.

d) O funcionário público [que for contratado depois da alteração da lei da aposentadoria] não terá mais salário integral quando se aposentar.

e) O eleitor [que se sentir ultrajado pelas campanhas eleitorais] poderá dar uma resposta a esses abusos nas urnas.

30. (USF-SP) Os períodos apresentam diferenças de pontuação. Indique a alternativa que corresponde ao período de pontuação correta.

a) A menina chorando de emoção, recebeu, o presente das mãos do padrinho.

b) A menina, chorando de emoção recebeu o presente, das mãos do padrinho.

c) A menina, chorando de emoção recebeu o presente das mãos, do padrinho.

d) A menina chorando, de emoção recebeu o presente, das mãos do padrinho.

e) A menina, chorando de emoção, recebeu o presente das mãos do padrinho.

31. (Cefet-PR) Assinale o item em que o texto está corretamente pontuado.

a) Não nego, que ao avistar a cidade natal tive uma sensação nova.

b) Não nego que ao avistar, a cidade natal, tive uma sensação nova.

c) Não nego que, ao avistar, a cidade natal, tive uma sensação nova.

d) Não nego que ao avistar a cidade natal tive uma sensação nova.

e) Não nego que, ao avistar a cidade natal, tive uma sensação nova.

32. (UPM-SP) Os trechos a seguir tiveram sinais de pontuação suprimidos e alterados. Aponte aquele cuja pontuação permaneceu gramaticalmente correta.

a) A ideia do ministro extraordinário dos esportes, Edson Arantes do Nascimento, o Pelé de colocar na cadeia "os meninos" que participam de brigas entre torcidas organizadas é para ficar no jargão esportivo, uma "bola fora".

b) Parece que, o Pelé do milésimo gol, que pedia escola para "esses meninos", também era bem mais sábio do que o que hoje lhes propõe "cadeia".

c) Os otimistas olham e dizem: Ah, está meio cheio. Mas os pessimistas, veem o mesmo copo, a mesma quantidade de água e acham que está meio vazio.

d) A pesquisa, descrita na edição de hoje da revista científica britânica *Nature*, é mais um dado na busca pelos cientistas de compreender os mecanismos moleculares da embriogênese ou seja, a formação e o desenvolvimento dos seres vivos.

e) Como os bens públicos não podem ser penhorados os precatórios entram em ordem cronológica no orçamento do governo.

33. (UPM-SP) "– Muito bom dia, senhora, / Que nessa janela está; / sabe dizer se é possível / algum trabalho encontrar?"

(João Cabral de Melo Neto)

No primeiro verso, **senhora** vem entre vírgulas porque o termo é:

a) um aposto;

b) um sujeito deslocado;

c) um vocativo;

d) um predicativo;

e) um sujeito simples.

34. (Fesb-SP) Assinale a alternativa correspondente ao período de pontuação correta.

a) Na espessura do bosque, estava o leito da irara ausente.

b) Na espessura, do bosque; estava o leito, da irara ausente.

c) Na espessura do bosque; estava o leito, da irara, ausente.

d) Na espessura, do bosque estava o leito da irara ausente.

e) Na espessura, do bosque estava, o leito da irara ausente.

35. (Unirio-RJ) Assinale o item em que há erro no tocante à pontuação.

a) – D. Sara, a senhora é nossa benfeitora.

b) Mulheres pobres, lavando roupa nas tinas, representavam o outro lado do mundo.

c) Peixadas, galinha de cabidela, tudo me recordava D. Sara.

d) Bandeira, só, enfrentava a orfandade.

e) Couto meu melhor amigo antecedeu-me na Academia.

36. (Fuvest-SP) Escolha a alternativa em que o texto é apresentado com a pontuação mais adequada.

a) Depois que há algumas gerações, o arsênico deixou de ser vendido, em farmácias, não diminuíram os casos de suicídio, ou envenenamento criminoso, mas aumentou e – quanto... o número de ratos.

b) Depois que há algumas gerações o arsênico, deixou de ser vendido em farmácias, não diminuíram os casos de suicídio ou envenenamento criminoso, mas aumentou: e quanto! o número de ratos.

c) Depois que, há algumas gerações, o arsênico deixou de ser vendido em farmácias, não diminuíram os casos de suicídio ou envenenamento criminoso, mas aumentou – e quanto! – o número de ratos.

d) Depois que há algumas gerações o arsênico deixou de ser vendido em farmácias – não diminuíram os casos de suicídio, ou envenenamento criminoso, mas aumentou; e quanto – o número de ratos.

e) Depois que, há algumas gerações o arsênico deixou de ser vendido em farmácias, não diminuíram os casos de suicídio ou envenenamento criminoso, mas aumentou; e quanto, o número de ratos!

37. (UEPG-PR) A opção em que está correto o emprego do ponto e vírgula é:

a) Solteiro, foi um menino turbulento; casado, era um moço alegre; viúvo, tornara-se um macambúzio.

b) Solteiro; foi um menino turbulento, casado; era um moço alegre, viúvo; tornara-se um macambúzio.

c) Solteiro, foi um menino; turbulento, casado; era um moço alegre viúvo, tornara-se um macambúzio.

d) Solteiro foi um menino turbulento, casado era um moço alegre, viúvo; tornara-se um macambúzio.

e) Solteiro, foi um menino turbulento, casado; era um moço alegre, viúvo; tornara-se um macambúzio.

38. (UFSM-RS) Assinale a alternativa em que a pontuação está correta.

a) Embora esteja ameaçada pela poluição, aquela praia recebe durante o veraneio, muitos turistas.

b) Por muitos séculos, o homem usou, imprudentemente seu ambiente natural, ocasionando desequilíbrio ecológico.

c) A guerra flagelo terrível, tem sido uma constante, em todos os tempos da humanidade.

d) As recentes conquistas nucleares, alteram de modo profundo, as relações internacionais.

e) Jovem, para entender a vida, comece por estudar o homem.

39. (Unisinos-RS) Ocorre pontuação inaceitável em:

a) Doutor, ainda que mal pergunte, que negócio é esse?

b) Se queres distrair-te, ouve cantores italianos.

c) Bento era entre todos os empregados, o mais fiel.

d) Perdoo-te; espero, porém, que não reincidas no erro.

e) Não creias naqueles que não acreditam em ninguém.

40. (Cefet-PR) Assinale a única alternativa que apresenta pontuação não justificável.

a) Eu, sou valente, disse o fanfarrão.

b) Todos, os meus amigos, sabem disso, meu velho!

c) Todos os meus amigos sabem, disso estou certo!

d) A caridade, que é virtude cristã, agrada mais aos pobres que aos ricos.

e) Fui lá, ainda ontem, e procurei-o.

41. (UFRJ) Marco Túlio Cícero, tão famoso quanto Demóstenes na área da retórica, sempre dizia: Prefiro a virtude do medíocre ao talento do velhaco. Nesse período está faltando um sinal de pontuação:

a) vírgula
b) ponto e vírgula
c) ponto de exclamação
d) aspas
e) reticência

42. (Fuvest-SP) Assinale a alternativa em que o texto esteja corretamente pontuado.

a) Enquanto eu fazia comigo mesmo aquela reflexão, entrou na loja um sujeito baixo sem chapéu trazendo pela mão, uma menina de quatro anos.
b) Enquanto eu fazia comigo mesmo aquela reflexão, entrou na loja, um sujeito baixo, sem chapéu, trazendo pela mão, uma menina de quatro anos.
c) Enquanto eu fazia comigo mesmo aquela reflexão, entrou na loja um sujeito baixo, sem chapéu, trazendo pela mão uma menina de quatro anos.
d) Enquanto eu, fazia comigo mesmo, aquela reflexão, entrou na loja um sujeito baixo sem chapéu, trazendo pela mão uma menina de quatro anos.
e) Enquanto eu fazia comigo mesmo, aquela reflexão, entrou na loja, um sujeito baixo, sem chapéu trazendo, pela mão, uma menina de quatro anos.

43. (Ueba) Assinale a letra que corresponde ao período de pontuação correta.

a) Deu uma, última entrevista ocasião, em que pôde expor melhor suas intenções.
b) Deu uma última entrevista, ocasião em que pôde expor melhor suas intenções.
c) Deu uma última entrevista, ocasião em que, pôde expor melhor, suas intenções.
d) Deu uma última, entrevista, ocasião em que pôde, expor melhor suas intenções.
e) Deu uma última entrevista ocasião em que, pôde expor melhor, suas intenções.

44. (PUCCamp-SP) Assinale a letra que corresponde ao período de pontuação correta.

a) Não, não esgotemos, tudo hoje, inclusive porque este assunto, deve ser discutido bem devagar.
b) Naquele dia – uma sexta-feira como outra qualquer – receberia a todos em sua casa: não era festa, apenas um jantarzinho íntimo.
c) Calçados os sapatos, buscou a bolsa e falando muito; saiu correndo, não sem dizer, um adeus apressado.
d) Nem as meninas, nem os rapazes ninguém conseguia – com bons modos, convencê-lo, a sair sem briga.
e) Ela, em pé esperava atenta: ele, na cadeira de balanço olhava para o retrato, de Mozart em cima do piano.

45. (UEPG-PR) Assinale a alternativa que corresponde ao período de pontuação correta.

a) Quando um juiz, sentencia, ouvindo somente uma das partes, a sentença, poderá ser justa, mas o juiz não o é de maneira nenhuma.
b) Quando um juiz sentencia, ouvindo somente uma, das partes, a sentença poderá ser justa, mas o juiz não o é de maneira nenhuma.
c) Quando um juiz, sentencia ouvindo somente, uma das partes, a sentença poderá ser justa mas, o juiz não o é de maneira nenhuma.

d) Quando um juiz sentencia, ouvindo somente uma das partes, a sentença poderá ser justa mas, o juiz não o é, de maneira nenhuma.

e) Quando um juiz sentencia, ouvindo somente uma das partes, a sentença poderá ser justa, mas o juiz não o é de maneira nenhuma.

46. (FCMSC-SP) Assinale a letra que corresponde ao período de pontuação correta.

a) Apurados, os votos considerados válidos para o cálculo divide-se o número deles pelo número de vagas, que já conhecemos.

b) Apurados os votos, considerados válidos para o cálculo divide-se o número, deles pelo número de vagas que já conhecemos.

c) Apurados os votos considerados, válidos para o cálculo divide-se, o número deles pelo número de vagas, que já conhecemos.

d) Apurados os votos considerados válidos, para o cálculo divide-se o número deles pelo número de vagas que, já conhecemos.

e) Apurados os votos considerados válidos para o cálculo, divide-se o número deles pelo número de vagas, que já conhecemos.

47. (FCC) Cada um dos períodos seguintes foi pontuado de cinco formas diferentes. Leia-os todos e assinale a letra que corresponde ao período de pontuação correta.

a) A questão, porém, não é de pão, é de manteiga.

b) A questão porém, não é de pão é de manteiga.

c) A questão, porém, não é de pão é de manteiga.

d) A questão porém não: é de pão, é de manteiga.

e) A questão, porém não é de pão, é de manteiga.

48. (Fuvest-SP) Assinale a alternativa que está com a pontuação correta.

a) Citando o dito da rainha de Navarra, ocorre-me que entre o nosso povo, quando uma pessoa vê outra pessoa arrufada, costuma perguntar-lhe: "Gentes, quem matou seus cachorrinhos?".

b) Citando o dito, da rainha de Navarra, ocorre-me que entre o nosso povo quando, uma pessoa vê outra pessoa arrufada costuma perguntar-lhe: "Gentes, quem matou seus cachorrinhos?".

c) Citando, o dito da rainha de Navarra, ocorre-me que entre o nosso povo, quando uma pessoa vê outra pessoa arrufada costuma perguntar-lhe: "Gentes quem matou seus cachorrinhos?".

d) Citando o dito da rainha de Navarra, ocorre-me que entre o nosso povo, quando uma pessoa vê outra pessoa arrufada, costuma perguntar-lhe: Gentes quem matou seus cachorrinhos?

e) Citando o dito, da rainha de Navarra, ocorre-me, que, entre o nosso povo, quando uma pessoa, vê outra pessoa arrufada, costuma perguntar-lhe: "Gentes, quem matou seus cachorrinhos?".

49. (FCC) Aponte a alternativa pontuada corretamente.

a) Para mim ser é admirar-me de estar sendo.

b) Para mim, ser é admirar-me de estar sendo.

c) Para mim ser é admirar-me de estar sendo.

d) Para mim ser é admirar-me de, estar sendo.

e) Para mim ser, é admirar-me de estar, sendo.

50. (Cesgranrio-RJ) Assinale a opção em que a vírgula está empregada para separar dois termos que possuem a mesma função na frase.

a) "Minhas senhoras, seu Mendonça pintou o diabo enquanto viveu."

b) "Respeitei o engenho do dr. Magalhães, juiz."

c) "E fui mostrar ao ilustre hóspede a serraria, o descaroçador e o estábulo."

d) "Depois da morte do Mendonça, derrubei a cerca [...]"

e) "Não obstante essa propaganda, as dificuldades surgiram."

51. (UniFMU-SP) Assinale a alternativa que contenha emprego incorreto da vírgula.

a) Arrumou as malas, saiu, lançou-se na vida.

b) Os visados éramos nós, e eles foram violentamente torturados.

c) Eu contesto, a justiça que mata.

d) Preciso ouvir, disse o velho ao menino, a causa desse ressentimento.

e) O período consta de dez orações, porque esse é o número exato de verbos.

Capítulo 26 – FIGURAS E VÍCIOS DE LINGUAGEM

1. (Enem)

Dia desses resolvi fazer um teste proposto por um *site* da internet. O nome do teste era tentador: "O que Freud diria de você". Uau. Respondi a todas as perguntas e o resultado foi o seguinte: "Os acontecimentos da sua infância a marcaram até os doze anos, depois disso você buscou conhecimento intelectual para seu amadurecimento". Perfeito! Foi exatamente o que aconteceu comigo. Fiquei radiante: eu havia realizado uma consulta paranormal com o pai da psicanálise, e ele acertou na mosca.

Estava com tempo sobrando, e curiosidade é algo que não me falta, então resolvi voltar ao teste e responder tudo diferente do que havia respondido antes. Marquei umas alternativas esdrúxulas, que nada tinham a ver com minha personalidade. E fui conferir o resultado, que dizia o seguinte: "Os acontecimentos da sua infância a marcaram até os 12 anos, depois disso você buscou conhecimento intelectual para seu amadurecimento".

MEDEIROS, M. *Doidas e santas*. Porto Alegre, 2008 (adaptado).

Quanto às influências que a internet pode exercer sobre os usuários, a autora expressa uma reação irônica no trecho:

a) "Marquei umas alternativas esdrúxulas, que nada tinham a ver".

b) "Os acontecimentos da sua infância a marcaram até os doze anos".

c) "Dia desses resolvi fazer um teste proposto por um *site* da internet".

d) "Respondi a todas as perguntas e o resultado foi o seguinte".

e) "Fiquei radiante: eu havia realizado uma consulta paranormal com o pai da psicanálise".

2. (CPS)

Texto para a próxima questão:

Bill Watterson/Dist. by Universal Uclick

Na fala de Calvin, expressa no terceiro quadrinho da tira, percebe-se uma crítica feita por meio da ironia. Que palavra indica essa crítica?

3. (Fuvest-SP) Texto para a próxima questão.

[José Dias] Teve um pequeno legado no testamento, uma apólice e quatro palavras de louvor. Copiou as palavras, encaixilhou-as e pendurou-as no quarto, por cima da cama. "Esta é a melhor apólice", dizia ele muita vez. Com o tempo, adquiriu certa autoridade na família, certa audiência, ao menos; não abusava, e sabia opinar obedecendo. Ao cabo, era amigo, não direi ótimo, mas nem tudo é ótimo neste mundo. E não lhe suponhas alma subalterna; as cortesias que fizesse vinham antes do cálculo que da índole. A roupa durava-lhe muito; ao contrário das pessoas que enxovalham depressa o vestido novo, ele trazia o velho escovado e liso, cerzido, abotoado, de uma elegância pobre e modesta. Era lido, posto que de atropelo, o bastante para divertir ao serão e à sobremesa, ou explicar algum fenômeno, falar dos efeitos do calor e do frio, dos polos e de Robespierre. Contava muita vez uma viagem que fizera à Europa, e confessava que a não sermos nós, já teria voltado para lá; tinha amigos em Lisboa, mas a nossa família, dizia ele, abaixo de Deus, era tudo.

Machado de Assis, *Dom Casmurro*.

Considerado o contexto, qual das expressões sublinhadas foi empregada em sentido metafórico?

a) "Teve um pequeno **legado**".

b) "Esta é a melhor **apólice**".

c) "certa **audiência**, ao menos".

d) "**ao cabo**, era amigo".

e) "**o bastante** para divertir".

4. (Uerj) Texto para a próxima questão:

Science Fiction

O marciano encontrou-me na rua
e teve medo de minha impossibilidade
humana.
Como pode existir, pensou consigo,
um ser
que no existir põe tamanha anulação
de existência?

Afastou-se o marciano, e persegui-o.
Precisava dele como de um
testemunho.

Mas, recusando o colóquio,
desintegrou-se
no ar constelado de problemas.
E fiquei só em mim, de mim ausente.

Carlos Drummond de Andrade. *Nova reunião*. São Paulo: José Olympio, 1983.

*Mas, recusando o colóquio, desintegrou-se **no ar constelado de problemas**.*

O estranhamento provocado no verso sublinhado constitui um caso de:

a) pleonasmo
b) metonímia
c) hipérbole
d) metáfora

5. (Cefet-SC)

Texto 01

Descuidar do lixo é sujeira

Diariamente, duas horas antes da chegada do caminhão da prefeitura, a gerência [de uma das filiais do Mc Donald's] deposita na calçada dezenas de sacos plásticos recheados de papelão, isopor, restos de sanduíches. Isso acaba propiciando um lamentável banquete de mendigos.

Dezenas deles vão ali revirar o material e acabam deixando os restos espalhados pelo calçadão.

Veja. São Paulo: Abril, 23 dez. 1992.

Texto 02

O bicho

Vi ontem um bicho
Na imundície do pátio
Catando comida entre os detritos.
Quando achava alguma coisa,
Não examinava nem cheirava:
Engolia com voracidade.
O bicho não era um cão,
Não era um gato,
Não era um rato.
O bicho, meu Deus, era um homem.

Manuel Bandeira. In: *Seleta em prosa e verso*. Rio de Janeiro: J. Olympio/ MEC, 1971. p. 145.

Analise as seguintes proposições:

I – Os dois textos possuem em comum o mesmo tema: a miséria humana.

II – O **texto 01** se distingue do **texto 02** quanto ao uso da linguagem (no primeiro texto a linguagem é referencial; no segundo, literária).

III – Em "O bicho, **meu Deus**, era um homem.", os vocábulos em destaque constituem um vocativo.

IV – No **texto 01**, o homem é respeitado como ser humano; enquanto que, no **texto 02**, o homem é comparado a um bicho.

Assinale a alternativa correta.

a) Apenas as proposições II e IV são VERDADEIRAS.
b) Apenas as proposições I e III são VERDADEIRAS.
c) Apenas as proposições I, II e III são VERDADEIRAS.
d) Apenas a proposição IV é VERDADEIRA.
e) Apenas a proposição II é VERDADEIRA.

6. (Fuvest-SP)

Vestindo água, só saído o cimo do pescoço, o burrinho tinha de se enqueixar para o alto, a salvar também de fora o focinho. Uma peitada. Outro tacar de patas. Chu-áa! Chu-áa... — ruge o rio, como chuva deitada no chão.

Nenhuma pressa! Outra remada, vagarosa. No fim de tudo, tem o pátio, com os cochos, muito milho, na Fazenda; e depois o pasto: sombra, capim e sossego...

Nenhuma pressa. Aqui, por ora, este poço doido, que barulha como um fogo, e faz medo, não é novo: tudo é ruim e uma só coisa, no caminho: como os homens e os seus modos, costumeira confusão. É só fechar os olhos.

Como sempre. Outra passada, na massa fria. E ir sem afã, à voga surda, amigo da água, bem com o escuro, filho do fundo, poupando forças para o fim. Nada mais, nada de graça; nem um arranco, fora de hora. Assim.

João Guimarães Rosa. *O burrinho pedrês*, Sagarana.

Como exemplos da expressividade sonora presente neste excerto, podemos citar a onomatopeia, em "Chu-áa! Chu-áa...", e a fusão de onomatopeia com aliteração, em

a) "vestindo água".
b) "ruge o rio".
c) "poço doido".
d) "filho do fundo".
e) "fora de hora".

7. (PUC-SP)

"Verdes mares bravios de minha terra natal, onde canta a jandaia nas frondes da carnaúba;

Verdes mares que brilhais como líquida esmeralda aos raios do sol nascente, perlongando as alvas praias ensombradas de coqueiros;

Serenai, verdes mares, e alisai docemente a vaga impetuosa para que o barco aventureiro manso resvale à flor das águas."

No texto, o uso repetitivo da expressão **verdes mares** e os verbos **serenai** e **alisai**, indicadores de ação do agente natural, imprimem ao trecho um tom poético apoiado em duas figuras de linguagem:

a) anáfora e prosopopeia.
b) pleonasmo e metáfora.
c) antítese e inversão.
d) apóstrofe e metonímia.
e) metáfora e hipérbole.

8. (ESPM-SP) Assinale a afirmação incorreta sobre uma frase de propaganda, veiculada pela mídia, do refrigerante Coca-Cola: "Todos falamos futebol"

a) A concordância do verbo não é gramatical (com o sujeito "todos"), mas sim ideológica.
b) Ao procedimento usado dá-se o nome de silepse de pessoa.
c) O emissor da mensagem se inclui entre aqueles que falam futebol.
d) O mesmo fenômeno de silepse ocorre na frase: "Vossa Excelência deve estar equivocado.", diferenciando-se apenas para a manipulação de gênero.
e) O uso da preposição "de" com o verbo falar é optativo, fazendo com que o complemento "futebol" ou "de futebol" tenham a mesma função sintática.

9. (FGV-SP) Observe os períodos abaixo destacados. A respeito deles, pergunta-se e pede-se:

a) Há diferença de sentido entre eles? Explique.
b) No segundo dos períodos abaixo, falta uma palavra, que está subentendida. Transcreva esse período, mas inclua a palavra que falta.

– Quem ama o feio, bonito lhe parece.

– Quem ama, o feio bonito lhe parece.

10. (ITA-SP) Assinale a opção em que o provérbio apresenta construção sintática semelhante a: De mau corvo, mau ovo.

a) Em boca fechada, não entra mosca.
b) Palavra não quebra osso.
c) Não confies em casa velha, nem tampouco em amigo novo.
d) Longe dos olhos, longe do coração.
e) Quem vê cara, não vê coração.

11. (UFRRJ) Leia atentamente os versos a seguir.

"Por falta d'água perdi meu gado
Morreu de sede **meu alazão**"

Considerando que "meu alazão" é sujeito de "morreu", a opção que indica a figura construída pelo autor é

a) próclise.
b) ênclise.
c) inversão.
d) mesóclise.
e) paralelismo.

12. (UPM-SP)

É preciso casar João,
é preciso suportar Antônio,
é preciso odiar Melquíades,
é preciso substituir nós todos.
É preciso salvar o país,
é preciso crer em Deus,
é preciso pagar as dívidas,
é preciso comprar um rádio,
é preciso esquecer fulana.

O paralelismo dos versos, no contexto, contribui para a expressão:

a) de uma visão idealizada das relações humanas.
b) da ideia do caráter ininterrupto das pressões sociais sobre o indivíduo.
c) da interrupção da obrigatoriedade.
d) do constante questionamento sobre a fugacidade do tempo.
e) do bem-estar produzido pela utopia como única possibilidade de realização.

13. (Enem) "Eu começaria dizendo que poesia é uma questão de linguagem. A importância do poeta é que ele torna mais viva a linguagem. Carlos Drummond de Andrade escreveu um dos mais belos versos da língua portuguesa com duas palavras comuns: cão e cheirando. Um cão cheirando o futuro."

(Entrevista com Mário Carvalho. Adaptada de: *Folha de S.Paulo*, 24 maio 1988.)

O que deu ao verso de Drummond o caráter de inovador da língua foi:

a) o modo raro como foi tratado o **futuro**;
b) a referência ao cão como **animal de estimação**;
c) a flexão pouco comum do verbo **cheirar** (gerúndio);
d) a aproximação não usual do agente citado e a ação de **cheirar**;
e) o emprego do artigo indefinido **um** e do artigo definido **o** na mesma frase.

14. (FGV-SP) Considere o texto seguinte para responder à questão: "Não existe liberdade sem independência financeira. Ter um currículo turbinado ou uma rede de relacionamentos em dia pode perder o valor se você não tiver também uma reserva financeira para sobreviver num momento de transição de emprego."

(*Você S/A*, set. 2005.)

A palavra **turbinado** está empregada, no contexto, em sentido figurado. Reescreva o trecho "Ter um currículo turbinado" substituindo a palavra em questão por termo ou expressão de sentido não figurado.

15. (ESPM-SP) O escritor Paulo Lins em seu romance *Cidade de Deus* expressa o avanço da violência no Brasil, nas últimas décadas, com a frase "Falha a fala. Fala a bala". Nas duas frases só não se pode identificar a seguinte figura de linguagem:

a) paronomásia, pelo trocadilho ou jogo de palavras com apelo sonoro;
b) aliteração, pela repetição de fonemas consonantais;
c) assonância, pela repetição da vogal **a**;
d) perífrase, pela substituição de **violência** por um dos elementos que a compõe (bala);
e) personificação, pela característica humana atribuída à **bala**.

16. (Uepa) Na expressão "O Brasil voa com mais conforto e tecnologia nas asas da Varig", utilizando-se da conotação para explicitar as intenções comunicativas do texto publicitário, o autor se valeu dos recursos da:

a) metonímia;
b) ironia;
c) pleonasmo;
d) sinestesia;
e) antítese.

17. (UFRJ) Leia atentamente a definição a seguir: "Aliteração é a repetição de um dado fonema num verso, estando estes fonemas seguidos ou próximos.". O verso do poema "O retirante resolve apressar os passos para chegar logo ao Recife", de João Cabral de Melo Neto, que exemplifica a definição é:

a) "Nunca esperei muita coisa"
b) "O que me fez retirar"
c) "da tal velhice que chega"
d) "e entre a Caatinga e aqui a Mata"
e) "se na serra vivi vinte"

18. (PUC-PR) Quanto ao sentido figurado no texto, considere as três figuras abaixo relacionadas, cada uma identificada por uma de suas características mais genéricas:

I. eufemismo: suavização de uma palavra ou expressão;
II. metonímia: a parte pelo todo;
III. personificação: atribuição de vida, ação, movimento e voz a coisas inanimadas.

A seguir, observe os exemplos e os relacione com as figuras de linguagem:

(★) "A bossa-nova ficou mais triste."
(★) "Baden Powell deixou o mundo em saudade."
(★) "Powell tinha a arte na ponta dos dedos."

A sequência correta é:

a) III, I, II
b) II, III, I
c) III, II, I
d) II, I, III
e) I, III, II

19. (Unicamp-SP) "[...] a fazenda dormia num silêncio recluso, a casa estava de luto [...]". A figura de linguagem empregada pelo autor neste trecho do capítulo 23 de *Lavoura arcaica* é:

a) a metonímia;
b) a antítese;
c) a hipérbole;
d) a metáfora;
e) a prosopopeia ou a personificação.

20. (Aman-RJ) "Ele me encara, vê que não sou nenhum tubarão, rabisca uns números razoáveis, faz umas contas, conclui: 'é tanto'."

Considerando a forma com que o autor montou as orações nesse período, temos:

a) um polissíndeto;
b) uma silepse;
c) um assíndeto;
d) um pleonasmo;
e) um anacoluto.

21. (PUC-SP) O trecho de *Lavoura arcaica* "[...] os dois permanecemos trancados durante toda a viagem que realizamos juntos [...]" apresenta, quanto à concordância verbal:

a) respectivamente, silepse ou concordância ideológica e indicação do sujeito pela flexão verbal;
b) em ambos os casos, indicação do sujeito apenas pela flexão verbal;
c) em ambos os casos, concordância ideológica ou silepse;
d) respectivamente, concordância ideológica e silepse;
e) respectivamente, indicação do sujeito pela flexão verbal e silepse ou concordância ideológica.

22. (UFV-MG) "Fiquei sabendo que mais da metade da população mundial somos crianças."

Ocorre, neste fragmento, um exemplo de:

a) inversão na mudança da ordem natural dos termos no enunciado;
b) omissão de um termo que já apareceu antes;
c) concordância não com o que vem expresso, mas com o que se entende, com a ideia que está implícita;
d) aproximação de termos contrários, que se opõem pelo sentido;
e) exagero na colocação da ideia com finalidade expressiva.

23. (Ufal) Está incorreta a classificação da figura de linguagem na frase:

a) Choravam as águas do rio a caminho do mar. (personificação)
b) Ele entregou a alma ao Criador. (eufemismo)
c) Já li esse poeta inteirinho. (metáfora)
d) Suas lágrimas inundaram o quarto. (hipérbole)
e) Venho pedir-lhe a mão de sua filha. (metonímia)

24. (Unicamp-SP) A conhecida ironia de Machado de Assis fica evidente na conhecida passagem do romance *Memórias póstumas de Brás Cubas*: "[...] Marcela amou-me durante onze meses e quinze contos de réis [...]". Nesse, como em muitos outros trechos de seus romances, o escritor usa com maestria as palavras, obtendo, através da sua combinação, o efeito irônico desejado.

Diga qual é a ironia presente na passagem citada e explique de que maneira Machado de Assis consegue obter o efeito irônico através das relações de significação que se estabelecem entre as palavras que escolheu.

25. (FGV-SP) O pleonasmo é a reiteração de uma mesma ideia por meio de uma superabundância ou repetição de palavras. Quando este recurso nada acrescenta e pode resultar de uma ignorância do sentido exato da palavra, temos um **pleonasmo vicioso**. Indique, dentre as seguintes alternativas, aquela em que o termo destacado pode ser considerado um **pleonasmo vicioso**.

a) **Paisagens**, quero-as comigo!
b) A plateia gostou do **principal** protagonista.

c) Sei de uma criatura antiga e **formidável**.

d) Como são **charmosas** as primeiras rosas.

e) Os altares eram humildes e **solenes**.

26. (UFSCar-SP) Identifique a alternativa incorreta quanto à classificação das figuras de linguagem.

a) A metáfora está presente em: "Deixa em paz meu coração / Que ele é um pote até aqui de mágoa".

(Chico Buarque)

b) Existe uma metonímia em: "Gostaria de tocar Chopin".

c) A antítese está presente em:"Até quando, Catilina, abusarás de nossa paciência?".

d) Temos a figura da hipérbole em: "Abram mais janelas do que todas as janelas que há no mundo".

(Fernando Pessoa)

e) Temos uma prosopopeia em: "O livro é um mudo que fala, um surdo que ouve, um cego que guia".

27. (PUC-PR) Marque a opção em que há uma metáfora.

a) "Minha vida é uma colcha de retalhos, todos da mesma cor."

(Mário Quintana)

b) Trata-se de uma pessoa que sempre falta com a verdade.

c) Cada qual procurava cuidar de si mesmo.

d) Caminhar para a morte, pensando em vencer na vida.

e) "Olhe, meu filho, os homens são como formigas."

(Érico Veríssimo)

28. (UPM-SP) Qual dos períodos a seguir apresenta um desvio das normas propostas pela gramática, conhecido no domínio da linguagem figurada como catacrese?

a) Os olhos piscavam mil vezes por minuto diante do horrível espetáculo.

b) Eu parece-me que vivo em função de um áspero orgulho.

c) Com o espinho enterrado no pé, levantou-se rápida à procura do pai.

d) Suas faces avermelhadas traduziam-se em chamas encolerizadas por causa dos males indignados.

e) A perversidade secreta daquelas montanhas selvagens assustava as calmas águas do riacho.

29. (UniFMU-SP) Observe as letras destacadas nos versos: "O **v**ento **v**oa / a noi**t**e **t**oda se a**t**ordoa". Nas consoantes que se repetem, você vê:

a) aliteração

b) assonância

c) eco

d) rima

e) onomatopeia

30. (UPM-SP) Aponte a alternativa que contenha a mesma figura de pensamento existente no período a seguir: "Acenando para a fonte, o riacho despediu-se triste e partiu para a longa viagem de volta."

a) O médico visualizou, por alguns segundos, a cara magra do doente, antes que a última paixão se calasse.

b) Os arbustos dançavam abraçados com os pinheiros a suave valsa do crepúsculo.

c) Contemplando aquela terna fisionomia, afastou-se com um sorriso pálido e irônico.

d) Só o silêncio tem sido meu companheiro neste período amargo de intensa solidão.

e) A mesquinhez de tua atitude é poço profundo, cavado no íntimo de teu espírito.

31. (Fatec-SP) "Vozes veladas, veludosas vozes. / Volúpias dos violões, vozes veladas. / Vagam nos velhos vórtices velozes / Dos ventos, vivas, vãs, vulcanizadas."

Indique o recurso literário evidente no trecho de *Violões que choram*, poema de Cruz e Souza.

32. (Fesp-SP) Assinale, na estrofe abaixo, a figura correta.

"Vi uma estrela tão alta, / Vi uma estrela tão fria! / Vi uma estrela luzindo, / Na minha vida vazia."

(Manuel Bandeira)

a) assíndeto
b) pleonasmo
c) anacoluto
d) anáfora
e) silepse

33. (UniFMU-SP) Na expressão "[...] a natureza parece estar chorando [...]", do ponto de vista estilístico, temos:

a) antítese
b) polissíndeto
c) ironia
d) personificação
e) eufemismo

34. (PUC-SP) Qual figura de linguagem existe em "[...] vento ou ventania varrendo [...]"?

a) metonímia
b) aliteração
c) anacoluto
d) catacrese
e) hipérbole

35. (UniFMU-SP) "Se não fosse muito esquisito comparar cidades com mulheres, eu diria que o Recife tem o físico, a psicologia, a graça arisca e seca, reservada e difícil de certas mulheres magras, morenas e tímidas. Porque, não reparam que há cidades que são o contrário disso? Cidades gordas, namoradeiras, gozadoras? O Rio, por exemplo, Belém do Pará, São Luís do Maranhão são cidades gordas. A Bahia é gordíssima. São Paulo é enxuta. Mas Fortaleza e Recife são magras."

O conjunto de atributos predicados às cidades referidas constitui um exemplo de:

a) ironia;
b) eufemismo;
c) paradoxo;
d) prosopopeia;
e) metonímia.

36. (UniFMU-SP) O fenômeno fonético de valor estilístico que ocorre na expressão "mulheres magras, morenas", denomina-se:

a) eco;
b) colisão;
c) hiato;
d) cacófato;
e) aliteração.

37. (UPM-SP) Aponte a figura "Naquela terrível luta, muitos adormeceram para sempre".

a) antítese
b) eufemismo
c) anacoluto
d) prosopopeia
e) pleonasmo

38. (UPM-SP) Assinale a figura da frase seguinte: "Em poucos segundos avistávamos a maravilhosa Rio de Janeiro".

a) metáfora
b) silepse de pessoa
c) silepse de gênero
d) silepse de número
e) sinédoque

39. (UPM-SP) "Os excedentes ou rejeitados pela vida nunca têm acesso a nada e sobram na mesa dos pais e foram desmamados cedo e nasceram sem que ninguém os chamasse e passaram a constituir formas de imperfeição."

No segmento transcrito acima, aparece uma figura de construção, reconhecida como:

a) pleonasmo;
b) polissíndeto;
c) assíndeto;
d) anacoluto;
e) aliteração.

40. (FOC-SP) Anacoluto:

a) é o emprego repetido de conjunções coordenativas, especialmente aditivas;
b) é a omissão de um termo facilmente subentendido;
c) é a quebra da estruturação lógica da oração;
d) é a repetição de termo já mencionado ou de ideia já expressa.

41. (Unesp-SP) Emprega-se o termo **solecismo** para indicar o uso errado da concordância, regência ou colocação. Aponte a única alternativa em que não ocorre tal erro.

a) Faz cinco anos completos que não visito o Rio.
b) Devem haver explicações satisfatórias para este fato.
c) Haviam vários objetos espalhados sobre a mesa.
d) Se lhe amas, deves declarar-te depressa.
e) Fazem já vinte minutos que começaste a prova.

42. (UniFMU-SP) Em "Dizem que os cariocas somos pouco dados aos jardins públicos" (Machado de Assis), há:

a) pleonasmo;
b) hipérbato de pessoa;
c) silepse de gênero;
d) silepse de pessoa;
e) silepse de número.

43. (Cesgranrio-RJ) Na frase "O fio da ideia cresceu, engrossou e partiu-se", ocorre processo de gradação. Não há gradação em:

a) O carro arrancou, ganhou velocidade e capotou.
b) O avião decolou, ganhou altura e caiu.
c) O balão inflou, começou a subir e apagou.
d) A inspiração surgiu, tomou conta de sua mente e frustrou-se.
e) João pegou um livro, ouviu um disco e saiu.

LISTA DE INSTITUIÇÕES PROMOTORAS DE EXAMES

Acafe-SC – Associação Catarinense das Fundações Educacionais

Aman-RJ – Academia Militar das Agulhas Negras

Cefet – Centro Federal de Educação Tecnológica

Centec – Instituto Centro de Ensino Tecnológico

Cesesp-PE – Centro de Seleção ao Ensino Superior de Pernambuco

Cesgranrio-RJ – Fundação Centro de Seleção de Candidatos ao Ensino Superior do Grande Rio

CPS – Centro Paula Souza

EEM-SP – Escola de Engenharia de Mauá

Efei-MG – Escola Federal de Engenharia de Itajubá

Efoa-MG – Escola de Farmácia e Odontologia de Alfenas

Enem – Exame Nacional do Ensino Médio

Esan-SP – Escolar Superior de Administração de Negócios de São Paulo

ESPM-SP – Escola Superior de Propaganda e Marketing de São Paulo

ESPP-SP – Empresa de Seleção Pública e Privada de São Paulo

ETEC – Escola Técnica Estadual

Faap-SP – Fundação Armando Álvares Penteado

Faenquil-SP – Faculdade de Engenharia Química de Lorena

Fafeod-MG – Faculdade Federal de Odontologia de Diamantina

Fameca-SP – Faculdade de Medicina de Catanduva

Fasp-SP – Faculdades Associadas de São Paulo

Fatec-SP – Faculdade de Tecnologia de São Paulo

FAU-Santos-SP – Faculdade de Arquitetura e Urbanismo de Santos

FCC – Fundação Carlos Chagas

FCC-BA – Fundação Carlos Chagas da Bahia

FCC-PR – Fundação Carlos Chagas do Paraná

FCL-SP – Faculdade Cásper Líbero

FCMSC-SP – Faculdade de Ciências Médicas da Santa Casa de São Paulo

Febasp – Faculdade de Belas Artes de São Paulo

Fecap-SP – Fundação Escola de Comércio Álvares Penteado

Fefasp-SP – Faculdade de Economia, Finanças e Administração de São Paulo

FEI-SP – Faculdade de Engenharia Industrial

Fepese-SC – Fundação de Estudos e Pesquisas Socioeconômicos

Fesb-SP – Fundação Municipal de Ensino Superior de Bragança Paulista

Fesp-SP – Faculdade de Engenharia de São Paulo

FOC – Faculdades Oswaldo Cruz

FFCLBH-MG – Faculdade de Filosofia, Ciências e Letras de Belo Horizonte

FGV-SP – Fundação Getúlio Vargas de São Paulo

FGV-RJ – Fundação Getúlio Vargas do Rio de Janeiro

FIT-SP – Faculdades Integradas Tibiriçá

FMABC-SP – Faculdade de Medicina da Fundação do ABC

FMIt-MG – Faculdade de Medicina de Itajubá

FMPA-MG – Faculdade de Medicina de Pouso Alegre

FOC-SP – Faculdades Oswaldo Cruz

FSA-SP – Centro Universitário Fundação Santo André

Fumec-MG – Fundação Mineira de Educação e Cultura

Furg-RS – Fundação Universidade Federal do Rio Grande

Fuvest-SP – Fundação Universitária para o Vestibular

Ibmec – Faculdades do Instituto Brasileiro de Mercado de Capitais

ITA-SP – Instituto Tecnológico de Aeronáutica

Omec-SP – Organização Mogiana de Educação e Cultura

PUCCamp-SP – Pontifícia Univesidade Católica de Campinas

PUC-PR – Pontifícia Universidade Católica do Paraná

PUC-RJ – Pontifícia Universidade Católica do Rio de Janeiro

PUC-RS – Pontifícia Universidade Católica do Rio Grande do Sul

PUC-SP – Pontifícia Universidade Católica de São Paulo

UAM-SP – Universidade Anhembi Morumbi

UCDB-MS – Universidade Católica Dom Bosco

UCSal-BA – Universidade Católica de Salvador

UCS-RS – Universidade de Caxias do Sul

Udesc – Universidade do Estado de Santa Catarina

Ueba – Universidade Estadual da Bahia

Uece – Universidade Estadual do Ceará

UEL-PR – Universidade Estadual de Londrina

UEM-PR – Universidade Estadual de Maringá

Uepa – Universidade do Estado do Pará

UEPB – Universidade Estadual da Paraíba

UEPG-PR – Universidade Estadual de Ponta Grossa

Uerj – Universidade do Estado do Rio de Janeiro

UFABC – Universidade Federal do ABC

Ufac – Universidade Federal do Acre

Ufal – Universidade Federal de Alagoas

Ufam – Universidade Federal do Amazonas

UFC – Universidade Federal do Ceará

Ufes – Universidade Federal do Espírito Santo

UFF-RJ – Universidade Federal Fluminense

UFG – Universidade Federal de Goiás

UFJF-MG – Universidade Federal de Juiz de Fora

UFMA – Universidade Federal do Maranhão

UFMG – Universidade Federal de Minas Gerais

UFMS – Universidade Federal do Mato Grosso do Sul

UFMT – Universidade Federal do Mato Grosso

UFPA – Universidade Federal do Pará

UFPB – Universidade Federal da Paraíba

UFPE – Universidade Federal de Pernambuco

UFPI – Universidade Federal do Piauí

UFPR – Universidade Federal do Paraná

UFRRJ – Universidade Federal Rural do Rio de Janeiro

UFS – Universidade Federal de Sergipe

UFSC – Universidade Federal de Santa Catarina

UFSCar-SP – Universidade Federal de São Carlos

UFSM-RS – Universidade Federal de Santa Maria

UFU-MG – Universidade Federal de Uberlândia

UFV-MG – Universidade Federal de Viçosa

UM-SP – Universidade Metodista de São Paulo

Unaerp-SP – Universidade de Ribeirão Preto

UnB-DF – Universidade de Brasília

Unesp-SP – Universidade Estadual Paulista

Unibero-SP – Centro Universitário Ibero-Americano

Unicamp-SP – Universidade Estadual de Campinas

Unic-MT – Universidade de Cuiabá

UniFAI-SP – Centro Universitário Assunção

Unifei-MG – Universidade Federal de Itajubá

Unifenas-MG – Universidade José do Rosário Vellano

Unifesp – Universidade Federal de São Paulo

UniFMU-SP – Centro Universitário das Faculdades Metropolitanas Unidas

Unifor-CE – Universidade de Fortaleza

Unimep-SP – Universidade Metodista de Piracicaba

Unip-SP – Universidade Paulista

Unirio-RJ – Universidade Federal do Estado do Rio de Janeiro

Unisa-SP – Universidade de Santo Amaro

Unisinos-RS – Universidade do Vale do Rio dos Sinos

Unitau-SP – Universidade de Taubaté

Uniube-MG – Universidade de Uberaba

UPF-RS – Universidade de Passo Fundo

UPM-SP – Universidade Presbiteriana Mackenzie

USF-SP – Universidade São Francisco

USJT-SP – Universidade São Judas Tadeu

USU-RJ – Universidade Santa Úrsula

Vunesp-SP – Fundação para o Vestibular da Universidade Estadual Paulista

ÍNDICE ANALÍTICO

A

B

C

D

E

F

G

H

I

T

V

Z

BIBLIOGRAFIA

BACCEGA, Maria Aparecida. *Concordância verbal*. 3. ed. São Paulo: Ática, 1994. (Princípios).

BECHARA, Evanildo. *Moderna gramática portuguesa*. 37. ed. Rio de Janeiro: Lucerna, 2001.

CARONE, Flávia de Barros. *Morfossintaxe*. 8. ed. São Paulo: Ática, 1999. (Fundamentos).

_______. *Subordinação e coordenação*: confrontos e contrastes. São Paulo: Ática, 2000. (Princípios).

CUNHA, Antônio Geraldo da. *Dicionário etimológico Nova Fronteira da língua portuguesa*. Rio de Janeiro: Nova Fronteira, 1991.

_______. *Vocabulário ortográfico da língua portuguesa*. 2. ed. Rio de Janeiro: Lexikon, 2009.

CUNHA, Celso; CINTRA, Luís Felipe Lindley. *Nova gramática do português contemporâneo*. 3. ed. rev. Rio de Janeiro: Lexikon, 2007.

FERREIRA, Aurélio Buarque de Holanda. Dicionário eletrônico. Versão 5.0. Ed. rev. e atual. Parte integrante do *Novo Dicionário Aurélio*. 3. ed. rev. e atual. Curitiba: Positivo/Positivo Informática, 2004.

FIGUEIREDO, Olívia Maria; BIZZARO, Rosa Porfírio. *Da palavra ao texto*. Porto: Asa Editores, 2004.

GARCIA, Othon Moacyr. *Comunicação em prosa moderna*. 2. ed. Rio de Janeiro: FGV, 1969.

HOUAISS, Antônio. *Dicionário eletrônico Houaiss da língua portuguesa*. Versão 1.0. Rio de Janeiro: Objetiva, 2001.

ILARI, Rodolfo; GERALDI, João Wanderley. *Semântica*. 2. ed. São Paulo: Ática, 1985. (Princípios).

KEHDI, V. *Formação de palavras em português*. 3. ed. São Paulo: Ática, 2000. (Princípios).

_______. *Morfemas do português*. 2. ed. São Paulo: Ática, 2000. (Princípios).

KOCH, Ingedore Grunfeld Villaça. *A coesão textual*. 5. ed. São Paulo: Contexto, 1992.

KURY, Adriano da Gama. *Novas lições de análise sintática*. 9. ed. São Paulo: Ática, 2004. (Fundamentos).

LAPA, Manoel Rodrigues. *Estilística da língua portuguesa*. 7. ed. Rio de Janeiro: FGV, 1978.

LUFT, Celso Pedro. *Dicionário prático de regência nominal*. 4. ed. São Paulo: Ática, 1999.

_______. *Dicionário prático de regência verbal*. 2. ed. São Paulo: Ática, 1993.

MACAMBIRA, José Rebouças. *A estrutura morfossintática do português*. 2. ed. São Paulo: Pioneira, 1974.

MATTOSO CÂMARA JR., Joaquim. *Estrutura da língua portuguesa*. 4. ed. Petrópolis: Vozes, 1973.

_______. *Manual de expressão oral e escrita*. 3. ed. Rio de Janeiro: J. Ozon, 1972.

NEVES, Maria Helena de Moura. *Gramática de usos do português*. São Paulo: Editora Unesp, 2000.

_______. *Guia de uso do português*. São Paulo: Editora Unesp, 2003.

PEREIRA, Eduardo Carlos. *Gramática expositiva (curso superior)*. 67. ed. São Paulo: Nacional, 1945.

PERINI, Mário. *Gramática do português brasileiro*. São Paulo: Parábola, 2010.

ROCHA LIMA, Carlos Henrique da. *Gramática normativa da língua portuguesa*. 23. ed. Rio de Janeiro: José Olympio, 1983.

SOUZA E SILVA, Maria Cecília Perez de; KOCH, Ingedore Grunfeld Villaça. *Linguística aplicada ao português*: morfologia. 11. ed. São Paulo: Cortez, 2000.

_______. *Linguística aplicada ao português*: sintaxe. 9. ed. São Paulo: Cortez, 2000.

TERRA, Ernani; NICOLA, José De. *1001 dúvidas de português*. 2. ed. São Paulo: Saraiva, 2009.

_______. *Ortografia*. 2. ed. São Paulo: Scipione, 2009. (Guias Práticos).

_______. *Verbos*: emprego e conjugação. São Paulo: Scipione, 2009. (Guias Práticos).

TRAVAGLIA, Luiz Carlos. *Gramática*: ensino plural. São Paulo: Cortez, 2003.

VILELA, Mário; KOCH, Ingedore Grunfeld Villaça. *Gramática da língua portuguesa*. Coimbra: Almedina, 2001.